锦江精神 | 敢为人先 | 攻坚克难 | 勇争一流

錦江年鉴

JINJIANG YEARBOOK

2015

新华出版社

图书在版编目（CIP）数据

成都市锦江区年鉴. 2015 / 成都市锦江区地方志编纂委员会办公室编.
北京：新华出版社，2015.9

ISBN 978-7-5166-2098-4

Ⅰ. ①成… Ⅱ. ①成… Ⅲ. ①区（城市）—成都市—2015—年鉴 Ⅳ. ①Z527.9

中国版本图书馆CIP数据核字（2015）第251689号

成都市锦江区年鉴（2015）

成都市锦江区地方志编纂委员会办公室　编

出 版 人：张百新　　**责任编辑**：朱思明
封面设计：远　近　汤秀兰　　**特约编辑**：四川远近文化有限公司

出版发行：新华出版社
地　　址：北京石景山区京原路8号　　**邮　　编**：100040
网　　址：http://www.xinhuapub.com　　http://www.press.xinhuanet.com
经　　销：新华书店
购书热线：010-63077122　　中国新闻书店购书热线：010-63072012

设计制作：四川远近文化有限公司
印　　刷：成都金龙印务有限责任公司

成品尺寸：210mm×285mm　1/16　　**印　　张**：19
字　　数：650千字　　**版　　次**：2015年9月第一版
印　　次：2015年9月第一次印刷

书　　号：ISBN 978-7-5166-2098-4
定　　价：238.00元

锦江区行政区划图

JINJIANG QU XINGZHENG QUHUA TU

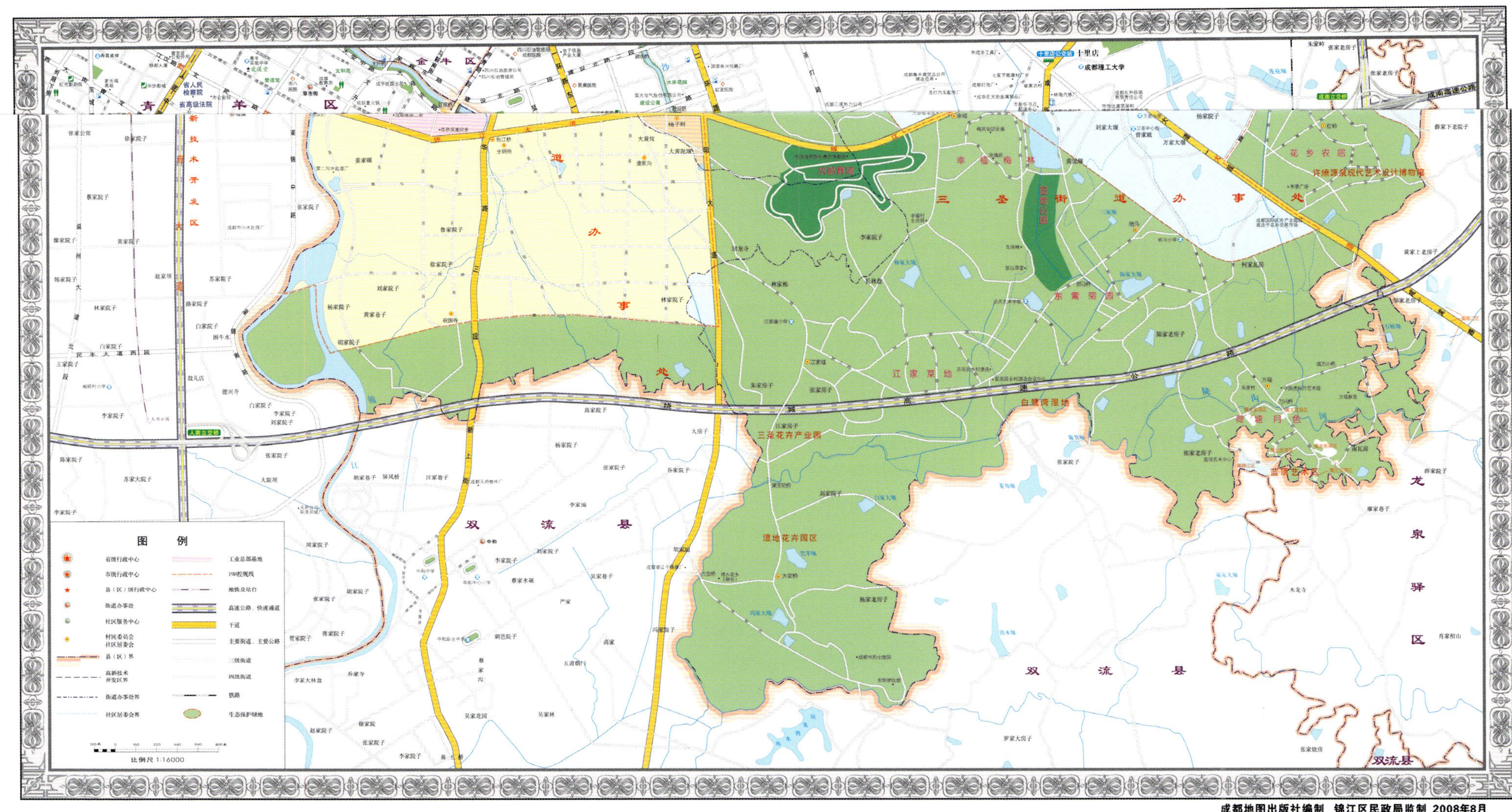

成都地图出版社编制 锦江区民政局监制 2008年8月

政治锦江 ZHENGZHI JINJIANG

2014年4月30日，中共成都市锦江区委员会第六届第十一次全体会议召开

2014年1月15日，成都市锦江区第六届人民代表大会第三次会议召开

2014年1月8日，成都市锦江区政府第六届第二次全体会议召开

2014年1月13日，中国人民政治协商会议第六届成都市锦江区委员会第三次会议召开

2014年2月11日，中共成都市锦江区第六届纪律检查委员会第四次全体会议召开

2014年，锦江区党的群众路线教育实践活动动员大会召开

2014年12月26日，中共四川省委员会常务委员、中共成都市委员会书记黄新初（中）到锦江区调研“两新组织”党建工作

2014年，中共成都市委员会副书记、成都市政府市长唐良智（中）到锦江区调研

2014年6月17日，政协成都市委员会主席唐川平（中）到锦江区调研党的群众路线教育实践活动推进工作

2014年8月，中共成都市委员会常务委员、成都市政府副市长朱志宏（左一）到锦江区调研社会治理工作

2014年4月3日，中共成都市委员会常务委员、政法工作委员会书记王忠林（左四）到锦江区调研社会治理工作

2014年11月，中共成都市委员会副秘书长蓝唯（中）到锦江区调研社会治理工作

2014年，中共锦江区委员会书记周思源（中）在党的群众路线教育实践活动期间到基层指导工作

2014年3月26日，中共锦江区委员会副书记、锦江区政府区长陈历章（中）到盐市口街道辖区开展党的群众路线教育实践活动调研工作

2014年6月24日，锦江区人民代表大会常务委员会主任董逊（中）在党的群众路线教育实践活动期间对公益性幼儿园建设情况进行调研工作

2014年3月26日，政协锦江区委员会主席张松（前排右一）在党的群众路线教育实践活动期间对创新社会管理工作进行调研

法治锦江

FAZHI JINJIANG

2014年3月13日，锦江区法院在锦江区工商行政管理局、锦江区消费者协会挂牌成立“消费者权益纠纷巡回法庭”

2014年5月10日，微电影《罪·爱》在锦江区检察院举行开机仪式

2014年8月7日，锦江区在“12355青年家园”开展“少年模拟法庭”活动

2014年，锦江区莲新司法所利用“法制大讲堂”开展少年儿童学法活动

2014年，锦江区工商、质量监督、食品药品监督等部门联合实施“平安锦江亮剑行动”

2014年12月4日，锦江区在各中小学开展“国家宪法日”宣传教育活动

2014年，锦江区公安特警在东大街香槟广场执勤

2014年，锦江区公安特警在春熙路北段广场执勤

2014年2月7日，成都市公安局锦江分局召集派出所负责人部署工作

2014年，锦江区公安巡警在春熙路巡逻

2014年，锦江区开展反恐怖演练活动

开放锦江 KAIFANG JINJIANG

2014年1月16日，锦江区文化馆锦樱艺术团赴坦桑尼亚参加“中坦建交五十周年暨2014春节联欢”活动

2014年5月7日，重庆市渝中区考察团到锦江区考察

2014年5月30日，锦江区政府、绿地集团、四川发展公司举行合作协议签署仪式

2014年7月5日，德国总理安格拉·默克尔首次访问成都，参观锦江区社会组织

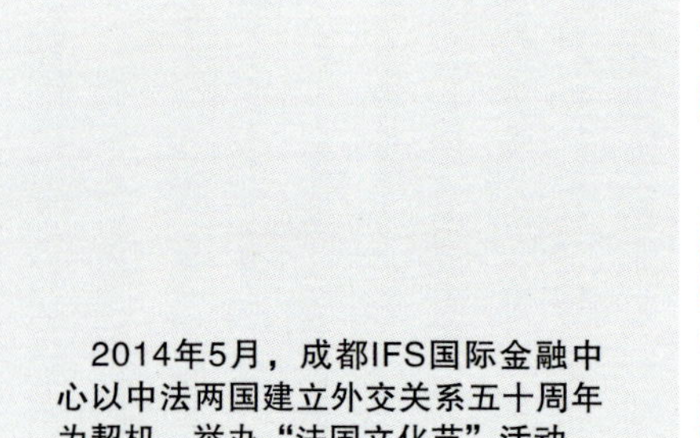

2014年5月，成都IFS国际金融中心以中法两国建立外交关系五十周年为契机，举办“法国文化节”活动

2014年，锦江区举办“2014白鹭湾国际家庭旅游节”活动

2014年，北京大学环境科学与工程学院、四川省环境保护厅、锦江区政府签署《合作筹建北京大学成都环保研究院协议》

创意锦江 CHUANGYI JINJIANG

2014年10月11日，成都IBOX创意设计基地揭幕，中共锦江区委员会书记周思源（左三）与中共锦江区委员会副书记、锦江区政府区长陈历章（右一）出席揭幕仪式

2014年10月10日，由成都创意设计周组委会与成都蓝顶艺术节组委会主办的“锦江户外公共雕塑展”在锦江区“三圣花乡”景区的“荷塘月色”开幕

2014年11月11日，成都IFS · 大熊猫艺术及慈善公益项目获ICSC亚太购物中心金奖

“锦江创意视窗”建成开放

位于成都广告产业园的“爱盒子”创意基地

红星路35号广告园

生态锦江

SHENGTAI JINJIANG

碧水蓝天，生态锦江

2014年5月20日，“白鹭湾湿地义务植树认种认养”活动启动仪式在白鹭湾湿地游客中心举办

2014年8月21日，环境保护部副部长吴晓春（右二）到锦江区白鹭湾湿地调研生态建设工作

“生态锦江，居民共建”活动在锦江区各小区、院落开展

锦江区“三圣花乡”景区

2014年12月9日，锦江区“江东民居”一区内打造的“生态墙”

白鹭湾湿地

锦江区打造的生态住宅区

临水而建的锦江区城区

现代锦江 XIANDAI JINJIANG

成都市中心城区地标之一的“天府门廊”东大街

成都市中心城区地标之一的成都IFS国际金融中心

成都市中心城区地标之一的成都远洋太古里综合体

产业锦江

CHANYE JINJIANG

2014年3月11日，中共锦江区委员会书记周思源（中）与中共锦江区委员会副书记、锦江区政府区长陈历章（右二）率队到彩蝶园、高威设施花卉基地调研锦江区现代都市农业工作

2014年4月26日，中共成都市委员会副书记、成都市政府市长葛红林（右二）到锦江区现场办公，研究重大项目推进工作

2014年8月2日，“逛春熙”APP手机平台开通

位于东大街的成都民间金融服务中心

东大街金融业聚集区

锦江电子商务产业园

位于锦江区的汽车产业园区

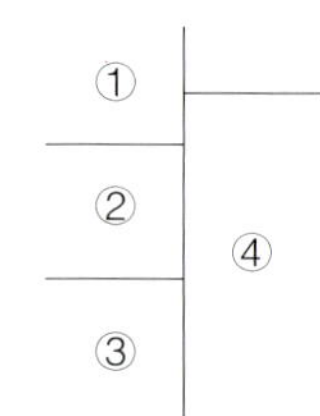

①入驻东大街的广发银行

②入驻东大街的花旗银行

③入驻东大街的恒生银行

④2014年，锦江区现代服务业发展载体之一的成都远洋太古里综合体开街

时尚锦江 SHISHANG JINJIANG

2014年8月8日，“2014成都购物节暨时尚锦江购物节”活动在成都IFS国际金融中心开幕

2014年10月28日，位于总府路29号的“老成都三条巷”民俗风情街开业

2014年12月6日，成都IBOX创意设计基地举办时尚创意活动

2014年，锦江区在“三圣花乡”举办桃花艺术节活动，现场设置的“时光走廊”

国防锦江

GUOFANG JINJIANG

2014年5月，成都军区副司令员石香元（正面中）到锦江区调研征兵工作

2014年，四川省军区副司令员丁忠汉（右三）到锦江区检查部队营地建设情况

2014年9月19日，锦江区在城东万达广场开展国防教育挂图展活动

2014年，锦江区组织民兵训练

2014年，锦江区在四川师范大学举办征兵宣传活动

2014年，锦江区民兵应急分队执行任务

文化锦江

WENHUA JINJIANG

2014年10月12日，成都（西部）艺术品保税仓库开幕仪式在锦江区举行

2014年，《东西德建筑发展历程（1949-1989）》大型文献展览在成都蓝顶美术馆开展

2014年9月19日，“2014成都蓝顶艺术节”开幕

2014年，锦江区在白鹭湾湿地举办书画家笔会活动

2014年11月15日，“生态锦江湿地公共雕塑展”活动在“三圣花乡”开幕

2014年11月29日，“开放空间艺术计划”跨界艺术展活动开幕

锦江区推出文化作品话剧《后人》

惠民锦江 HUIMIN JINJIANG

2014年4月24日，中共四川省委员会常务委员、四川省政府副省长钟勉（右一）到锦江·四川高校大学生创业基地调研大学生就业工作

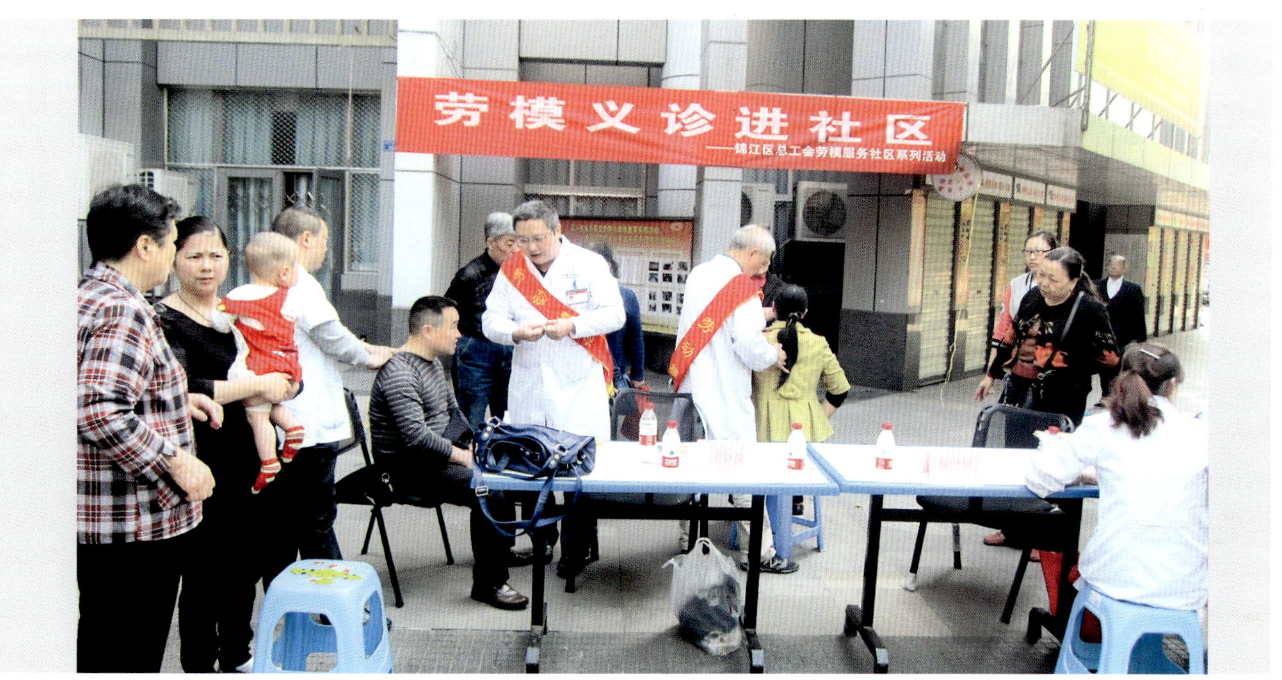

2014年4月22日，锦江区水井坊街道辖区开展“劳模义诊进社区”活动

2014年4月9日，成都明生农业公司“便民直通车”在锦江区塔子山社区的点位

锦江区打造的民生超市

2014年1月20日，锦江区长者专顾中心建成，是锦江区建成的首个专业化居家养老服务机构

2014年，锦江区对12个棚户区改造项目评估机构的比选结果进行公证

2014年，锦江区在蓝谷地社区开展老党员义诊活动

2014年，整治后的锦江区老旧院落干净整洁，车辆停放有序

运动锦江

YUNDONG JINJIANG

2014年4月29日，锦江区在成都市第七中学育才学校举办的“运动成都”成都市第三届小学生综合运动会开幕式暨阳光体育现场展示活动

2014年，锦江区举办全民健身活动

2014年4月18日，锦江区举办“爱在锦江·全面传爱”公益活动，残疾人太极拳团队到场表演

2014年5月30日，锦江区在国槐路社区文化广场举办“筑梦家园·文化同心”2014年“我们的节日·端午”文化惠民志愿服务文艺演出活动，社区太极拳爱好者到场表演

2014年6月6日，“中国·成都第五届自行车车迷健身节（锦江站）”活动在锦江区白鹭湾湿地举办

节日锦江
JIERI JINJIANG

2014年1月22日，锦江区举行第十四届社区文化节颁奖暨第十五届社区文化节启动仪式

2014年10月1日，锦江区在天府广场布置鲜花造型展台，庆祝国庆节

2014年春节期间，锦江区五福桥社区群众营造节日气氛

2014年1月1日，市民在春熙路共庆元旦节

数字锦江

SHUZI JINJIANG

图1

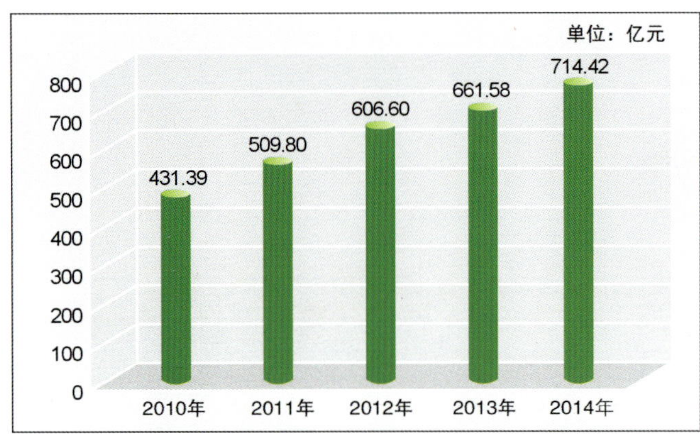

锦江区（2010—2014年）地区生产总值

图2

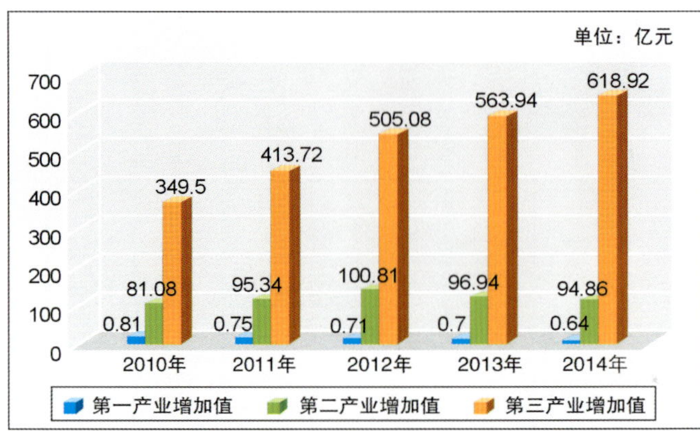

锦江区（2010—2014年）第一、第二、第三产业增加值

图3

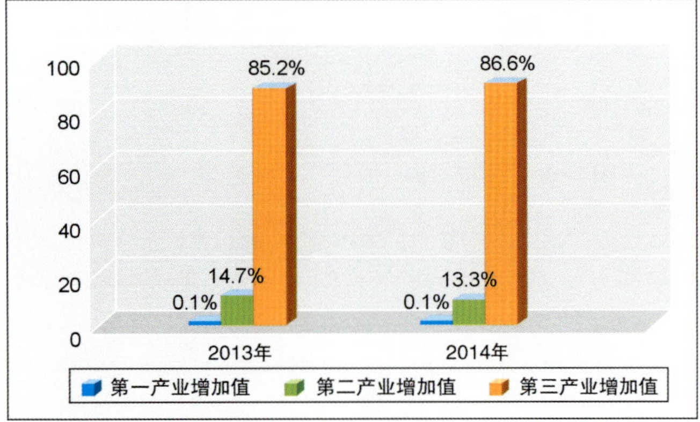

锦江区（2013—2014年）地区生产总值第一、第二、第三产业比重

图4

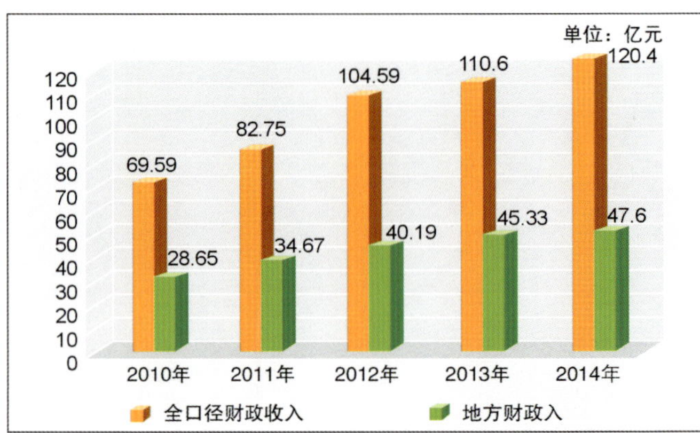

锦江区（2010—2014年）全口径财政收入、地方财政收入

图5

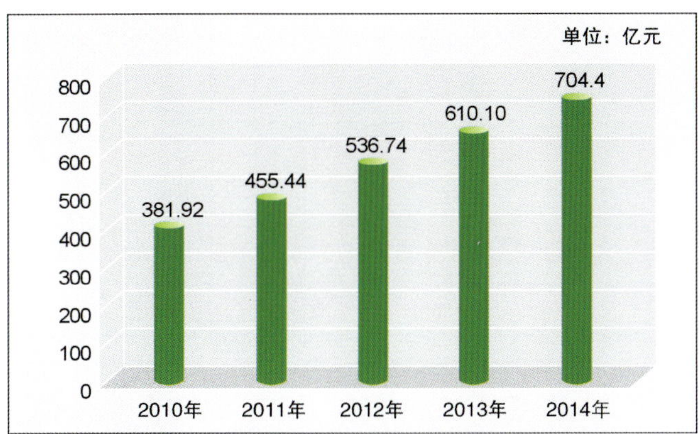

锦江区（2010—2014年）社会消费品零售总额

图6

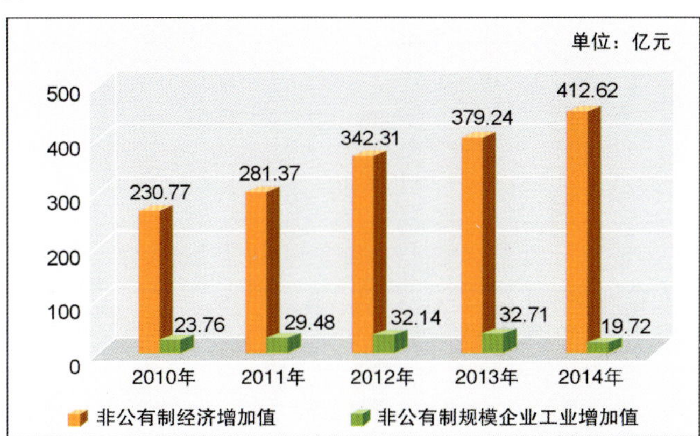

锦江区（2010—2014年）非公有制经济增加值、非公有制规模企业工业增加值

图7

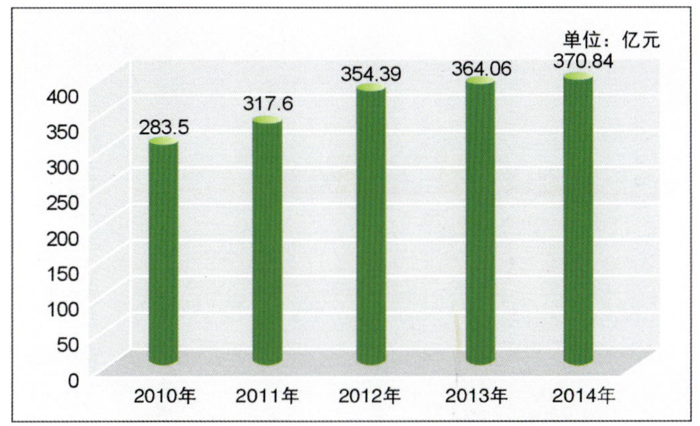

锦江区（2010—2014年）全社会固定资产投资

图8

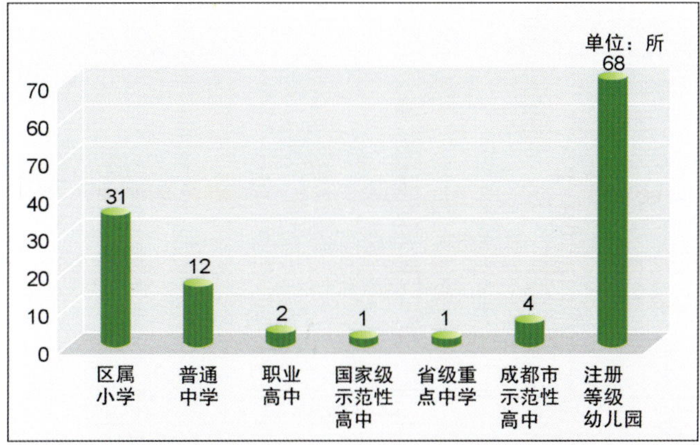

锦江区（2014年）各类中学、小学、幼儿园数量

图9

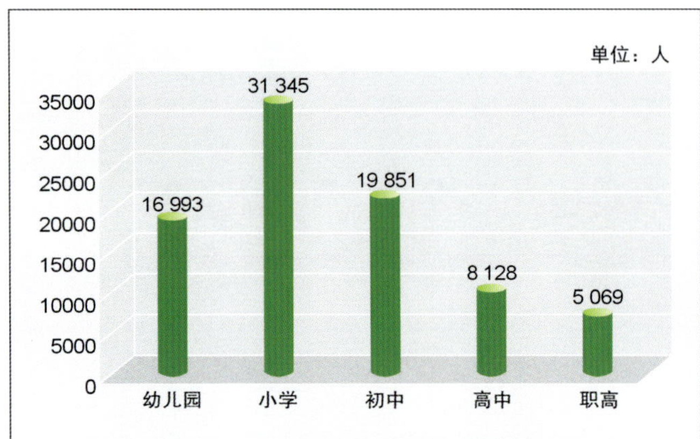

锦江区（2014年）各类在校学生数量

图10

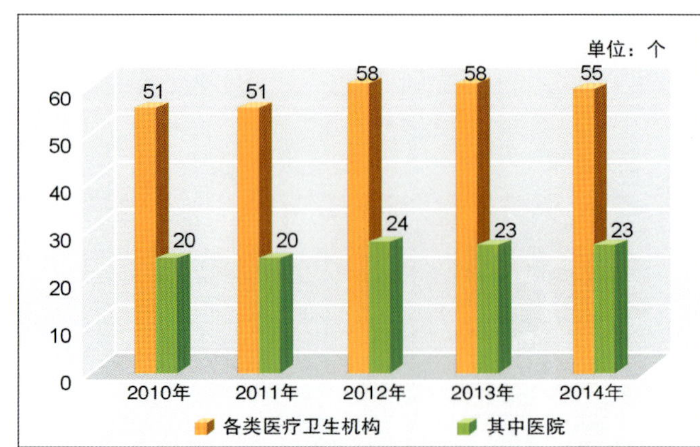

锦江区（2010—2014年）各类医疗、卫生机构数量

图11

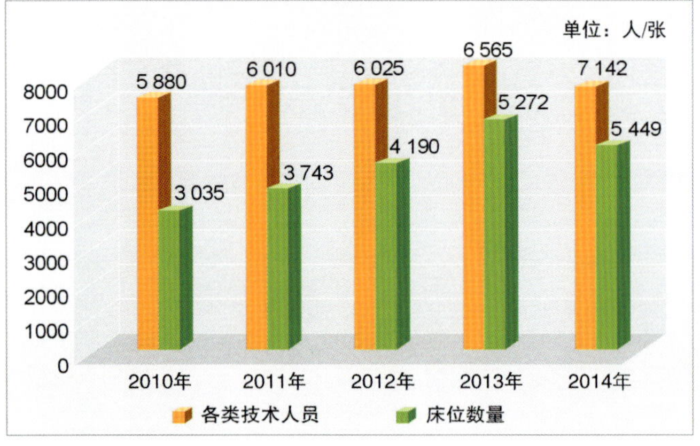

锦江区（2010—2014年）医疗卫生机构各类技术人员、床位数量

图12

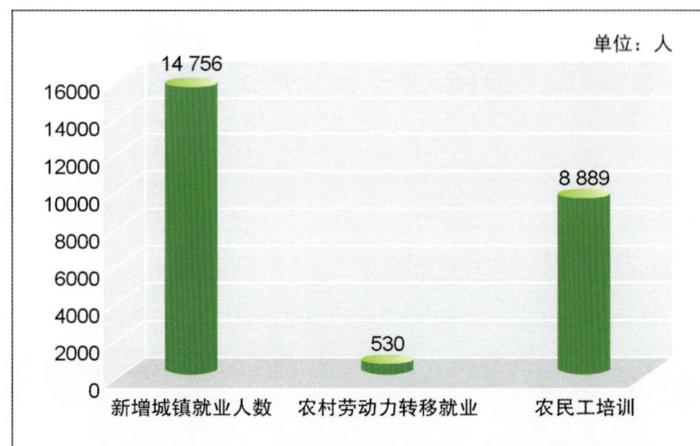

锦江区（2014年）城镇、农村劳动力培训、就业人员数量

锦江区地方志成果

成都市锦江区地方志编纂委员会办公室

志书类

年鉴类

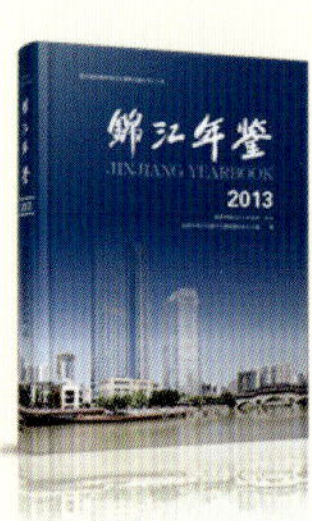

地情文献丛书类

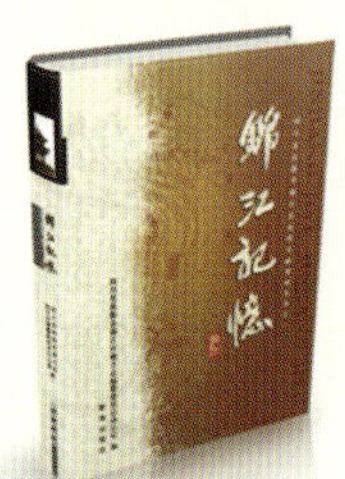

成都市锦江区地方志编纂委员会

《成都市锦江区年鉴（2015）》编辑部

鸣谢： 四川省地方志编纂委员会　成都市地方志编纂委员会办公室
中共成都市锦江区委办公室　成都市锦江区人民政府办公室
成都市锦江区人大常委会办公室　政协成都市锦江区委员会办公室
中共成都市锦江区委组织部　中共成都市锦江区委党史研究室
中共成都市锦江区委宣传部　《成都锦江》编辑部

感谢所有为年鉴编纂工作提供帮助的人们！

《成都市锦江区年鉴》2015卷参与编纂人员

中共锦江区委员会办公室

夏　勇　张建明　李晓琦

丁　元　陈智勇

锦江区人民代表大会常务委员会办公室

王强三　刘宗权　邹棹霞

锦江区政府办公室

朱　波　蹇一萍　唐　旭

政协锦江区委员会办公室

黄茂林　黄宏才　汪艳菊　张　珩

中共锦江区纪律检查委员会锦江区监察局

李永平　何江东　邓国雄

锦江区法院

吕荣珍　张卫宏　冯雪梅

锦江区检察院

伍　健　刘永红　杨玮婷

锦江区人民武装部

曾祥雕　焦亨建　苑立根

朱　睿

中共锦江区委员会组织部

陈　音　王　闯

中共锦江区委员会宣传部

汪　宏　毛　髦

中共锦江区委员会统战部

李大江　许迎春　葛　亮

段蓓蓓

中共锦江区委员会政法委员会

赵万松　傅德明　王　寅

中共锦江区委员会社会工作委员会

刘　彬　袁基伍

锦江区信访局

郑崇高　丁　璐　卞亚兰

中共锦江区委员会机构编制委员会办公室

吴倚丹　王若瑾

中共锦江区委员会老干部局

温　萍　邓丽莎　尹华利

中共锦江区委员会党校

唐海燕　朱　泉　肖光明

刘大苇

锦江区发展和改革局

李　峰　杨永红　张　康

杨正强

锦江区教育局

吴海乐　苟方文　张晶

锦江区科学技术和信息化局

陈　武　肖抗英

江区民政局

贺　涛　任　凯　陈大翔

陆向东

锦江区司法局

黎仕海　邓佳利　况鸿章

锦江区财政局

周劲松　张小兵　徐诗静

锦江区人力资源和社会保障局

武德箐　曾　涛　张晓霞

锦江区环境保护局

朱文飞　赵宗湘　钟月宾

锦江区建设局

聂　立　张才先　白齐兰

锦江区房产管理局

蔡承尧　曹　伟　徐孝奇

锦江区城市管理局

黎焰飚　李玉彬

锦江区交通局

曹代勤　刘　波　范晓红

锦江区统筹城乡工作局

陈雪松　荀志强　冯治国

陈勇昌

锦江区商务局

张卫东　沈　亮　陈　坪

李建波

锦江区投资促进局

南　涌　李媛媛

锦江区文化广播电视和新闻出版局

王茂林　淳　茂　杨　波

何　彦

锦江区卫生局

冯　涛　雷　静

锦江区人口和计划生育局

戴雪峰　杨　晓　肖　煜

锦江区审计局

唐高原　肖　筠　朱　泓

锦江区安全生产监督管理局

孙　涛　吴继清　柯力文

锦江区统计局

张官友　王浩沣　蒲　玥

锦江区旅游局

许　波　何　平　郎建国

刘　维

锦江区档案局

迟立松　吴艳萍　雷大秀

锦江区机关事务管理局

潘建华　黄　飞　徐基权

锦江区统一建设办公室

鄢　宁　王召新　钱　莉

锦江区危旧房改造中心

许　亮　梅　静　吴　昊

成都市国土资源局锦江分局

刘文友　孟　敏　杨　栎　欧　昶

成都市公安局锦江分局

陈　智　沈利斌

成都市锦江工商行政管理局

魏　晖　谢　川　唐　健

成都市锦江质量技术监督局

任　军　胡永忠　何仕栩

成都市锦江区食品药品监督管理局

万　科　刘晓斌　陈英姿

成都市规划管理局锦江分局

罗克雄　张书辉

锦江区国家税务局

李占平　黄国政　陈　丹
刘　路

锦江区地方税务局

王楚三　丁家铭　徐天心

成都市粮食局锦江分局

李仕春　戴必成　卿　茂

锦江区中央商务区管理委员会

李　毅　蒋　熙　罗晓娟

锦江区创意产业商务区管理委员会

杨　刚　段　蓉　谢　伟
陈琦天

锦江区生态商务区管理委员会

李胜松　古　斌　古　渝

锦江区金融街商务区管理委员会

周天伦　罗志蓉　冯正英

锦江区沙河商务商业区管理委员会

赵　阳　吴昌赋　孙林宇

锦江区政府督院街街道办事处

侯　滔　赵淑芳　崔玉善

锦江区政府盐市口街道办事处

王茂林　赖　兵　丁昭川

锦江区政府春熙路街道办事处

付尤宏　廖若男

锦江区政府书院街街道办事处

辜金山　刘继华　刘　莉

锦江区政府合江亭街道办事处

李　强　陶　涛　石楚娟

锦江区政府水井坊街道办事处

邱　洪　付贤柱　杨　鸿

锦江区政府牛市口街道办事处

魏巍爱　杨振英　胡宝华

锦江区政府龙舟路街道办事处

钟　伟　罗传明　彭　雯

锦江区政府双桂路街道办事处

伍　华　李光亮　张维婷

锦江区政府莲新街道办事处

伍　勇　周　兵　蔡可珂

锦江区政府沙河街道办事处

文　军　唐　隽　范　斌

锦江区政府东光街道办事处

李小松　常　庆　官金蓉

锦江区政府狮子山街道办事处

周天伦　谢　洁

锦江区政府成龙路街道办事处

李亚娟　冯　惠　罗月敏

锦江区政府柳江街道办事处

周　杰　王植平　张　英

锦江区政府三圣街道办事处

肖福明　刘观辉　巫　卉

锦江区总工会

魏宇光　李怡菁　张未明

共青团锦江区委员会

彭华苹　乐兆峰　杨　宇

锦江区妇女联合会

石　琳　李婷菡　葛琳莉

锦江区科学技术协会

刘淑蕙　郭鲜明　朱柏平

锦江区归国华侨联合会

蒋　芸　朱　泉

锦江区残疾人联合会

陈　兰　龚晓兰　肖莉莉

锦江区红十字会

倪　克　王宝玉　郑　咏

锦江区工商业联合会

文　华　荣　幸　毛运涛
胡小旭

成都市兴锦城市建设投资有限责任公司

周　忠　鄢子伦　陈　方

成都市兴锦现代农业投资有限责任公司

廖　宁　黄林晚　陈　佳

成都市兴锦教育投资发展有限责任公司

刘　移　张　艳　顾　静
汤　帆

成都恒锦旧城改造投资有限责任公司

叶敬杨　封正辉　伍　征

成都市锦江区中小企业融资担保有限公司

居　垠　严　敏　曾　燕

成都锦金区域发展投资有限公司

黄　安　冯　伟　郑　娟

成都市百年春熙建设投资发展有限责任公司

曾　武　杨谨旖　李鑫渝

成都东大街金融建设投资股份有限公司

凌　刚　张　琳

成都市锦都工业建设投资有限公司

黄　安　丛　梅　晏　立

序言

稳增长 抓改革 惠民生
建设国内一流的
现代化国际性生态型精品城区

中共成都市锦江区委书记 周思源　　成都市锦江区人民政府区长 陈西章

因水而兴是成都这座历史文化名城兴旺繁荣的底蕴。锦江，成都的母亲河，在千百年岁月中滋养着历史的风骨。濯锦之江源远流长，锦江区在时代中崛起，用国内一流的“现代化国际性生态型精品城区”的唯美姿态诠释历史与时尚交相辉映的美。

这是一个历史人文何其浓厚的地方。迄今两千余年的濯锦江、“震旦第一丛林”大慈寺、“中国白酒第一坊”水井坊、成都最早的市政公园合江亭、溯至古蜀时代的天涯石，历史于此生长，又在时光中不断焕发新的魅力。这是一个商贸往来何其繁华的地方。“蜀中首街”东大街、“百年金街”春熙路、全国四大劝业场之一的商业场、自汉以来一直繁荣至今的盐市口，辖地所在，商贾云集，百业兴旺，繁荣从未间断。建区至今，被国务院确定为“商贸繁华区”的锦江区继承和发扬源自古华阳的商业文化，不断提升商业业态，形成了以商业文化为内涵的独有文态氛围。以春熙路、盐市口、东大街等传统商业发达区域为载体的锦江商贸业走向一个又一个新的巅峰。

“小而优，小而美，小而强”这是中共成都市委书记黄新初对锦江区寄予的期望，也是锦江区多年拼搏的真实写照。锦江区土地面积仅62平方公里，产业承载空间难与拥有大量土地资源的地区相比。正是在这样的前提下，五届和六届区委、区政府充分挖掘商贸繁华的区域优势，一方面做强现代商贸业，一方面整合传统服务业、商业、休闲服务业、金融服务业、文化创意产业、专业服务业等多种业态，构建了具有锦江特色的现代服务业发展体系，为锦江经济发展开辟了一片蓝海，形成了以“锦江文化”为内涵的区域综合竞争力。

历经沧桑方见岁月本色。锦江区从历史中走来，怀着光荣与梦想，在时代浪潮中砥砺前行。2014年，锦江区在中共成都市委员会、成都市政府的正确领导下，深入贯彻党的十八大精神和十八届四中全会精神，围绕成都市五大兴市战略，紧扣“转型升级、提质增效”主题，稳增长、抓改革、惠民生，持续推动政治、经济、社会、文化、生态“五个文明”建设，促进经济社会健康发展。

锦江区围绕“产业链”发展思路，发展现代服务业，质量型增长更加鲜明。春熙路盐市口商圈已经成为成都乃至中国西部地区现代商贸业的标杆。商圈内汇集路易威登、迪奥、古驰、普拉达、阿玛尼、爱马仕等53个国际著名奢侈品品牌，H&M、ZARA、杰克琼斯等350余个国际知名品牌在商圈内开设了卖场；汇集了成都IFS国际金融中心、仁恒置地广场、仁和春天百货、王府井百货、伊势丹百货、远东百货等18家大型零售百货卖场。商圈内限额以上商贸企业零售额超过270亿元。随着春熙路商气东移战略的成功实施和现代服务业的蓬勃发展，锦江区整合水井坊片区、大慈寺片区的优势资源，打造了以红星路大慈寺商圈为核心的新百亿商圈。成都远洋太古里强势入驻，总建筑面积达到42万平方米，集购物中心、酒店、酒店服务式公寓、写字楼等功能于一体。古驰、爱马仕、卡地亚等国际著名奢侈品品牌卖场于此登台亮相，成为成都高端商业和现代服务业的黄金坐标。誉为“震旦第一丛林”的大慈寺与引领时尚的太古里于此和谐共融，再现了唐宋时期庙市合一的盛景。2014年，锦江区登记注册的商贸企业已经达到5 538家，销售额超过1亿元的商贸企业达到114家。商贸业销售总额达到1 108.1亿元，第三产业增加值达到618亿元，社会消费品零售总额达到704.4亿元。锦江区社会消费品零售总额占到四川省社会消费品零售总额的5.87%，占成都市社会消费品零售总额的16.28%，锦江区商贸业继续保持省市排头兵的地位。“中国现代服务业十强区”延续着历史的荣耀，锦江区将把“现代服务业先导区”的蓝图绘制得更加纹理辉煌。

这是在平凡中创造不平凡的一年。锦江区在经济建设和社会事业发展两大领域取得可喜成绩。这一年，锦江区加快重点项目建设，“528艺术东村”等7个重大项目开工，83个重大项目按计划实施，建成中国中西部地区首个国际性艺术品保税仓库，四川省首个现代节能环保服务业园区竣工投产，培育税收亿元楼宇14幢、5 000万元楼宇14幢，主导产业的优势地位得到巩固，现代化、国际化水平进一步提升。锦江区实现地区生产总值714亿元，同比增长6.5%，地均人均产出成都市最高；城镇居民人均可支配收入达到33 601元，同比增长8.8%。这一年，锦江区围绕“创新型城区”建设，纵深推进行政审批制度改革、经济体制改革、农村产权制度改革、干部人事制度改革，获得“2014中国十大改革创新示范区”称号。这一年，锦江区围绕“幸福锦江”建设，把“贴近实际、贴近生活、贴近群众”的精神落到实处，完成190余项为民办实事项目，成为“全国智能化养老实验区”。这一年，锦江区围绕“法治锦江”建设，推进依法治区工作，社会治安满意度在成都市5个中心城区中排名第一，成为中国西部首个整区性质的“全国安全社区”。这一年，锦江区围绕“社会管理创新”，促进社会组织发展，成为“全国社会组织创新示范区”“全国社会工作服务示范区”“全国和谐社区建设示范城区”，获得“全国创新社会治理十大最佳案例奖”。这一年，锦江区围绕“美丽锦江”建设，完善白鹭湾湿地配套设施，加大旧城改造力度，加快老旧院落改造步伐，健全环保措施，推进植绿工程，成为“国家级生态区”，获得“全国创建生态文明典范城市”称号。

2014已然过去，与时俱进的锦江区将在新的机遇和挑战中加快转型升级步伐，不断开创经济社会发展的新局面，夺取“精品城区”建设的更大胜利。

这部年鉴记载了锦江区2014年的心路历程，旨在明新旧之脉络，辨历史之方位，为“精品城区”建设提供有价值的参考。在此向所有参与年鉴工作和为年鉴工作提供帮助的同志们致以崇高敬意。

2015年6月

编纂说明

一、本年鉴是一部在中共成都市锦江区委员会领导下，按照“区委领导、政府主持，单位供稿、志办总纂”的编修原则，由成都市锦江区人民政府主办，成都市锦江区地方志编纂委员会办公室编纂的地方综合年鉴。

二、本年鉴客观记述锦江区2014年度围绕国内一流的“现代化国际性生态型精品城区”建设，推动区域社会经济发展的情况。是一部具有纪实性、指南性、知识性特征的资料性工具书。

三、本年鉴按照体例严谨、编排系统、检索方便的要求进行编纂。全书构成分为综合情况、动态信息、附属资料、检索系统四大部类。“综合情况”的内容由概况和部分概述条目组成；“动态信息”的内容即各类年度大事要闻和其他重要信息；“附属资料”的内容包括统计资料、文献文件、大事记、文摘、收录等便览性、参考性资料；“检索系统”由目录和索引组成。

四、本年鉴构架依据国民经济分类标准，结合区情实际，采用分类编辑法设置，分设类目、分目、条目。条目是基本记述单位和基本寻检单元，选材注重择大择要与常规内容相结合，所选题材新颖性与稳定性并举，兼顾“概”和“实”的特点，集信息主题、情况主题、知识主题、资料主题于一书，既相对独立，又互为策应。

五、本年鉴设区域概况、特色活动、人口、中国共产党、人民代表大会、人民政府、政治协商会议、民主党派、群众团体、法治、国防建设、城市建设、城市管理、财政与税务、经济产业、行业管理、经济事务管理、社会事务管理、社会事业发展、功能区建设、街道辖区、国有公司、人民生活共23个类目。另设附属资料版块6个，分别是大事记、锦江荣誉榜、文献文件、文摘、统计资料、收录。索引单设。全书总字数约65万字。

六、本年鉴以公报语体为主要记述语体，结合运用记叙文体和说明文体，遵循客观实在的原则述而巧作；语言文字严格使用符合国家规范的简化汉字，以现代书面语为表现方式；以第三人称表述称谓，年、月、日记述时间，公历世纪、年代、年、月、日、时、分、秒等一律使用阿拉伯数字；文中涉及一般记叙文体的非表示科学计量与不具有统计意义的数字使用汉字进行表述，倍数、成数、分数、百分数、千分数使用阿拉伯数字；计量单位使用国家法定公制单位。

七、本年鉴中的党员、党组织、党支部指中国共产党员、中国共产党的组织、中国共产党的支部。

八、本年鉴记录锦江区2014年政治、经济、社会、文化各领域重要时事和区域内的自然、地理情况，收录年度重要文献和统计资料，为社会各界了解和研究锦江区提供准确信息，为建设国内一流的"现代化国际性生态型精品城区"提供借鉴和参考。

九、本年鉴允许部分内容交叉重叠。通过适度交叉的方式，从不同角度记述各部门围绕同一事物分别开展工作的情况。

十、本年鉴的文字和图片资料来源于区级各部门、各街道办事处，数据资料由统计部门审定，登载资料均通过保密部门审核，符合法定程序和出版规定。

《成都市锦江区年鉴（2015）》编辑部

2015年6月

目 录

区域概况

政区设置……1
政区勘界……1
街道辖区和社区划分……1
督院街街道辖区勘界……1
盐市口街道辖区勘界……1
春熙路街道辖区勘界……1
书院街街道辖区勘界……2
合江亭街道辖区勘界……2
水井坊街道辖区勘界……2
牛市口街道辖区勘界……2
龙舟路街道辖区勘界……2
双桂路街道辖区勘界……2
莲新街道辖区勘界……2
沙河街道辖区勘界……2
东光街道辖区勘界……2
狮子山街道辖区勘界……2
成龙路街道辖区勘界……2
柳江街道辖区勘界……2
三圣街道辖区勘界……2
区域特色……3
政区得名……3
商贸繁华区……3
百年金街……3
自然地理……3
地理环境……3
水环境……3
大气环境……3
经济社会发展……3
概况……3
锦江区经济社会发展主要指标……4
经济总量增长……4
教育事业发展……4
文化事业发展……4
新型集体经济组织发展……4
扶贫工作……4
农村环境治理……4
新型社区管理……4
改革创新……5
行政审批制度改革……5
建设项目审批制度改革……5
决策制度改革……5
街道管理体制改革……5
机构改革……5

农村产权制度改革……5
政治文明建设……5
党务公开……5
政务公开……6
居务公开……6
行政权力依法运行……6
人大代表参与重要工作……6
司法公开……6
精神文明建设……6
公民思想道德建设……6
未成年人思想道德建设……6
群众性创建活动……7
文明城市创建……7
群众精神文化活动……7
援助藏区……7
概况……7
项目援建……7
援藏培训……7
宣传炉霍活动……7
社会治理援助……7
社会事业发展援助……7
锦江区援助藏区工作图记……8
“智慧锦江”建设……10
概况……10
景区通信网络建设……10
WIFI全覆盖……10
城市线缆更新……10
“网上锦江”信息平台建设……10
电子内网建设……10
“智慧医疗”项目建设……10
聚焦锦江……10
国家级社会组织建设创新示范区……10
国家广告产业园区……10
国家生态区……10
国家级生态乡镇……10
国家级生态文明典范城市……11
国家级文化先进区……11
国家级社会治理创新十大最佳案例奖……11
国家级和谐社区建设示范城区……11
智能化养老实验区……11
省级爱国卫生先进单位……11

特色活动

党的群众路线教育实践活动……12
概况……12
动员大会……12
学习资料编印……12
党的群众工作专题调研……12
活动成果……12
活动经验交流推广……13
社会宣传……13
党的群众路线教育实践活动调研……13
党的群众路线教育实践活动进军营……13
教育行业践行党的群众路线……13
卫生行业践行党的群众路线……13
督院街街道辖区践行党的群众路线……14
盐市口街道辖区践行党的群众路线……14
书院街街道辖区践行党的群众路线……14
水井坊街道辖区践行党的群众路线……14
龙舟路街道辖区践行党的群众路线……14
莲新街道辖区践行党的群众路线……15
沙河街道辖区践行党的群众路线……15
东光街道辖区践行党的群众路线……15
双桂路街道辖区践行党的群众路线……15
成龙路街道辖区践行党的群众路线……15
柳江街道辖区践行党的群众路线……15
三圣街道辖区践行党的群众路线……15
践行社会主义核心价值观活动……16
宣传载体建设……16
“锦江榜样”评选活动……16
节俭养德活动……16
盐市口辖区弘扬社会主义核心价值观……16
春熙路辖区弘扬社会主义核心价值观……16
东光辖区弘扬社会主义核心价值观……16
双桂路辖区弘扬社会主义核心价值观……16

人　口

人口数量 …… 17
- 人口总量 …… 17
- 人口性别结构 …… 17
- 人口年龄结构 …… 17
- 人口民族结构 …… 17
- 人口城乡分布 …… 17
- 人口变动情况 …… 17
- 出生人口孩次结构 …… 17

人口素质 …… 17
- 青少年健康人格工程 …… 17
- 出生缺陷干预 …… 18
- 流动人口优生服务 …… 18

人口信息管理 …… 18
- 人口信息核查清理 …… 18
- 人口信息质量管理 …… 18
- 人口统计信息采集 …… 18
- 人口管理协调会商制度 …… 18
- 流动人口信息管理 …… 18

人口教育与计划生育技术服务 …… 19
- 人口和计划生育宣传教育 …… 19
- “计划生育进军营”活动 …… 19
- 流动人口计划生育服务 …… 19
- B超免费技术服务 …… 19
- 避孕药具服务 …… 19

锦江区2014年度大事记

1月 …… 20

2月 …… 21

3月 …… 21

4月 …… 22

5月 …… 22

6月 …… 23

7月 …… 23

8月 …… 24

9月 …… 24

10月 …… 25

11月 …… 25

12月 …… 26

中国共产党

主要会议 …… 27
- 中共锦江区委员会六届十次会议 …… 27
- 中共锦江区委员会六届十一次会议 …… 27
- 中共锦江区委员会六届十二次会议 …… 28
- 中共锦江区委员会六届十三次会议 …… 28
- 中共锦江区委员会常务委员会议 …… 28

政策研究 …… 32
- 调查研究 …… 32
- 调研文章发表 …… 33
- 专项文稿撰写 …… 33

纪律检查与监察 …… 33
- 反腐倡廉宣传教育 …… 33
- 惩防体系建设 …… 33
- 行政效能建设 …… 33
- “政风行风热线”活动 …… 33
- 落实“两个责任” …… 33
- 正风肃纪工作 …… 34
- 违纪违法案件查办 …… 34
- 廉政文化建设 …… 34
- 社区综合监管平台建设 …… 34
- 纪律检查与监察工作机构建设 …… 34
- 纪律检查与监察干部培养 …… 34
- 特邀监察员聘用 …… 34

组织工作 …… 35
- 基层党组织建设 …… 35
- 党员发展 …… 35
- 党员远程教育 …… 35
- 党史工作 …… 35
- 领导干部选拔任用 …… 35
- 科级干部管理 …… 35
- 干部培训量化考核机制 …… 35

干部审核…… 35
非领导职务局级干部管理…… 35
干部援藏工作…… 36
干部监督管理…… 36
干部挂职培养…… 36
干部递进培养…… 36
组织干部参加省级和市级培训…… 36
局级领导干部轮训…… 36
专题培训…… 36
新进干部区情培训…… 36
副科级以上干部商务英语培训…… 36
干部在线学习…… 36
中青年后备干部培训…… 36
“国际锦江”素质培训…… 36
优秀党务工作者获得者…… 37
宣传思想工作…… 37
党委中心组学习…… 37
宣讲活动…… 37
政治思想工作…… 37
对外宣传工作创新…… 37
新闻管理…… 37
全域传播活动…… 37
《成都锦江》编印工作…… 37
锦江电视台宣传工作…… 37
统一战线工作…… 37
支持民主党派基层组织建设…… 37
民主党派和无党派人士参政议政…… 38
组织民主党派开展教育活动…… 38
动员民主党派参加社会服务活动…… 38
党外干部工作…… 38
民族宗教工作…… 38
非公有制经济代表人士工作…… 38
海外统战工作…… 39
统一战线工作调研…… 39
统一战线工作宣传…… 39
政法工作…… 39
社会治安综合治理…… 39
社会稳定维护工作…… 39
“平安锦江”建设…… 39
政法干警培训…… 39
规范公安民警执法行为…… 40
向见义勇为市民授奖…… 40
保障社会弱势群体权益…… 40
社会建设…… 40
概况…… 40
社会建设发展指数统计分析…… 40
公共服务项目管理与实施…… 40
社会管理信息建设…… 40
社会治理民主化进程…… 40
社区公共服务项目…… 40
社会工作人才队伍建设…… 40
社区班子培训…… 40
志愿服务工作…… 41
成都社会组织学院成立…… 41
信访和群众工作…… 41
概况…… 41
信访联席会议制度建设…… 41
领导接待信访制度建设…… 41
重要信访案件区级领导包案制度…… 41
信访代理制度建设…… 41
信访受理平台建设…… 41
群众信件处置…… 42
群众上访案件处置…… 42
网络信访案件处置…… 42
机构编制工作…… 42
机构设置…… 42
事业单位管理…… 42
老干部工作…… 42
老干部工作机构…… 42
锦江区老干部休养所…… 42
锦江区老干部情况…… 42
老干部思想政治工作…… 42
老干部情况通报会…… 42
老干部列席重要会议…… 43
离退休老干部党组织建设…… 43
老干部经济待遇落实…… 43

老干部医疗保健…… 43
老干部慰问…… 43
老干部帮扶…… 43
老干部文体活动…… 43
党校教育…… 43
概况…… 43
对口培训甘孜州炉霍县干部…… 43
局级干部培训…… 43
后备干部培养…… 43
专题培训…… 44
目标管理…… 44
目标任务分解下达…… 44
目标考核…… 44
重大工作督查督办…… 44
领导交办事项督查督办…… 44
保密工作…… 44
概况…… 44
网络保密工作…… 44

人民代表大会

主要会议…… 45
锦江区人民代表大会六届三次会议…… 45
锦江区人民代表大会常务委员会会议…… 45
依法监督…… 48
概况…… 48
法律监督…… 48
国民经济发展事务监督…… 48
民生工作监督…… 48
干部任免与监督…… 48
人大代表工作…… 48
概况…… 48
社会事业发展调研…… 49
人大代表议案和建议办理…… 49
人大代表工作制度…… 49
区域经济发展调研…… 49
城市建设项目视察…… 49
“人大代表之家”建设 …… 49

人民政府

主要会议…… 50
锦江区政府第六届第二次全体会议…… 50
锦江区政府常务会议…… 50
文件管理…… 53
文件清理…… 53
文件办理…… 53
法治政府建设…… 53
行政决策制度建设…… 53
政府法律顾问制度建设…… 53
决策评估和责任追究制度建设…… 53
行政复议与应诉…… 53
政务服务…… 53
政务服务中心标准化建设…… 53
政务服务窗口制度建设…… 54
“局长进大厅”活动 …… 54
限时办结制度落实…… 54
公安办证服务…… 54
公安服务群众考评机制…… 54
应急管理…… 54
应急预案修订…… 54
应急避难场所建设…… 54
应急演练…… 54
基层社区应急能力建设…… 55
涉外事务…… 55
干部出国管理…… 55
国际交往活动…… 55
国际友好城市…… 55
人才工作…… 55
人才引进和培养…… 55
知识更新工程…… 55
编制内新进人员管理…… 55
人才工作课题调研…… 55
高校毕业生就业创业扶持…… 55
高校大学生创业基地建设…… 55
大学生社区志愿者人才队伍建设…… 56

职业技能竞赛…… 56
机关事务管理…… 56
概况…… 56
机关资产管理…… 56
因公经费精简…… 56
“文明用餐反对浪费”活动 …… 56
会务活动精简…… 56
公务车辆管理…… 56
政府采购规范化管理…… 56
公务接待…… 57
办公区节能工作…… 57
审计工作…… 57
概况…… 57
经济责任审计…… 57
财政审计…… 57
审计执法检查…… 57
固定资产投资审计…… 57
专项审计…… 58
统计工作…… 58
统计调查和分析…… 58
第三次全国经济普查…… 58
服务业小型和微型企业监测…… 58
一体化住户调查…… 58
统计信息咨询与监测…… 58
统计行业培训…… 58
统计执法…… 58
地方志工作…… 58
创建“四好志办”活动…… 58
口述史料收集…… 59
编印出版《百年锦江光影》…… 59
年鉴工作…… 59
志书编修…… 59
档案工作…… 59
概况…… 59
文书立卷指导…… 59
党的群众路线教育实践活动档案工作…… 59
拆迁项目会计档案工作指导 …… 59
文化先进区创建工作资料整理…… 59
创意设计活动档案整理…… 59
重点建设项目档案工作指导…… 60
档案规范化管理等级认定工作指导…… 60
档案法规宣传…… 60
档案移交管理…… 60
档案服务…… 60
档案数字化加工…… 60
档案信息网络平台运行…… 60
档案馆安全管理…… 60
重大会议和活动资料采集…… 60
地情资料采集…… 60
档案统计年报工作…… 60
成都市档案协会片区工作会召开…… 60

政治协商会议

工作机构…… 61
政协锦江区委员会…… 61
政协街道工作委员会…… 61
政治协商…… 61
政协全体委员会协商…… 61
政协常务委员会协商…… 61
政协主席会议协商…… 62
政协专门委员会协商…… 62
民主监督…… 62
民主评议…… 62
生态工作视察监督…… 63
社区青少年教育工作视察监督…… 63
文化产业发展工作视察监督…… 63
检务公开工作视察监督…… 63
都市农业发展工作视察监督…… 63
历史文化街区开发工作视察监督…… 63
公办幼儿园建设工作视察监督…… 63
关心下一代工作视察监督…… 63
参政议政…… 63
调查研究…… 63
反映社情民意…… 63
政协文史工作…… 63

办实事工作…… 64
政协提案工作…… 64
政协委员依法履职促进工作…… 64
政协街道工作委员会工作…… 64

民主党派

中国国民党革命委员会…… 65
学习教育活动…… 65
参政议政职能履行…… 65
中国民主同盟…… 65
“基层组织建设年”活动…… 65
助力社区群众文化建设…… 65
参政议政职能履行…… 65
参与慈善工作…… 65
中国民主建国会…… 65
会员学习活动…… 65
骨干会员培养…… 66
中国民主促进会…… 66
组织建设…… 66
服务基层…… 66
助力社会事业发展…… 66
参政议政职能履行…… 66
慈善活动…… 66
中国农工民主党…… 66
革命传统教育活动…… 66
参政议政职能履行…… 66
课题研究…… 66
社会公益活动…… 66

群众团体

工　会…… 67
锦江区总工会…… 67
基层工会组织建设…… 67
“职工建家”活动…… 67
职工民主管理…… 67
构建和谐劳动关系…… 67
就业服务…… 67
困难职工帮扶…… 68
职工体检…… 68
职工互助保险…… 68
关爱“劳动模范”…… 68
精品菜单培训机制…… 68
职工学雷锋志愿服务…… 68
职工技能竞赛…… 68
“工人先锋号”创建活动…… 68
共产主义青年团…… 68
共产主义青年团组织…… 68
基层团组织建设…… 68
“锦江青年创业城”项目…… 69
青年人创业指导…… 69
青年人创业资金扶持…… 69
青年人就业活动…… 69
高校创业基地建设…… 69
青少年空间…… 69
未成年人心理咨询热线开通…… 69
青年志愿者活动…… 69
关爱青少年帮扶活动…… 70
未成年人思想道德建设…… 70
青少年权益保护…… 70
妇女联合会…… 70
概况…… 70
妇女就业…… 70
“五好家庭”创建…… 70
儿童之家…… 70
家庭教育活动…… 70
妇女儿童工作调研…… 71
“形象美学”讲座…… 71
“寻找最美家庭特别行动”活动…… 71
“妇女之家”建设…… 71
婚姻家庭法律常识讲座…… 71
“春蕾计划”继续实施…… 71
向地震灾区献爱心活动…… 71
科学技术协会…… 71
概况…… 71

“科技之春”科普活动 …… 71
公益健康活动 …… 71
“迎新科技节”活动 …… 72
科普读本编印和赠送 …… 72
“第二季·科技季”活动 …… 72
青少年科普文化节 …… 72
科普文艺汇演活动 …… 72
“送科技进社区”活动 …… 72
“科普惠民”活动 …… 72
“金桥工程”项目 …… 72
实施学科建设 …… 72
组织科技专家调研 …… 72
科学技术年会 …… 73
科普创建工作 …… 73
科技援藏工作 …… 73
国学普及志愿者基地 …… 73
莲花社区科普教育中心 …… 73
社区科普网络书屋 …… 73
归国华侨联合会 …… 73
概况 …… 73
侨法宣传 …… 73
服务侨界群众 …… 74
服务侨商 …… 74
侨务活动 …… 74
参政议政职能履行 …… 74
泛珠三角省区侨联协作会议 …… 74
参与经济社会建设 …… 74
侨情调查 …… 74
澳大利亚V集团奖（助）学金项目 …… 74
残疾人联合会 …… 74
概况 …… 74
残疾儿童康复与救助 …… 75
精神病患者康复与救助 …… 75
贫困残疾人康复与救助 …… 75
残疾人就业培训 …… 75
残疾人助学金发放 …… 75
残疾人创业扶持 …… 75
残疾人就业扶持 …… 75
残疾人专项生活补助 …… 75
重度残疾人护理费用补贴 …… 75
残疾人居家生活设施补贴 …… 75
残疾人无障碍设施改造 …… 75
残疾人机动轮椅车燃油补贴 …… 76
困难残疾人家庭慰问 …… 76
残疾人社会保险扶持 …… 76
助残社会组织补贴 …… 76
残疾人运动会 …… 76
残疾人精神生活 …… 76
“全国助残日”活动 …… 76
红十字会 …… 76
概况 …… 76
红十字组织抗震救灾 …… 76
创建文明城市复查测评工作 …… 76
急救知识培训 …… 77
“博爱送万家”活动 …… 77
人道主义医疗救助 …… 77
人道主义助学 …… 77
红十字会员管理 …… 77
对口援助炉霍县 …… 77
红十字志愿者队伍 …… 77
“世界艾滋病日”宣传活动 …… 77
“世界红十字日”宣传活动 …… 77
社区配置红十字急救箱 …… 77
红十字应急救援队伍建设 …… 77
工商业联合会 …… 78
教育培训 …… 78
民营经济调研 …… 78
工商界人士政治推荐 …… 78
参政议政职能履行 …… 78
助力招商引资 …… 78
企业合法权益保护 …… 78
基层商会组织建设 …… 78
就业促进 …… 78
光彩工程·公益慈善事业 …… 78
会员企业典型宣传 …… 79
社会科学界联合会 …… 79

社会科学理论研究成果…………………………… 79
社会科学课题立项与评选………………………… 79
“干部群众面对面”活动 …………………………… 79
文学艺术界联合会………………………………… 79
概况………………………………………………… 79
灯谜创作与竞猜活动……………………………… 79
“文艺志愿者进万家”活动 ………………………… 79

法　治

案件侦破…………………………………………… 80
概况………………………………………………… 80
命案侦破…………………………………………… 80
刑事案件侦破……………………………………… 80
经济案件侦破……………………………………… 80
“黄赌毒”案件侦破 ………………………………… 80
小型民生案件侦破………………………………… 80
国家安全案件侦破………………………………… 80
交通肇事案件侦破………………………………… 80
检　察……………………………………………… 81
概况………………………………………………… 81
涉案人员逮捕审查批准…………………………… 81
公诉………………………………………………… 81
捕后羁押必要性审查……………………………… 81
禁毒工作…………………………………………… 81
未成年人刑事检察………………………………… 81
预防职务犯罪……………………………………… 81
侦查监督…………………………………………… 81
监所检察…………………………………………… 81
民事行政检察……………………………………… 81
行政执法与刑事司法衔接机制…………………… 81
控告申诉检察……………………………………… 82
打击和预防经济犯罪……………………………… 82
职务犯罪查办工作外部监督……………………… 82
检察机关争创一流工作…………………………… 82
审判与执行………………………………………… 82
概况………………………………………………… 82
锦江区法院2014年案件受理和审判情况表… 82
刑事案件审判……………………………………… 82
刑事附带民事案件调解…………………………… 82
民事案件审判……………………………………… 82
行政争议化解与案件审判………………………… 82
行政审判的服务保障作用发挥…………………… 83
审判监督…………………………………………… 83
执行工作…………………………………………… 83
司法行政…………………………………………… 83
概况………………………………………………… 83
司法行政机构……………………………………… 83
锦江区街道司法所地址及联系电话 …… 83
司法所建设………………………………………… 83
社区法律顾问……………………………………… 83
“民主法治示范社区”评选 ………………………… 84
人民调解组织建设………………………………… 84
专项调解…………………………………………… 84
“半小时法律援助圈”建设 ………………………… 84
法律援助事项补贴………………………………… 84
“法律援助优秀案例”评选 ………………………… 84
法律服务机构……………………………………… 84
律师工作…………………………………………… 84
律师人才培养和招募……………………………… 84
公证服务…………………………………………… 84
锦江公证处体制改革……………………………… 84
依法治区工作推进………………………………… 84
安置帮教…………………………………………… 85
普法宣传…………………………………………… 85
司法队伍建设……………………………………… 85
检察队伍建设……………………………………… 85
法官队伍建设……………………………………… 85
公安队伍信息化建设……………………………… 85

国防建设

人民武装…………………………………………… 86
党管武装…………………………………………… 86
战备工作…………………………………………… 86
国防教育…………………………………………… 86

兵员征集…… 86
参与地方建设…… 87
人民防空…… 87
人民防空工程建设与管理…… 87
人民防空工程安全检查…… 87
疏散地域建设…… 87
警报建设与管理…… 87
防空预案…… 87
人民防空知识宣传教育…… 87

城市建设

市政设施建设…… 88
公建配套设施建设…… 88
“东部新城”公建配套项目…… 88
道路交通发展规划…… 88
区域路桥情况…… 88
人行天桥建设…… 88
路桥维护…… 88
公共交通建设…… 89
旧城改造…… 89
改造项目…… 89
经验交流…… 89
旧城改造工作会议…… 89
棚户区改造…… 89
锦江区2014年旧城改造项目点位统计表…… 89
居住区建设…… 90
概况…… 90
新增城市建设用地内新居工程建设…… 90
非城市建设用地内新型社区建设…… 90

城市管理

市容管理…… 91
环境卫生管理…… 91
垃圾直运改革试点…… 91
垃圾分类试点…… 91
城市景观管理…… 91
市容秩序综合整治…… 91
城市建设管理转型升级示范片区建设…… 91
数字化城市管理…… 91
河道沟渠治理…… 92
园林绿化建设管理…… 92
环境保护…… 92
概况…… 92
生态细胞建设…… 92
节能减排…… 92
建设项目环境管理…… 92
水环境综合管理…… 92
大气环境综合治理…… 92
工业污染防治…… 92
燃煤烟尘污染治理…… 93
扬尘污染治理…… 93
污染物排放管理…… 93
环境保护知识宣传…… 93
环境监测站建设…… 93
水环境监测…… 93
噪音监测…… 93
排污申报登记单位验收监测…… 93
环境监察…… 93
现代节能环保服务业园区建设…… 93
白鹭湾湿地环境管理…… 93
塔子山人工湖治理…… 94
社会安全管理…… 94
公安机关…… 94
锦江区各派出所地址、报警电话及所辖社区警务室…… 94
校园警务…… 94
反恐怖袭击措施…… 94
治安防控…… 94
“锦江110”建设…… 96
社区警务…… 96
安保警务…… 96
重点人员管理…… 96
“平安边界线”创建活动…… 96
交通安全管理…… 96

概况…………………………………………… 96
道路安全宣传教育………………………… 96
道路交通秩序管理………………………… 96
交通事故受理……………………………… 96
机动车和驾驶员管理……………………… 96
创新道路交通执法工作…………………… 97
交通事故走访调查制度…………………… 97
消防安全管理……………………………… 97
概况…………………………………………… 97
消防安全专项治理………………………… 97
消防行政许可……………………………… 97
火灾事故预防……………………………… 97
消防设施建设……………………………… 97
消防安全宣传……………………………… 97
“锦江119”服务 ………………………… 97
火灾事故处置……………………………… 97

财政与税务

财　政……………………………………… 98
概况…………………………………………… 98
财政监督……………………………………… 98
支付中心运行管理………………………… 98
国有资产监督管理………………………… 98
收入预算执行情况………………………… 98
支出预算执行情况 ……………………… 98
公共财政收支……………………………… 98
政府性基金收支…………………………… 99
居民社会养老保险基金收支……………… 99
国有资本经营预算………………………… 99
教育事业投入……………………………… 99
城乡社会保障投入………………………… 99
医疗卫生保障投入………………………… 99
科技和文化事业投入……………………… 99
人文和生态环境建设投入………………… 99
社会管理创新工作投入…………………… 99
公共安全项目投入………………………… 99
产业扶持……………………………………… 99
援藏投入……………………………………100
国家税务……………………………………100
概况 ………………………………………100
国税收入……………………………………100
锦江区2014年国税组织收入情况表 ……100
锦江区2014年国税纳税额前20名企业
情况表 ……………………………………100
精细化管理…………………………………100
税收风险管理………………………………100
依法治税……………………………………100
税收服务……………………………………100
“营改增”范围扩大 ……………………100
国税在线咨询平台…………………………101
国税宣传活动………………………………101
地方税务……………………………………101
概况…………………………………………101
地方税收……………………………………101
锦江区2014年地税纳税额前20名企业
情况表 ……………………………………101
地税征管制度完善…………………………101
旧房转让税收管理…………………………101
个人房屋出租和装修税征管………………102
税收清算与减免审批………………………102
纳税服务……………………………………102
地方税收减免………………………………102
纳税人学校…………………………………102
地税宣传活动………………………………102

经济产业

商贸业………………………………………103
商贸企业……………………………………103
商贸业发展载体……………………………103
国际品牌汇集 ……………………………103
商贸业主要经济指标………………………103
“春盐商圈”建设 ………………………103
对外贸易……………………………………103
现代服务业…………………………………103

现代服务业项目建设……103
现代服务业主要经济指标……104
总部经济发展……104
餐饮业发展……104
成都IFS国际金融中心……104
成都远洋太古里……104
旅游业……104
旅游业主要经济指标……104
旅游关联产业主要经济指标……104
特色旅游项目建设……104
酒店项目建设……104
“三圣花乡”旅游接待……104
工　业……105
工业经济指标……105
支柱产业……105
发展规划……105
优质企业培育……105
技术改造……105
支持企业技术创新……105
中小企业和微型企业扶持……105
高新技术产业……105
高新技术产业发展……105
高新技术企业……105
信息服务业……106
信息服务业发展……106
无线网络基础设施建设……106
信息产业发展规划……106
都市现代农业……106
发展定位……106
园区建设……106
企业扶持……106
金融服务业……106
金融业主要经济指标……106
金融机构……106
准金融机构……106
融资贷款和担保业务……106
小额贷款公司资产证券化融资试点……107
“成都民间金融街”建设……107
房地产业与建筑业……107
土地出让……107
花果村土地竞买……107
沙河堡南片区地块开发……107
商品房销售……107
房地产企业纳税……107
房屋租赁市场……107
建筑业情况……107

行业管理

建筑与房地产行业管理……108
建筑工程质量监督……108
建筑工程安全监督……108
房地产开发资质管理……108
公建配套项目管理……108
公房登记管理……108
房屋租赁市场管理……108
服务房产经济发展……108
交通运输行业管理……109
交通运输行政执法……109
货运企业登记管理……109
货运车辆登记管理……109
劳务行业管理……109
工伤认定……109
提前退休申请审批……109
劳动关系调查……109
劳动人事争议案件处置……109
农村劳动力就业实名制普查……109
女性就业维权宣传活动……109
粮食行业管理……109
社会粮食统计……109
社会粮食供需平衡年度统计调查……110
粮食市场检查……110
粮食法规及家庭储粮宣传……110
放心粮油示范店管理……110
粮食供应应急网点……110
食品和药品市场管理……110

概况……110
基层监管机构建设……110
生产经营主体台账……110
电子监管试点工作……110
亮剑行动……110
豆制品市场准入工作……111
“地沟油”回流餐桌现象整治……111
婴幼儿配方乳粉管理……111
食品抽检工作……111
食品药品安全宣传……111
引导商家合法经营……111
文化行业管理……111
文化市场……111
文化市场监管……111
广播电视安全播出……111
物业行业管理……112
物业管理“主题年”活动……112
“和谐物管·创先争优”活动……112
物业管理项目获奖情况……112
医疗卫生行业管理……112
医疗机构管理……112
基本药物采购……112
医疗卫生人才建设……112
“爱婴医院”申报……112
卫生监督人员培训……112
打击非法行医……112
诊所卫生监督量化分级管理……112
食品从业人员体检……112

经济事务管理

质量管理……113
概况……113
“质量强区”工作……113
质量监督……113
质量认证管理……113
计量管理……113
眼镜行业质量和计量管理……113
重点能耗企业能源计量监管……114
标准化管理……114
组织机构代码管理……114
特种设备监察……114
行政执法……114
工商行政管理……114
工商行政管理机构……114
企业注册登记管理……114
公平交易监督管理……114
流通领域商品质量监管……115
市场监督管理……115
商标管理……115
国家级广告产业园区认定……115
国土资源管理……115
耕地保护……115
农村土地征后安置……115
土地执法监察……115
土地利用管理……115
“成都环城生态区”建设……115
地籍管理……115
土地法规宣传……115
安全生产管理……116
概况……116
安全生产监管……116
建筑领域安全生产培训……116
安全生产隐患排查……116
烟花爆竹市场管理……116
安全生产应急演练……116
安全生产宣传……116
安全生产管理员培训……116
投资促进……116
概况……116
资金和项目引进……116
“世界500强”引进……116
锦江区2014年引进“世界500强”企业情况表……116
金融服务业发展促进……117
休闲服务业发展促进……117

地产服务业发展促进……117
其他产业发展促进……117
国际知名品牌引进……117
中国西部国际博览会招商项目……117
成都市投资说明会招商项目……117
招商考察……117
区域合作促进……117
“锦金”合作……117
“锦青”合作……117

社会事务管理

社会保险管理……118
养老金社会化发放……118
被征地“农转非”人员社会保险管理……118
企业退休职工养老金调整……118
医疗保险转移接续工作……118
伤残审核……118
超龄重度残疾人员养老保险管理……118
农村养老保险并轨工作……118
社会保险基础知识培训……119
医保基金监督检查……119
特殊疾病门诊业务……119
计划生育行政管理……119
计划生育依法行政……119
行政执法案卷评查……119
流动人口计划生育协会建设……119
计划生育利益导向机制建设……119
人口和计划生育工作经费投入……119
民政事务管理……120
流浪乞讨人员救助管理……120
殡葬管理……120
婚姻登记管理……120
收养工作……120
优抚优待……120
军人和军队职工安置……120
双拥工作……120
军队离退休干部服务管理……120
社会组织管理……120
社会组织登记管理……120
社会组织年检……120
社会组织建设创新示范区……120
社会组织党的建设……120
社会组织诚信建设……121
社会组织开办资金扶持……121
社会组织孵化……121
社会组织专题培训……121
社会组织从业者执业资格培训……121
“全国社会工作领军人才”评选……121
“社会工作专业人才小高地”建设……121
锦江人才计划……121
社会工作者职业水平考试培训……121
社会公益组织项目……121

社会事业发展

教育事业……122
教育资源……122
义务教育校际均衡工作……122
督学机制建设……122
学校制度建设试点工作……122
“法律进学校”工作……122
“缤纷校园·艺满锦江”作品展……122
“家长论坛”活动……123
家庭教育与学校教育衔接……123
环境教育……123
教育干部和教师专业素养培养……123
教育干部和教师交流……123
构建“八分钟学习圈”……123
智慧化院落学习室建设……124
俄罗斯儿童教育机构交流访问……124
“四川基督城教育节”活动……124
学区制试点工作……124
学校课程计划编制讲座……124
试点学科课程整合研究……124
王东明视察成都市第七中学育才学校……124

区本精品课程研发……124
作业效能研究……124
服务进城务工人员子女就学……124
课堂教学比赛……125
区域教育信息化工作……125
教育信息化专题培训……125
教育公建配套项目建设……125
学校基础工程建设……125
中国基础教育课程教学改革研讨会……125
科技事业……125
科技成果转化……125
政校合作……126
专利保护和专利项目扶持……126
知识产权转化……126
文化事业……126
基层文化活动场地建设……126
锦江区图书馆……126
智能图书馆建设……126
锦江区街道文化活动中心和社区文化活动室点位统计表……126
文化馆建设……126
图书流转……126
群众文艺活动……126
艺术展演活动……128
“文化下乡”活动……128
“锦江讲堂”活动……128
“电影人人看”工程……128
文化工作者培训……128
文化成果……128
文物分布……129
李劼人故居纪念馆建设……129
可移动文物普查……129
非物质文化遗产保护……129
卫生事业……129
社区卫生服务机构标准化建设……129
健康宣传教育活动……129
微机动态化管理服务……129
孕产妇住院分娩补助……129
孕期健康……130
待孕妇女叶酸服用……130
传染病防治设施……130
传染病登记管理……130
艾滋病预防……130
结核病防治知识普及……130
狂犬病防治……130
食品和餐具采样检查……130
诺如病毒感染事件处置……130
精神疾病患者管理……130
艾滋病患者救助……130
卖淫嫖娼人员艾滋病干预……130
艾滋病发展情况……130
艾滋病检查……130
艾滋病患者维持治疗……130
慢性病监测情况……131
控烟宣传……131
有害生物防治……131
体育事业……131
体育设施建设……131
全民健身活动……131
体育彩票……131
竞技体育……131
学校体育场馆对外开放……131
慈善事业……131
慈善募捐……131
慈善救助项目……131
助学工程……131

功能区建设

中央商务区……132
概况……132
管理机构……132
经济指标完成情况……132
重点项目建设……132
锦江区中央商务区重点项目建设情况选介……132
资金和企业引进……133

楼宇经济发展……133
楼宇社区试点工作……133
现代商业繁华区……133
核心商圈建设……133
创意产业商务区……133
概况……133
产业定位……133
经济指标完成情况……133
现代节能环保服务业园区建设……133
数字出版示范基地建设……134
广告创意产业发展……134
电子商务专业基地建设……134
信息安全软件产业……134
资金和企业引进……134
楼宇经济发展……134
新兴产业发展……134
项目促建……134
生态商务区……134
概况……134
经济指标完成情况……134
资金和企业引进……135
土地上市……135
项目建设……135
汽车销售服务企业选介……135
接待工作……135
金融街商务区……135
概况……135
管理机构……136
经济指标完成情况……136
资金和企业引进……136
项目建设……136
楼宇经济……136
主导产业分类……136
综合治税……136
沙河商务区……136
经济工作……136
锦江区沙河商务区2014年缴纳地方税收1 000万元以上企业……136
楼宇经济……137
项目建设……137
锦江区沙河商务区（锦江国际新城）项目投资情况表……137
锦江区沙河商务区2014年其他项目投资情况表……137

街道辖区

督院街街道辖区……138
概况……138
为民办实事……138
基层党的建设……138
旧城改造……138
解决就业问题……138
惠民工作……139
计划生育工作……139
市容秩序管理……139
流动人口信息采集……139
司法工作……139
安全生产管理……139
食品药品安全监管……139
经济普查工作……139
社区群众文化活动……139
“文明细胞”创建……139
盐市口街道辖区……140
概况……140
辖区特色……140
机构调整……140
社区网格化服务管理……140
社区资金规范管理……140
基层党的建设……140
党风廉政建设……140
市容秩序管理……140
环境保护工作……141
食品和药品监督管理……141
卫生防疫工作……141
安全生产管理……141

社会治安管理……141
流动人口服务管理……141
劳动就业……141
困难群体帮扶……141
残疾人帮扶……141
居家养老服务……142
第三次全国经济普查……142
街道工会组织建设……142
社会组织发展……142

春熙路街道辖区……142
概况……142
辖区特色……142
院落自治……142
物业管理……142
关爱老年人群体……142
居家养老服务……142
基层党的建设……143
市容秩序管理……143
环境保护工作……143
社会治安管理……143
法治宣传……143
纠纷调解……143
劳动就业……143
困难群体帮扶……143
残疾人帮扶……143

书院街街道辖区……143
概况……143
老旧院落片区化管理……144
社会组织培育……144
基层党的建设……144
党风廉政建设……144
依法治区工作……144
城市管理转型升级……144
困难群体帮扶……144

合江亭街道辖区……144
概况……144
辖区特色……144
社区建设……144
社会组织培育……145
文化活动……145
科普活动……145
联合执法机制建设……145
综合数字管理平台建设……145
社区城管工作站建设……145
磨坊街院落整治……145
锐钯街业态调整……145
崇德里保护性改造……145
为民办实事……145
环境保护工作……145
垃圾分类回收……145

水井坊街道辖区……145
概况……145
辖区特色……146
“平安水井坊”建设……146
司法调解……146
社区网格化服务……146
安全生产管理……146
社会救助……146
劳动就业……146
社会公共服务站管理创新……146
党风廉政建设……146
社区治理机制创新……146
“五义”项目……146
特色文体活动……146
社会治理工作调研宣传……147
市容秩序管理……147
环境保护……147
绿化景点建设……147
“智慧社区”建设……147

牛市口街道辖区……147
概况……147
辖区特色……147
市容秩序管理……147
环境卫生管理……147
社会治安管理……148
社区管理创新……148

网格化管理……148
居家养老服务……148
残疾人帮扶……148
劳动就业……148
社区公共服务……148
计划生育工作……148
安全生产管理……148
文化体育工作……149
社会组织发展……149
法治建设……149
德国总理考察……149
华仁社会工作发展中心……149
社会治安管理……149
社区矫正……149
安置帮教……149
基层党的建设……149
居民自治……150
弱势群体救助……150
工会工作……150
龙舟路街道辖区……150
概况……150
微型养老院……150
“社区学习圈”建设……150
为民办实事……150
弱势群体帮扶……150
社会管理创新……150
社区居民委员会换届选举……151
市容秩序管理……151
党风廉政建设……151
安全生产管理……151
社会治安管理……151
法治宣传活动……151
社会公共服务……151
劳动就业……151
双桂路街道辖区……151
概况……151
辖区特色……151
基层党的建设……151
党风廉政建设……151
社区网格化管理……152
法治宣传……152
居民自治……152
社会治安管理……152
矛盾纠纷调解……152
市容秩序管理……152
公共服务……152
计划生育工作……152
最低生活保障……152
医疗救助……152
居家养老服务……152
残疾人帮扶……153
工会工作……153
妇女工作……153
群众文化建设……153
五福桥社区工作……153
莲新街道辖区……153
概况……153
基层党的建设……153
劳动就业……153
弱势群体帮扶……153
优抚优待……153
居家养老服务……153
垃圾分类处理……153
市容秩序管理……154
社会组织发展……154
非法自行车和电动车清缴行动……154
流动人口登记管理……154
安全生产管理……154
普法宣传……154
沙河街道辖区……154
概况……154
辖区特色……154
基层党的建设……154
党风廉政建设……154
困难党员帮扶……154
社区工作模式创新……154

社会组织发展……155
成都市第四十六届熊猫灯会……155
城乡环境综合治理……155
安全生产管理……155
社会治安管理……155
拆迁安置……155
法治宣传……155
计划生育工作……155
劳动就业……155
居家养老服务……155
残疾人帮扶……155
低收入群体帮扶……155
东光街道辖区……156
概况……156
基层党的建设……156
党风廉政建设……156
体育事业发展……156
院落学习室建设……156
劳动就业……156
弱势群体帮扶……156
计划生育工作……156
幼儿教育……156
市容秩序管理……156
社会治安管理……157
矛盾纠纷调解……157
安全生产管理……157
企业参与社会建设……157
东湖社区创新社会管理……157
志愿者服务……157
社区调整……157
旧城改造……157
狮子山街道辖区……157
概况……157
辖区特色……157
基层党的建设……157
“租房安全”宣传活动……157
市容秩序管理……158
居家养老服务……158
农户安置……158
劳动就业……158
最低生活保障……158
公共文化服务体系建设……158
社会治安管理……158
弱势群体帮扶……158
成龙路街道辖区……158
概况……158
基层党的建设……158
法治宣传……158
安置帮教……159
拆迁进度……159
住房安置……159
环境治理……159
社区网格化管理……159
劳动就业……159
社会保险……159
居家养老服务……159
计划生育工作……159
社会救助……159
优抚优待……159
院落整治……160
群众文化建设……160
关心下一代工作……160
社会治安管理……160
社区特色工作……160
柳江街道辖区……160
概况……160
基层党的建设……160
党风廉政建设……160
拆迁安置……160
社区自治……161
社会组织发展……161
志愿服务……161
劳动就业……161
住房保障……161
最低生活保障……161
医疗保障……161

养老助残……161
计划生育工作……161
公共文化服务体系建设……161
社区网格化管理……161
市容秩序管理……161
法治宣传……161
维护社会稳定……161
三圣街道辖区……162
概况……162
基层党的建设……162
社区治理……162
社会组织发展……162
志愿服务……162
市容秩序管理……162
环境保护……162
拆迁安置……162
全域禁养……162
劳动就业……162
最低生活保障……162
居家养老服务……163
优抚优待……163
残疾学生和残疾人家庭子女就学帮扶……163
残疾人补贴……163
残疾人社会保险……163
残疾人医疗救助……163
残疾人活动场所……163
残疾人就业……163
群众文化和体育活动……163
经济普查……163
计划生育工作……163
维护社会稳定……164
社区网格化管理……164
流动人口信息管理……164
依法治区工作……164
“三圣花乡”提档升级……164
“三圣花乡”活动……164
“三圣花乡”风貌整治……164
“三圣花乡”景区接待……164
安全生产管理……164

国有公司

成都市中锦建设投资有限责任公司……165
概况……165
市政配套建设……165
“新居工程”建设……165
安置房建设……165
成都市兴锦城市建设投资有限责任公司……166
概况……166
项目融资……166
锦江文化创意产业中心二期项目……166
“煦华国际”装修项目……166
皇经楼三街106号综合楼装修项目……166
成都市兴锦现代农业投资有限责任公司……166
概况……166
项目融资……166
棬子树片区土地整理……166
地块增值上市……166
成都市兴锦教育投资发展有限责任公司……167
概况……167
项目融资……167
早期教育项目……167
成都广告产业园运营情况……167
成都恒锦旧城改造投资建设有限责任公司……167
概况……167
项目融资……167
锦江区社会关爱援助中心项目……167
成都“爱盒子”项目……167
成龙路消防站项目……168
成都锦江区中小企业融资担保有限公司……168
概况……168
专项补助资金获取情况……168
融资担保……168
支持主导产业发展……168
在保客户社会价值……168
成都锦金区域发展投资有限公司……168

概况……168
“云绣花田”项目建设……168
成都市百年春熙建设投资发展有限责任公司……168
概况……168
“春熙路移动电子商务示范街”建设……169
成都东大街金融建设投资股份有限公司……169
概况……169
金融界的“百家讲坛”……169
金融人才中心红色教育培训……169
西部金融人才中心专业知识培训……169
成都市锦都工业建设投资有限公司……169
概况……169
融资……169
锦江大道片区电力工程……169
土地上市工作……170
“锦馨家园”证照办理和商铺招租……170
成都市锦江城乡发展投资有限公司……170
概况……170
融资……170
白鹭湾湿地提升打造……170
新型社区建设……170

人民生活

就业保障……171
就业创业政策宣传……171
就业创业优惠政策兑现……171
帮助就业困难人员就业……171
解决企业在岗军转干部生活困难……171
失业金领取人员就业培训……171
就业困难人员认定……171
人力资源市场建设……172
“高校毕业生就业创业服务月”活动……172
“春风行动”就业援助活动……172
就业巡回服务活动……172
“民营企业招聘周”活动……172
藏区“9+3”学生就业援助活动……172
农民新居就业援助活动……172
女性就业维权宣传活动……172
住房保障……172
概况……172
三级住房保障工作体系……172
“住房保障工作窗口进小区”模式……172
住房保障审核流程并联运行……173
公租房保障形式创新……173
社会保险……173
概况……173
城乡居民养老保险……173
城乡居民基本医疗保险……173
城镇职工基本医疗保险……173
工伤保险……173
生育保险……173
大病医疗互助补充保险……174
居家养老……174
概况……174
养老服务网络平台建设……174
养老服务机构建设……174
老年人医疗保障……174
“长寿金”政策落实……174
“老年证”办理……174
老年人活动……174
敬老活动……174
弱势群体救助……175
最低生活保障政策落实……175
分类施保政策落实……175
社会保险资助……175
困难人群医疗救助……175
困难人群燃煤补贴……175
困难老年人基本生活保障……175
人民合法权益维护……175
妇女儿童合法权益维护……175
职工合法权益维护……175
残疾人合法权益维护……175
老年人合法权益维护……176
消费者合法权益保护……176
人民健康……176

人民健康管理……176
健康档案……176
方便就医新模式……176
“家庭医生”服务……176

锦江荣誉榜

国家级荣誉获得者……177
部省级荣誉获得者……177
成都市级荣誉获得者……179

文献文件

工作报告摘选

中共锦江区委员会工作报告……182
锦江区政府工作报告……189
锦江区人民代表大会常务委员会工作报告……199
政协第六届锦江区委员会常务委员会工作报告……205

文件目录汇总

2014年中共锦江区委员会发文目录……211
2014年锦江区政府发文目录……211

文　摘

引领新常态　打造新优势　深入推进“精品城区”建设……212

统计资料

2014年成都市锦江区国民经济和社会发展统计公报……215

收　录

锦江区区级、副区级领导干部任职情况……218
锦江区各部门、街道、功能区、群众团体、国有公司领导干部任职情况……219
锦江区2012–2014年政府集中采购目录及采购限额标准……234
锦江区2014年度友好往来的区（市）县名单……236
锦江区2014年街巷名录……238

索　引

A～Z……252

后　记……272

TABLE OF CONTENTS

A SURVEY OF JINJIANG DISTRICT

Administrative Division ································1
Regional Characteristics ································3
Natural Environment ································3
Economic and Social Development ················3
Reform and Innovation ································5
Political Civilization Construction ····················5
Spiritual Civilization Construction ····················6
Aid Tibet ··7
"Wisdom of Jinjiang District" Construction ······ 10
Focusing on the Jinjiang District ················· 10

CHARACTERISTIC ACTIVITY

The party's Mass line Educational Practice ······ 12
Practice the Socialist Core Values················· 16

REGIONAL POPULATION

Number of population ······························ 17
Quality of population ······························ 17
Population information management··············· 18
The publicity of population and Technique Service for Family Planning ······························ 19

CHRONICLE OF EVENTS OF JINJIANG DISTRICT IN 2014

January ·· 20
February·· 21
March ·· 21
April·· 22
May·· 22
June ·· 23
July ·· 23

August ………… 24
September ………… 24
October ………… 25
November ………… 25
December ………… 26

THE CHINESE COMMUNIST PARTY IN JINJIANG DISTRICT, CHENGDU

Main Conference ………… 27
Policy Studies ………… 32
Discipline Inspection and Supervision ………… 33
Organization Work ………… 35
Ideological Publicity Work ………… 37
United Front Work ………… 37
Politics and Laws ………… 39
Social Construction ………… 40
Petition and Mass Work ………… 41
Institution Establishment Work ………… 42
Work of Retired Cadres ………… 42
Party School Education ………… 43
Management by objectives ………… 44
Secrecy Work ………… 44

PEOPLE' S CONGRESS IN JINJIANG DISTRICT, CHENGDU

Main Conference ………… 45
Supervision by Law ………… 48
Work of Deputies to District People' s Congress ………… 48

PEOPLE' S GOVERNMENT IN JINJIANG DISTRICT, CHENGDU

Main Conference ………… 50
File Management ………… 53
Enhance law-based Government Administration ………… 53
Government Affairs Service ………… 53
Emergency Management ………… 54
Foreign Affairs ………… 55
Human Resource Work ………… 55
Organs Administrative Affairs Management ………… 56
Audit Work ………… 57
Statistics Work ………… 58
Local History Work ………… 58
Archives Work ………… 59

PEOPLE'S POLITICAL CONSULTATIVE CONFERENCE IN JINJIANG DISTRICT, CHENGDU

Operating Mechanism ………… 61
Political Consultation ………… 61
Democratic Supervision ………… 62
Participate in the Administration and Discussion of State Affairs ………… 63

THE DEMOCRATIC PARTIES IN JINJIANG DISTRICT, CHENGDU

Revolutionary Committee of the Kuomintang ··· 65
China Democratic League ··· 65
China Democratic National Construction Association ··· 65
China Association for Promoting Democracy ··· 66
Chinese Peasants' and Workers' Democratic Party ··· 66

MASS ORGANIZATIONS IN JINJIANG DISTRICT, CHENGDU

Labor Unions ··· 67
The Communist Youth League ··· 68
Women Unions ··· 70
Association for Science and Technology ··· 71
Federation of Returned Overseas Chinese ··· 73
Federation of Disabled Persons ··· 74
Red Cross Society ··· 76
Federation of Industry and Commerce ··· 78
Federation of Society Scientific Circles ··· 79
Federation of Literary and Art Circles ··· 79

RULE BY LAW

Case Investigation ··· 80
Procuratorates ··· 81
Trial and Implementation ··· 82
Judicature and Administration ··· 83
Construction of Judicial Contingent ··· 85

NATIONAL DEFENSE CONSTRUCTION

People' s Armed Forces ··· 86
People' s Air Defense ··· 87

URBAN CONSTRUCTION

Public facilities Construction ··· 88
Old City Reformation ··· 89
Residential Area Construction ··· 90

URBAN ADMINISTRATION

City Administration ··· 91
Environmental Protection ··· 92
Social Security Administration ··· 94
Traffic Safety Management ··· 96
Fire Safety Management ··· 97

FINANCE AND TAXATION

Finance ··· 98
State Taxation ··· 100
Local Taxation ··· 101

ECONOMICAL INDUSTRIAL

Business and Trade Industry ··· 103

Modern Service Industry ······························ 103
Tourism Industry ······································ 104
Industry ·· 105
High-Tech Industry ···································· 105
Information Service Industry ························ 106
Urban Modern Agriculture ·························· 106
Financial Service Industry ·························· 106
Real Estate and Construction Industry ··········· 107

INDUSTRY MANAGEMENT

Real Estate and Construction Industry Management ·· 108
Transportation Industry Management ········· 109
Labor Industry Management ······················· 109
Grain Industry Management ······················· 109
The Food and Drug Market Management ··· 110
Culture Industry Management ··················· 111
Property Industry Management ·················· 112
Medical and Health Industry Management ··· 112

MANAGEMENT OF ECONOMIC AFFAIRS

Quality Control ······································· 113
Industry and Commerce Administration ······ 114
Ministry of Land and Resources ················ 115
Safety Production Management·················· 116
Investment Promotion ······························· 116
Promoting Regional Cooperation ················ 117

SOCIAL AFFAIRS MANAGEMENT

Social Insurance Management ··················· 118
Family Planning Administration ················· 119
Civil Affairs Management ·························· 120
Social Organization Management ··············· 120

SOCIAL UNDERTAKING DEVELOPMENT

Education ·· 122
Science and Technology ···························· 125
Cultural Undertakings ······························ 126
Health Care ··· 129
Sports Undertakings ································ 131
Charity ·· 131

FUNCTIONAL AREAS CONSTRUCTION

Central Business District ·························· 132
Originality Industry Business District············ 133
Ecological Business District ······················ 134
Financial Street Business District ··············· 135
Shahe Commercial Business District ·········· 136

SUB-DISTRICTS

Duyuanjie Sub-District ···························· 138
Yanshikou Sub-District ····························· 140

Chunxilu Sub-District ………………………… 142
Shuyuanjie Sub-District ………………………… 143
Hejiangting Sub-District ………………………… 144
Shuijingfang Sub-District ………………………… 145
Niushikou Sub-District ………………………… 147
Longzhoulu Sub-District ………………………… 150
Shuangguilu Sub-District ………………………… 151
Lianxin Sub-District ………………………… 153
Shahe Sub-District ………………………… 154
Dongguang Sub-District ………………………… 156
Shizishan Sub-District ………………………… 157
Chenglonglu Sub-District ………………………… 158
Liujiang Sub-District ………………………… 160
Sansheng Sub-District ………………………… 162

STATE-OWNED CORPORATION

Chengdu Zhongjin Construction Investment Co., LTD ………………………… 165
Chengdu Xingjin City Construction Investment Co., LTD ………………………… 166
Chengdu Xingjin Modern Agriculture Investment Co., LTD ………………………… 166
Chengdu Xingjin Education Investment and Development Co., LTD ………………………… 167
Chengdu Hengjin Old City Reformation Investment and Construction Co., LTD ………………………… 167
Chengdu Jinjiang District Medium-Sized and Small Enterprises Financing and Guarantee Co., LTD ………………………… 168
Chengdu Jinjin Regional Development Investment Co., LTD ………………………… 168
Chengdu Bainian Chunxi Construction Investment Co., LTD ………………………… 168
Chengdu Dongdajie Financial Construction Co., LTD ………………………… 169
Chengdu Jindu Industrial Construction Investment Co., LTD ………………………… 169
Chengdu Jinjiang Urban and Rural Development Investment Co., LTD ………………………… 170

PEOPLE'S LIVELIHOOD

Employment Security ………………………… 171
Housing Security ………………………… 172
Social Insurance ………………………… 173
Home-Based Care for the Aged ………………………… 174
Vulnerable Groups Aid ………………………… 175
Safeguarding Legitimate Rights and Interests of People ………………………… 175
People' s Health ………………………… 176

HONOR LIST IN JINJIANG

National Honor Gainer ………………………… 177
Provincial Honor Gainer ………………………… 177
Chengdu City Honor Gainer ………………………… 179

DOCUMENTATION

Work Report Excerpt ………………………… 182

File Directory Summary ………………………… 211
Article Excerpts…………………………………… 212

STATISTICAL DATA

Statistical Bulletins of Jinjiang District on National Economic and Social Development in 2014 ……………………………………………………… 215

APPENDIX

The List of District-level and Deputy District-level Leading Cadres in Tenure in Jinjiang District ……………………………………………………… 218
The List of All Branch Leading Cadres in Tenure in Jinjiang District ………………………………… 219
The Government Procurement Catalog and Quotas Standard for government procurement of Jinjiang District in 2012-2014 ………………………… 234
The List of Friendly Exchanges City in Jinjiang District in 2014 ………………………………… 236
The List of Streets in Jinjiang District in 2014 ……………………………………………………… 238

INDIX

A~Z……………………………………………………… 252
Postscript ……………………………………………… 272

区域概况

A SURVEY OF JINJIANG DISTRICT

政区设置

【政区勘界】 锦江区地处成都市城区东南部区域，政区面积62平方公里。政区西北部与成都市青羊区交界，西部隔锦江与武侯区相望，东部与成华区毗邻，东南部与龙泉驿区相连，南部与双流县接壤。

锦江区四界情况

政区西北方位的书院街、春熙路、盐市口、督院街4个街道辖区分别与成都市青羊区的太升路、草市街、西御街、汪家拐等街道辖区交界。西部区域的督院街、合江亭、水井坊、莲新、龙舟路、东光、柳江7个街道辖区隔锦江与成都市武侯区的小天竺、致民路、跳伞塔、火车南站、桂溪等街道辖区相望。东部区域的书院街、水井坊、牛市口、双桂路、沙河、狮子山、成龙路7个街道辖区分别与成都市成华区的猛追湾、双桥子、万年场、保和等街道辖区毗邻。东南部区域的成龙路街道辖区、三圣街道辖区与成都市龙泉驿区的大面街道辖区相连。南部区域的三圣、柳江两个街道辖区与成都市双流县的中和街道辖区、新兴镇接壤。

【街道辖区和社区划分】 锦江区辖督院街、盐市口、春熙路、书院街、合江亭、水井坊、牛市口、龙舟路、双桂路、莲新、沙河、东光、狮子山、成龙路、柳江、三圣16个街道辖区，下辖社区117个。

【督院街街道辖区勘界】 锦江区督院街街道辖区面积1.03平方公里。辖区东至城守东大街、红星路四段，与春熙路、合江亭两个街道辖区相连；南至滨江中路、滨江西路，与成都市武侯区为邻；西至南大街，与成都市青羊区接壤；北至红照壁街、大业路、古卧龙桥街、学道街，与盐市口街道辖区毗邻。

【盐市口街道辖区勘界】 锦江区盐市口街道辖区面积1.04平方公里。辖区东以南新街为界，与春熙路街道辖区毗邻；南以大业路、学道街为界，与督院街街道辖区相连；西以人民南路一段为界，与青羊区汪家拐街道辖区接壤;北以东华正街、总府街为界，与青羊区西御河街道辖区、太升路街道辖区连界。

【春熙路街道辖区勘界】 春熙路街道辖区面积1.01平方公里。辖区东以红星路二段、红星路三段为界，与书院街、合江亭两个街道辖区接壤；南以上东大街、城守东大街为界，与盐市口、督院街两个街道辖区相连；西以南新街、中新街、北新街、暑袜北二街、暑袜北一街、冻青树街为界，与盐市口街道辖区和成都市青羊区交界；北以东玉龙街、桂王桥西街、桂王桥北街、桂王桥东街为界，与成都市青羊区毗邻。

【书院街街道辖区勘界】 书院街街道辖区面积1.17平方公里。辖区东面、北面以府河为界，从东风大桥起，沿河内侧至一号桥，与成华区猛追湾街道辖区隔河相望；南起东风大桥，沿蜀都大道至红星路；西以红星路一段、红星路二段为界，紧邻春熙路商业区，与合江亭街道辖区相连。

【合江亭街道辖区勘界】 合江亭街道辖区面积1.13平方公里。辖区东以府河为界，与水井坊街道辖区毗邻；西至红星路，与春熙路街道辖区接壤；南临锦江，与武侯区隔河相望；北抵大慈寺路，与书院街街道辖区相连。

【水井坊街道辖区勘界】 水井坊街道辖区面积1.06平方公里。辖区东起水碾河路口，至九眼桥；南起九眼桥，至合江亭；西起合江亭，至东风大桥；北起东风大桥，至水碾河路口。

【牛市口街道辖区勘界】 牛市口街道辖区面积1.02平方公里。辖区北起双桥立交桥东北角，沿二环路东四段与锦东路交汇。

【龙舟路街道辖区勘界】 龙舟路街道辖区面积1.46平方公里。辖区东以二环路东四段为界，与双桂路街道辖区接壤；南以二环路东五段为界，与东光街道辖区毗邻；西以顺江路、三官堂街、河滨路为界，与武侯区隔锦江相望；北以莲桂西路、莲桂东路为界，与莲新街道辖区相连。

【双桂路街道辖区勘界】 双桂路街道辖区面积2.38平方公里。辖区东与沙河街道辖区隔河相望；南以净居寺路为界，与东光街道辖区相邻；西以二环路东四段、二环路东五段为界，分别与龙舟路、莲新、牛市口3个街道辖区毗邻；北以双桂路为界，与成华区双桥街道辖区接壤。

【莲新街道辖区勘界】 莲新街道辖区面积1.12平方公里。辖区东与双桂路街道辖区相连，西临锦江与武侯区隔江相望，南与龙舟路街道辖区毗邻，北与牛市口街道辖区、水井坊街道辖区接壤。

【沙河街道辖区勘界】 沙河街道辖区面积2.28平方公里。辖区东与成华区保和街道辖区斑竹社区接壤，南至静康路，北起五桂桥东侧迎晖路，西至沙河大桥东桥头。

【东光街道辖区勘界】 东光街道辖区面积2.6平方公里。辖区东起净居寺路，与双桂路街道辖区毗邻；南至沙河，与柳江街道辖区、成龙路街道辖区隔河相望；西至府河，与武侯区火车南站街道辖区隔河相望；北至二环路东五段，与龙舟路街道辖区接壤。

【狮子山街道辖区勘界】 狮子山街道辖区面积2.8平方公里。辖区东以成昆铁路为界，与成龙路街道辖区毗邻；南以成龙路为界，与成龙路街道辖区相连；西以沙河为界，分别与东光街道辖区、双桂路街道辖区接壤；北以老成渝路为界，分别与沙河街道辖区、成华区保和街道辖区斑竹社区连界。

【成龙路街道辖区勘界】 成龙路街道辖区面积13.57平方公里。辖区位于成都市区东南区域，地处成都市“东部新区”起步区中心位置。辖区东与龙泉驿区洪河镇连界，南与柳江街道辖区和三圣街道辖区接壤，西止新成仁路，北邻沙河大桥。

【柳江街道辖区勘界】 柳江街道辖区面积3.23平方公里。辖区东与成龙路街道辖区、三圣街道辖区接壤，南与高新区中和镇毗邻，西靠府河与高新区划河为界，北与东光街道辖区、成龙路街道辖区相连。

【三圣街道辖区勘界】 三圣街道辖区面积16.31平方公里。辖区东与龙泉驿区接壤，南与双流县交界，西与柳江街道辖区毗邻，北与成龙路街道辖区相连。

区域特色

【政区得名】 先秦时期，蜀郡守李冰开创都江堰，复凿清、流二江，引岷江水双过成都城下，成都平原从此水旱从人，因水而兴。西汉时期，成都织造业逐渐兴旺，至东汉达鼎盛，朝廷设“锦官”管理蜀锦生产销售。蜀锦被誉为其价如金之帛，到蜀汉时期更成为国家税收的主要来源之一。相传清江南河段洗濯的蜀锦，其色鲜亮，质地柔韧，是为上品。于是清江南河段被称为锦江，并一直沿用至今。1991年，成都市区划调整。其中的老东城区一分为二，取“濯锦之江源远流长”之意，为地理位置靠近市区的城区命名锦江区。

【商贸繁华区】 锦江区自古人口兴旺，商业繁荣。东汉时期，盐市口等区域已是人口聚居地。至唐时期，现锦江区属地的古华阳县商贾云集，百业兴盛，跻身全国85个望县行列。1991年，锦江区建区，成为成都市5个中心城区之一，被国务院确定为“商贸繁华区”。根据产业规划，锦江区设置中央商务区、创意产业商务区、生态商务区、金融街商务区、沙河商务商业区5个功能区。锦江区延续商贸繁华的历史优势，发展现代商贸业和现代服务业，获得“中国现代服务业十强区”“香港企业内地投资热点城区之首”等称号，成为成都市人流量以及物流、资金流、信息流集中度最高的城区。2014年，锦江区在成都中央商务区的基础上对春熙路、大慈寺、水井坊、合江亭4个片区进行整合，构建了成都中央商务商业区。

【百年金街】 位于锦江区的春熙路享有“百年金街”盛誉，迄今为止已有90年历史。春熙路分东、南、西、北四段，交汇处建有街心花园，后扩建为广场。1924年12月，南、北段建成。1925年1月，举行开街仪式。前清举人江子虞应杨森邀请，取《道德经》中“众人熙熙，如享太牢，如春登台”之意为新马路命名“春熙”。开街后，春熙路迅速成为成都商业聚集地，汇聚了“精益眼镜”“龙抄手”“德仁堂”“胡开文”“诗婢家”等知名老字号商家。建成至今，春熙路一直是成都商业的标杆，现已发展成为现代化、国际化大型商圈，国际、国内高端品牌聚集。2005年，春熙路被《新周刊》选定为“中国商业第三街”，与上海南京路、香港铜锣湾、北京王府井齐名。2012年，中国商业步行街工作委员会授予春熙路“中国著名商业步行街”称号。

自然地理

【地理环境】 锦江区西北部地区地势平坦，东南部区域偶有浅丘，平均海拔约500米。西北部地区的商贸业和现代服务业发达，是成都市传统的商贸繁华区域。东南部地区现代农业发达，产业和产品结构与传统农业有较大差别，是花卉、蔬菜、肉、蛋、奶、鱼、禽等农副产品的生产基地。

【水环境】 锦江区河道出境水质比入境水质好。锦江、沙河两条河道的氨氮和总磷超标，水质未达到地表水Ⅳ类标准。

【大气环境】 锦江区空气质量优良天数224天，空气质量优良率达到61.4%，空气质量指数（AQI）均值为108.04，2014年的空气质量在成都市各中心城区中排名前列。

经济社会发展

【概况】 锦江区以“转型升级、提质增效”为主线，以“稳增长、抓改革、惠民生”为基调，统筹城乡建设，构建“小而优、小而强、小而美”的新型城乡形态，促进经济社会健康发展。

锦江区经济社会发展主要指标

项目	单位	实绩	同比增减（%）
地区生产总值	亿元	714.42	6.5
人均地区生产总值	元	102 749	7.95
第一产业增加值	亿元	0.64	−8.5
第二产业增加值	亿元	94.86	−2.0
工业增加值	亿元	58.29	−2.8
第三产业增加值	亿元	618.92	8.1
社会消费品零售总额	亿元	704.4	12.2
全社会固定资产投资总额	亿元	370.84	1.9
引进到位内资总额	亿元	272	1.49
地方财政收入	亿元	120.4	8.9
地方公共财政收入	亿元	47.6	8.1
地方财政支出	亿元	46.74	0.6
城镇居民人均可支配收入	元	33 601	8.8
教育事业财政投入	万元	130 013	60.5
中小学校数	所	45	持平
中小学在校学生数	万人	6.44	−15.2
科技和文化事业财政投入	亿元	1.37	/
社会治理和公共安全财政投入	亿元	2	/
卫生事业财政投入	万元	13 600	4.61
卫生机构数	个	55	−5.17
卫生机构病床数	张	5 449	3.35
卫生技术人员	人	7 142	8.78

【经济总量增长】 锦江区三次产业结构比重调整为0.1 ∶ 13.3 ∶ 86.6。地区生产总值达到714.42亿元，较2013年增长6.5%；固定资产投资额达到370.84亿元，较2013年增长1.9%；地方公共财政收入47.6亿元，较2013年增长8.1%；服务业增加值达到618.91亿元，较2013年增长8.1%；社会消费品零售总额704.4亿元，较2013年增长12.2%；城镇居民人均可支配收入33 601元，较2013年增长8.8%。

【教育事业发展】 锦江区促进教育资源均衡发展，优化学校考评和督学机制，启动学校制度建设试点工作，推动课程改革进程，通过“缤纷校园 · 艺满锦江”作品展、“家长论坛”等活动促进素质教育工作，在教育事业发展领域取得新的成绩。2014年，锦江区被国务院教育督导委员会评为“全国义务教育发展基本均衡县”，被教育部评为“全国社区教育示范区”，在成都市公共服务满意度测评（教育专项测评）中名列第一。锦江区获“四川省第五届普教教学成果一等奖”，连续三届获得中央电教馆互动课堂大赛西部地区第一名的成绩。锦江区在教育教学成果和体育艺术竞赛方面获得国家级奖项240余个。

【文化事业发展】 锦江区着力打造群众文化活动场所，建成智能图书馆，开设街道文化活动中心和社区文化活动室75个，开展群众文化活动200余次，放映公益电影300余场次，利用“锦江讲堂”弘扬国学文化，对李劼人故居、唐宋街坊遗址、水井坊遗址等文物进行保护，申报“四川省民间文化艺术之乡”，宣传非物质文化遗产知识，推动文化事业大发展大繁荣。

【新型集体经济组织发展】 锦江区制订《关于做好全区农村新型集体经济组织“两会”换届选举工作的指导意见》，指导新型集体经济组织完成换届工作。对农村集体资产监管平台运行情况进行监控，保障涉农社区群众对农村集体资产的知情权、监督权和参与权。制订《街道社区财政涉农资金项目专项审计工作方案》，确保涉农资金专款专用。

【扶贫工作】 锦江区对口帮扶金堂县贫困村9个。投入帮扶资金67.14万元，引进产业发展项目1个，发展种植养殖业项目两个，建设基础项目4个，新建蓄水池8个。慰问困难户178户，发送慰问金5.9万元。扶贫帮扶村农民的平均收入增长17%。

【农村环境治理】 锦江区制订《2014年水环境治理工作的方案》，制订“蹲点检查、联合执法”等措施，开展农村环境治理工作。6月30日前，7户畜禽养殖户完成拆迁工作。区域内实现畜禽“零养殖、零排放、零污染”的目标。

【新型社区管理】 锦江区在“锦城逸景”新型社区

开展安置政策宣传工作，制订《新型社区配套经营性用房收益分配指导意见》，落实新型社区配套经营性用房经营管理主体和收益分配机制，推进新型社区配套经营性用房招商引资工作。

改革创新

【行政审批制度改革】 锦江区按照“提质增效”和“创新发展”的要求，以“提高行政审批和政务服务效率”为目标，继续推动行政审批制度改革，创新建立了行政审批工作“两集中两到位”制度。锦江区将各审批职能部门的审批权集中到行政审批科，审批事项集中到政务服务中心，审批人员入驻到位，审批授权窗口到位。政务服务中心审批服务事项整体授权率达90%，审批服务事项按时办结率达100%。锦江区还将政务服务中心办理的行政审批事项纳入行政审批电子监察平台管理。电子监察平台定期清理各项审批要件，精简申请材料，规范审批流程，每个审批事项均有《办事指南》，为办事人提供便利。成都市下放的24个行政审批事项全部集中到政务服务中心窗口办理，一并纳入电子监察平台管理。2014年，锦江区行政审批事项从188项减至120项。

【建设项目审批制度改革】 锦江区改革建设项目并联审批制度，合并落户项目所涉及的环境设施设计、规划设计、施工设计3个审批事项，创新建立大部门形态的并联审批工作机制。同时为大企业、大项目落地提供“直通车、一站式”服务，为重点建设项目、重大招商引资项目提供“绿色通道”审批服务。

【决策制度改革】 锦江区把2014年度为民办实事项目、红星路三段综合景观设计项目、青龙正街低洼棚户区模拟搬迁项目、东大街模拟搬迁项目确定为开放式决策试行项目，创新建立开放式决策制度。锦江区水井坊街道办事处召集临街商家和辖区居民讨论社会管理事项，为香格里拉大酒店、水井坊博物馆、兰桂坊片区的城市管理工作制订《公约》，形成“一街一公约”的管理模式。锦江区合江亭街道辖区的居民代表参与公共服务和社会管理专项资金计划拟订工作，监督资金使用情况。锦江区建设局、沙河街道办事处征求居民意见，公开“秀水园”大门改造项目的实施计划和资金使用情况。锦江区房管局坚持“改不改群众说了算”的原则，棚户区和老旧院落改造工作得到群众支持。

【街道管理体制改革】 锦江区围绕街道管理体制改革，开展专题调研，召开了四川省推进体制机制创新暨促进城市街道（社区）和谐发展工作现场会。调研成果《锦江实践：统筹实施三大改革，破解基层治理难题》总结了街道管理体制改革的经验，为继续推进改革提供了参考。锦江区街道综合管理体制改革工作被中共成都市委员会机构编制办公室通报表扬。

【机构改革】 锦江区按照四川省、成都市推进机构改革的要求，编制了《政府职能转变和机构改革建议方案》。从“加大向市场、向基层、向社会放权力度，加强行政审批标准化体系建设，加强事中事后监管和依法规范行政权力运行”等六个方面拟订措施，按照“精简、统一、效能”的原则优化政府组织机构，规范机构设置，实行大部门制改革。

【农村产权制度改革】 锦江区制订《农业设施所有权登记管理办法（试行）》，开展农业设施所有权登记管理试点工作。建立农业设施所有权登记管理制度和农业设施所有权抵押登记制度，在政务服务中心设立农村产权登记管理服务窗口，农村产权变更登记率达100%。颁发“农业设施所有权证”11个，利用9个“农业设施所有权证”融资2 000万元。

政治文明建设

【党务公开】 锦江区继续推进党务公开工作，各级党组织公开各类信息约47 000条。

【政务公开】 锦江区以公众需求为导向，以民生工作为重点，围绕群众关注的热点和难点问题公开政府信息。通过公开目录主动公开政府信息6 800条，通过其他形式公开政府信息36 000条。市长公开电话、市长信箱和区长公开电话、区长信箱收集群众诉求事项8 132个，办结率达到100%。

【居务公开】 锦江区按照《锦江区2012年全面实行党务公开加强权力公开透明运行试点工作任务分工》要求，制订社区居务公开工作流程，确定风险防范点；以“公开内容具体化，公开形式标准化，公开程序规范化，公开时间统一化，公开形式多样化，公开管理制度化”为内容，建立“六化”制度，保障居民群众知情权、参与权、监督权、决策权。

【行政权力依法运行】 锦江区推进行政权力事项库和法制监督信息库建设，开展行政权力事项基础数据补正、复核工作，审核录入行政权力事项4 015个。同时将新版“电子政务大厅”与锦江公众信息网并轨，区级行政权力部门（单位）所有非涉密行政权力事项全部纳入统一平台，电子监察监督平台对行政权力运行情况进行监管，实现行政权力“依法、便民、高效”的目标。纳入行政权力公开运行平台的行政权力事项共4 140个。

【人大代表参与重要工作】 锦江区参加市、区两级重大事项通报会和听证会的人大代表达100余人次，列席市、区两级人民代表大会常务委员会会议的人大代表达30余人次，担任工作监督员、评议员的人大代表约50人。

【司法公开】 锦江区按照“依法公开、全面公开、及时公开”的原则提出“建立司法公开新常态”的工作思路。利用微博、微信、手机APP客户端打造“掌上检民通”平台，开通了“检务公开”“为民服务”“检群互动”“群众监督”4个网络服务窗口。6月24日，锦江区检察院召开“掌上检民通”新闻发布会。通过信息平台，锦江区检察院已公开终结性法律文书1 237份，公开案件程序性信息2 213条，公开重大

6月24日，锦江区检察院召开新闻发布会，推出“掌上检民通”

案件94件。锦江区法院坚持以庭审公开为重点，建设审判流程公开、裁判文书公开、执行信息公开3个平台。公开审判和执行信息24 928条。

精神文明建设

【公民思想道德建设】 锦江区以“助人为乐”“诚实守信”“敬业奉献”“孝老爱亲”“见义勇为”为主题，开设“道德讲堂”62期，开展宣传教育活动780场，参与群众达80 000人次。

【未成年人思想道德建设】 锦江区在狮子山街道辖区静明路社区等7个社区建立未成年人心理健康服务

锦江区开展“道德讲堂”活动

示范站。将成都水井坊博馆、成都烈士陵园命名为爱国主义教育基地。开展“文化直通车进校园”活动30场。成都市第三中学学生秦加、成都市第七中学育才学校学生曾子芮、成都师范学院附属小学万科分校学生冯铄钧、盐道街小学学生胡予嘉、盐道街中学学生杨鑫入选“2014年成都市美德少年”。锦官驿小学被评为“成都市非物质文化遗产传承基地学校”。

【群众性创建活动】 锦江区国家税务局获得省级“最佳文明单位”称号，双桂路街道辖区五福桥社区获得省级“文明社区”称号,命名区级“文明单位”9个、“文明社区”9个。评选“最美家庭”50户、“最美母亲”15人,梁仲芳家庭被评为“全国五好文明家庭”“四川省最美家庭”。设立“道德红榜”，上榜72人。

【文明城市创建】 锦江区召开文明城市迎检工作会，设置迎接文明城市测评督查办公室，制订《迎接2014年全国文明城市测评目标任务分解表》等文件12份，召开培训会11次，聘请第三方专业机构进行常态检查，区级领导带队督查工作8次，制发《督查通报》17期，上报6类8项14个447条工作信息。11月，群光广场等71个点位接受检查。锦江区在成都市综合文明指数测评中取得上半年第一名和年度第二名的成绩。

【群众精神文化活动】 锦江区开展“我们的节日”活动，根据传统节日的特点，在元宵节、春节、清明节、端午节、七夕节、中秋节、重阳节期间发动街道办事处、区级部门、社区开展节日民俗文化活动，组织群众参加。2014年，开展经典诵读、民俗文化表演、社区文艺联欢等群众精神文化活动200余场，参与群众达20 000人次。

援助藏区

【概况】 锦江区按照中共四川省委员会、四川省政府制发的《锦江区对口支援炉霍县五年援助规划（2012—2016）》的部署，挑选第三批19名党政干部和教育、卫生领域的专业人才到甘孜州炉霍县开展援藏工作。锦江区70余家工商企业、机关单位以及社会爱心人士向炉霍县捐款捐物，总金额达到224.35万元。8月，中共锦江区委员会统一战线工作部杨振英被中共四川省委员会组织部评为“全省援藏工作先进个人”，中共锦江区委员会统一战线工作部被中共四川省委员会组织部授予“四川省对口援藏工作先进集体”称号。

【项目援建】 锦江区对援助甘孜州炉霍县工作进行了部署，拨付援建资金2 255万元，实施援助项目22个。其中建设类项目8个、非建设类项目14个。6月5日，炉霍县晏尔龙旅游新村援建项目受到中共四川省委员会常务委员、中共四川省委员会民族工作委员会主任李昌平的肯定。

【援藏培训】 锦江区组织60名专家分12批次到藏区开展培训工作，炉霍县参加培训的干部和技术人才达858人次。

【宣传炉霍活动】 锦江区邀请旅游企业赴炉霍县考察,开设旅游线路,用体验式宣传的方式宣传炉霍县。同时在区域内的兰桂坊街区举办“大美甘孜·魅力炉霍”旅游宣传推介会，向旅游业界和媒体介绍炉霍县的旅游资源。组织摄影师到炉霍县开展采风活动，通过照片向社会介绍炉霍县。与四川新闻网等网络平台合作，在网络上推出炉霍县宣传栏目。在红星路银石广场的户外电视上滚动播放炉霍县专题宣传片，向行人赠送宣传光碟。

【社会治理援助】 锦江区向炉霍县望果社区引进水井坊社区治理模式，为藏区实施基层社区治理树立了典型。

【社会事业发展援助】 锦江区发动机关单位开展对口援助藏区工作,支持甘孜州炉霍县发展社会事业。

锦江区援助藏区工作图记

2014年，锦江区组织援藏干部学习中共四川省委员会书记王东明讲话精神

2014年，锦江区（金堂县）援藏工作队党总支部与甘孜州炉霍县晏尔龙村党支部结对共建共创活动启动仪式在炉霍县举行

2014年，锦区江在甘孜州炉霍县住建局挂职的干部到援建项目现场检查工作

2014年，锦江区援藏医务人员到甘孜州炉霍县开展义诊活动

2014年，锦江区（金堂县）援藏工作队向甘孜州炉霍县贫困党员发放慰问金

2014年，锦江区援藏工作队成员到甘孜州炉霍县晏尔龙村讲党课

2014年，锦江区对口援建的炉霍县晏尔龙村爱心路开工

中共锦江区委员会社会工作委员会向炉霍县捐赠50 000元，支持炉霍县新都镇社区综合服务平台建设。锦江区总工会募集资金50 000元，资助炉霍县贫困学生。锦江区科学技术协会向炉霍县新都小学捐赠300个电动自行车模型。成都肛肠医院、成都骨科医院、锦江区第六人民医院和第七人民医院向炉霍县捐赠价值90.5万元的医疗器械、救护车、药品。

“智慧锦江”建设

【概况】 锦江区制订《“智慧锦江”建设方案》《“智慧锦江”建设行动计划（2014—2016）》，作为实施区域智慧城市建设的顶层设计。锦江区政协委员在政协锦江区委员会六届三次会议期间提交了《关于推进智慧锦江建设的几点建议》《关于在锦江区推广“智慧小区”的建议》《关于启动全区WIFI全覆盖工程的建议》《关于加快全区光网络能力建设和光用户迁改工作的建议》4份提案，受到中共锦江区委员会、锦江区政府的关注。

【景区通信网络建设】 锦江区拟订《白鹭湾湿地国家级生态休闲公园建设通信保障方案》，完成“三圣花乡”景区通信设施建设工程。

【WIFI全覆盖】 5月22日，锦江区区政府第六届第五十五次常务会审议通过《智慧锦江WIFI全覆盖建设工作方案》，推进WIFI覆盖项目招标工作。春熙路、成都兰桂坊时尚街区、城东万达广场、汽车商贸园等区域实现WIFI全覆盖目标。

【城市线缆更新】 锦江区制订《创建城市建设管理转型升级示范区实施方案（通信设施）》，消除“蜘蛛网”，整治烂线缆117处和通讯交接箱23个、破损通讯井盖11个，对26处立面隐蔽线缆进行了更换。

【“网上锦江”信息平台建设】 锦江区提出“做实微宣传，营造大美誉”的工作思路，以微信、微博为载体打造“网上锦江”信息平台。开通了“平安锦江”微博账号，适时宣传社会热点，与群众互动。建立“锦江公安”微信公众平台，开设了《防范宣传》《服务咨询》《预约排号》《派出所导航》《一键报警》等特色栏目。微信平台关注人数达到2 282人。

【电子内网建设】 锦江区制订《电子政务内网建设和管理办法》，完成内网机房标准化建设改造工作。新增视频会议配套设施，无差错调试转接电视电话会议85次。维护更新内网网站信息5 000余条，为区级部门排除网络故障100余次。

【“智慧医疗”项目建设】 锦江区启动“智慧社区，智慧医疗”项目建设，在狮子山社区卫生服务中心试点。智慧社区健康服务信息化体系包括医院信息平台（HIS）、实验室信息平台（LIS）、“健康一卡通”平台、排队叫号平台、公共卫生信息平台、“健康小屋”平台，均为电子信息平台。

聚焦锦江

【国家级社会组织建设创新示范区】 2月21日，锦江区在四川省181个区、市、县中脱颖而出，被民政部授予首批“全国社会组织建设创新示范区”称号。

【国家广告产业园区】 4月17日，成都广告产业园被工商总局认定为“国家广告产业园区”。

【国家生态区】 6月14日，锦江区通过“国家生态区”考核验收，成为中国中西部地区首个通过验收的大城市主城区。

【国家级生态乡镇】 7月，国家环境保护部公布了新一批“国家级生态乡镇”名单。锦江区三圣街道辖区榜上有名，成为新增的“国家级生态乡镇”。

【国家级生态文明典范城市】9月，锦江区创建“生态文明典范城市”工作通过验收，成为中国首批“生态文明典范城市”。

【国家级文化先进区】10月13日，文化部考核验收组考核验收锦江区创建“全国文化先进区”工作。认为锦江区通过社会资源提升公共文化整体服务水平的做法在四川省乃至全国具有开创性，达到预期效果，同意通过验收。

【国家级社会治理创新十大最佳案例奖】10月16日，锦江区社区治理工作案例获2014年“全国社会治理创新十大最佳案例奖”。

【国家级和谐社区建设示范城区】11月5日，民政部授予锦江区“全国和谐社区建设示范城区”称号。

【智能化养老实验区】2月24日，锦江区成为中国唯一的“智能化养老实验区”。

【省级爱国卫生先进单位】3月18日，四川省爱国卫生运动委员会授予锦江区爱国卫生办公室、合江亭街道办事处、三圣街道办事处“爱国卫生先进单位”称号。

获得“国家级生态文明典范城市”称号的锦江区

特色活动

›››CHARACTERISTIC ACTIVITY

党的群众路线教育实践活动

【概况】 锦江区在2013年启动党的群众路线教育实践活动后，于2014年开展第二批党的群众路线教育实践活动。区级领导班子带头，发动区级部门、街道党工委和办事处、社区、“两新”组织参加活动。锦江区社会科学界联合会编印了学习资料，中共锦江区委员会党史研究室牵头开展了党的群众工作专题调研活动，《人民日报》等媒体报道了锦江区推进活动和以制止“形式主义、官僚主义、享乐主义、奢靡之风”（以下简称“四风”）为内容开展“四风”清理的情况。

【动员大会】 2月28日，锦江区召开党的群众路线教育实践活动动员大会。中共锦江区委员会书记周思源讲话。大会传达贯彻中央提出的“照镜子、正衣冠、洗洗澡、治治病”的精神，把“以严的标准、严的措施、严的纪律坚决反对‘四风’，推动思想认识进一步提高、作风进一步转变、党群干群关系进一步密切、为民务实清廉形象进一步树立、基层基础工作进一步夯实”确定为活动的总体要求。

【学习资料编印】 锦江区按照总结党的群众路线教育实践活动阶段性成果的要求，由锦江区社会科学界联合会牵头编印了《党的群众路线易学易记知识要论系列丛书》《党的群众路线教育实践活动易学易记指导手册系列丛书》《党的群众路线教育实践活动理论文集》等学习资料，展示活动中的工作经验和成绩。

【党的群众工作专题调研】 锦江区按照“深化党的群众路线教育实践活动”的部署，由中共锦江区委员会党史研究室牵头开展党的群众工作专题调研活动。撰写的《探索群众诉求“五办”机制、加强和改进新形势下群众工作》入选《四川省党的群众路线教育实践活动理论研讨文集》和《成都市党的群众路线教育实践活动理论研讨文集》。成都市在对各区、市、县开展党的群众路线教育实践活动进行考评时向中共锦江区委员会党史研究室颁发特等奖。

【活动成果】 锦江区通过开展党的群众路线教育实践活动，形成了《探索群众诉求“五办”机制、加强和改进新形势下群众工作》等理论研究成果，创新建立了“五全工作法”“群众诉求五办机制”“党员干部双报到七步工作法”等具有锦江特色的工作方法，涌现出伍华、姚艳洪、刘端元、肖文忠、周继国等典型人物。

【活动经验交流推广】 锦江区承办了四川省机关党员干部“双报到”工作现场会和成都市教育实践活动第一环节现场会。锦江区开展党的群众路线教育实践活动经验分别在四川省教育实践活动推进会和成都市教育实践活动推进会上交流推广。《人民日报》《四川日报》《成都日报》等媒体以《深学、细照、笃行，做焦裕禄式的人》《打消思想顾虑、切实清查问题》《“三色督办”限时解决群众诉求》为题，报道锦江区开展党的群众路线教育实践活动的情况和取得的成绩。

【社会宣传】 5月28日，锦江区在娇子音乐厅举办“春熙放歌”党的群众路线教育实践活动社会宣传工作合唱比赛。6月13日，锦江区以群众文化活动为载体，向社会宣传党的群众路线教育实践活动。在活水公园开展了“筑梦家园、文化同心·2014年‘走基层’文化惠民”活动。7月1日，锦江区借助“春熙放歌”的品牌效应，在红星路步行街广场开展庆“七一”活动，通过文艺节目宣传党的群众路线教育实践活动。

【党的群众路线教育实践活动调研】 4月23日，中共成都市委员会第二督导组组长唐胜军带队到锦江区调研党的群众路线教育实践活动推进工作。中共锦江区委员会党的群众路线教育实践活动办公室联络督导组成员、中共锦江区委员会党的群众路线教育实践活动督导组第六组成员陪同调研。调研组成员到锦江区建设局，通过“问、查、看、听、访”和交换意见等方式了解锦江区公共配套设施建设移交工作机制运行情况。锦江区完成调研文章《关于加快推进锦江区公建配套项目建设的思考》，拟订《关于完善促进锦江区居住区公共设施配套建设和移交工作机制的实施意见》。中共锦江区委员会、锦江区政府按照“公共配套设施切实服务社会”的原则，对《意见》进行了审核。

5月28日，锦江区举办“春熙放歌”党的群众路线教育实践活动社会宣传工作合唱比赛

【党的群众路线教育实践活动进军营】 锦江区在民兵中启动第二批党的群众路线教育实践活动。由锦江区人民武装部组织民兵开展“牢记强军目标，献身强军实践”活动和“坚定信念、忠于职守、廉洁从政”教育活动，查找、解决“四风”问题106个。

【教育行业践行党的群众路线】 锦江区在教育行政主管部门和学校中开展了第二批党的群众路线教育实践活动。经过遴选，10余名优秀教师组成党的群众路线教育实践活动先进典型暨师德师风宣讲团，开展师德师风主题宣讲活动。锦江区组建专题教育活动督导组7个，指导学校开展师德师风专题教育活动。在优秀师德论文评选活动中，征集师德论文100余篇，评选出优秀论文24篇。成都市第七中学育才学校、盐道街小学（东区）等学校的4名教师的论文分别获得成都市一、二等奖。在教师评优活动中，成都市第七中学育才学校教师叶德元获得教育部授予的“全国模范教师”称号，成都市现代职业技术学校校长陈敏获得教育部、发展改革委员会等部门联合授予的“全国职业教育先进个人”称号。另有26名教师在四川省和成都市评优活动中获得表彰。

【卫生行业践行党的群众路线】 锦江区在卫生行业启动第二批党的群众路线教育实践活动。开展学习活动和“四风”问题整改工作。作为行业行政主管部门，锦江区卫生局组织直属单位的党员集中学习28次，举办专题讨论会6次、专题讲座两次，组织干部和职工观看《权戒》《党风廉政教育微电影》等教育影片5次，撰写心得体会文章28篇，围绕重点工作撰写调研文章9篇，参与活动的党员达398人。编印200册《廉洁锦江你我同行》宣传画册，制发《关于廉洁过“中秋”、“国庆”坚决反对“四风”的通知》，与区属医疗卫生单位签订《党风廉政建设及行风建设责任书》30份。清查“四风”问题48个，制订整改措施88条，新建制度19项，完善制度107项。落实药品阳光采购政策，在医疗设备、耗材、卫生材料采购和基础设施工程建设等方面执行招投标制度，要求医院执行阳光用药制度。10月8日，锦江区卫生局抽调38名机关干部和区属医疗单位干部、职工开展党的群众路线教育实践活动群众测评活动。经测评，群众满意度达100%。

【督院街街道辖区践行党的群众路线】 锦江区通过学习教育、清理“四风”问题等方式在督院街街道辖区开展第二批党的群众路线教育实践活动。街道党工委及4个社区党委所属的39个党支部发动580余名党员参加活动。街道党工委举办专家讲座两次，开展专题讨论30余次，派遣街道班子成员到社区开展宣讲活动10次，组织党员观看先进典型题材和警示教育题材的影片6次。辖区党员撰写心得体会文章180余篇，街道班子成员撰写调研文章9篇。按照“照镜子、正衣冠、洗洗澡、治治病”的要求，梳理街道领导班子“四风”问题43个，梳理街道干部“四风”问题147个，梳理关系群众切身利益的问题15个，全部解决。街道党工委组织班子成员开展集中谈心活动两次，开展干部一对一谈心活动两轮，查找作风问题233个，逐一进行了整改。对“加强作风建设、密切联系群众”等10个方面的22项制度进行评估，修订19项，废除3项，新建8项。

【盐市口街道辖区践行党的群众路线】 锦江区通过“走基层”活动，在盐市口街道辖区推进第二批党的群众路线教育实践活动。组织街道干部走访群众70户114人次，走访企业25家，召开座谈会26次，发放调查问卷60余份，了解了辖区群众的诉求。街道班子成员撰写心得体会文章40篇，各级党员干部撰写心得体会文章166篇。同时开展了作风整治工作，制订《“四风”突出问题专项整治实施方案》，明确19条整改措施，修订29项制度。

【书院街街道辖区践行党的群众路线】 锦江区以“走基层”活动作为载体，以“工作贴近群众”为原则，在书院街街道辖区开展第二批党的群众路线教育实践活动。街道班子成员走访居民院落36次，街道干部走访基层单位、居民院落48次。通过“走基层”活动，街道班子成员收集事关群众切身利益的问题29个，帮助居民解决院落下水道堵塞等民生问题38个，解决噪音扰民点两个。街道党工委和办事处领导面对面听取群众意见，接待群众150余人次。邀请社区居民、学校、企业、媒体代表共同探讨干部工作作风问题，梳理社会管理和公共服务中存在的问题，将问题纳入台账，逐一解决。

【水井坊街道辖区践行党的群众路线】 锦江区采用学习调研和“四风”问题清理相结合的方式在水井坊街道辖区开展第二批党的群众路线教育实践活动。开展学习讨论活动15次，组织街道中心组理论学习8次，完成调研报告9篇，街道班子成员撰写心得体会文章110篇。同时利用民主生活会查找违反中央“八项规定”方面的问题115个，查找作风问题146个，针对问题制订《党的群众路线教育实践活动整改落实方案》《切实解决领导班子正风肃纪为官不为的专项整治方案》，逐一整改落实。辖区内各级党组织查找“四风”问题202个，查找关系群众切身利益的问题126个，全部予以解决。

【龙舟路街道辖区践行党的群众路线】 锦江区以稳固党建工作的方式在龙舟路街道辖区开展第二批党的群众路线教育实践活动。成立了龙舟路街道党建工作推进小组，定期召开党建工作会议。建立领导干部党建工作联系点9个，党员干部走访群众688户，帮扶困难党员群众165人。指导社区建立党建阵地7个，构建党建学习圈7个。建立街道领导对口联系指导后进党组织制度，帮助工作作风软弱涣散的顺江社区党委打造两个党员活动平台。查找“四风”问题44个，逐一整改。

【莲新街道辖区践行党的群众路线】 锦江区用开展特色活动的方式在莲新街道辖区开展第二批党的群众路线教育实践活动。创新建立“舞台课堂灵活学、拇指课堂便捷学、网络课堂互动学、院坝课堂生动学、无声课堂延伸学”的学习教育模式。同时在街道办事处、社区设置意见箱12个，向辖区党员群众发放《征求意见表》10 000余份。印制《群众诉求三色督办单》，凭单督办群众反映的问题，限时解决。查找“四风”问题70个，针对问题完善各项制度，编印《莲新街道管理制度汇编》，逐一整改问题。街道办事处在成都市街道党风政风行风群众满意度测评中获得第一名的成绩。

【沙河街道辖区践行党的群众路线】 锦江区结合“走基层”活动，在沙河街道辖区开展第二批党的群众路线教育实践活动。收集群众意见和建议281条，为群众解决出行难、买菜难、停车难等问题43个。同时开展“四风”清查工作，整改工作中存在的问题37个。

【东光街道辖区践行党的群众路线】 锦江区采用干部学习、“四风”问题清理等方式在东光街道辖区第二批党的群众路线教育实践活动。组织街道中心组成员学习13次，召开党工委会议4次、街道干部大会26次，街道办事处党支部组织党员学习8次。开展党的群众路线专题讨论活动和谈心交心活动，参与谈心的党员干部和群众达200余人，整理谈话记录38篇。查找“四风”问题96个，涉及5类13个问题。针对工作中存在的问题召开专题民主生活会、专题组织生活会，研究整改措施，废止制度两项，完善《东光街道办事处工作人员问责试行办法》等16项制度，新制订党务信息公开制度等6项制度。

【双桂路街道辖区践行党的群众路线】 锦江区以“走基层、解难题、办实事、惠民生”为主题，在双桂路街道辖区开展第二批党的群众路线教育实践活动。组织街道干部开展“走基层”活动。在2013年五福桥社区“五全工作法”取得成绩的基础上向其他社区推广，破解了“社区结构复杂化、群众需求多样化、邻里关系陌生化”的社区治理难题。在社会管理创新领域实现了“党建全覆盖、民情全掌握、服务全方位、活动全参与、评议全公开”的目标。

【成龙路街道辖区践行党的群众路线】 锦江区启动成龙路街道辖区第二批党的群众路线教育实践活动，约有1 600名党员参加。活动中查出街道班子“四风”问题50个，班子成员个人突出问题102个，提出整改措施200余项，完善制度32项。12月，针对“慵、懒、散、浮、拖”现象和收受红包礼金、购物卡以及违规购置和使用车辆等情况进行整治，查处违纪干部9人。其中两名党员干部受到党内严重警告处分，1名党员干部受到党内警告处分，1名党员被开除党籍，1名党员受到党内严重警告处分。

【柳江街道辖区践行党的群众路线】 锦江区以清理“四风”问题为契机，在柳江街道辖区开展第二批党的群众路线教育实践活动。重点针对街道班子“四风”问题进行清理，查找突出问题10个，逐一整改。按照“联系服务群众最后一公里问题”的要求，查找问题20个，整改16个。

【三圣街道辖区践行党的群众路线】 锦江区以“走基层”“联系群众帮扶”等活动为载体，在三圣街道辖区开展第二批党的群众路线教育实践活动。收集民生信息150余条，办结民生事项123个。为喜树路社区修建了菜市场，解决群众买菜难问题；修建三圣小学停车场，解决家长停车难问题；改造涉农社区自来水管网，解决群众用水难问题；对锦江大道与牡丹街口进行整治，解决交通秩序乱问题。

践行社会主义核心价值观活动

【宣传载体建设】 锦江区围绕社会主义核心价值体系建设，打造社会主义核心价值观宣传载体。打造了玉皇观主题街区、经天路主题广场、汇泉南路主题广场、白鹭湾主题公园，在督院街等5个街道辖区分别打造了文化墙。

【“锦江榜样”评选活动】 锦江区设置“十大法治人物”“十大热心公益企业”“改革创新人物”“锦江好人”4个类别，开展社会主义核心价值观评选活动。评选产生“锦江榜样”37人。开展“我推荐我评议身边好人”活动，刘端元、胡延碧、姚艳洪、李凤瑜入选第三届“成都市道德模范”，杨晓清、刘建国、龚勛惠、吕懋玲获得“中国好人”荣誉。开展“寻找你身边的成都榜样”道德模范巡演活动4场、巡讲活动10场、交流会10场，在社区、学校设立“好人榜”200个。

2014年8月22日，锦江区开展成都榜样基层巡讲巡演活动

【盐市口辖区弘扬社会主义核心价值观】 锦江区在盐市口街道辖区内开展弘扬社会主义核心价值观系列活动。将社区宣传栏作为宣传阵地，张贴公益广告画100幅，印发传单5000份，悬挂宣传横幅20条，在辖区主要街道、广场设置公益广告宣传专栏5个。开展“邻里守望，温暖新春”“关爱老弱幼残”等志愿服务活动70次，开设“道德讲堂”11场、“百姓故事会”22场，组织群众观看公益电影17场，开展书法比赛、爱国主义教育等活动12次。

【春熙路辖区弘扬社会主义核心价值观】 锦江区围绕挖掘优秀传统文化，弘扬社会主义核心价值观活动，在春熙路街道辖区开展“生活适应课堂”活动。辖区学校和社区共共同组成校社互动工作管理小组，根据少年儿童的认知能力，立足学校、依托社区开设展校社互动交流课程，在青少年群体中弘扬“奉献、友爱、互助、进步”的精神，为塑造社会主义核心价值观开辟了新途径。

2014年，锦江区举行“锦江榜样”十大“锦江好人”颁奖典礼

【东光辖区弘扬社会主义核心价值观】 锦江区在东光街道辖区发动群众参与“道德讲堂”“文明程度文明人”“我推荐我评议身边好人”等活动，推选“身边好人”18人。组织群众公益电影15场，举办社会主义核心价值观讲座30场，开展市民阅读活动6次。以精神文明创建活动和文化活动为载体开展的社会主义核心价值观宣传教育工作得到群众支持。

【双桂路辖区弘扬社会主义核心价值观】 双桂路街道辖区结合“中国梦”的精神实质，以“奉献、友爱、互助、进步”为主题，以公益服务、文明劝导等志愿服务活动为载体，在主街干道、绿地广场开展“爱学习、爱劳动、爱祖国”主题活动，利用宣传栏、宣传橱窗宣传社会主义核心价值观。

人　口

›› REGIONAL POPULATION

人口数量

【人口总量】 锦江区户籍人口49.29万人，年末常住人口69.53万人，人口密度每平方公里11 214.5人。

【人口性别结构】 锦江区男性户籍人口241 943人，女性户籍人口250 948人，男女性别比为96.41 ∶ 100。其中男性占人口总量的49.09%，女性占人口总量的50.91%。

【人口年龄结构】 锦江区18周岁以下人口76 692人，占总人口的15.56%；18 ～ 35周岁人口125 529人，占总人口的25.47%；35 ～ 60周岁人口187 839人，占总人口的38.11%;60周岁以上人口102 831人，占总人口的20.86%。

【人口民族结构】 锦江区常住少数民族共有41个，少数民族人口共7 425人。

【人口城乡分布】 锦江区人口分布在16个街道辖区。其中督院街街道辖区22 223人、书院街街道辖区35 982人、合江亭街道辖区26 329人、水井坊街道辖区23 462人、龙舟路街道辖区31 079人、莲新街道辖区45 767人；双桂路街道辖区20 436人、沙河街道辖区8 801人、盐市口街道辖区9 800人、春熙路街道辖区16 069人、牛市口街道辖区31 982人、东光街道辖区48 906人、狮子山街道辖区33 899人、柳江街道辖区26 117人、三圣街道辖区31 402人、成龙路街道辖区80 637人。

【人口变动情况】 锦江区迁入人口20 090人，迁入率达到41.7‰；迁出人口5 047人，迁出率达到10.48‰。出生4 805人，死亡2 556人，人口自然增长率4.23‰。

【出生人口孩次结构】 锦江区出生人口中一孩4 091人、二孩702人、多孩12人，有4 768人为政策内出生，符合政策生育率达到99.23%。

人口素质

【青少年健康人格工程】 锦江区申报国家级青春健康俱乐部，开展“成都市幸福家庭试点区（市）县”

创建工作。在成都市盐道街中学、成都市现代职业技术学校和成都市第七中学育才学校三圣分校开展“青少年健康人格工程”试点工作。在试点学校打造网络教育平台、专业心理社团、教育阵地，开设“迎接青春期”“人际交往”“性行为与决定”“预防艾滋病”“预防性传播疾病”“预防意外怀孕”“远离毒品”等专题讲座；组织和协调医务工作者到学校开展生殖健康知识讲座10次，参与学生达800余人次。建立锦江区青少年健康人格工程师资库。5月，成都市人口计划生育委员会在成都市第七中学育才学校三圣分校启动“青春绽放·梦想起航”成都市青少年健康人格工程。

【出生缺陷干预】 锦江区为区域内育龄夫妇（含流动人口）提供孕前优生健康检查“一站式”服务，在国家免费孕前优生健康检查项目基础上增加男性血常规和艾滋病筛查项目，每对夫妻的检查费用由240元增加至257元。一站式服务中心落实随访医生，通过电话随访方式对高危人群进行追访，针对实际情况进行个性化指导。向再生育夫妇免费发放《孕妇指南—预防胎儿出生缺陷》；邀请四川大学华西第二医院优生遗传咨询专家为100余名符合“单独两孩”政策的再生育计划怀孕夫妇讲授优生知识，出具有针对性的《优生咨询建议书》。组织符合条件的3名唇腭裂患者参加成都市组织的国内外专家的免费检查和治疗。参加免费孕前优生健康检查的夫妻共有1 225对，计划怀孕夫妇检查率达87.3%。共有19个家庭参加病残儿医学鉴定，为13名家庭病残儿童购买城乡基本医疗门诊统筹和大病医疗互助补充保险。

【流动人口优生服务】 锦江区为流动人口中的儿童提供疫苗补充免疫、群体性接种和应急接种等服务，在流动人口的孕产妇群体中开展预防艾滋病、预防梅毒、乙肝母婴传播等宣传教育活动。开展“新市民健康倍增计划”活动，为流动人口提供孕前优生健康检查服务，享受生殖健康综合体检服务的流动人口育龄妇女达20 000人。

人口信息管理

【人口信息核查清理】 锦江区核查同名、同出生日期人口11 032人，清理补录户口档案178份，清理小城镇户口232户303人，清理计划外未落户新生儿29人，清理18周岁以上未办理第二代身份证的人员966人。

【人口信息质量管理】 锦江区修改各类差错人口信息227条，常住人口副项差错率控制在1‰以内。人口出生地、籍贯采集率达到100%，法定结婚年龄人员婚姻状况采集率达到97.15%，16周岁以上人员的文化程度采集率达到99.11%，16周岁以上常住人口人像采集率达到99.44%，18周岁以上人员的职业采集率达到92.07%，18周岁以上人员的职业服务处所采集率达到85.08%。

【人口统计信息采集】 锦江区规范计划生育统计工作，完成单独夫妇信息核查工作，核查信息38 689条，占应核信息总量的82.02%。其中符合单独夫妇条件信息13 385条，占已核查信息的34.6%。定期在成都市流动人口和计划生育信息交换平台上录入数据，对数据进行更新，信息反馈率达95%，实现人口基础信息跨部门共享的目标。

【人口管理协调会商制度】 锦江区指派公安和计划生育行政管理部门将近年计划外出生落户的数据与计划生育行政管理部门统计的名单进行核查，重点核实计划外出生婴儿的入户情况。将近年因婚迁入人员名单与村组证明文件以及农村工作委员会开出的农民身份证明存根进行核对，发现、处置以虚假材料办理户口的违法行为。

【流动人口信息管理】 锦江区针对流动人口存量信息、不规范信息开展核对工作，将存量信息更新工作纳入常态化管理。2014年，锦江区维护流动人口存量信息345 330条，存量信息维护率达98.1%。按照《社区网格管理员转岗招录工作方案》的要求，遵循“多网合并、人员整合、一格一员、综合履职”的原则，组建社区网格管理员队伍，建成流动人口管理网格985个，配备工作人员971人。

人口教育与计划生育技术服务

【人口和计划生育宣传教育】 锦江区在各社区开展幸福家庭讲座、婚孕培训、面对面咨询指导等人口和计划生育宣传教育专题活动，利用横幅、展板、墙报、折页等载体传播计划生育、优生优育、生殖健康等方面的法律法规和知识。2014年，共开展5次大型集中性宣传活动，接受群众咨询2 000人次，举办42期人口讲座，受教育群众达5 000人。

【“计划生育进军营”活动】 锦江区在驻区部队建设“人口文化书屋”“人口文化大院”，建立覆盖辖区部队的生殖健康教育基地，向部队官兵、职工、家属提供性与生殖健康宣传教育和心理健康教育服务。在驻区部队设立优生优育咨询热线，为部队新婚夫妇提供全程家庭婚育保健咨询指导服务。驻区部队与“计划生育三结合户”一对一签订帮扶协议，开展资金帮扶、技术帮扶、助学帮扶、情感帮扶、就业帮扶等工作。为非本地户籍军属提供均等化、同质化服务。组建军营计划生育志愿者服务队，驻区部队有60余人加入，已开展志愿服务活动10次。

【流动人口计划生育服务】 锦江区向流动人口提供公共卫生均等化服务，为流动人口建立健康档案。在流动人口中开展“金秋关怀”活动，对流动人口中摘取避孕环的更年期妇女进行奖励，帮扶流动人口困难家庭150个。按每人230元的标准，为550名流入已婚育龄妇女提供综合体检服务；按每人100元的标准，为患有妇科疾病的309名流入育龄妇女提供治疗费用。开展“女性生殖健康社区行”生殖健康及时服务活动，533名妇女参加医疗普查，查出妇科疾病患者98人。

锦江区举办“幸福锦江·关爱妈妈”活动

【B超免费技术服务】 锦江区在育龄妇女中开展B超免费技术服务活动，检查15 829人，查出妇科疾病患者110人，为查出患有生殖道疾病的妇女提供就诊指导服务。

【避孕药具服务】 锦江区在各社工站服务窗口设立避孕药具免费领取点，在区域内人流量大的街道、商店、小区门卫室、诊所、市场设置免费避孕药具发放点，开展“避孕药具进高校、进机关”活动，在人流量大的步行街、医院、宾馆、社区广场、建筑工地等处安装避孕药具智能发放机。区域内共设免费避孕药具领取点176个，有智能发放机26台，新制作避孕药具发放箱60个。

锦江区2014年度大事记

CHRONICLE OF EVENTS OF JINJIANG DISTRICT IN 2014

1月

市民守岁迎新年 1日，成都市民齐聚红星路步行街参加锦江区举办的跨年晚会。24时，市民代表合力撞响新年大钟，现场人声鼎沸。

党风廉政检查 2日，中共成都市委员会、成都市政府党风廉政建设责任制领导小组检查组组长、中共成都市纪律检查委员会副书记沈萍到锦江区检查党风廉政建设情况。检查组对锦江区实施惩防体系建设和“廉洁锦江”建设的各项工作表示肯定，分别约谈了86名区级领导和街道领导、部门领导、一般干部。

援助炉霍县项目对接 2日，中共锦江区委员会副书记、锦江区政府代理区长陈历章会见甘孜州政府副州长葛宁和中共炉霍县委员会书记汪堆。双方就“全域旅游”项目和其他援建项目交换了意见，对《宴尔龙村旅游修建性详细规划》的编制工作进行了研究。

中共锦江区委员会六届十次全体会议 7日，中共锦江区委员会第六届第十次全体会议召开。中共锦江区委员会书记周思源作工作报告，中共锦江区委员会副书记、锦江区政府代理区长陈历章就《关于深化改革，创新推动经济社会转型升级的意见（送审稿）》向大会进行说明。大会对锦江区2014年工作提出要求，将“转型升级、提质增效”确定为年度工作主题。

锦江区人民代表大会六届十四次会议 7日，锦江区人民代表大会常务委员会第六届第十四次会议召开。中共锦江区委副书记、代理区长陈历章和中共锦江区委员会常务委员、常务副区长宋凯应邀列席会议。

锦江区政府六届二次全体会议 8日，锦江区政府第六届第二次全体会议召开。中共锦江区委员会副书记、锦江区政府代理区长陈历章总结2013年工作，部署2014年工作。

中共十八届三中全会精神宣讲会 8日，中共锦江区委员会宣传部举办中共十八届三中全会精神宣讲会。成都市经济信息中心院长助理李金兆以“推进国家治理体系和治理能力现代化——全面构建互联网生态下的政府响应能力与服务能力”为题，进行宣讲。

政协锦江区委员会六届三次会议 13日，政协锦江区委员会第六届第三次会议召开。政协锦江区委员会主席张松作常务委员会工作报告，副主席刘平作提案工作报告和提案审查报告。中共锦江区委员会副书记、锦江区政府代理区长陈历章就《锦江区政府工作报告》向大会进行说明。大会通过了提案审查报告，形成会议决议。对2013年度的提案工作先进个人和社情民意工作先进个人进行了表彰。中共锦江区委员会书记周思源在14日召开的闭幕大会上讲话。

四川省“双报到”现场会 13日，四川省机关党组织和在职党员到社区报到开展志愿服务（双报到）现场会在锦江区召开。参会人员视察社会组织培育发展和党建工作及锦江区志愿者总部基地。

成都IFS国际金融中心落成 14日，位于红星路、紧邻春熙路的成都IFS国际金融中心落成。大楼高248米，是春熙路商圈的标志性建筑。

白鹭湾成为成都文艺志愿者活动基地 21日，成都市精神文明建设办公室、中共锦江区委员会宣传部、成都市文艺志愿者协会联合主办“邻里守望·成都文艺志愿者温暖行”《成都市民文明公约》宣传暨白鹭湾湿地成都文艺志愿者活动基地授牌仪式。锦江区精神文明建设办公室向2013年度锦江区“身边好人”和“优秀志愿者”获得者颁发荣誉证书，向社区代表赠送《成都市文明公约》，现场举办文艺演出活动。

锦江区第十五届社区文化节启动 22日，中共锦江区委员会、锦江区政府主办的锦江区第十四届社区文化节颁奖暨第十五届社区文化节启动仪式在民乐合奏《红花遍地开》中开幕。中共锦江区委员会常务委员、宣传部部长刘晓博，锦江区人民代表大会常务委员会副主任邹燕，锦江区政府副区长林旭，政协锦江区委员会副主席刘培新向第十四届社区文化节获奖者颁奖。

2月

中共锦江区纪律检查委员会六届四次全体会议 11日，中共锦江区纪律检查委员会第六届第四次全体会议召开。中共锦江区委员会常务委员、中共锦江区纪律检查委员会书记李永平作工作报告。

“政风行风热线”活动 13日，成都新闻广播《成都面对面·政风行风热线》栏目（调频FM99.8）开展党的群众路线教育实践活动“领导干部进直播间”活动。中共锦江区委员会副书记、锦江区政府区长陈历章走进直播间，围绕“精品城区·幸福锦江”与听众交流。

“我们的节日·元宵”活动 13日，锦江区在红砂社区水景广场举办“我们的节日·元宵”送文化下基层志愿服务活动。现场组织了文艺演出和猜灯谜等节目。

“走基层”活动 17日，中共锦江区委员会副书记、锦江区政府区长陈历章到龙舟路街道办事处市民中心参加“走基层、解难题、办实事、惠民生”居民座谈会。现场了解群众诉求，解决民生问题。

思想解放大讨论活动 17日，锦江区启动“解放思想、改革创新、转型升级、提质增效”大讨论活动。活动分为学习讨论、查找问题、建言献策三个阶段，历时一个月。

“春送岗位”宣传活动 26日，锦江区在人力资源市场开展“春送岗位”宣传活动。31家企业向求职者提供岗位1 300个，涵盖管理、服务、技术、劳务等工种。吸引返乡农民、退伍军人、下岗工人进场咨询，人数达2 300人次。260名求职者与用工单位达成用工意向。

党的群众路线教育实践活动动员大会 28日，锦江区第二批党的群众路线教育实践活动动员大会召开。会议确定了活动总体要求。

3月

汉字听写大会锦江区选拔赛 6日，锦江区教育局和锦江区语言委员会联合主办的优学派·中国汉字听写大会锦江区选拔赛初选入围选手在四川师范大学第一中学进行决赛。东道主四川师范大学第一中学的选手获得冠军，并代表锦江区参加了成都市汉字听写大会半决赛。

“魔画世界”进驻春熙路 13日，高邦集团出资、韩国明洞艺术设计公司设计打造的3D魔画艺术体验馆在春熙路北段45号开业。体验馆营业面积2 400平方米，汇集立体壁画210幅。面积最大的立体画高9米，画面面积400平方米。

消费者权益纠纷巡回法庭挂牌 13日，锦江区法院在锦江工商行政管理局、锦江区消费协会挂牌成立消费者权益纠纷巡回法庭。

四川音乐学院艺术实践基地挂牌 14日，四川音乐学院与锦江区文化馆在锦江文化中心举行四川音乐学院艺术实践基地签约仪式，基地在锦江区文化馆挂牌。

最后的棚户区改造 18日，位于东丁字街片区低洼棚户区的中国唱片成都公司厂区拆迁工程动工。标志着锦江区中心城区内最后一个棚户区改造启动。中国唱片成都公司厂区和宿舍区拆迁面积约30 000平方米，共有拆迁户146户。

党的群众路线教育实践活动媒体座谈会 27日，锦江区召开党的群众路线教育实践活动新闻媒体座谈会。中共锦江区委员会常务委员、宣传部部长刘晓博出席会议并讲话。新华通讯社、光明日报社、四川日报社、成都日报社等媒体单位派出记者参加座谈。

IVV主席考察白鹭湾湿地 28日，国际市民体育联盟（IVV）主席朱塞佩·科隆托尼奥与秘书长克劳德到白鹭湾湿地考察锦江区生态建设工作。

文明丧葬活动 29日，成都市民政局、锦江区民政局在金沙陵园举办“绿色回归、免费树葬”活动。倡导绿色低碳、生态节地、文明节俭的丧葬新风。

4月

生态文明课题调研 4日，中共成都市委员会政策研究室和锦江区生态文明建设课题组在历时8个月后完成了《锦江区生态文明建设研究报告》。中共锦江区委员会、锦江区政府召开座谈会，参会部门对报告突出意见、建议。中共锦江区委员会常务委员、宣传部部长刘晓博指出，要把《报告》转化为规划，为实施环保产业等“行动计划”提供依据。

中国成人教育协会社区教育年会 9日，中国成人教育协会社区教育专门委员会在锦江区召开2013—2014年度会议。会议主题是“以党的十八届三中全会精神为指引，学习贯彻2014年全国教育工作会议精神，广泛开展城乡社区教育”。

党的群众路线教育实践活动文艺汇演 14日，锦江区在活水公园举办党的群众路线教育实践活动文艺汇演。活动宗旨是把群众的聪明才智引导到树立群众观点、坚持群众路线上，凝聚到“精品城区”建设中，推动精神文明建设，构筑锦江文化大发展、大繁荣格局。

“干部作风举报投诉热线”开通 15日，锦江区在整合信访举报电话、行政效能投诉电话、政风行风热线后，开通“干部作风举报投诉热线”，号码是84512345。主要受理群众对干部服务态度等作风问题的投诉和举报。

全民阅读活动 23日，锦江区以第十九个“世界读书日”为契机，在锦江文化中心广场举行“2014锦江全民阅读”活动启动仪式。活动现场布置了“全民阅读·书香成都”展板，免费向群众赠送期刊200余本，发送印有社会主义核心价值观等内容的书签500余张。

创建四川省免疫规划示范区 24日，“成都市预防接种宣传周”活动暨等级门诊授牌现场会在锦江区狮子山社区举办。成都市卫生局向获得3A级以上的区县授牌。与会人员参观了狮子山社区卫生服务中心（AAAA级）的预防接种门诊，观摩了数字化门诊的接种流程。

“成都力量”活动 25日，“成都力量第一季·音乐艺术爬梯”活动在锦江区梵木艺术馆举办。活动由音乐界、设计界、艺术界人士共同发起，摇滚歌手谭维维、网易音乐总监王磊、校园民谣领军人物李丰溢、音乐制作人刘洲、艺术家余丙等人参与活动，助力成都原创艺术发展。

中共锦江区委员会六届十一次全体会议 30日，中共锦江区委员会第六届第十一次全体会议召开。会议贯彻党的十八届三中全会精神和中共四川省委员会十届四次全体会议精神、中共成都市委员会十二届三次全体会议精神，审议通过了《成都市锦江区全面深化改革实施意见》。

5月

锦江区纪念“五四”运动活动 4日，锦江区举办纪念“五四”运动九十五周年“与青春对话，与梦想同行”活动。组织共产主义青年团基层干部到锦江监狱接受反腐教育，组织青年开展“低碳出行·绿色青春”骑游活动，举办“感恩相伴·梦想同行”慈善晚会以及“青春在路上”青年优秀艺术作品展，在各中学开展“迈入青春门，走好成人礼”宣誓活动。

民族团结进步创建活动进社区活动 11日，锦江区在大慈寺社区举办“锦江民族团结进步创建活动进社区·成都各民族的温馨家园”主题宣传活动。组织成都市劳动人民文化宫、成都市第三中学、锦江区同乐民族艺术团现场表演文艺节目，受到市民和锦江区内各民族人民欢迎。

党的群众路线基层先进报告会 12日，成都市践行党的群众路线基层先进典型巡回报告会在锦江区召开。温江区寿安镇苦竹村党总支部书记赵正康、锦江区双桂路街道办事处副主任姚艳洪、青白江区社保局养老待遇科科长兰世勇、成都高新区共产党员志愿服务队周娅、金堂县五凤镇白岩村卫生站王启蓉分别讲述在平凡工作中践行党的群众路线的先进事迹。

“我最喜爱的博物馆”颁奖典礼 18日，成都市文化局、成都商报社、成都博物馆协会联合举行“国际博物馆日·成都商报博物馆直通车”周年颁奖典礼。水井坊博物馆和许燎源现代设计艺术博物馆获得“我最喜爱的博物馆·民办十佳博物馆”奖项。

成都三圣花卉展百合花节开幕 27日，成都市锦江区花卉协会主办的2014成都三圣花卉展百合花节在白鹭湾湿地开幕。共展出百合花40余万株。

青少年健康人格工程启动仪式 30日，成都市青少年健康人格工程巡访巡展活动启动仪式在成都市第七中学育才学校三圣分校举行。西南交通大学心理研究与咨询中心教授宁维卫以“青春绽放·梦想起航”为题，为学生演讲。

6月

自行车车迷健身节 6日，以“骑行健步白鹭湾，低碳环保湿地情”为主题的中国成都第五届自行车车迷健身节（锦江站）在白鹭湾湿地开幕。成都市直机关的55支代表队、20支区县代表队和国内外近千名自行车爱好者参加活动。

文化惠民活动 13日，锦江区在活水公园开展“筑梦家园文化同心·2014年‘走基层’文化惠民”活动，宣传党的群众路线教育实践活动。

国家生态区考核验收 14日，环保部生态司副司长邱启文到锦江区考核验收“国家生态区”创建工作。锦江区通过验收。

巴蜀图语绘画展 16日，成都国家广告产业园、锦江区文联牵头，在红星路35号国家广告产业园举办“巴蜀图语”巴蜀名家绘画精品展。现场展出江溶、周天、黄迪全等知名本土画家的作品50余幅，题材涵盖工笔花鸟、写意山水。

7月

庆“七一”文艺活动 1日，“春熙放歌”2014年锦江区庆“七一”党的群众路线教育实践活动在红星路步行街广场开展。现场表演文艺节目。

“特斯拉”首秀锦江 3日，全球新能源高端汽车“特斯拉”首次在成都亮相。“特斯拉”区域试驾销售媒体见面会在锦江国际汽车商贸园举办。

德国总理参观锦江区社会组织 6日，德国总理安格拉·默克尔走进锦江区牛市口街道华仁社会工作发展中心，开始成都考察之行。中共锦江区委员会书记周思源现场讲解锦江区社会组织工作经验。

北京大学成都环保研究院在锦江区筹建 10日，北京大学环境科学与工程学院、四川省环境保护厅、锦江区政府合作筹建北京大学成都环保研究院框架协议签约仪式在锦江区举行。锦江区现代节能环保服务业园区建设启动。

锦江区第三批援藏干部启程 14日，锦江区第三批共19名援藏干部启程，到甘孜州炉霍县开展援藏工作。第三批援藏干部中有6名行政人员、13名专业技术人员。

生态建设模式被环保部推广 15日，环保部生态司主办的《生态文明建设示范区工作简报》第三期登载《特大城市主城区生态文明建设路径探索与实践——成都市锦江区创建生态文明建设示范区》，介绍了锦江区实施生态文明建设的模式和工作经验。

成都IFS雕塑庭院诞生记 17日，"成都IFS雕塑庭院·诞生记"新闻发布会在成都IFS国际金融中心艺术展览馆举行。周春芽、赵能智、莫一新（中国香港）、库玛丽·纳哈潘（新加坡）、佛罗里安·克拉尔（德国）等艺术家应邀到场。现场展出原版艺术模型9个、艺术家工作照46幅，何多苓、焦兴涛等艺术家的作品参展。

中日韩青少年书画展 21日，第四届"中日韩青少年书画展"活动在锦江区梵木艺术馆开幕。现场展出书法、水彩画、木版画等作品240幅。

"成都国际时装周"活动 26日，"2014成都国际时装周"活动在成都IFS国际金融中心开幕。来自国内外的12名新锐设计师携中外模特展示年度秋冬时装新品。

8月

成都社会组织学院挂牌成立 4日，成都社会组织学院成立大会在锦江区召开。宣布成都社会组织学院挂牌成立。

中共四川省委第三巡视组召开动员会 6日，中共四川省委第三巡视组召开动员会巡视锦江区工作动员会召开。组长张俊辉向锦江区提出党风廉政建设和反腐败工作的要求。中共成都市委副书记、成都市纪律检查委员会书记邓修明出席会议。

"时尚锦江购物节"开幕 8日，"2014成都购物节暨时尚锦江购物节"活动在成都IFS国际金融中心开幕。购物节以"时尚成都，快乐消费"为主题，具有"线上线下互动、商旅文会结合、深化刷卡消费、体验消费多元、信息消费纷呈、打造成都品牌"六大亮点，涉及"信息、金融、品牌、体验、服务、主题"六个消费领域。

"哆啦A梦"秘密道具博览活动 16日，"哆啦A梦"秘密道具博览成都站活动在成都IFS国际金融中心开幕。100个手持不同道具的"哆啦A梦"模型排成队列，1 293名爱好者拼出巨型"哆啦A梦"拼图，活动现场人气爆棚。

贯彻中共四川省委员会"两个意见" 18日，中共锦江区委员会第六届第一百三十三次常务委员会议学习传达《中共四川省委关于建立健全作风建设长效机制的意见》《中共四川省委关于认真贯彻"三严三实"要求 进一步加强党员干部教育管理监督的意见》，对宣传学习"两个意见"进行了部署。

"寻找你身边的成都榜样"活动 22日，"寻找你身边的成都榜样"基层巡讲巡演锦江专场活动启动。"道德模范""中国好人""锦江好人"的获得者出席活动。

锦江区获得两个国家级奖项 22—24日，锦江区在第十三届"中国区域经济可持续发展高峰论坛"活动期间获得"2014中国十大生态文明建设示范区""2014中国十大改革创新示范区"称号。

四川最具投资价值产业园区 30日，C21城市发展圆桌对话活动现场揭晓"四川最具投资价值产业园区"入围单位。10个产业园区上榜，"锦江国际新城"位列榜首。

9月

超级充电站亮相锦江区 5日，新能源汽车"特斯拉"在中国的第14座超级充电站在锦江区人民南路二段1号仁恒置地广场建成启用，成为中国西南地区首座超级新能源汽车充电站。

台湾第一商业银行成都分行开业 15日，台湾第一商业银行成都分行在成都IFS国际金融中心开业，是台湾第一商业银行在中国西部地区开设的第一家分行。

俄罗斯海洋儿童中心代表团访川 15日，四川省教育厅以"感恩致谢、增进了解、巩固友谊"为主题，在成都市第七中学育才学校学道分校举行欢迎仪式、欢迎到访的俄罗斯海洋儿童活动中心代表团。

亚洲主流媒体点赞锦江区创意文化 18日，"亚洲主流媒体聚焦魅力成都”采访活动进入第二天采访流程。13家亚洲主流媒体的20名记者到锦江区“荷塘月色”景区内的蓝顶艺术村采访，对锦江区发展文化事业和创意产业的举措及取得的成绩表示赞赏。

“成都蓝顶艺术节”开幕 19日，“2014成都蓝顶艺术节”活动在蓝顶美术馆开幕。300余名知名艺术家、艺术评论家出席活动。

“新春熙新生活”采访活动 20日，资阳、遂宁、眉山等地的新闻媒体派出记者到锦江区开展“新春熙新生活”主题采风活动。媒体团先后到“远洋太古里”“国金中心”采访体验式消费、历史建筑保护等情况。

四川省暨成都市公祭烈士活动 30日，四川省在成都烈士陵园开展公祭烈士活动。中共四川省委员会书记、四川省人民代表大会常务委员会主任王东明，成都军区司令员李作成，中共四川省委员会副书记柯尊平等军地领导出席活动。

10月

“创意锦江”活动 1日，以“创意成都，美好生活”为主题的“2014成都创意设计周”活动启动。锦江区同步举办“创意锦江”系列活动，助推文化创意产业发展。

锦江区文艺节目获四川省三等奖 8日，锦江区选送歌曲《糖画》、舞蹈《雪域盟鼓》两个原创文艺作品，代表成都市参加四川省首届农民艺术节暨民间艺术节，获得音乐组和舞蹈组三等奖。

李劼人故居创意活动 9日，李劼人故居纪念馆举办创意活动开幕式。四川大学教授、李劼人研究学会副会长唐小林以“从书信看李劼人的晚年”为题，举办学术讲座。四川大学文学与新闻学院博士刘萍与参加活动的大学生进行了交流。

成都（西部）文化艺术品保税仓库揭牌 12日，“2014成都创意设计周”活动主要内容之一的成都（西部）文化艺术品保税仓库揭牌仪式在锦江区举行。中国中西部地区第一个专门的国际性艺术品保税交易平台启用。

“全国文化先进区”考核验收 13日，文化部验收组到锦江区验收“全国文化先进区”创建工作。中共锦江区委员会常务委员、宣传部部长刘晓博介绍了锦江区文化事业和文化产业规划、文化惠民活动、文化产业发展等工作情况。

锦江区党的群众路线教育实践活动总结大会 17日，锦江区党的群众路线教育实践活动总结大会召开。会议学习贯彻中共中央总书记习近平讲话精神和中共中央、中共四川省委员会、中共成都市委员会党的群众路线教育实践活动总结大会精神，总结锦江区开展党的群众路线教育实践活动的工作经验，对巩固成果、推动作风建设常态化工作进行了部署。

锦江区获“社会治理创新最佳案例奖” 16日，锦江区在重庆市召开的2014年全国创新社会治理典型案例颁奖典礼上获得“社会治理创新最佳案例奖”。

《锦江年鉴》更名 18日，锦江区采用地域专名加地域通名的方式，将《锦江年鉴》更名为《成都市锦江区年鉴》。

李劼人诞辰一百二十三周年活动 20日，纪念李劼人诞辰一百二十三周年暨故居修缮完毕开馆仪式在“菱窠”举行。马识途、流沙河等知名文人应邀出席。活动包括李劼人手稿展、李劼人珍藏书画展、李劼人研究成果展。

11月

“白鹭湾家庭旅游节”活动 1日，“白鹭湾家庭旅游节”活动开幕。活动以“家庭徒步、平板支撑大赛、全民寻宝、家庭趣味马拉松”4个户外活动为主线，贯穿“梦回老成都”“全球彩绘大熊猫”两个主题展览，另有微信征稿评选活动。

“中国生态文明论坛”参会代表考察白鹭湾 3日，中国生态文明研究与促进会常务理事、环境保护部总工程师万本太、中国生态文明研究与促进会常务副会长祝光耀带领“中国生态文明论坛”成都年会的参会代表到白鹭湾湿地考察。考察团成员对湿地的水质净化方式表示赞赏。

体验式消费企业座谈会 7日，创新消费模式·体验式消费企业座谈会在汇融国际大厦举办。周思源、李大江、吴文辉代表中共锦江区委员会、锦江区政府出席会议。宝龙商业集团副总经理李震等10名行业精英从不同角度进行经验交流，为锦江区创新商业模式、促进传统产业发展建言献策。

《成都日报》报道锦江区商业模式创新情况 10日，《成都日报》对锦江区创新商业模式、发展传统产业、促进优势产业发展、开创体验式消费模式的情况进行了专题报道。指出锦江区以商业、旅游、文化融合发展为路径，突出主导产业定位，设置18个体验式消费点位以及开展《各产业与文化的融合》《各产业与旅游的融合》等课题研究的做法值得借鉴。

落实四川省巡视整改工作会议精神 19日，锦江区落实四川省巡视整改暨党的群众路线教育实践活动整改深化工作会召开。会议传达习近平对从严治党和巡视工作的指示精神，部署《中共四川省委关于做好中央第九巡视组巡视我省情况反馈意见整改落实工作方案》的落实工作。

“锦江艺术之旅”活动 23日，为期一个月的“2014白鹭湾家庭旅游节”活动接近尾声。最后一个活动“锦江艺术之旅”开幕。第一站设在东湖公园内的成都艺术品保税仓库。

“公益先锋汇”主题访谈活动 27日，锦江区社会组织发展基金会、成都社会组织学院联办的锦江系列品牌公益项目发布暨“公益先锋汇”客厅主题访谈活动在梵木艺术馆举办。

“小王子”主题圣诞活动 29日晚，“小王子真爱乐·圣诞”活动在成都IFS国际金融中心举办。活动现场16米的巨型玫瑰圣诞树彩灯环绕，吸引游人驻足观看。法国知名童话《小王子》作者手稿体验展是活动的主要内容之一，另有扫二维码寻宝玫瑰花游戏、国金超值抢购等活动。2008年，曾以歌曲《Somewhere Out-There》打动“美国达人秀”评委和观众的Kait-lynMaher出席开幕式。

12月

锦基金公益项目入围“中国社会创新奖” 2日，第三届“中国社会创新奖”入围项目揭晓。锦基金“种子计划”（TSP）项目入围前25名。

“宪法日”活动 4日，锦江区在东升法治文化广场举办“宪法日暨全国法制宣传日”主题活动，纪念中国首个“宪法日”。盐道街中学的21名学生代表现场宣誓，发表“自觉遵宪护宪”声明。锦江区法院的法官代表发出“争做维护宪法权威表率”的倡议。

“法律进寺庙”活动 5日，锦江区开展“法律进寺庙”活动。锦江区民族宗教局、成都市公安局锦江分局、迪扬律师事务所的负责人和工作人员组成法律宣传小组，到大慈寺、基督教恩光堂宣讲法律知识，向群众发放《中华人民共和国宪法》《宗教事务条例》等法律法规文献。

“成都IBOX”开街 6日，位于一环路牛王庙地铁口的“成都IBOX”爱盒子创意基地开街。现场举办了音乐会和艺术展。“成都IBOX”是以伦敦最具人气的创意地标BOX-PARK为原型，整合英国、丹麦、日本以及中国台湾的创意文化资源打造的特色建筑群落。

《中国改革报》报道锦江区依法治区工作 10日，《中国改革报》以“成都市锦江区依法治区取得显著成效”为题，报道锦江区依法治区工作。

第七届“时尚锦江购物节”开幕 12日，第七届“时尚锦江购物节”开幕。传统的春熙路盐市口商圈和正在兴起的红星路大慈寺商圈是活动的主阵地。成都IFS国际金融中心、仁和春天百货、伊势丹百货、银石广场、阳光新业中心等大型卖场分别推出“糖果地毯”“新年巡游”等促销活动。

成都市首批“诉服通”设备开通运行 24日，锦江区在16个街道辖区安装的“诉服通”远程便民自助服务设备开通运行。服务终端连接锦江区法院和社区，为群众提供法律咨询、预约立案、案件进度查询等服务。

中国共产党

THE CHINESE COMMUNIST PARTY IN JINJIANG DISTRICT, CHENGDU

主要会议

【中共锦江区委员会六届十次会议】 1月7日，中共锦江区委员会召开第六届第十次全体会议。会议传达中共四川省委员会经济工作暨城镇化工作会议精神，传达中共成都市委员会经济工作暨城镇化工作会议精神，审议《2013年中共锦江区委员会工作报告》《关于深化改革创新推动经济社会转型升级的意见（送审稿）》《成都市锦江区2013年财政预算执行情况和2014年财政预算（草案）报告（送审稿）》，对2013年度干部选拔任用工作进行评议。中共锦江区委员会书记周思源对2014年工作提出三点意见。

中共锦江区委员会书记周思源
对2014年工作提出的三点意见

1.增强责任感、紧迫感，争当成都改革创新、转型升级、统筹发展的排头兵、先行者和示范者。改革创新、转型升级、统筹发展是中央和省、市的决策部署；锦江区改革创新、转型升级、统筹发展有基础；改革创新、转型升级、统筹发展是发展的需要。2.解放思想，勇于创新，谱写锦江区转型升级新篇章。改革创新是转型升级，推动经济社会全面发展的动力和出路；要解放思想，敢于创新，善于创新；要鼓励改革创新，营造改革创新的氛围。3.转变作风，严明纪律，为打赢转型升级这场硬仗提供组织保障。保持激昂的工作态度，加强学习，善于思考，不断提升能力素质和执行力，做到有令必行，政令畅通。党员干部要严于律己，自觉遵守党风廉政的各项规定。

【中共锦江区委员会六届十一次会议】 4月30日，中共锦江区委员会召开第六届第十一次全体会议。中共锦江区委员会副书记、锦江区政府区长陈历章就《成都市锦江区全面深化改革实施意见（送审稿）》向大会作说明。会议表决通过《成都市锦江区全面深化改革实施意见（送审稿）》。中共锦江区委员会书记周思源就深化改革提出三点要求。

中共锦江区委员会书记周思源
对深化改革提出的三点要求

1.深入学习、凝聚共识，增强深化改革的自觉性和坚定性。全区上下必须从全局和战略高度认识深化改革的重大意义，更加自觉地投身锦江改革开放事业。2.准确把握《意见》主要内容，领会精神实质。准确把握《意见》的总体目标、基本原则、重点任务和主要特点。3.抓紧落实，保障改革任务落实到实处。迎难而上，走出一条具有时代特征、锦江特色的改革之路，加快建设“国内一流的现代化国际性生态型精品城区”。

【中共锦江区委员会六届十二次会议】 8月19日，中共锦江区委员会召开第六届第十二次全体会议。会议部署2014年下半年工作，部分单位负责人就党风廉政建设和党建工作向大会述职。中共锦江区委员会书记周思源对下半年工作提出五点意见。

中共锦江区委员会书记周思源
对深化改革提出的五点意见

1.坚持“三个不变”，保持经济稳中求进态势。一要适应发展新常态，二要坚持发展是第一要务的理念，三要坚持转型升级、提质增效的工作思路，四要坚持完成目标任务。2.突出“四个放权”，深化改革创新。一要向市场放权，深化经济体制改革；二要向基层放权，深化行政体制改革；三要向社会放权，深化社会治理改革；四要向干部放权，深化干部人事制度改革。3.推进依法治区进程，建设“法治锦江”。强化党员干部的法治思维能力，深化创新社会治理工作，提升现代化、法治化水平，保证人民安居乐业，确保社会和谐稳定。4.围绕“三严三实”加强党的建设，坚持“党要管党、从严治党”方针，通过党风廉政建设为区域发展提供风清气正的环境。5.着力整改落实，开展党的群众路线教育实践活动。要坚持问题导向，推进整改落实工作；要注重建章立制，让作风建设常态化；要弘扬风清气正的作风，推进正风肃纪工作。

【中共锦江区委员会六届十三次会议】 12月23日，中共锦江区委员会召开第六届第十三次全体会议。会议传达党的十八届四中全会精神和中共四川省委员会十届五次全体会议精神、中共成都市委员会十二届四次全体会议精神。会议审议并表决通过了《中共成都市锦江区委关于全面深入推进依法治区的实施意见（送审稿）》《中共成都市锦江区委关于贯彻〈中共成都市委关于坚持思想建党与制度治党紧密结合全面推进从严治党的决定〉的实施意见（送审稿）》。中共锦江区委员会书记周思源向中共锦江区委员会党建工作巡察员（名誉组织员）颁发聘书。周思源对2015年经济工作和完成2014年目标任务提出四点要求。

中共锦江区委员会书记周思源
对2015年经济工作提出的四点要求

1.准确把握经济发展的新常态。2.始终坚持发展是第一要务的理念。3.推进转型升级、提质增效的具体工作。4.谋划2015年各项工作，综合研判经济形势，把握宏观政策走向，合理确立经济工作目标。

【中共锦江区委员会常务委员会议】 中共锦江区委员会召开了86 ~ 127次常务委员会议，共召开常务委员会议41次。会议分别讨论了体制改革、经济发展、社会建设和干部管理等各个领域的重大事项。锦江区重大决策民主集中的原则得到体现。

中共锦江区委员会2014年常务委员会议情况选介

中共锦江区委员会第六届第八十六次常务委员会议讨论了2013年度的《中共锦江区委员会工作报告》，审议了锦江区政府办公室提交的《关于深化改革创新推动经济社会转型升级的意见（送审稿）》，讨论了锦江区政府党组提交的《锦江区政府工作报告（送审稿）》《成都市锦江区2013年国民经济和社会发展计划执行情况及2014年国民经济和社会发展计划的报告（送审稿）》《成都市锦江区2013年财政预算执行情况和2014年财政预算（草案）报告（送审稿）》，讨论了锦江区法院党组提交的《成都市锦江区人民法院工作报告（送审稿）》和锦江区检察院党组提交的《成都市锦江区人民检察院工作报告（送审稿）》，审议了中共锦江区委员会办公室提交的《中共成都市锦江区委六届十次全体会议方案（送审稿）》，审议了锦江区人民代表大会常务委员会党组提交的《成都市锦江区第六届人民代表大会第三次会议有关事宜的请示》。

中共锦江区委员会第六届第八十七次常务委员会议传达中共成都市委员会书记黄新初在成都市第

十六届人民代表大会第二次会议锦江区代表团审议时的讲话精神，研究了锦江区的贯彻意见。

中共锦江区委员会第六届第八十八次常务委员会议传达习近平在党的群众路线教育实践活动第一批总结暨第二批部署会议第一次全体会议上的讲话精神。

中共锦江区委员会第六届第八十九次常务委员会议传达中共中央纪律检查委员会全体会议精神、中共四川省纪律检查委员会全体会议精神、中共成都市纪律检查委员会全体会议精神，研究锦江区的贯彻意见。

中共锦江区委员会第六届第九十次常务委员会议传达中共中央政法工作会议精神、中共四川省委员会政法工作会议精神、中共成都市委员会政法工作会议精神，研究锦江区的贯彻意见。

中共锦江区委员会第六届第九十一次常务委员会议传达中央宣传思想工作会议精神、四川省宣传思想工作会议精神、成都市宣传思想工作会议精神，讨论锦江区2014年宣传思想工作要点；学习《四川省依法治省纲要》；审议中共锦江区委员会政法工作委员会提交的《锦江区2014年社会治理行动计划（送审稿）》，审议中共锦江委员会组织部提交的《中共成都市锦江区委关于深入开展党的群众路线教育实践活动“2+9”方案（送审稿）》《关于在全区开展“解放思想、改革创新、转型升级、提质增效”大讨论活动的实施方案（送审稿）》《关于报请审定2013年“锦江人才计划”入选者的请示》。

中共锦江区委员会第六届第九十二次常务委员会议传达中共四川省委员会十届四次全体会议精神和中共成都市委员会十二届三次全体会议精神，传达《中共中央办公厅、国务院办公厅印发〈关于贯彻执行中央八项规定情况的报告〉的通知》《中央组织部关于印发〈领导干部个人有关事项报告抽查核实办法（试行）〉的通知的通知》，听取维稳信访工作情况汇报，审议中共锦江区委员会宣传部提交的《锦江区2014年文化提升行动计划（送审稿）》，审议中共锦江区委员会组织部提交的《2014年锦江区人才培养行动计划（送审稿）》，审议锦江区政府党组提交的《锦江区改革创新奖实施办法（试行）（送审稿）》。

中共锦江区委员会第六届第九十三次常务委员会议传达成都市投资促进工作会精神，研究锦江区的贯彻意见；传达中共中央统一战线工作部部长会议精神、中共四川省委员会统一战线工作部部长会议精神、中共成都市委员会统一战线工作部部长会议精神，讨论锦江区2014年统一战线工作要点；审议锦江区商务局党组提交的《推进2014年锦江区民营经济发展的行动计划（送审稿）》和锦江区人民代表大会常务委员会党组提交的《成都市锦江区人大常委会2014年工作要点（送审稿）》。

中共锦江区委员会第六届第九十四次常务委员会议传达中共中央、中共四川省委员会、中共成都市委员会召开的组织部部长会议精神，讨论锦江区2014年组织工作要点；传达成都市第二批党的群众路线教育实践活动推进会精神以及中共四川省委员会、中共成都市委员会援藏工作会议精神，审议《锦江区对口支援炉霍县2014年度工作计划》；审议政协锦江区委员会党组提交的《政协成都市锦江区委员会2014年工作要点（送审稿）》，审议锦江区政府党组提交的《关于追加2014年公招教师名额的请示》，审议中共锦江区委员会组织部提交的《关于面向全区公开遴选优秀年轻干部和人才工作的实施方案（送审稿）》。

中共锦江区委员会第六届第九十五次常务委员会议讨论锦江区发展改革局党组提交的《成都市锦江区全面深化改革创新实施意见（送审稿）》。

中共锦江区委员会第六届第九十六次常务委员会议传达成都市第二批党的群众路线教育实践活动座谈会精神。

中共锦江区委员会第六届第九十七次常务委员会议传达成都市经济工作专题会议精神，研究锦江区的贯彻落实意见。

中共锦江区委员会第六届第九十八次常务委员会议审议中共锦江区纪律检查委员会提交的《锦江区建立健全惩治和预防腐败体系暨建设廉洁锦江2013—2017年实施方案（送审稿）》《锦江区2014年

党风廉政建设和反腐败工作任务分工（送审稿）》，审议锦江区目标督查办公室提交的《锦江区2014年为民办实事建议项目（送审稿）》，审议中共锦江区委员会组织部提交的《成都市锦江区引进高层次人才"锦江人才计划"实施细则（送审稿）》，审议中共锦江区委员会党的群众路线教育实践活动推进办公室提交的《关于对"解放思想、改革创新、转型升级、提质增效"大讨论活动中征集的意见建议进行任务分解的请示（送审稿）》，审议锦江区司法局党组提交的《锦江区依法治区实施意见（送审稿）》；听取锦江区2014年低洼棚户区改造工作情况汇报以及锦江区2014年水环境治理工作情况汇报。

中共锦江区委员会第六届第九十九次常务委员会议传达成都市深入推进第二批党的群众路线教育实践活动正风肃纪工作电视电话会议精神，研究锦江区的贯彻落实意见，学习传达中共成都市委员会十二届第七十九次常务委员会会议精神，研究锦江区的贯彻落实意见。

中共锦江区委员会第六届第一百次常务委员会议传达中共四川省委员会办公厅、四川省政府办公厅制发的《关于认真贯彻落实习近平总书记重要批示精神的通知》的精神以及四川省党的群众路线教育实践活动推进会议精神，部署锦江区开展第二批党的群众路线教育实践活动第一环节"回头看"工作；开展"入党为什么？当干部做什么？为后人留下什么？""什么是正确的权力观、地位观、利益观""为了谁？依靠谁？我是谁？"3个专题讨论活动。

中共锦江区委员会第六届第一百零一次常务委员会议审议中共锦江区委员会社会工作委员会提交的《锦江区社会服务管理信息系统建设工作方案（送审稿）》，审议锦江区环境保护局提交的《锦江区生态文明建设研究报告》，审议锦江区目标督查办公室提交的《2013年度综合工作目标先进单位建议名单（送审稿）》《2013年度在职人员目标绩效奖发放建议方案（送审稿）》《2013年度离退休人员生活补贴发放建议方案（送审稿）》。

中共锦江区委员会第六届第一百零二次常务委员会议听取反恐怖和维护社会稳定工作情况汇报，部署锦江区第二批党的群众路线教育实践活动。

中共锦江区委员会第六届第一百零三次常务委员会议传达中共成都市委员会书记黄新初在成都市局级主要领导干部培训班开班仪式上的讲话精神，研究、部署中共锦江区委员会召开领导班子党的群众路线教育实践活动专题民主生活会的工作。

中共锦江区委员会第六届第一百零四次常务委员会议传达中共四川省委员会党的群众路线教育实践活动领导小组制发文件的精神，研究、部署中共锦江区委员会领导班子党的群众路线教育实践活动第二环节的工作。

中共锦江区委员会第六届第一百零五次常务委员会议传达中共成都市委员会十二届第八十四次常务委员会精神，学习《中共四川省委员会关于落实党风廉政建设党委主体责任和纪委监督责任的意见（试行）》和成都市落实党风廉政建设"两个责任"工作会议精神，研究中共锦江区委员会领导班子党的群众路线教育实践活动专题民主生活会材料。

中共锦江区委员会第六届第一百零六次常务委员会议传达中共成都市委员会书记黄新初联系点经验座谈暨成都市第二批党的群众路线教育实践活动工作推进会精神，研究锦江区的贯彻落实意见；审议中共锦江区委员会组织部提交的《关于我区非定向推荐市管副职建议人选的建议方案》。

中共锦江区委员会第六届第一百零八次常务委员会议传达四川省庆祝中国共产党成立九十三周年暨表彰优秀县乡村党组织书记大会和成都市庆祝中国共产党成立九十三周年座谈会精神；传达四川省和成都市主汛期防汛暨山洪地质灾害防治工作电视电话会议精神，听取锦江区防汛减灾工作情况汇报；锦江区房产管理局党组向会议汇报国家开发银行向锦江区棚户区改造项目贷款的工作情况；审议锦江区政府党组提交的《关于合作筹建北京大学环境科学与工程学院成都环保研究院有关事宜的请示》，审议中共锦江区委员会机构编制办公室提交的《关于调整区社科联领导职数配备的建议方案（送审稿）》，审议中共锦江区委员会组织部提交的《关于2014年因公出国（境）培训项目的请示》《关于锦江区市管干部2013年年度考核等次评定的建议方案（送审稿）》《关于锦江区局级干部2013年年度考核评优的建议方案（送审稿）》。

中共锦江区委员会第六届第一百零九次常务委员会议审议中共锦江区纪律检查委员会提交的《中共成都市锦江区委关于落实党风廉政建设党委主体责任和纪委监督责任的实施办法（试行）（送审稿）》《锦江区落实党风廉政建设“两个责任”专题约谈宣讲工作方案（送审稿）》《关于迎接省委第三巡视组到锦江区开展巡视工作的服务保障工作方案（送审稿）》；传达习近平在中央政治局第十六次集体学习时的讲话精神以及成都市投资工作专题会议精神；审议锦江区政府党组提交的《锦江区促进当前经济平稳增长的措施（送审稿）》。

中共锦江区委员会第六届第一百一十次常务委员会议传达中共四川省委员会书记王东明在中共四川省委员会中心组第五次专题学习会上的讲话精神，学习中共成都市委员会中心组专题学习会精神；审议中共锦江区纪律检查委员会提交的《关于对区纪委、区监察局牵头或参与的议事协调机构清理调整方案的请示》；听取筹建成都社会组织学院的情况汇报；审议中共锦江区委员会组织部提交的《锦江区2014年“人才小高地”入选名单（送审稿）》，讨论中共锦江区委员会政策研究室提交的《锦江区向省委巡视组的工作汇报材料（送审稿）》。

中共锦江区委员会第六届第一百一十一次常务委员会议听取迎接中共四川省委员会第三巡视组准备情况的汇报；讨论中共锦江区委员会政策研究室提交的《锦江区向省委巡视组的工作汇报材料（送审稿）》，审议中共锦江区纪律检查委员会提交的《有关案件处分意见的请示》。

中共锦江区委员会第六届第一百一十三次常务委员会议传达《中共四川省委员会关于建立健全作风建设长效机制的意见》《关于认真贯彻“三严三实”要求进一步加强党员干部教育管理监督的意见》等文件精神；传达中共锦江区委员会书记周思源、锦江区政府区长陈历章在中共锦江区委员会第六届第十二次全体会议上的发言内容；审议锦江区精神文明建设办公室提交的《锦江区关于培育和践行社会主义核心价值观的实施意见（送审稿）》，审议中共锦江区委员会宣传部提交的《关于成立锦江当代艺术学会有关事宜的请示》《关于举办社会风景——中国当代绘画中的“风景叙事”主题特展的请示》，审议中共锦江区委员会办公室提交的《中共成都市锦江区委六届十二次全体会议方案（送审稿）》。

中共锦江区委员会第六届第一百一十四次常务委员会议学习《中华人民共和国宪法》；传达四川省对口援藏工作经验交流会会议精神，研究锦江区的贯彻落实意见；审议中共锦江区委员会宣传部提交的《关于成立区委网络安全和信息化领导小组的请示》，审议锦江区总工会提交的《关于预推锦江区2009—2013年度成都市劳动模范、模范单位和模范集体（班组）的请示》，审议中共锦江区委员会组织部提交的《成都市锦江区鼓励高层次人才创业暂行办法（送审稿）》，审议锦江区人力资源和社会保障局党组提交的《关于锦江区2013年机关事业单位工作人员年度考核结果使用的请示》。

中共锦江区委员会第六届第一百一十五次常务委员会议传达《中共中央办公厅关于〈2014年上半年贯彻执行中央八项规定情况报告〉的通知》《关于〈手机使用保密管理规定〉的通知》的精神；听取锦江区党风廉政建设阶段工作情况汇报以及党政领导班子成员落实党风廉政建设主体责任的情况汇报，听取2014年上半年党风廉政建设社会评价反馈问题原因分析和整改建议的汇报；审议中共锦江区纪律检查委员会提交的《关于贯彻落实市委〈关于建立健全作风建设长效机制的实施意见〉责任分工方案（送审稿）》，审议锦江区教育局党组提交的《关于区教育系统落实“两个责任”暨加强师德师风建设工作的请示》，审议中共锦江区委员会办公室提交的《关于进一步整治文山会海、检查评比泛滥问题的补充规定（送审稿）》，审议中共锦江区委员会宣传部提交的《关于加强和改进党委（党工委、党组）中心组学习的意见（送审稿）》，审议中共锦江区委员会政策研究室提交的《2014年区领导重点调研课题》。

中共锦江区委员会第六届第一百一十六次常务

委员会议传达中共中央和中共四川省委员会党的群众路线教育实践活动总结大会精神，传达《中共成都市委员会关于建立健全作风建设长效机制的实施意见》的精神；审议中共锦江区委员会组织部提交的《锦江区从严治党、从严管理干部的七项规定（送审稿）》《关于贯彻落实“三严三实”要求进一步加强党员干部教育管理监督的实施意见（送审稿）》《贯彻落实〈中共成都市锦江区委关于贯彻落实“三严三实”要求进一步加强党员干部教育管理监督的实施意见〉责任分工方案（送审稿）》《锦江区局级干部提醒谈话、函询和诫勉谈话实施办法（试行）（送审稿）》；讨论中共锦江区委员会党的群众路线教育实践活动办公室提交的《锦江区党的群众路线教育实践活动总结报告（送审稿）》。

中共锦江区委员会第六届第一百一十八次常务委员会议审议锦江区政府党组提交的《关于建立完善特殊困难群众帮扶长效机制的实施意见（试行）》《关于确定2014年第二批纳入国开行贷款棚户区改造项目的请示》，审议中共锦江区委员会宣传部提交的《关于开展“听党话跟党走”主题活动工作方案（送审稿）》，审议锦江区科学技术协会提交的《关于进一步加强新时期科协工作的意见（送审稿）》，审议锦江区信访局提交的《关于成立三个信访维稳专项工作组的方案（送审稿）》，审议中共锦江区纪律检查委员会提交的《关于加强和改进反腐败协调工作的意见（送审稿）》《锦江区党风廉政建设巡察工作办法（试行）》。

中共锦江区委员会第六届第一百一十九次常务委员会议传达党的十八届四中全会精神，传达《中共中央关于湖南衡阳破坏选举案处理情况及其教训警示的通报》和《中共四川省委员会办公厅关于做好〈中共中央关于湖南衡阳破坏选举案处理情况及其教训警示的通报〉传达贯彻工作的通知》精神；审议中共锦江区纪律检查委员会提交的《锦江区落实党风廉政建设主体责任检查考核实施办法（试行）》，审议锦江区政府党组提交的《成都市锦江区党政机关国内公务接待管理办法（试行）》。

中共锦江区委员会第六届第一百二十次常务委员会议传达四川省和成都市落实巡视整改暨党的群众路线教育实践活动整改深化工作会议精神，审议中共锦江区委员会党的群众路线教育实践活动办公室提交的《中共成都市锦江区委关于落实中央第九巡视组巡视四川省情况反馈意见整改工作方案（送审稿）》，审议中共锦江区委员会组织部提交的《关于建立锦江区党建工作巡察员（名誉组织员）队伍的工作方案（送审稿）》。

中共锦江区委员会第六届第一百二十三次常务委员会议组织与会人员学习《中华人民共和国国家赔偿法》；传达中共成都市委员会第十二届第四次全体会议精神，研究、部署锦江区的贯彻落实工作；讨论中共锦江区委员会组织部提交的《中共成都市锦江区委关于坚持思想建党与制度治党紧密结合全面推进从严治党的意见（讨论稿）》，讨论锦江区依法治区办公室提交的《中共成都市锦江区委关于贯彻落实党的十八届四中全会、省委十届五次全会和市委十二届四次全会精神全面深入推进依法治区的意见（讨论稿）》；传达四川省领导干部收受红包礼金问题专项整治工作视频会议精神。

中共锦江区委员会第六届第一百二十七次常务委员会议传达成都市“走基层、解难题、办实事、惠民生”活动座谈会精神，部署锦江区“走基层”工作；传达中共四川省委员会经济工作会议精神；研究中共四川省委员会第三巡视组巡视锦江区反馈意见整改工作；审议锦江区政府党组提交的《锦江区政府投资工程建设项目管理办法（2014修订版）》《关于2014年新建4所公办幼儿园推进工作中相关问题的请示》。

政策研究

【调查研究】 锦江区编制区级领导重点课题调研年度计划，编辑《全国主要城区半年总结及下半年工作部署情况汇编》《全国主要城区2014年总结及2015年工作部署情况汇编》，起草《锦江区党政领导班子成员分工方案》，完成调研文章《以改进工作作风为抓手积极化解当前物业管理矛盾》，撰写《赴杭州上城下城、南京秦淮和武汉江岸区学习交流的情况报告》，编发《参阅》14期、《锦江专报》10期。

【调研文章发表】 锦江区编写的调研文章《种好城区这块“责任田”》在《人民日报》刊登，《求真求实保深化，动真碰硬抓整改》在《成都日报》刊登，《关于推动全面转型升级加快建设“精品城区”的思考》《以改革深化法治建设以实效检验工作成果》《率先以行动建设法治锦江》在《先锋杂志》发表，《锦江区全面推行五全工作法，加快建设国内一流精品城区》《全市生态文明建设典型案例——锦江区生态文明建设的探索实践》被《中共成都市委员会工作与研究》发表。

【专项文稿撰写】 锦江区拟制了《中共锦江区委员会领导班子党的群众路线教育实践活动专题民主生活会对照检查材料》和《中共锦江区委员会主要领导党的群众路线教育实践活动专题民主生活会对照检查材料》，为中心组学习会编写了《敢于担当，勇于负责》《坚持从严治党从严加强干部管理》等党课讲稿。撰写《中共锦江区委员会关于学习贯彻市委十二届三次全会精神情况的报告》《中共锦江区委员会关于贯彻落实全市经济工作专题会议精神情况的报告》等专题汇报材料20篇。

纪律检查与监察

【反腐倡廉宣传教育】 锦江区组织党员干部开展党风廉政建设专题学习130余次。其中85次为廉政党课。利用“锦江清风”网站、“廉洁锦江”微博开展廉政法规知识在线学习活动，网站点击量超过两万次。组织“学经典、读党史、讲传统、树信念”主题教育活动200余次。开展警示教育活动，向党员干部发放“廉洁教育”内容的光碟300余张。召开党风廉政警示教育大会3次，通报教育行业腐败案等典型案件7件、作风类案件16件。组织80余家单位负责人参观四川省（成都市）法纪教育基地，约3 000名党员干部受到教育。

【惩防体系建设】 锦江区制订《建立健全惩防体系暨建设廉洁锦江2013—2017年实施方案》，建立以“积极预防、系统治理”为宗旨的惩防工作机制。在4个区级部门开展岗位廉政风险防控信息化平台建设试点工作，采用信息化手段对45 000个廉政风险点进行防控。制订《关于加强财政支出管理的暂行办法》《科级干部任免组织人事部门备案制度》，在7家单位开展试点工作。

【行政效能建设】 锦江区结合行政审批制度改革，坚持推进行政效能建设，行政审批事项精简率达36%。以纪律检查和监察机关、目标督查机构为监督主体，职能部门联合督查的“2+X”大督查工作机制已经运行一年，对政务心中窗口单位工作中存在的14个问题进行了整改。利用行政审批电子监察平台审查过程异常的行政审批事项271个，编发《电子监察报告》8期。

【“政风行风热线”活动】 利用“政风行风热线”开展部门领导访谈活动4期，承办了“成都面对面·政风行风热线走进锦江”直播活动。

【落实“两个责任”】 锦江区制订《关于落实党风廉政建设党委主体责任和纪委监督责任的实施办法》，提出81条规定，形成“责任清单”。制订《落实党风廉政建设主体责任检查考核实施办法》和《落实党风廉政建设监督责任检查考核实施办法》，建立领导班子、主要负责人、班子成员履行主体责任和纪检监察机构履行监督责任4本台账。制订《关于对违反〈关于落实党风廉政建设党委主体责任和纪委监督责任的实施办法〉进行责任追究的暂行办法》，中共锦江区纪律检查委员会召开第六届第五次全体会议，40名区级部门和街道党政主要负责人向大会述责述廉、接受质询。开展“一案双查”试点，对责任不落实的3名负责人给予党纪政纪处分。

【正风肃纪工作】 锦江区自2013年执行中央“八项规定”以来，在正风肃纪方面制订了工作措施和监察制度，机关作风建设的实效开始显现。2014年，按照《中共成都市委员会关于坚持思想建党与制度治党紧密结合全面推进从严治党的决定》的规定，制订实施意见，提出18条措施。贯彻《中共成都市委员会关于建立健全作风建设长效机制的实施意见》《中共成都市委员会关于认真贯彻“三严三实”要求，进一步加强党员干部教育管理监督的实施意见》的精神，制订措施，出台《七条严禁规定》《党员干部直接联系群众十二项制度》等配套制度。针对群众办事难、食品药品安全、医疗卫生、环境保护、教育乱收费、会所消费、“三公”经费开支等22个突出问题开展专项治理工作。立案查处违规事件93件，挽回直接经济损失30余万元。针对领导干部收受红包礼金问题和“庸、懒、散、浮、拖”问题开展整治工作，配合四川省和成都市党风廉政巡视组的调查，根据党风廉政巡视组的反馈意见整改工作中存在的问题。动员干部开展自查自纠工作，干部主动上交“红包”礼金245.88万元，3 095名副科级以上干部作出“拒收、不送红包礼金”的承诺。传召23名有“庸、懒、散、浮、拖”行为的干部谈话。开通“干部作风问题投诉举报热线”，受理群众投诉干部作风问题的案件72件，办结68件，对4名责任人进行了诫勉谈话，给予两人党纪处分。

【违纪违法案件查办】 锦江区制订《加强和改进反腐败协调工作意见》，建立街道片区协作办案机制。组建信访案件线索调查组5个，实施了“信访案件线索大起底行动”。纪律检查和监察机关立案62件，立案数较2013年增长87.9%。给予55人党纪政纪处分，移送司法机关5人。查处锦江区教育局局长腐败窝串案和柳江街道党工委书记、春熙路街道党工委书记、牛市口街道办事处主任利用工程建设项目受贿等典型案件。立案查处领导干部收受红包礼金案件7件，通报典型违纪案件两件。

【廉政文化建设】 锦江区联合成都市主流媒体，开设宣传栏目，宣传廉政文化。截至2014年12月，《成都日报》等报纸登载锦江区廉政建设方面的文章已达1 000余篇。在锦江电视台开辟专栏，播放“整治会所消费”等内容的教育专题片7部。利用手机APP、微博等新媒体和基层信息公开平台开展“廉政文化宣传进机关、进窗口、进社区、进小区、进院落、进楼宇”活动。发挥廉洁文化微电影创作基地的作用，拍摄廉政勤政方面的微电影15部，组织群众创作廉政文化作品4 300多件。两部微电影获得四川省廉政文化作品一等奖。开展廉洁文化微电影剧本征集大赛，征集剧本146部，印制廉政宣传海报40 000幅。

【社区综合监管平台建设】 锦江区按照社区服务管理和监督工作制度化、规范化建设的要求，新增55个社区综合监管平台，利用平台公开信息12万条。2014年，社区综合监管平台的访问量达到121.3万人次。

【纪律检查与监察工作机构建设】 锦江区贯彻《成都市纪律检查体制改革工作方案》，对中共锦江区纪律检查委员会、锦江区监察局参与的77个议事协调机构进行清理，保留机构10个。新增纪律检查监察室两个。

【纪律检查与监察干部培养】 锦江区组织纪律检查部门的干部和监察局的干部集中培训8次，参加业务知识培训的干部达20批次。2014年，培训干部1 300余人次，选派10余名干部到中共成都市纪律检查委员会学习锻炼。

【特邀监察员聘用】 锦江区完成第二届特邀监察员换届聘任工作，选聘法律服务、教育卫生、新闻媒体、社区管理、民营经济管理等方面的专业人才担任特邀监察员。

组织工作

【基层党组织建设】 锦江区划拨专项经费205万元，推进基层党组织建设工作。向区域内7个工作作风软弱涣散的党组织和9个后进社区党组织派驻第一书记，整顿不良作风。向后进“两新组织”党组织派出党建指导员，帮助“两新组织”党组织开展党建工作。在时代广场、香槟广场开展楼宇党群服务站试点工作，建立楼宇党群工作服务站。以“孵化党员、党组织、党务工作者”为内容，在社会组织中开展“三孵化”工作。

【党员发展】 锦江区按照“坚持标准、保证质量、改善结构、慎重发展”的原则，以学习《发展党员工作细则》为内容，开展培训活动148次，培训党务工作者1 321人次。7月1日，发展党员的审批权收归中共锦江区委员会。2014年，锦江区新发展党员200人。

【党员远程教育】 锦江区利用远程教育站点开展党员教育培训工作，编制了10 640张“党员学习卡”。区域内已建成远程教育站点288个，站点总学时达到73.4万课时，党员参学率和达标率均达100%，站点学员的平均学时在成都市5个城区中排第一。同时还利用网络平台开展17次入党积极分子培训活动，培训入党积极分子429人次。

【党史工作】 锦江区编辑《中国共产党成都市东城区历史第二卷（1949—1978）》。开展资政课题研究工作，撰写的《建设都市湿地，加快新型城乡形态转型升级》被中共成都市委员会党史研究室编入《岁月留痕》。

【领导干部选拔任用】 锦江区被确定为四川省党政领导班子和干部队伍建设综合配套改革试点单位。按照试点工作的要求，锦江区在完善《选拔任用局级干部初始提名办法》《干部选任规程》的基础上制订《局级领导职务干部选拔任用暂行办法》《非定向推荐局级领导职务干部拟提拔使用人选暂行办法》《局级领导班子和领导干部综合分析研判暂行办法》《局级领导班子功能结构模型管理暂行办法》《领导班子和领导干部考核结果运用暂行办法》，建立干部工作联席会议制度。以规范干部选拔任用方式为中心，结构模型管理为基础，综合分析研判为依据，考核结果运用为参考，创新建立了干部选拔任用模式。2014年，调整局级干部9次，涉及区管干部144人次。其中局级干部交流99人次，提拔45人次，为3名干部办理了调任手续，安置军队团职转业干部12人。

【科级干部管理】 锦江区制发《关于进一步规范承担政工、组织人事工作职能科室负责人任职程序的通知》《关于严禁超职数配备干部的通知》，落实科级干部任免组织人事部门备案制度，为科级干部备案137人次，审批任免办公室主任、人事科科长4人次。结合干部人事制度改革，在干部中开展科级领导岗位竞争性选拔工作，选拔科级干部15人。

【干部培训量化考核机制】 锦江区根据《2014—2017年成都市干部教育培训规划》，制订《干部教育培训工作条例（试行）》《干部教育培训学时学分制管理办法（试行）》，将干部教育培训纳入年度绩效考核。考核情况作为干部任职和晋升的主要依据。

【干部审核】 锦江区为15名干部办理退休审核手续，为党组织和群众团体的15名干部办理调动手续，批准4名公务员辞职，为28名新进干部办理了公务员登记手续。

【非领导职务局级干部管理】 锦江区出台《关于加强局级非领导职务干部管理的意见》，并将《意见》作为非领导职务局级干部管理的依据。开展“裸官”清理工作，清理局级干部两人。针对离退休干部在社会团体兼职的情况开展清理工作，清理市管干部3人，清理局级干部4人、科级干部3人。开展超职数配备局级干部清理工作，清理超职数配备局级领导干部20人。

【干部援藏工作】 锦江区对第二批选派到炉霍县挂职的干部和专业人才进行挂职期满考察，选送第三批19名干部和专业人才到甘孜州炉霍县工作。中共锦江区委员会组织部被中共四川省委员会组织部、中共四川省委员会统一战线工作部、四川省人力资源和社会保障厅授予“四川省对口援藏工作先进集体”称号。

【干部监督管理】 锦江区针对拉票贿选、违反任用要求、跑官要官、说情打招呼、“带病提拔”、封官许愿、档案造假、领导干部兼职等违反干部管理规定的现象进行整治，制订《关于认真贯彻“三严三实”要求，进一步加强党员干部教育管理监督的实施办法》《关于进一步加强干部监督管理的十条措施》《七条严禁规定》《局级领导干部提醒谈话、函询和诫勉谈话实施办法》，完善干部监管机制。日常监管方面，备案管理领导干部出差考察学习情况，落实局级干部诫勉谈话和科级干部提醒谈话制度，对离任党政领导干部进行任期经济责任审计，要求新提拔干部签署《任职承诺书》。

【干部挂职培养】 锦江区确定区管干部培养对象、社区重点人才培养对象52人，选派43名2012年招录的干部到社区挂职锻炼，选派13人到区属国有企业挂职锻炼。

【干部递进培养】 锦江区落实四川省和成都市分期递进培养优秀年轻干部人才计划，选派两名市管干部参加四川省递进培养班学习，选派3名区管干部参加成都市递进培养班学习。

【组织干部参加省级和市级培训】 锦江区选送领导干部参加中共成都市委员会组织部、中共成都市委员会党校举办的主体班10期，参加省、市组织部门开展的各类专题培训班29期，参加“创新思维月讲坛”培训11期。参加培训的市管干部达163人次、局级干部达581人次。

【局级领导干部轮训】 锦江区以“深入学习党的十八届三中全会及习近平总书记重要讲话精神”为主题，组织局级领导干部开展轮训10期，培训局级领导干部506人。

【专题培训】 锦江区以“社会治理创新”“转型升级期的城市建设发展”为主题，开设专题培训班两期，培训干部100人。以“产业集聚与楼宇经济建设”“改革创新与产业转型升级”“现代服务业发展与区域经济”为主题，开设专题培训班3期，培训干部160人。

【新进干部区情培训】 锦江区举办部队转业干部和复转战士及新进公务员区情专题培训班，培训部队转业干部、复转战士66人，培训新进公务员114人。

【副科级以上干部商务英语培训】 锦江区举办第二期商务英语强化培训活动，组织32名1970年后出生的副科级以上干部开展为期三个月的培训。有24名干部取得“中国国际化人才外语考试（BFT）高级水平证书”。

【干部在线学习】 锦江区发挥“干部在线学习城”的作用，培训干部3 900人次。

【中青年后备干部培训】 锦江区在江西干部学院开设第22期中青年后备干部培训班，培训中青年后备干部50人。通过回顾革命历史、参观革命传统纪念馆等形式，帮助中青年后备干部坚定理想信念，在中青年后备干部中塑造社会主义核心价值观。

【“国际锦江”素质培训】 锦江区开创“国际锦江”素质培训新模式，采取理论培训和实践结合的方式，组织13名英语水平较好的干部到美国开展为期三个月的“现代服务业发展与区域经济”专题培训。参训干部到美国的企业和政府机构挂职锻炼。通过培训和挂职锻炼，干部开阔了眼界，在实践中树立了国际化意识。

【优秀党务工作者获得者】 6月29日，锦江区龙舟路街道辖区河滨社区党委书记周继国被评为“四川省优秀村（社区）党组织书记”。

宣传思想工作

【党委中心组学习】 锦江区印发《关于加强和改进党委（党工委、党组）中心组学习的意见》，制订《区委中心组2014年度理论学习安排意见》，组织中共锦江区委员会中心组成员集中学习22次，学时达到14天，参学率达到95%。中心组成员调研时间达到每人90天的标准。

【宣讲活动】 锦江区邀请专家教授组建宣讲团，到机关单位、街道办事处、社区开展宣讲活动60余场次。遴选理论骨干和群众行业代表组建了6个群众宣讲小分队，到学校、医院、街道、社区举办讲座80余场次，宣讲内容涉及体制改革、法治建设、经济发展、社会管理创新等方面。

【政治思想工作】 锦江区以“为民务实清廉”为内容，贯彻“照镜子、正衣冠、洗洗澡、治治病”的要求，开展“当前形势任务怎么看，对标先进怎么办，五个结合怎么干”大讨论活动。组建文艺宣讲小分队，开展文化汇演和演讲比赛。共开展宣传教育活动100余场次，编印宣传资料10 000余册。

【对外宣传工作创新】 锦江区围绕“改革创新、提质增效”工作主题和“精品城区”建设，创新对外宣传内容和形式，探索建立以“外宣调度会”为核心的宣传工作新机制。确定重大对外宣传题材10余个，提供新闻线索60余条，媒体报道反映锦江区特色的新闻7 400余条，中央级报纸登载反映锦江区亮点工作的文章23篇。

【新闻管理】 锦江区落实新闻发布制度，完善新闻宣传队伍数据库，组建了由217名新闻发言人、新闻助理、新闻通讯员组成的新闻宣传队伍。2014年，召开新闻发布会20余场，开展新闻从业者培训活动两次。

【全域传播活动】 锦江区开展全域传播活动，组织“成都经济圈”范围内8个城市的10家主流媒体开展“采风春熙路红星路商圈”活动，在媒体上发表了《成都经济区媒体聚焦新春熙》《锦江构筑新商圈，开启新生活》等14篇专题文章。以中共成都市委员会宣传部、成都电视台举办亚洲纪录片大会和“发现故乡的美”手机视频制作大赛为契机，将春熙路商圈、白鹭湾湿地等“锦江特色”制作成专题宣传片，同时联系媒体进行专题报道，增加新闻宣传频率，塑造区域形象。

【《成都锦江》编印工作】 锦江区以《成都锦江》为载体，宣传区域政治、经济、文化、社会、生态“五个文明”建设情况。2014年，印发《成都锦江》97期97万份。《成都锦江》在“2013年度第31届成都新闻奖”评选活动中获得专项奖。

【锦江电视台宣传工作】 锦江区锦江电视台《锦江新闻》栏目播出节目209期，播放新闻1 463条。锦江电视台报送的《报名热开场冷，公益培训成鸡肋》在2013年度成都市记者协会举办的区（市）县好新闻作品评选活动中获三等奖，《免费社区巴士开到家门口》在成都市第三届广播电视绿色频率频道创建“短消息大赛”评选活动中获电视类新闻优秀奖。

统一战线工作

【支持民主党派基层组织建设】 锦江区贯彻中国共

产党的统一战线工作方针，由中共锦江区委员会统一战线工作部牵头开展统一战线工作。中国国民党革命委员会、中国民主同盟、中国民主建国会、中国民主促进会、中国农工民主党在锦江区设立基层组织，共有成员391人。中共锦江区委员会统一战线工作部协助中国民主同盟锦江总支部、中国民主建国会锦江总支部完成换届工作，协助中国民主促进会锦江支部升级为总支部委员会。

【民主党派和无党派人士参政议政】 锦江区两次召开统一战线工作情况通报会，邀请民主党派成员和无党派人士列席中共锦江区委员会全体委员会议，应邀参加中共锦江区委员会全体委员会议的民主党派成员和无党派人士达70人次。邀请民主党派成员和无党派人士参加锦江区群众路线教育实践活动会议13次。调动民主党派和无党派人士参政议政积极性，鼓励民主党派和无党派人士中的政协委员撰写提案。完成各类提案95件、社情民意信息3条。聘请11名民主党派成员为锦江区特约民主监督员。

【组织民主党派开展教育活动】 锦江区按照新时期统一战线工作的要求，发挥中共锦江区委员会统一战线工作部的职能作用，以“自觉接受中国共产党领导，坚持走中国特色社会主义道路”为主题，在民主党派中开展“同心思想”教育活动和中国特色社会主义学习实践活动。各民主党派分别开展了学习教育活动。中国国民党革命委员会锦江支部组织成员到大邑县建川博物馆参观，中国民主建国会锦江总支部开展“寻根、感恩、传承·红色主题广安重庆行”活动，中国农工民主党锦江支部组织成员到重庆市参观了民主党派党史陈列馆、渣滓洞、白公馆。

【动员民主党派参加社会服务活动】 锦江区动员民主党派参加社会服务活动，组织民主党派成员开展义诊活动4次，义务辅导学生235人次，义务植树200株。组织民主党派成员参加捐资助学活动，帮助贫困学生10人次，捐资10 000元。组织民主党派成员慰问大慈寺社区困难群众60户，赠送价值16 000元的慰问品。组织民主党派成员参加锦江区“文化惠民”活动68场次。组织民主党派成员开展免费法律咨询核援助活动，惠及群众78人次。组织民主党派成员对口援助甘孜州炉霍县，捐赠价值40 000余元的药品和医疗器械，捐赠善款23 000元。

【党外干部工作】 锦江区落实《关于贯彻〈中共中央关于加强新形势下党外代表人士队伍建设的意见〉的实施意见》，按照中共锦江区委员会组织部、中共锦江区委员会统一战线工作部制订的党外代表人士工作联席会议制度的要求开展党外干部工作。完善党外代表人士库、党外后备人才库、党外知识分子人才库，收纳党外后备人才120人、党外知识分子2 721人。举办党外人士专题培训会，推荐党外后备干部5人，推荐3名无党派代表人士加入成都市党外知识分子联谊会。

【民族宗教工作】 锦江区落实中国共产党的民族宗教政策，由锦江区民族宗教局牵头，在大慈寺社区开展“锦江民族团结进步创建活动进社区·成都各民族的温馨家园”主题活动。依托少数民族法律援助服务站和人才招聘市场，为少数民族同胞提供法律服务和就业服务。对乱建小庙、乱塑神像、私设聚会点等违反宗教政策的行为进行清理和整治，取缔私设聚点4个。在大慈寺开展“民族宗教政策进寺庙”法律咨询及宣传活动，发放宣传资料300余份。

【非公有制经济代表人士工作】 锦江区制发《中共成都市锦江区委统战部关于建立部领导联系非公有制经济重点企业和代表人士制度的通知》，由中共锦江区委员会统一战线工作部牵头开展非公有制经济代表人士工作。制订《关于加强对全区非公有制经济组织开展党的群众路线教育实践活动指导的意见》，在非公有制经济代表人士中开展党的群众路线教育实践活动。组织非公有制经济代表人士开展“十八大以来中国宏观经济形势的分析与展望”“坚定理想信念，努力培育和践行社会主义核心价值观”

等专题培训10余期。组织非公有制经济人士向甘孜州炉霍县、云南地震灾区捐款400余万元。非公有制经济组织中的10余名政协委员提交提案23件。非公有制经济代表人士撰写了《2013年锦江区民营经济发展报告》《锦江区金融服务业发展报告》，为锦江区经济建设服务。

【海外统战工作】 锦江区制发《关于进一步加强社区侨务工作的通知》，在生物研究所社区开设“侨法宣传角”，宣传《归侨侨眷权益保护法》等法律法规。落实《台湾同胞投资保护法》，鼓励台湾现代服务业企业在区域内设立分支机构，引进台湾贸易中心等台资企业。开展困难侨胞侨属和台胞台属普查工作，为归侨、侨眷和台胞、台属解决实际困难12件次。接待“2014海外台商天府行”参观访问团，与海外华侨、海外华人、台商开展经贸交流活动。参加活动的海外华侨和海外华人17人，台商80人。

【统一战线工作调研】 锦江区以促进统一战线工作为目的，由中共锦江区委员会统一战线工作部牵头开展统一战线工作调研活动。收集企业、基层干部、群众的意见和建议46条，撰写了《实践群众路线，促进民族团结》《创新群众工作思路，提高统战工作能力水平》《关于打造滨江文化休闲旅游经济带的调研报告》《新时期基层党外代表人士队伍建设工作的思考》《锦江区民族宗教工作“三覆盖”》等调研报告。

【统一战线工作宣传】 锦江区宣传中国共产党的统一战线政策和工作成效，报送稿件130余篇。其中《挖掘高原特色，打造旅游精品》《高原上的“草帽局长”》分别被《中国改革报》《瞭望东方周刊》采用，《锦江区对口支援炉霍县促进藏区经济社会发展》等13篇文章被《四川日报》《成都日报》《成都商报》《民族》等媒体采用，《立足楼宇开展工作，服务社会管理创新——锦江区统战工作进楼宇试点工作成效显著》等42篇文章在《四川统一战线》《统战信息》等刊物上登载。中共四川省委员会统一战线工作部授予中共锦江区委员会统一战线工作部“县级统战工作先进单位”称号。

政法工作

【社会治安综合治理】 锦江区以维护社会稳定、营造和谐社会为目标，坚持开展社会治安综合治理工作。中共锦江区委员会政法工作委员会牵头成立锦江区社会治安专项整治领导小组，协调公安机关开展整治行动5次，清查和打击危害社会的违法犯罪行为。2014年，锦江区社会治安满意度在成都市5个城区中排名第一。

【社会稳定维护工作】 锦江区以社会和谐稳定为目标，坚持对不稳定因素进行监控，排查妨害社会稳定的因素52个，化解46个；处置较大规模群体性事件42次，处置率达100%；制发《重大决策社会稳定风险评估实施办法》《社会稳定风险评估责任追究办法》，建立社会稳定风险评估专家库，开展风险评估培训工作。在中共十八届四中全会、北京APEC会议、中国西部博览会期间，组织安全保卫力量维护社会稳定。

【“平安锦江”建设】 锦江区开展“平安和谐街道”“平安和谐社区”“平安和谐网格”三级联创活动。两个街道辖区完成“三星级平安街道”创建申报工作，5个社区完成“平安示范社区”创建申报工作。推进以信息化为支撑的网格化服务管理体系建设，将16个街道辖区的117个社区分为1 049个网格，配置社区网格员1 049人。网格员按照“一日双巡”的要求，开展巡逻工作。

【政法干警培训】 锦江区在四川大学全国干部教育培训基地举办政法队伍建设专题培训班，组织业务骨干进行分级分类培训。组织政法干警参加中共四川省委员会政法委员会举办的“四川政法大讲堂”学习活动。2014年，开展政法干警业务培训32批次，政法干警参加培训达3 000人次。

【规范公安民警执法行为】 锦江区从提高公安民警执法公信力的角度提出“做实微规范，营造大规矩”的工作思路，制订警用装备管理规章，规范刑侦、治安、巡逻等各警种执法行为，开展“公正执法、文明执法、安全执法”专项行动，查找病整改执法过程中的突出问题89个。

【向见义勇为市民授奖】 锦江区两名市民获得“成都市见义勇为公民”称号。中共锦江区委员会政法工作委员会向两名市民颁发“见义勇为奖励金”60 000元。

【保障社会弱势群体权益】 锦江区面向社会弱势群体开展司法救助工作，受理司法救助案件17件，发放“司法救助资金”25万元。

社会建设

【概况】 锦江区按照《2014年民生改善行动计划》的部署，培养专业社会工作人才，发展志愿者队伍，从社会管理信息平台建设、社区治理、公共服务等方面持续推进社会建设进程。

【社会建设发展指数统计分析】 锦江区借助科学统计分析方法计算社会建设发展指数，编制了《社会建设发展指数（2008—2013）》。

【公共服务项目管理与实施】 锦江区制订《社区公共服务和社会管理专项资金使用管理办法》，规范管理公共服务项目资金。2014年，通过政府购买的方式购买公共服务项目105个，购买金额达到1.90亿元。其中65个公共服务项目向社会组织购买，购买金额达到3 840.73万元。另有40个公共服务项目向其他组织购买，购买金额达到1.52亿元。

【社会管理信息建设】 锦江区制订《社会服务管理信息系统建设工作方案》，成立社会管理信息服务中心，打造社会服务和管理基础数据库。2014年，录入网格化信息平台的基础数据信息共143万条，利用平台处理事件17 200件次。

【社会治理民主化进程】 锦江区建成28个公共服务站，实现院落（小区）党组织全覆盖目标，社区老旧院落物业管理全覆盖工作收到预期效果。成立住户委员会、家属委员会等自治组织831个，建立院落小区自治服务平台138个，发展社会组织964个。新一届居民议事会成员平均联系住户60户，固定联系居民5户以上，建立居民议事会成员联系居民台账和社情民意收集台账，议事会成员联系居民覆盖率达到100%。

【社区公共服务项目】 锦江区发布《社区公共服务站民生类服务事项目录（2014）》，在成龙路街道辖区锦城逸景新型社区新建社区公共服务站。2014年，实施公共服务项目和社会管理项目689个。

【社会工作人才队伍建设】 锦江区按照“全国社会工作服务示范区”创建要求，制订《社会工作职业水平补贴发放管理暂行办法》，向专业从事社会工作的人员发放补贴241人次，金额达74万元。中共锦江区委员会社会工作委员会推荐成都锦江爱有戏社区文化发展中心、锦江社会工作服务中心、华诚助老服务中心为区级“社会工作专业人才小高地”，指导建立社区社会工作服务中心站5个。锦江区新登记成立专业社工服务机构两家，新增社会工作专业人才106人。与2013年比较，锦江区社会工作专业人才数量增长68%。按照四川省民政厅、成都市民政局对社会工作者职业水平考试的要求，组织564名已登记备案的社会工作者参加成都市职业水平考前培训。

【社区班子培训】 锦江区继续开展社区班子培训工作，组织社区党组织成员、社区居民委员会成员开展专题培训20余次，委托四川尚明公益发展研究中心等专业机构开展了6期“社区参与式治理”培训。截至2014年12月，锦江区社区党组织和社区居民委员会参加培训的人员达15 000人次。

【志愿服务工作】锦江区注册志愿者达到87 600人，建成志愿者队伍800余支，建成区级志愿服务总部基地，打造街道志愿服务基地16个，打造标准化社区志愿服务工作站113个、院落志愿服务点1 029个。围绕“邻里守望”等项目开展志愿服务活动1 830次。开展“文明旅游”等志愿服务活动40余次，动员志愿者1 600人次，发放宣传资料2 600余份，服务游客9 200人次。莲新街道志愿服务中心创新示范基地志愿服务项目被评为“四川省十佳志愿服务项目”，三圣街道辖区的刘端元学雷锋志愿服务队获得“成都市雷锋精神种子志愿服务队”称号。

【成都社会组织学院成立】锦江区创办的成都社会组织学院是中国首家由党委和政府主导的社会组织及社会工作者培训机构。主要对基层治理机制创新、城市管理转型升级等领域进行系统研究，探索党对社会组织的领导方式，激发社会组织活力，对社会组织及从业人员进行培训。8月4日，成都社会组织学院成立。截至2014年12月，学院已开设培训班3期，培训社会组织330个。

信访和群众工作

【概况】锦江区贯彻“为人民服务”的理念，以保障和改善民生为切入点，以人民满意为目标，依法开展信访工作，帮助群众解决实际问题。2014年，受理办理群众信访案件1 000余件。

【信访联席会议制度建设】锦江区创新联席会议运行机制，每季度召集6家成员单位召开联席会议，通报信访工作情况，分析案情，制订工作措施，确

2014年8月4日，成都社会组织学院成立大会在锦江区召开

定办理部门，明确办理时限，为信访工作夯实基础。

【领导接待信访制度建设】锦江区继续推进领导接待信访制度建设，制订《2014年度领导干部接待群众来访工作安排的意见》。2014年，接待上访群众43批243人次，预约群众会谈17批75人次，带案下访30次。124封群众直接投寄给区级领导的信件中被主要领导阅批的有87封，其他领导阅批37封，区级领导阅批群众信件率达到100%，到期办结率达到100%。

【重要信访案件区级领导包案制度】锦江区针对重要信访案件分别制订区级领导包案方案，为每个案件建立动态台账，办结销号。结合“走基层”活动开展案件排查工作，将71件信访案件纳入区级领导包案范围，逐一办理。

【信访代理制度建设】锦江区建立基层信访事项代理制度，在117个社区设立信访代理站点，针对群众在网络平台上反映的问题，收集详细信息，为办理信访案件提供实证。

【信访受理平台建设】锦江区为群众畅通信访诉求渠道，建立集直接投诉、视频接访、信访代理于一体的信访受理平台。平台的视频接访功能是锦江区在信访工作上的创新。依托电子政务网和互联网建成的网络视频接访范围覆盖市、区、街道三级，为

群众诉求和政府了解群众诉求开辟了新途径。同时还成立了联合接访中心，向群众提供行政调解、行政复议、劳动仲裁、司法救助等服务，方便群众表达诉求和解决问题。

【群众信件处置】 锦江区受理、办理群众信件信访案件440件。其中区级受理、办理9件，通过信访信息网络转办区级以上信访部门移交的群众信件信访案件297件。初次以信件方式上访的案件有207件，办结率达100%。

【群众上访案件处置】 锦江区接待到访群众210批988人次。其中个人上访170批205人次，集体上访40批783人次。初次上访案件共160批408人次，重复上访案件共50批580人次。初次上访案件办结率达100%，息诉息访率达100%。

【网络信访案件处置】 锦江区通过网络平台受理、办理信访案件422件。公开范围内的信访事项在网上的公开率达到100%，群众满意率达到95%。其中106件网民给中共锦江区委员会书记留言反映问题的信访案件全部办结。

机构编制工作

【机构设置】 锦江区在各街道办事处城管科增设环境保护科，按照“两块牌子一套人马”的方式开展工作。环境保护科负责街道辖区内环境保护工作，发现和上报问题，配合锦江区环境保护局开展环境保护执法工作。锦江区机构编制管理部门批准锦江区法院在春熙路、水井坊、三圣3个街道辖区设法庭；批准设立锦江区社会服务管理信息中心，推进锦江区社会服务和管理信息化建设；批准成立成都社会组织学院；批准锦江区民政局下属的锦江区流浪乞讨人员救助管理分站加挂锦江区儿童福利服务指导中心牌子。

【事业单位管理】 锦江区开展事业单位年度检验和网上登记管理工作，事业单位年检率100%，年检合格的事业单位共170家。29家事业单位完成变更登记手续，依法进行了公告。锦江区事业单位法人治理结构建设试点工作受到中共成都市委员会机构编制办公室通报表扬。

老干部工作

【老干部工作机构】 锦江区设老干部局，为中共锦江区委员会序列机构。老干部局下设办公室、保健活动科、管理接待科，共有在职人员11人。其中干部9人，职工两人。2014年，中共成都市委员会老干部局授予中共锦江区委员会老干部局“老干部工作成绩突出单位”称号和“老干部两项建设工作成绩突出单位”称号。

【锦江区老干部休养所】 锦江区设老干部休养所，隶属中共锦江区委员会老干部局，共有在职人员4人。其中干部两人，职工两人。主要职责是管理老干部活动中心大楼，组织老干部开展文体活动。

【锦江区老干部情况】 锦江区736名老干部由中共锦江区委员会老干部局管理。其中锦江区离休干部56人、易地安置离休干部33人、成都市下放企业离休干部21人、锦江区副区级以上退休干部51人、正处级退休干部321人、副处级退休干部254人。2014年，有16名离退休干部去世。

【老干部思想政治工作】 锦江区针对国际国内形势、社会热点问题举办讲座6次，组织老干部学习。向老干部传达60余份文件的重要精神，为老干部订购《成都日报》《晚霞报》等报纸和《老同志之友》等杂志2 000余份。

【老干部情况通报会】 1月24日和8月20日，锦江区两次召开老干部情况通报会。中共锦江区委员会、锦江区政府的主要领导向老干部通报区域经济和社会事业发展情况。

【老干部列席重要会议】 锦江区落实老干部列席重要会议制度，组织老干部列席中共锦江区委员会和锦江区政府召开的重要会议5次。2014年，参加市、区两级报告会、培训会的老干部达40人次。

【离退休老干部党组织建设】 锦江区每月5日和10日定期举办离退休干部党总支部学习会、生活会，组织离退休干部党总支部委员学习《党章》和中共十八大精神，参加学习的委员达30余人次。

【老干部经济待遇落实】 锦江区落实“关于新中国成立初期参加革命工作的部分退休干部给予适当医疗照顾”的精神，为87名退休干部落实医疗照顾经费34万元，为56名市属企业和事业单位下放离休干部以及区属企业和事业单位离休干部落实生活补贴158万元。锦江区离退休干部离退休费、医药费落实率达100%。

【老干部医疗保健】 锦江区为55名副区级以上离退休干部送医送药656次。组织300余名正处级以上离退休干部健康体检，邀请保健专家为老干部提供保健建议。6月，组织20余名副区级以上退休干部健康疗养。10月，组织300余名正处级离退休干部参加健康休养活动。

【老干部慰问】 锦江区坚持老干部生日慰问制度、老干部生病住院慰问制度，走访慰问老干部200人次，协助办理去世老干部丧葬事宜16次。

【老干部帮扶】 锦江区建立离休干部特殊困难帮扶机制，制订《离休干部特殊困难帮扶实施办法》，帮助离休干部及配偶解决特殊困难。共帮扶困难离休干部5人，落实帮扶资金10 000元。

【老干部文体活动】 锦江区组织老干部开展钓鱼、棋牌、书画等活动20余次。收集离退休老干部的书法、绘画、根雕、篆刻、摄影作品，编印了《锦江炫彩》。组织老干部乒乓球队与成华区和市级机关的老干部举办乒乓球联谊赛。组织书画苑的老干部参加晶蓝社区举办的书画展，8幅书画作品分别获得一、二等奖和优秀奖。组织老干部舞蹈队参加成都市文化馆和四川省广播电视台妇女儿童频道举办的“成都文化四季风·劲舞暖冬”暨“耀武扬威”大型电视群众创意竞技表演。

党校教育

【概况】 锦江区通过重点专题培训、分批集中轮训、异地体验教学、实地考察、网络在线教育等形式，实施干部队伍综合素质提升工程。成立了成都社会组织学院，为社会组织发展和基层社会治理培养专业人才。举办、联办各类培训14种，开设培训班39期，培训党政干部7 227人次；开设局级领导干部培训班、改革创新与产业转型升级专题培训班等主体培训班36期，参加学习的干部达7 096人次。

【对口培训甘孜州炉霍县干部】 锦江区按照对口援藏工作的需要，开设2014年炉霍县机关乡镇干部培训班两期，培训96人。举办炉霍县优秀年轻干部和人才培训班一期，培训35人。

【局级干部培训】 锦江区开设局级领导干部学习贯彻中共十八届三中全会和习近平讲话精神暨廉政教育集中培训班9期，培训局级领导干部431人。围绕区域主导产业发展，在浦东干部学院、清华大学、北京大学开设“社会治理创新”“产业集聚与楼宇经济建设”“改革创新与产业转型升级”等专题培训班，培训产业部门局级领导干部149人。

【后备干部培养】 锦江区开设优秀年轻干部和人才

集中培训班一期，培训干部52人。在江西干部学院举办中青年后备干部专题培训班，培训中青年后备干部50人。

【专题培训】 锦江区根据区域经济社会发展需要，开设“现代服务业发展与区域经济”“转型升级期的城市建设发展”“商务英语强化班”等专题培训班18期，培训学员1 732人。通过“锦江干部在线学习城”网络平台完成培训任务的学员达4 358人次。

目标管理

【目标任务分解下达】 锦江区制订《2014年主要工作目标任务分解表》，分解下达目标12大类126项。向市民和社会各界征求意见建议，分解下达区级为民办实事项目目标10项26个。根据《中共成都市委员会、成都市政府2014年区（市）县目标绩效考核体系》和《2014年省市为民办实事民生工程目标区（市）县分解方案》，分解成都市主要工作目标103项，分解四川省和成都市民生工程目标164项。针对创建“四川省第四轮敬老模范区”、依法行政、依法治省、深化改革、“质量强区”以及“环城生态区”建设等重点工作，分解下达专项目标20余个。

【目标考核】 锦江区研究制订综合工作目标考核办法，建立经济工作考核机制，针对街道办事处、区级部门、功能区管理委员会的考核工作制订实施细则。健全目标运行监控机制，按月、季度、半年、一年确定4个时间节点，分别梳理主要工作、民生工程目标以及其他各项目标任务完成情况，为领导决策提供参考。

【重大工作督查督办】 锦江区对贯彻落实党的十八届四中全会精神、中共四川省委员会十届五次全体会议精神和中共成都市委员会十二届四次全体会议精神的工作情况进行督查督办。制订《2014年贯彻执行中央八项规定、反对“四风”工作要点》，督促检查中央“八项规定”执行工作。

【领导交办事项督查督办】 锦江区制订《市委市政府、区委区政府领导同志批交办事项办理落实工作细则》，督促办理四川省和成都市主要领导批示交办事项18件，督促办理中共锦江区委员会和锦江区政府领导批示交办事项21件。其中涉及老旧院落“一户一表”改造、拆迁安置房产权证办理、社区居民生活环境改善等事项26件。

保密工作

【概况】 锦江区完成6类国家级考试的保密工作，发放保密宣传资料1 500份，销毁文件重量达28 000公斤，完成2014年度保密和密码工作专项目标任务，被评为“四川省保密工作先进集体”“成都市保密工作先进单位”。

【网络保密工作】 锦江区贯彻《国家秘密定管理暂行规定》，为82名定密责任人备案；开展网络核查分类工作，完善计算机网络保密管理制度，建立涉密人员上岗、在岗、离岗等环节的动态管理机制；升级改造互联网检查检测平台，推进监管平台二级分中心和安全专网建设；检查涉密计算机488台。

人民代表大会

PEOPLE'S CONGRESS IN JINJIANG DISTRICT, CHENGDU

主要会议

【锦江区人民代表大会六届三次会议】 1月13日，锦江区召开第六届人民代表大会第三次会议。会议审议通过《锦江区人民代表大会常务委员会工作报告》《锦江区政府工作报告》《锦江区法院工作报告》《锦江区检察院工作报告》《锦江区2013年国民经济和社会发展计划执行情况的报告及2014年国民经济和社会发展计划的报告》《锦江区2013年财政预算执行情况的报告和2014年财政预算的报告》。会议选举陈历章为锦江区政府区长，选举伍健为锦江区检察院检察长，补选王强三为锦江区第六届人民代表大会常务委员会委员。

【锦江区人民代表大会常务委员会会议】 锦江区第六届人民代表大会常务委员会召开常务委员会议9次。会议审议通过锦江区人民代表大会第六届第三次会议事项和《锦江区人民代表大会常务委员会2014年工作要点》，审议《锦江区政府工作报告》《锦江区法院工作报告》《锦江区检察院工作报告》《锦江区2013年国民经济和社会发展计划执行情况的报告及2014年国民经济和社会发展计划的报告》《锦江区2013年财政预算执行情况的报告和2014年财政预算的报告》，审议通过生态建设、城市建设等方面的决策性文件，评议锦江区政府领导、锦江区法院领导、锦江区检察院领导的工作，任命锦江区政府副区长及职能部门负责人及锦江区法院、锦江区检察院干部。

锦江区人民代表大会常务委员会 2014年召开常务委员会议情况

1月7日，锦江区第六届人民代表大会常务委员会召开第十四次常务委员会议。会议审议通过《锦江区人民代表大会常务委员会关于召开锦江区第六届人民代表大会第三次会议的决定（草案）》《锦江区第六届人民代表大会第三次会议议程（草案）》《锦江区第六届人民代表大会第三次会议日程（草案）》《锦江区第六届人民代表大会第三次会议主席团和秘书长、常务主席、副秘书长建议名单和列席人员名单（草案）》《锦江区第六届人民代表大会常务委员会工作报告（草案）》《关于成都市锦江区第六届人民代表大会第二次会议议案审查的报告（书面）》《关于成都市锦江区第六届人民代表大会第二次会议以来代表建议、批评和意见办理情况的报告（书面）》。会议同意免去杜海波的锦江区政府副区长职务，任命宋凯为锦江区政府副区长；同意免去万科的锦江区科学技术和信息化局（知识产权局）局长职务，任命陈武为锦江区科学技术和信息化局（知识产权局）局长；任命路畅为锦江区食品药品监督管理局局长，任命秦萌、王涛为锦江区法院审判员。

3月31日，锦江区第六届人民代表大会常务委员会召开第十五次常务委员会议。会议审议通过《锦江区人民代表大会常务委员会2014年工作要点》《关于批准成都市锦江区政府关于提请批准以财政资金向湖南省信托有限责任公司和天风证券股份有限公司支付应付款项的请示的决议（草案）》《关于批准成都市锦江区政府关于将成都锦江国有资产投资经营有限责任公司向兴业银行成都分行融资的还款资金纳入财政预算的请示的决议（草案）》《关于批准成都市锦江区政府关于将成都锦江国有资产投资经营有限责任公司向华夏资本管理有限公司融资的还款资金纳入财政预算的请示的决议（草案）》《锦江区人民代表大会常务委员会关于接受吴涛辞去锦江区第六届人大代表职务的决定》。会议审议了针对《锦江区国民经济和社会发展第十二个五年规划纲要》编制的《中期评估报告》和修编方案以及锦江区人民代表大会常务委员会财经工作委员会为《锦江区国民经济和社会发展第十二个五年规划纲要》编制的《中期评估报告》和修编方案。会议同意免去钟为春的锦江区教育局局长职务，免去吴海乐的锦江区民政局（锦江区社会组织管理局）局长职务，免去张文的锦江区房管局局长职务，免去陆江的锦江区文化广播电视和新闻出版局局长职务，免去何凌云的锦江区审计局局长职务，免去唐高原的锦江区统计局局长职务，免去路畅的锦江区食品药品监督管理局局长职务，免去张俊的锦江区法院审判员职务。会议任命吴海乐为锦江区教育局局长，任命张文为锦江区民政局局长，任命蔡承尧为锦江区房产管理局局长，任命王茂林为锦江区文化广播电视和新闻出版局局长，任命唐高原为锦江区审计局局长，任命张官友为锦江区统计局局长，任命万科为锦江区食品药品监督管理局局长。

6月27日，锦江区第六届人民代表大会常务委员会召开第十六次常务委员会议。会议审议通过《锦江区人民代表大会常务委员会关于批准成都市锦江区政府关于将成都市恒锦旧城改造投资有限责任公司向中建投信托有限责任公司融资的还款资金纳入财政预算的请示的决议（草案）》《关于批准成都市锦江区政府关于将成都市恒锦旧城改造投资有限责任公司向中铁信托有限责任公司融资的还款资金纳入财政预算的请示的决议（草案）》《关于批准成都市锦江区政府关于提请批准将支付江苏金融租赁有限公司售后回租赁资金列入区财政预算的请示的决议（草案）》《关于批准成都市锦江区人民政府关于提请批准将支付江苏金融租赁有限公司售后回租赁资金列入区财政预算的请示的决议（草案）》。会议任命王健为锦江区人民代表大会常务委员会社会事务办公室主任，任命程怡兰、李晓敏、张一川、李福康、赵华、刘清容、杨伟霖、蒲宏伟、柯胜、陈健、董丽琴、郭顺山、吴晓敏、李菁、雷大秀、杨亚辉、叶敏、张勇、罗平、蔡小蓉、高平、刘斌、白枝鹏、马毅、肖黎、陈姗姗、陈维国、冯利达、史娟、王燚、王珏、谢荔娟、徐洪泉、杨波、杨燕、杨珍茹、张秀英、赵冲、张勇、罗晖、李杨、陈敏、陈维亮、康励、党岱玉、邓雪芬、冯万林、胡云海、蒋建华、代家蓉、李红波、李远萍、李政民、梁诗源、闵蕙、欧尧、冉崇芬、孙炜、唐露、童娟、王怡、王越、王志明、许莎、余福超、周廷君、李铁钢、潘剑、牟章芬、钟丽芳、黄开明、谢春荣、吴成亮、曹肇驹为锦江区法院陪审员。

7月23日，锦江区第六届人民代表大会常务委员会召开第十七次常务委员会议。会议审议通过《成都市锦江区人民代表大会常务委员会关于接受赵苗辞去成都市第十六届人民代表大会代表职务请求的决定（草案）》。

8月29日，锦江区第六届人民代表大会常务委员会召开第十八次常务委员会议。会议审议《锦江区政府关于2014年1—6月国民经济和社会发展计划执行情况的报告》《关于锦江区2013年本级财政决算和2014年上半年财政预算执行情况的报告》《关于锦江区2013年区级财政预算执行情况和其他财政收支的审计工作报告》《锦江区人民代表大会常务委员会财经工作委员会关于锦江区2013年财政决算的审查报告》《锦江区政府关于我区国有资产管理情况的报告》《锦江区法院关于2014年上半年工作总结和下半年工作思路的报告》《锦江区检察院关于2014年上半年工作总结和下半年工作思路的报告》《锦江区政府关于锦江区2014年贯彻落实食品安全法的情况报告》《锦江区人民代表大会常务委员会社会事务工作委员会关于对我区贯彻执行食品安全法工作调研情况的报告》《锦江区人民代表大会常务委员会关于批准锦江区2013年区级财政决算的决议》。

10月29日，锦江区第六届人民代表大会常务委员会召开第十九次常务委员会议。会议审议《锦江区政府关于区楼宇经济发展情况的报告》《锦江区政府关于全区基本公共医疗卫生体系建设情况的报告》《锦江区人民代表大会常务委员会社会事务工作委员会关于我区基本公共医疗卫生服务体系建设情况报告的审议意见》《锦江区法院关于审判管理工作的情况报告》《锦江区人民代表大会常务委员会内务司法工作委员会关于区法院审判管理工作情况报告的审议意见》。会议通过《锦江区人民代表大会常务委员会关于批准〈锦江区政府关于将成都市恒锦旧城改造投资有限责任公司向招商银行成都金沙支行融资的还款资金纳入财政预算的请示〉的决议》。会议同意免去石雪梅的锦江区检察院检察员职务，任命陈俊、肖劼、陈乔乔、周玉珠、丁夏、唐联科、李开磊、郑谨为锦江区检察院检察员。

10月30日，锦江区第六届人民代表大会常务委员会召开第二十次常务委员会议。会议通过《锦江区人民代表大会常务委员会关于接受钟为春辞去成都市锦江区第六届人民代表大会代表职务请求的决定》。

12月4日，锦江区第六届人民代表大会常务委员会召开第二十一次常务委员会议。会议审议通过《锦江区人民代表大会常务委员会关于批准〈锦江区政府关于成都市锦都工业建设投资有限公司向建设银行成都第九支行申请融资（含理财产品融资）有关事宜的请示〉的决议》《关于批准〈锦江区政府关于将成都市恒锦旧城改造投资有限责任公司向中泰信托有限责任公司融资的还款资金纳入财政预算的请示〉的决议》《关于批准〈锦江区政府关于成都恒锦旧城改造投资建设有限责任公司向建设银行成都第九支行申请融资（含理财产品融资）有关事宜的请示〉的决议》《关于批准〈锦江区政府关于成都恒锦旧城改造投资建设有限责任公司向中信信托有限责任公司融资有关事宜的请示〉的决议》。会议通过《锦江区人大常委会关于接受孙志文同志辞去成都市第十六届人民代表大会代表职务请求的决定》《关于接受李波辞去锦江区第六届人民代表大会代表职务请求的决定》。会议审议《锦江区检察院检务公开和人民监督员工作情况报告》《锦江区人民代表大会常务委员会内务司法工作委员会关于对锦江区检察院检务公开和人民监督员工作情况的调研报告》。

12月31日，锦江区第六届人民代表大会常务委员会召开第二十二次常务委员会议。会议审议通过《锦江区人民代表大会常务委员会人事任免办法》《锦江区人民代表大会常务委员会关于批准〈成都市锦江区政府关于成都市兴锦现代农业投资有限责任公司向成都农村商业银行股份有限公司三圣支行融资事宜的请示〉的决议》《锦江区人民代表大会常务委员会关于批准〈锦江区2014年财政预算调整方案〉的决议》。会议同意免去张文的锦江区民政局（锦江区社会组织管理局）局长职务，免去陈雪松的锦江区统筹城乡工作局局长职务，免去王瑛的锦江区人民代表大会常务委员会财经办公室主任职务。会议任命魏宇光为锦江区人民代表大会常务委员会财经办公室主任，任命张敏为锦江区人民代表大会常务委员会代表联络办公室主任，任命刘琳为锦江区政府副区长，任命贺涛为锦江区民政局（锦江区社会组织管理局）局长，任命郭莉、朱伟为锦江区法院民事审判第一庭副庭长、审判员，任命杨琴为锦江区法院民事审判第二庭副庭长，任命王多军、张真伟、孙媛媛、李军、范薇、税勇为锦江区法院审判员。

依法监督

【概况】 锦江区依法行使人民代表大会常务委员会重大事项决定权，发挥权力机关在“法治锦江”建设中的主导作用，监督锦江区政府和锦江区法院、锦江区检察院在行使行政权力过程中的行政行为，为依法行政和司法公正夯实基础。2014年，召开主任会议10次、常务委员会议9次，审议《锦江区政府工作报告》《锦江区法院工作报告》《锦江区检察院工作报告》等专项报告15项，开展执法检查6次，开展述职评议工作4次。

【法律监督】 锦江区发挥人民代表大会常务委员会法律监督的职能作用，针对《食品安全法》《成都市环城生态区保护条例》实施情况开展执法检查，提出建议，确保法律法规落到实处。组成视察组，视察锦江区法院的庭审工作情况以及锦江区检察院在四川锦江监狱开展检察监督工作的情况、检务公开情况、人民监督员工作情况。视察吸毒人员心理矫正工作，听取成都市公安局锦江分局负责人汇报工作情况，针对工作中存在的问题提出建议。在牛市口街道辖区牛王庙社区的“法治大讲堂”和合江亭街道辖区东升社区的“法治广场”视察锦江区“六五”普法工作。组织人大代表走访政府部门、街道办事处、企业，收集意见和建议，促进审判机关、检察机关、公安机关以及锦江区司法局、锦江区安全生产监督管理局的执法工作。

【国民经济发展事务监督】 锦江区发挥人民代表大会常务委员会监督区域经济社会发展事务的职能作用，对涉及锦江区国民经济发展计划执行情况、预算执行情况、国有资产管理情况、楼宇经济发展情况的专项工作报告进行审议，分析经济社会发展中存在的问题，提出意见和建议。在锦江区促进楼宇经济发展等特色经济工作中，锦江区人民代表大会常务委员会组织开展经济分析活动4次，形成《加强锦江区楼宇经济建设》等调研报告4篇，提出“政府及职能部门要应对经济下行压力，保持专注发展定力，激发民间资本投资活力”等意见和建议。

【民生工作监督】 锦江区发挥人民代表大会常务委员会监督民生工作的职能作用，对就业与社会保障、旧城改造等“十大民生工程”建设项目实施情况进行监督。组织驻区的四川省人大代表和成都市人大代表成立专题调研组，开展社会保险基金收支管理情况专题调研活动，了解贯彻实施《社会保险法》的情况以及养老、医疗、失业、工伤、生育等社会保险基金收支管理情况，为健全社会保险基金监督管理机制提出意见和建议。按照锦江区实施“城市更新”行动计划的要求，两次组织驻区的四川省人大代表和成都市人大代表到南光机械厂宿舍、成都专用汽车厂宿舍等旧城改造片区视察，提出“加速旧城改造步伐，加快城市风貌塑造，提升城市品质，完善城市功能”等意见和建议。

【干部任免与监督】 锦江区依法履行人民代表大会常务委员会任免干部职能，坚持干部任前考察考试和任职陈述、任期监督制度，落实干部任期述职评议制度，对一名副区长、一名法院副院长、一名检察院副检察长和一名政府部门局长进行评议。2014年，任免国家机关公职人员38人。

人大代表工作

【概况】 锦江区人民代表大会常务委员会围绕中共锦江区委员会的重要决策和锦江区政府实施的重点

项目以及人民群众普遍关心的热点问题开展视察和调研活动。组织专项调研22次，开展专项视察9次。

【社会事业发展调研】 锦江区组织人大代表成立教育专业小组和课题调研组，与四川省儿童早期发展与教育研究中心合作开展调研活动，为学前教育事业发展提出意见和建议。成立医疗卫生专业代表小组，视察社区卫生服务机构，形成《公共医疗卫生服务体系建设调研报告》。针对旅游、体育、科信、人口和计划生育等工作，组织驻区的各级人大代表调研，提出意见和建议。成立社区治理专业代表小组，讨论、研究落实社区自治、改变服务方式、提升服务水平的举措，助推社区治理机制改革，促进社会建设进程。

2014年12月11日，锦江区人民代表大会常务委会主任董逊（中）带领人大代表视察关心下一代工作

【人大代表议案和建议办理】 锦江区建立完善人大代表议案和建议重点跟踪督办机制，对议案、建议办理过程进行监督，对办理情况进行检查。锦江区人民代表大会第六届第三次会议以来，收到人大代表建议64件，办结率为100%。

【人大代表工作制度】 锦江区人民代表大会常务委员会制订《锦江区人民代表大会常务委员会组成人员联系代表办法》，完善了人大代表联系制度。建立了以人民代表大会常务委员会各专门工作委员会为依托，人大代表、专业人士、政府部门共同参与的调研机制。

【区域经济发展调研】 锦江区组织驻区的四川省人大代表和成都市人大代表开展区域经济发展专题调研活动。通过调研获取区域经济发展过程中的各类信息，分析区域经济发展中存在的主要问题，提出意见和建议。

【城市建设项目视察】 锦江区组织省、市、区三级人大代表视察春熙路地下空间升级改造项目、青石桥海鲜市场改造项目、农科院试验田建设项目、塔子山主题文化艺术公园建设项目，针对项目建设过程中存在的问题提出意见和建议。组织驻区的四川省人大代表和成都市人大代表视察白鹭湾湿地建设等生态项目，提出意见和建议，助推城市环境建设。

【“人大代表之家”建设】 锦江区利用“人大代表之家”活动平台开展驻区人大代表“进社区、进院落”活动，收集群众意见。组织39名人大代表向所在选区述职。组织人大代表专题学习两次。组织驻区的成都市人大代表参加成都市人民代表大会常务委员会组织的专题培训，组织部分成都市人大代表到外地学习考察。为人大代表订购《民主与法制建设》《人民权力报》《成都锦江》等报纸和期刊。每月向驻区人大代表发送《人大工作简报》，通报锦江区人民代表大会常务委员会的工作情况。

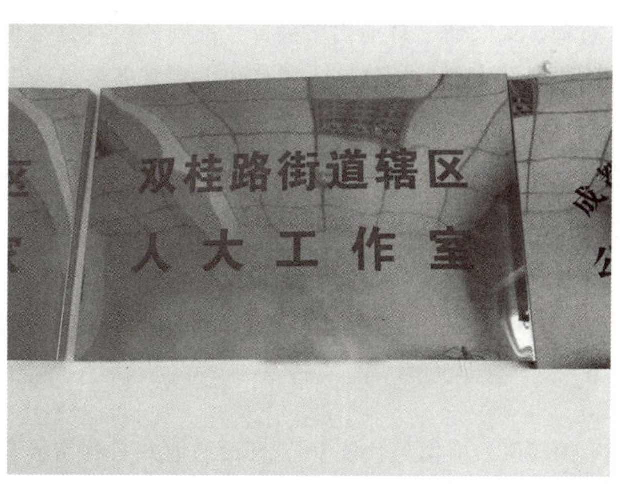

锦江区双桂路街道辖区人大工作室

人民政府

PEOPLE'S GOVERNMENT IN JINJIANG DISTRICT, CHENGDU

主要会议

【锦江区政府第六届第二次全体会议】 1月8日，锦江区政府召开第六届第二次全体会议。会议主要任务是贯彻落实党的十八届三中全会精神以及中央、四川省、成都市三级经济工作暨城镇化工作会议精神，贯彻中共锦江区委员会第六届第十次全体会议精神，总结2013年工作，部署2014年工作。代区长陈历章主持会议，副区长宋凯、诸红举、陈智、赖石梅、吴文辉、林旭出席会议。各副区长对分管工作进行了安排。锦江区人民代表大会常务委员会副主任邹燕、政协锦江区委员会副主席刘平应邀参加会议。会议审议了《锦江区政府工作报告》《锦江区2013年国民经济和社会发展计划执行情况及2014年国民经济和社会发展计划的报告（草案）》《锦江区2013年财政预算执行情况及2014年财政预算的报告（草案）》。

【锦江区政府常务会议】 锦江区政府共召开常务会议23次，研究议定《锦江区政府工作报告》《锦江区2013年国民经济和社会发展计划执行情况及2014年国民经济和社会发展计划的报告》《锦江区2013年财政预算执行情况和2014年财政预算报告》等议题309个。

锦江区政府2014年召开常务会议情况

1月2日，锦江区政府第六届第四十六次常务会议讨论审议了锦江区政府办公室提交的《关于审议〈政府工作报告（审议稿）〉的请示》，审议了锦江区发展改革局提交的《关于报请审定〈关于成都市锦江区2013年国民经济和社会发展计划执行情况及2014年国民经济和社会发展计划的报告（审议稿）〉的请示》，审议了锦江区财政局提交的《关于报请审定〈成都市锦江区2013年财政预算执行情况和2014年财政预算（草案）报告〉的请示》。

1月17日，锦江区政府第六届第四十七次常务会议讨论审议了锦江区政府办公室提交的《关于报请审定〈区政府领导分工建议方案〉的请示》，审议了锦江区旧城改造公司提交的《关于由成都锦江国有资产投资经营有限责任公司提供反担保的请示》，审议了锦江区危旧房改造中心提交的《关于引进社会资金参与CYZ-17号地块土地整理的请示》。

1月20日，锦江区政府第六届第四十八次常务会议传达学习了中共成都市委员会书记黄新初在成都市第十六届人民代表大会第二次会议期间在锦江区代表团审议时的讲话精神以及中共锦江区委员会第八十七次常务委员会议精神，研究贯彻落实意见。会议还审议了《锦江区安全生产与消防安全事故现场应急处置办法》，对锦江区城市管理局提交的《关于2012年和2013年酷暑寒冬对环卫工人实行加班补贴的请示》等16个请示事项进行了审议。

1月29日，锦江区政府第六届第四十九次常务会议传达学习了中央纪律检查委员会全体会议精神、中共四川省纪律检查委员会全体会议精神、中共成都市纪律检查委员会全体会议精神和中央、省、市三级政法工作会议精神，讨论审议了锦江区解决九龙广场历史遗留问题工作组提交的《关于对参与化解九龙广场历史积案中表现突出的29名非本区工作人员给予奖励的请示》，锦江区城市管理局提交的《关于审定锦江区2014年水环境治理工作方案的请示》等7个请示事项。

2月19日，锦江区政府第六届第五十次常务会议传达学习了国务院暨四川省政府和成都市政府第二次廉政工作电视电话会议精神以及中共锦江区纪律检查委员会第四次全体会议精神，研究贯彻落实意见。会议还讨论审议了锦江区发展改革局提交的《关于审定〈成都市锦江区国民经济和社会发展第十二个五年规划纲要〉中期评估报告和〈成都市锦江区国民经济和社会发展第十二个五年规划纲要〉修编方案的请示》《关于审定〈成都市锦江区政府重大投资项目公示办法（试行）〉的请示》等13个请示事项。

2月20日，锦江区政府第六届第五十一次常务会议讨论审议了锦江区发展改革局提交的《关于审定〈锦江区改革创新奖实施办法(试行)〉的请示》《关于审定〈成都市锦江区政府投资民生工程建设项目决策运行机制（试行）〉的请示》《关于审定〈锦江区2014年重点项目推进行动计划〉的请示》等13个请示事项。

3月6日，锦江区政府第六届第五十二次常务会议传达学习了四川省暨成都市安全生产电视电话会议精神，研究贯彻落实意见。会议还讨论审议了锦江区环境保护局提交的《关于审定〈锦江区2014年生态建设行动计划（送审稿）〉的请示》等10个请示事项。

3月20日，锦江区政府第六届第五十三次常务会议讨论审议了锦江区政府目标督查办公室提交的《关于审定锦江区2014年为民办实事建议项目的请示》，审议了锦江区人力资源和社会保障局提交的《关于调整我区小额贷款政策的请示》，审议了锦江区卫生局提交的《关于耳聋基因筛查项目经费的请示》，共审议11个请示事项。

4月24日，锦江区政府第六届第五十四次常务会议讨论审议了锦江区政府目标督查办公室提交的《关于2013年公共服务满意度测评有关问题的分析报告》，审议了锦江区环保局提交的《关于审定〈锦江区大气污染防治行动方案（2014—2017年）〉的请示》，审议了锦江区社会建设办公室提交的《关于审定〈锦江区社会服务管理信息系统建设工作方案〉的请示》，审议了锦江区旅游局提交的《关于审定〈锦江区全民健身公共服务体系建设实施方案（2014—2015年）〉的请示》，共审议20个请示事项。

5月15日，锦江区政府第六届第五十五次常务会议宣布中共成都市纪律检查委员会作出的“给予吴涛开除党籍和行政开除处分”的决定。会议还讨论审议了锦江区文化广播电视和新闻出版局提交的《关于审定〈锦江区创建中国书法之乡实施方案〉的请示》，审议了锦江区商务局提交的《关于春熙路移动电子商务示范街信息技术基础设施建设工作的请示》，共审议16个请示事项。

5月28日，锦江区政府第六届第五十六次常务会议讨论审议了锦江区爱国卫生运动委员会办公室提交的《关于推荐我区2011年至2013年度成都市爱国卫生工作先进集体和先进个人建议名单的请示》，审议了锦江区人口和计划生育局提交的《关于提高我区计划生育家庭特别扶助金标准的请示》，审议了沙河街道办事处提交的《关于对马家沟路进行综合整治的请示》，共审议10个请示事项。

6月12日，锦江区政府第六届第五十七次常务会议讨论审议了锦江区社会治安综合治理办公室提交的《关于审定〈社区网格管理员转岗招录的工作方案〉的请示》，审议了锦江区投资促进局提交的《关于审定〈琉璃场片区项目投资开发战略框架协议书（送审稿）〉的请示》，共审议12个请示事项。

6月25日，锦江区政府第六届第五十八次常务会议讨论审议了锦江区残疾人联合会、锦江区财政局提交的《关于开展发放重度残疾人护理费用补贴工作的请示》，审议了锦江区商务局提交的《关于拨付2013年外贸出口扶持资金的请示》，审议了锦江区教育局提交的《关于实施成都三中艺术楼改造工程的请示》，共审议14个请示事项。

7月15日，锦江区政府第六届第五十九次常务会议讨论审议了锦江区环境保护局提交的《关于拨付2014年锦江区燃煤居民户清洁能源改造补助所需资金的请示》，审议了锦江区征兵办公室提交的《关于表彰2013年度征兵工作先进单位和先进个人的请示》，审议了锦江区综合治税领导小组办公室提交的《关于调整锦江区社会综合治税领导小组成员的请示》，审议了锦江区财政局提交的《关于审定〈锦江区土地整理出让资金管理试行办法〉的请示》，共审议18个请示事项。

8月5日，锦江区政府第六届第六十次常务会议传达学习了贯彻中共四川省委员会第三巡视组巡视工作座谈会精神。会议还讨论审议了锦江区监察局提交的《有关案件行政处分意见的请示》等两个请示事项。

8月19日，锦江区政府第六届第六十一次常务会议讨论审议了锦江区人力资源和社会保障局提交的《关于审定〈锦江区2014年公开招聘事业单位工作人员方案〉的请示》，审议了锦江区区商务局提交的《关于审定〈锦江区便民蔬菜点实施方案〉的请示》，审议了牛市口街道办事处提交的《关于对得胜上街113号危房实施排危的请示》，共审议12个请示事项。

8月29日，锦江区政府第六届第六十二次常务会议专题学习了《关于建立健全作风建设长效机制的意见》《关于认真贯彻“三严三实”要求进一步加强党员干部教育管理监督的意见》，研究了贯彻落实意见。会议还讨论审议了锦江区民政局提交的《关于审定〈关于面向城乡困难群众开展社会关爱援助工作的实施意见〉的请示》，审议了锦江区应急管理办公室提交的《关于2处Ⅱ类应急避难场所建设相关事宜的请示》，共审议16个请示事项。

9月17日，锦江区政府第六届第六十三次常务会议上，锦江区财政局负责人报告了2013年财政决算和2014年1—6月财政预算执行情况。会议还讨论审议了锦江区质量监督局提交的《关于恳请发布〈锦江区政府质量奖评定管理办法〉的请示》等20个请示事项。

10月10日，锦江区政府第六届第六十四次常务会议专题学习了国有资产监管及保护方面的法律法规知识，锦江区财政局负责人报告了政府性债务情况。会议还讨论审议了锦江区法制办公室提交的《锦江区2014年继续有效宣布失效和废止的行政规范性文件的建议目录》等14个请示事项。

10月28日，锦江区政府第六届第六十五次常务会议审议了锦江区环境保护局提交的《关于街道环境保护机构建设的实施方案》，审议了锦江区发展改革局提交的《锦江区政府投资工程建设项目管理办法（2014修订版）》，审议了锦江区社会建设办公室提交的《关于调整社区办公经费的请示》，共审议19个请示事项。

11月26日，锦江区政府第六届第六十六次常务会议讨论审议了锦江区教育局提交的《关于2014年公办义务教育学校因招生人数激增亟须增加教育相关资源的请示》，审议了锦江区财政局提交的《关于对我区“营改增”试点税收增加的企业给予适当财政补贴的请示》，共审议26个请示事项。

12月12日，锦江区政府第六届第六十七次常务会议传达了中共十八届四中全会精神、中共四川省委员会第十届第五次全体会议精神和中共成都市委员会第十二届第四次全体会议精神，贯彻落实中共锦江区委员会第六届第一百二十三次常委会议精神，学习传达了全省领导干部收受红包礼金问题专项整治工作视频会议精神。会议还讨论审议了锦江区发展改革局提交的《锦江区国民经济和社会发展第十三个五年规划编制工作方案》《锦江区政府投资工程建设项目管理办法（2014修订版）》等13个请示事项。

12月25日，锦江区政府第六届第六十八次常务会议专题学习了中共四川省委员会书记王东明针对安全生产工作的讲话精神，与会成员学习了新版《安全生产法》，传达了中共锦江区委员会常务委员会议研究落实中共四川省委员会第三巡视组巡视锦江区反馈意见整改工作会议精神，对政府工作整改措施进行了研究。会议还讨论审议了锦江区安全生产监督管理局提交的《锦江区安全生产党政同责一岗双责齐抓共管暂行规定（送审稿）》，审议了锦江区机关事务管理局提交的《锦江区贯彻〈党政机关厉行节约反对浪费条例〉实施细则》，共审议20个请示事项。

文件管理

【文件清理】 锦江区坚持执行政府规范性文件专项审查制度，清理“锦府发”和“锦府办”文件100余份。清理2011年政府确认继续有效、需要修订的规范性文件以及2011年3月31日—2013年12月31日制发的规范性文件120份。其中77份继续有效，43份失效。

【文件办理】 锦江区政府和锦江区政府办公室印发文件95份，发文数量较2013年减少40%。办理区级部门、功能区管委会、街道办事处呈送的请示性文件1 025份。

法治政府建设

【行政决策制度建设】 锦江区坚持依法科学民主决策原则，执行“公众参与、专家论证、风险评估、合法性审查、集体讨论决定”的决策程序，继续实施行政决策制度建设。印发《成都市锦江区人民政府进一步提高机关内部运行效率暂行办法》，形成群众参与、专家咨询、政府决策相结合的决策机制。

【政府法律顾问制度建设】 锦江区建立政府法律顾问制度，要求各街道办事处、政府部门、区属国有公司聘请律师担任法律顾问。各街道办事处在社区建立法律援助制度，聘用专业律师为社区提供免费法律服务。政府法律顾问为涉及国有资产处置、项目融资、项目建设、土地出让、社保购买、应急管理、突发事件、行政调解的决策事项提出法律建议100余件次。

【决策评估和责任追究制度建设】 锦江区针对重大行政决策实施后可能产生的效应，建立评估和责任追究制度。对《锦江区政府投资工程建设项目管理办法》《锦江区政府投资工程建设项目变更管理办法》进行评估，并结合市政府要求，进行修订完善。同时落实责任追究制度，建成覆盖16个街道辖区、113个社区的基层公开综合服务监管平台，在锦江区发展改革局、锦江区交通局、锦江区国土分局、锦江区规划分局启动岗位廉政风险防控信息化平台试点工作，立案查处14名失职渎职责任人，对群众投诉的4名责任人进行诫勉谈话。

【行政复议与应诉】 锦江区受理和办理行政复议申请案件25件。其中6件以信访告知的方式结案，有17件案件的申请人自愿撤回申请。2014年，锦江区应诉行政诉讼案件20件。其中19件以原告撤诉的方式结案，1件被裁定为“限期重新作出具体行政行为”。

政务服务

【政务服务中心标准化建设】 锦江区完成政务服

务中心标准化建设任务，总建筑面积达到5 200平方米。行政审批事项和公共服务事项在政务服务中心集中办理。政务服务中心服务大厅设有服务事项公示牌、首席代表公示牌，挂牌明示窗口首问责任岗。审批办公室设置了工作人员去向公示牌。在完善硬件的同时，政务服务中心从“主动、热情、优质、和谐”四个方面对服务工作提出要求，对“环境、着装、作息、办事”四个方面进行规范，建立了以“四服务四规范”为内容的服务工作制度。

【政务服务窗口制度建设】 锦江区要求在政务服务中心开设服务窗口的部门建立行为礼仪规范、服务规范等工作制度。按照要求，成都市公安局锦江分局办证大厅建立“早整队，晚点评”制度，其他部门落实首问负责、限时办结、一次性告知等工作制度，形成“按制度办事，靠制度管人”的机制。同时，锦江区为政务服务中心建立了日常工作巡查监督制度。政务服务中心的带班领导或督察科室对窗口工作实施监督检查，发现并纠正窗口人员在服务态度、服务行为方面的问题。在人工监督的基础上，政务服务中心每天对行政审批服务电子监督系统的运行数据进行检查，督促各职能部门按时办结审批服务业务。

【“局长进大厅”活动】 锦江区坚持开展“局长进大厅”活动，组织部门领导定期到政务服务中心的服务窗口值守，直接为群众提供服务，受理窗口审批事项。要求各部门领导在值守过程中发现问题，研究并优化项目审批流程。通过“局长进大厅”活动，锦江区办理行政审批及服务事项347件，受理和办理群众诉求事项27件。

【限时办结制度落实】 锦江区政务服务中心共办理142 969个行政审批事项和政务服务事项，按时办结率和群众满意率均达100%。企业服务呼叫平台（82005500）接听咨询类电话3 935个、困难求助类电话28个，均通过后台转交各部门办理。

【公安办证服务】 锦江区从方便群众的角度提出“通过微服务，营造大和谐”的工作思路，将公安办证中心、出入境办证大厅迁至市中心。新建的公安办证中心和出入境办证大厅位于大慈寺路48号锦江区政府第二办公区内，靠近春熙路，交通便利。中心搭建信息化建设平台，扩展网上预约服务范围，推广网络办公模式，为群众提供方便。

【公安服务群众考评机制】 锦江区从和谐警民关系和服务群众的角度提出“做实微互动，营造大交流”的工作思路，以巡警接警处置、派出所接待、办证服务为重点，建立公安服务群众评估考核机制，打造和谐警民关系互动平台，促使民警提高工作效率和质量。

应急管理

【应急预案修订】 锦江区推进各级各类应急预案修编工作，修订完善区级应急总体预案1个、专项预案21个、区级部门应急预案32个、街道办事处应急预案16个、社区应急预案117个。政府应急管理部门对学校、幼儿园和规模以上企业的应急预案制订工作进行了指导。

【应急避难场所建设】 锦江区把应急避难场所建设纳入民生目标工程范畴，落实建设点位和项目资金，在成都市第七中学育才学校三圣分校和锦江区政府临时过渡办公区建成两处Ⅱ类应急避难场所。12月15日，两处应急避难场所竣工。

【应急演练】 锦江区各街道办事处组织应急演练16次，参演人数达到1 100余人。各社区组织应急演练73次，参演人数达到1 500余人。区域内的中小学校、幼儿园共组织应急演练110次，平均每所中小学校和幼儿园组织演练1 ~ 2次，参加学生达到7.5万人。锦江区还开展了两次区级应急演练活动。

【基层社区应急能力建设】 锦江区以水井坊社区创建“成都市基层社区应急能力建设示范区”为契机，完善街道社区应急管理组织体系，健全管理机制，推进应急救援队伍建设，基层社区应急处置能力和保障能力得到提升。

涉外事务

【干部出国管理】 锦江区坚持“严格把关，按需派遣”原则，执行领导干部因公出访计划申报制度，落实《市委外事工作领导小组关于印发〈市委外事工作领导小组规则〉的通知》《市委外事工作领导小组关于印发〈成都市因公出国（赴港澳）审批程序〉的通知》精神，规范因公出国（境）审批管理流程，优先办理任务重、时间紧的团组出访，制止一般性考察、访问及任务不明确、组团不合理的出访活动。审批、报批、办理领导干部因公出国（境）13批34人次。

【国际交往活动】 7月6日—8日，德国总理安格拉·默克尔访问成都，考察锦江区华仁社会工作发展中心。7月21日，中国人民对外友好协会、成都市人民对外友好协会、日本日中友好协会、韩国金泉美术协会和锦江区政府共同举办“2014年第四届中日韩青少年书画交流展”活动。

【国际友好城市】 3月24日，中国人民对外友好协会批准锦江区政府和法国卡西市政府签署《国际友好城市关系协议书》。

人才工作

【人才引进和培养】 锦江区出台《鼓励高层次人才创业暂行办法》《引进高层次人才“锦江人才计划”实施细则》，鼓励和吸引高层次人才创业。制订《锦江区2014年人才培养行动计划》，推进主导产业人才实训基地建设等12项人才重点培养工作。新建主导产业人才实训基地10个；开设专题培训班98个，培训各类人才9 560人次。

【知识更新工程】 锦江区实施知识更新工程，培训专业技术人才5 500人，810名高技能人才考评合格。选派20名专业技术人员到农村支援基层建设。开展2014年享受国务院特殊津贴人员推荐选拔工作，推荐“四川省学术技术带头人”3人、“四川省学术技术带头人”后备人选6人，推荐“四川省突出贡献优秀专家”两人，为两名引进的博士申请“成都市引进高层次人才安家补贴”。

【编制内新进人员管理】 锦江区事业单位新进人员按政策规定实行公开招聘。2014年，招聘教育类事业人员112人、综合类事业人员28人。新录用公务员49人，安置军队转业干部44人。

【人才工作课题调研】 锦江区开展人才工作课题调研，形成《关于锦江区完善人才工作新格局的研究与思考》等调研成果。

【高校毕业生就业创业扶持】 锦江区推进高校毕业生就业创业服务保障体系建设。建立以人才中心为主体，各功能区、创业园区、办事处、社区纵横覆盖的服务体系，为高校毕业生就业和创业提供“一站式”服务。接受就业服务咨询120人次、创业指导咨询60余人次，收集就业见习岗位220个，发布就业岗位信息85个。接受32名高校毕业生的创业补贴申请，发放补贴30万元。

【高校大学生创业基地建设】 锦江区依托锦江·四川高校大学生创业基地，构建“创业苗圃”“企业孵化器”“企业加速器”三级服务体系。吸引93家企业入驻，已有33家创业型企业孵化出园。2014年，锦江区为创业基地建立“一条龙”服务工作机制，为项目实施提供政策宣传、上门申报等服务。同时联系入驻高校，专人跟踪项目入驻到产出的全过程。西华大学、四川大学、四川师范大学、四川音乐学院、成都大学、西南民族大学、西南交大、成都理工大学陆续入驻创业基地，开展项目孵化工作。入驻基地的大学生创业项目达到43个，培育市级青年创业重点项目8个。锦江区向17名携带项目入驻基地的高校大学生创业者发放一次性创业补贴15万元，向28名符合条件的创业者兑现创业实体补贴28万元，向7名孵化项目创业者开展的21个项目兑现补贴21万元。

【大学生社区志愿者人才队伍建设】 锦江区从丰富高校毕业生社会实践，提升大学生社会工作能力的角度处出发，推进大学生服务基层工作，招募67名大学生加入志愿者队伍，分配到社区开展志愿服务。平均每个涉农社区的大学生志愿者人数达到1 ~ 2人，每个城镇社区至少有大学生志愿者1人。

【职业技能竞赛】 锦江区通过举办职业技能比赛，发现各专业领域的高端人才。2014年，举办了成都百万职工技能大赛锦江区二类大赛。比赛项目包括汽车维修、盆景设计与制作、烹饪、计算机程序、中小学教师多媒体课件制作。5个项目共有15名选手入围一类大赛决赛。锦江区还组织选手参加成都市第二届花工比赛，获得优秀组织奖以及一等奖1个、二等奖1个、三等奖两个。

机关事务管理

【概况】 锦江区执行《机关事务管理条例》《党政机关厉行节约反对浪费条例》《党政机关国内公务接待管理规定》，制订《锦江区贯彻〈党政机关厉行节约反对浪费条例〉实施细则》《锦江区党政机关国内公务接待管理办法（试行）》，保障机关运转的执行能力。2014年，被成都市机关事务管理局评为“2014年度全市机关事务工作先进单位”。

【机关资产管理】 锦江区建立随行就市租金调整机制，公开拍卖福字街11间商业用房经营权，资产收益较2013年同比增长40%。建立公物仓物资动态管理台账，定期盘点库存物资，确保账实相符。合理调配公物仓资源，为中共四川省委员会巡视组到锦江区巡视等活动提供设施设备90余台，为区级部门调配办公设备11批次。

【因公经费精简】 锦江区落实中央“八项规定”和《党政机关厉行节约反对浪费条例》，机关办公区运行、维修、租赁等项目经费较2013年同比减少22.27%，“三公”经费较2013年同比减少61.37%。其中公务用车购置及运行费同比减少61.18%，公务接待费用同比减少86.28%，因公出国（境）费用比减少100%。

【“文明用餐反对浪费”活动】 锦江区开展“文明用餐反对浪费”宣传活动，张贴节约粮食方面的宣传画20余幅，摆放“节约粮食”提示卡座300余个，机关餐厅垃圾较2013年同比减少30%。

【会务活动精简】 锦江区主办和承办会务活动800余次，较2013年度减少10%，会议开支同比下降9.8%。

【公务车辆管理】 锦江区落实公务用车采购、维修、加油、保险“四定点”制度，实行单车核算。对公务用车运行维护经费进行管控，适时分析、监控公务用车油耗及维修费用等情况。2014年，购置一般公务用车1辆、特种专业技术用车3辆、新能源车两辆，报废“黄标”公务用车95辆，清理违规占用、借用车辆12辆。

【政府采购规范化管理】 锦江区依托政府采购电子化信息管理平台，对政府采购涉及的价格控制、供应商管理、诚信体系建设等方面进行管理。为政府采购业务涉及的重要环节建立程序规范、行为规范、文本标准，执行《政府采购法》，落实《锦江区政府集中采购目录及采购限额标准》，100万元以上公开采购项目均纳入成都市公共资源交易中心集中交易。2014年，办结区级财政和区级部门委托采购（含定点服务类）项目77批次，采购预算5 917.45万元，实际采购金额5 375.19万元，节约资金542.26万元，节约率9.16%。

【公务接待】 锦江区出台《党政机关国内公务接待管理办法（试行）》，完善白鹭湾湿地和莲新市民中心重大接待任务操作流程，落实公务接待管理规定，接待访问团队117批2 045人次，接待经费较2013年同比下降65.58%。

【办公区节能工作】 锦江区在中共锦江区委员会、锦江区政府的临时过渡办公区启动水平衡项目试点工作，动态掌握办公区各点位用水情况。在办公区内使用高效照明产品（高频双端直管荧光灯T5型）1 000套，使用紧凑型节能灯管390支，办公区节能灯具使用率达到100%。开展“绿色办公”“节能宣传周”“能源紧缺体验”等活动，制作宣传展板5个，张贴节能宣传画130余幅。

审计工作

【概况】 锦江区完成655个审计项目的审计任务，查出违规违纪金额和管理不规范资金10.96亿元，提交审计专题报告、综合性报告23篇，提出审计意见和建议148条。

【经济责任审计】 锦江区将机构设置、编制管理政策的执行情况纳入党政主要领导干部经济责任审计范围，采用分类管理的方式编制年度经济责任审计计划，坚持任中审计与离任审计相结合的原则，拓宽经济责任审计领域。重点关注领导干部落实中央“八项规定”和中共四川省委员会“十项规定”的情况，对政府投资项目、国有资产管理等方面进行监督。对15名部门领导干部进行了任期经济责任审计，审计总金额8.48亿元，查出违规资金1 033万元，管理不规范资金1.46亿元，提出审计建议43条。

【财政审计】 锦江区以“促进健全统一完整的政府预算体系、提高预算管理水平、推动财政政策落实”为目标，开展财政审计工作。重点关注财政预算收支的真实性、预算执行的严肃性、资金使用的合法性，在项目安排上做到财政、地税项目年年审，在项目整合上将财政决算或部门预算执行审计与经济责任审计同步安排实施，在审计内容上重点审计“三公”经费、会议费和楼堂馆所建设经费使用情况，同时结合民生热点问题，对部分涉农资金、社会保障资金进行审计，确保财政资金合理配置、高效使用。2014年，完成财政审计项目19个。其中预算执行情况审计项目4个、经济责任审计项目13个、专项审计调查项目两个。查出违规资金3.37亿元，管理不规范资金22.49亿元，提出审计建议和意见79条，3件案件移送财政、税务等主管部门处置，向锦江区财政局等6家单位下达了审计决定。

【审计执法检查】 审计署审计执法监察所对锦江区审计局2013年9月—12月出具的11份审计报告、4件审计移送案件以及31个查出问题、38条审计建议进行检查。结果表明审计移送处理案件的承接单位对移送内容进行了调查和处理，审计查出问题涉及的单位自行整改率达到93.5%，审计建议采纳率达到97%。

【固定资产投资审计】 锦江区对二环路风貌整治锦江段、水井坊社区2013年《财富》全球论坛基础设施建设项目、锦江大道电力通道、垃圾压缩站迁建工程等635个项目进行了竣工结算审计，涉及送审金额 13.86亿元，审定金额为11.28亿元，审减金额为2.58亿元，审减率为18.61%。审计发现多数建设项目在工程项目的规划、设计、立项审批、招投标、开工建设和竣工验收方面符合国家基本建设的规定和程序，部分建设项目存在资料不完善、多计重计工程量、高估冒算等问题。针对存在问题，提出合理化建议33条。完成拆迁专项资金审计项目9个，审计金额19.41亿元，提出审计建议7条。

【专项审计】 锦江区根据国务院和审计署要求，抽调11名审计局工作人员参加由审计署四川特派办公室、四川省审计厅组成的联合审计组，赴攀枝花市开展土地出让收支和耕地保护审计工作。按照“摸底数、揭问题、促发展”的总体思路，经过3个月的审计，揭示被审计对象2008—2013年在土地管理使用中存在的突出问题，提出审计意见和建议。7—8月，锦江区审计局配合成都市审计局对锦江区社公资金使用情况进行了专项审计。

统计工作

【统计调查和分析】 锦江区从服务经济社会建设的角度开展统计调查和分析工作。收集、汇总国民经济和社会发展主要指标，撰写《新型服务业态增加值核算调研分析》《锦江区与深圳南山区和广州越秀区经济总量对比分析》《推进中心城区经济发展统计工作建议》《2004—2013年经济增长情况分析》《新型服务业态增加值核算研究报告》等分析文章；编印了《统计年鉴》《2014年主要经济指标完成情况》《国民经济和社会发展统计公报》。

【第三次全国经济普查】 锦江区在第三次全国经济普查中登记法人单位6 190家，占成都市法人单位总数的6.5%；登记法人单位从业人员36.67万人，占成都市法人单位从业人员总数的7.5%。登记个体经营户13 732户，占成都市个体经营户总数的4.2%；登记个体经营从业人员3.92万人，占成都市个体经营从业人员总数的4.7%。

【服务业小型和微型企业监测】 锦江区完成73家服务业小型和微型企业监测工作，在22家样本单位中开展了全国贸易限额以下行业抽样与问卷调查工作，跟踪调查小型和微型企业31家。特别对16家小型和微型商贸企业进行了调查。

【一体化住户调查】 锦江区完成一体化住户（城镇住户和农村住户合并为一体化住户）调查工作。调查样本涉及14个街道辖区的23个社区，调查样本户达到232户。

【统计信息咨询与监测】 锦江区根据《成都市统计局关于做好“一套表”联网直报中违法违规、不规范报送行为整改工作的通知》要求，完成“一套表”联网直报违法违规行为整改自查工作。

【统计行业培训】 锦江区统计部门继续教育人数达到811人，组织157名从业人员参加《统计基础知识与统计实务》和《统计法基础知识》考试。2014年，参加统计培训的从业人员共260人。

【统计执法】 锦江区检查单位105家，警告两家违规单位，并责令整改。

地方志工作

【创建“四好志办”活动】 锦江区按照《成都市地方志办公室关于开展创建“四好志办”活动的意见》的要求，以“学习、研究、创新、服务”为内容，开展“四好志办”创建活动。中共锦江区委员会委派锦江区地方志办公室挖掘区域人文历史资源，创设地情文献资料库、方志图片库，发挥地方志文献“资政、存史、育人”的作用，为区域经济社会建设提供借鉴和参考。同时推动方志馆筹备工作，落实方志馆设计方案。

【口述史料收集】 锦江区采用“口述历史”的方法收集街巷历史与区情现状资料，丰富锦江地情库、锦江方志图片库。已完成18卷1 500万字的收录工作。收集和拍摄区域内历史与现状的图片，以街道为类目，分类收存了16个街道辖区571条街巷的地域概貌、主要地标、景观河流等图片3.1万幅。

【编印出版《百年锦江光影》】 锦江区收集美、法、德等外籍人士收藏的历史图片，以“濯锦之江”“锦江街道”为坐标，设计、编著地情文献丛书之十《百年锦江光影》。书中收录了涉及锦江区的475幅历史图片，部分老照片为首次曝光。《百年锦江光影》已由新华出版社出版发行。

【年鉴工作】 锦江区按照“区委领导、政府主持、单位供稿、志办总纂”的原则，编纂出版《成都市锦江区年鉴（2014）》。年鉴以“择大择要与常规内容相结合”的方式进行内容取舍，选题新颖性与稳定性并举，兼顾“概”和“实”的特点，集信息主题、情况主题、知识主题、资料主题于一体。设17个类目、6个附属资料板块，总字数约70万字。8月，《锦江年鉴（2013）》获第八届全国年鉴编校质量检查评比二等奖，是四川省唯一一部连续4届获得全国年鉴编校质量检查评比奖的区县级地方综合年鉴。

【志书编修】 锦江区按照《成都市地方志办公室关于做好乡村、街道社区志编纂工作的通知》的要求，初步完成《成都市锦江区水井坊街道志（1953—2010）》资料收集任务。作为锦江区建区以来的第一部街道辖区志，《成都市锦江区水井坊街道志（1953—2010）》从自然、政治、经济、文化、社会等方面记述水井坊街道辖区的历史沿革、发展历程以及在改革开放中采取的举措、开展的工作和取得的成绩。2014年，水井坊街道辖区交子社区向锦江区地方志办公室赠送锦旗，上书“百书还是方志好，空间时间全看到”。

档案工作

【概况】 锦江区落实《关于加强和改进新形势下档案工作的意见》精神，制发《关于分解下达2014年档案工作专项目标任务的通知》《关于做好2014年全区档案工作的通知》，明确各单位年度档案工作任务，从档案规范化管理、档案利用等方面推动档案事业科学发展。4月17日，锦江区政府分管档案工作的副区长在成都市档案工作会上以“寻求突破、注重服务”为主题，汇报锦江区档案工作，得到成都市政府副秘书长袁旭及成都市档案局的肯定。

【文书立卷指导】 锦江区针对文书立卷工作存在的问题开展业务指导和培训工作。档案管理部门开展指导工作180余次，组织14名档案工作者参加四川省企业事业单位档案业务培训班学习，立档单位文书立卷工作得到改进。

【党的群众路线教育实践活动档案工作】 锦江区根据中共中央、中共四川省委员会、中共成都市委员会对党的群众教育实践活动档案工作的要求，制发《做好党的群众路线教育实践活动文件材料收集归档工作的通知》。各单位按要求向档案管理部门报送了材料。

【拆迁项目会计档案工作指导】 锦江区档案管理部门指导南光拆迁项目指挥部开展会计档案收集整理工作，保证拆迁会计档案材料的真实性与完整性。

【文化先进区创建工作资料整理】 锦江区档案管理部门指导文化广播新闻出版局开展“创建全国文化先进区”资料整理工作，对资料卷封面格式、脊背内容、目录填写、页码编制方面提出意见。

【创意设计活动档案整理】 锦江区档案管理部门指

导“成都创意设计周”活动主办单位开展档案收集整理工作，收集图片200余幅、视频文件10个，整理文字资料20余份。

【重点建设项目档案工作指导】 锦江区按照四川省档案局、四川省发展改革委员会、成都市档案局、成都市发展改革委员会对重大建设项目档案工作的规定，把重大建设项目档案工作列为重要工作。指导6个项目责任单位开展档案收集整理工作，涉及20个省级重点建设项目和市级重点建设项目。按时保质完成《重点建设项目档案管理登记表》填报工作。

【档案规范化管理等级认定工作指导】 锦江区档案管理部门按照档案工作规范化管理省三级标准，指导锦江区危旧房改造中心、锦江区疾病预防控制中心、锦江区妇产科医院开展档案管理规范化工作。分别派出工作人员检查三家单位的档案库，对照标准提出整改要求，指导改进工作。锦江区档案管理部门指导开展的检察院档案管理规范化工作已经通过省一级标准等级复查。

【档案法规宣传】 6月9日，锦江区以“国际档案日”为契机，在四川师范大学社区举办《档案法》宣传活动。

【档案移交管理】 锦江区档案馆接收各部门文书档案8941卷，涉及财政局、妇女联合会等63家单位。为进馆档案制作了目录，进行编号管理。

【档案服务】 锦江区将档案查询服务工作作为对外展示形象的主要窗口之一，开展“问一声好、让一个座、倒一杯茶、给一个满意答复、说一声再见”活动，接待查询群众6 427人，利用档案8 942卷次，复印资料11 300页。档案管理部门根据群众查档过程中出现的新情况、新问题，挑选典型案例，收录案例文章10篇，汇编了《2014年档案利用效果典型实例》。

【档案数字化加工】 锦江区启动档案数字化加工第二期（2013—2015年）招投标工作，中标企业按计划对馆藏档案进行数字化加工，完成了锦江区法院、春熙路办事处等单位的馆藏档案扫描、条目著录工作。加工档案4 100卷，全文扫描60余万页，著录案卷级目录4 100条、文件级目录120 459条。

【档案信息网络平台运行】 锦江区档案信息网络平台登载新闻图片53幅、文字材料57篇。锦江区档案公众网点击率突破1 328万人次。

【档案馆安全管理】 锦江区每月聘请专业消防公司对档案库的消防设备、防暑降温设备进行检查维护，聘请专人疏淘库区排水沟，坚持库房日常检查制度，确保档案库安全。

【重大会议和活动资料采集】 锦江区继续对重大活动、重要会议进行资料采集。档案管理部门派专人现场采集资料84次，拍摄整理照片900幅，收集整理文件资料20盒。

【地情资料采集】 锦江区坚持开展地情资料采集工作，收集整理《人民日报》《四川日报》《成都日报》等7种党报。共整理收纳党报、党刊和其他报纸132盒。

【档案统计年报工作】 锦江区按照成都市档案局要求，部署档案事业统计年报工作，指导建档单位21家，完成软件安装和数据录入任务。同时梳理了档案馆馆藏档案。对档案数量、载体类型、利用情况进行统计，填报统计年报，汇总数据后上报成都市档案局。

【成都市档案协会片区工作会召开】 12月2日，成都市档案协会片区工作会在锦江区召开。成都市档案局组织5个中心城区档案局及成都市国土档案馆、城建档案馆的工作人员到锦江区学习拆迁档案管理工作经验，认为锦江区拆迁档案管理工作规范、有序，在成都市具有示范作用。

政治协商会议

PEOPLE'S POLITICAL CONSULTATIVE CONFERENCE IN JINJIANG DISTRICT, CHENGDU

工作机构

【政协锦江区委员会】 中国人民政治协商会议在锦江区的工作机构是政协锦江区委员会。内设办公室、提案委员会、经济委员会、法制街道委员会、财贸和农业委员会、文史委员会、科教文卫委员会。办公室下设综合科、信息调研科、秘书科、提案督办科、专委会和街道工作科。

【政协街道工作委员会】 锦江区向16个街道辖区派出工作机构，设置政协街道工作委员会。

政治协商

【政协全体委员会协商】 1月13日，政协锦江区委员会在成都师范学院附属小学慧源校区召开第六届第三次会议。参加会议的政协委员围绕区域经济社会发展的重要工作和人民群众关心的重大问题进行协商，针对金融业发展、文化创意产业发展、白鹭湾湿地建设、经济社会转型升级、环境保护、社会建设、医疗卫生、教育事业、城市建设管理、政协工作等议题提出意见和建议50余条。1月14日，大会闭幕。

【政协常务委员会协商】 锦江区发挥政协常务委员会专题协商的职能作用，召开政协锦江区委员会常务委员会协商会议3次。分别围绕产业发展、转型升级、社区公共卫生服务均衡化等议题进行协商，提出意见和建议。为中共锦江区委员会、锦江区政府开展工作提供参考。

政协锦江区委员会常务委员会会议协商情况

4月15日，政协锦江区委员会召开第六届第十一次常务委员会会议。会议专题协商锦江区产业发展和转型升级工作。会议提出“抢先升级金融业，抢占转型发展先机；加快传统商贸业转型，扶持现代服务业发展；突出三产业发展的生态功能，做精锦江‘生态名片’；开展锦江历史文化宣传教育实践活动，包装推介锦江文化品牌”等意见和建议。

7月15日，政协锦江区委员会召开第六届第十二次常务委员会会议。会议专题协商锦江区社区公共卫生服务均衡化工作。会议提出“保障公共卫生服务经费投入，打造‘智慧医疗’，整合医疗资源，发挥社会组织在公共卫生服务中的作用，规范民营医疗机构发展，完善公立医疗机构建设，绘制《锦江疾病谱》”等意见和建议。

10月8日，政协锦江区委员会召开第六届第十三次常务委员会会议。锦江区政府到会代表向会议通报锦江区经济社会发展情况，中共锦江区纪律检查委员会到会代表向会议通报党风廉政建设和反腐败工作情况。会议针对传统商贸业转型升级、民间金融业和现代服务业发展等问题进行了协商。

【政协主席会议协商】 锦江区发挥政协主席会议重点协商的职能作用，召开政协锦江区委员会主席会议专题协商会6次，分别围绕养老服务、“锦江国际新城”建设、体育事业发展、电梯安全等议题进行协商，提出意见和建议，为锦江区各项事业发展提供参考。

政协锦江区委员会主席会议协商情况

3月26日，政协锦江区委员会召开第六届第二十八次主席会议。会议重点协商锦江区养老服务工作。会议针对养老服务的社会参与、宣传营销、服务水平提升、机制建设、人才队伍建设等工作，提出意见和建议。

5月8日，政协锦江区委员会召开第六届第三十一次主席会议。会议重点协商“锦江国际新城”建设的促进工作。会议提出“加大项目建设规划的协调力度，加强项目促建工作，提升服务企业的质量和水平，争取成都市的工作支持，强化区域宣传和项目推介”等意见和建议。

5月22日，政协锦江区委员会召开第六届第三十二次主席会议。会议重点协商锦江区体育事业发展工作。会议提出“规范机构强化工作力量，加快建设满足多元需求，丰富载体扩大参与人群，加大培养强化专业队伍”等意见和建议。

6月26日，政协锦江区委员会召开第六届第三十三次主席会议。会议重点协商锦江区“质量强区”暨创新电梯安全监管工作。会议提出“在创新的基础上不断完善锦江区质量技术监督管理的工作机制和技术手段；将经实践证明科学有效的管理模式坚持推行下去，确保各项创新工作取得实效；推动特种设备运行维护和监督管理中的新手段、新技术向生产领域延伸，提升特种设备的安全水准”等意见和建议。

8月27日，政协锦江区委员会召开第六届第三十五次主席会议。会议重点协商锦江区打造“体验式消费”的各项工作。会议提出“加强宣传引导，鼓励探索创新，加大支持力度”等意见和建议。

【政协专门委员会协商】 锦江区发挥政协专门委员会对口协商的职能作用，安排政协锦江区委员会各专门委员会围绕文化产业发展、社区卫生服务、老旧院落物业管理等议题进行对口协商，提出意见和建议，为锦江区推进各项事业发展提供参考。

政协锦江区委员会专门委员会对口协商情况

3月21日，政协锦江区委员会科教文卫委员会围绕锦江区文化产业发展，进行对口协商。

3月27日，政协锦江区委员会科教文卫委员会围绕锦江区学校教育管理，进行对口协商。

4月3日，政协锦江区委员会科教文卫委员会围绕锦江区社区卫生服务工作，进行对口协商。

4月25日，政协锦江区委员会法制街道委员会围绕锦江区老旧院落物业管理工作，进行对口协商。

9月25日，政协锦江区委员会财贸和农业委员会围绕锦江区食品药品监管工作，进行对口协商。

9月25日，政协锦江区委员会科教文卫委员会围绕锦江区特殊教育工作，进行对口协商。

民主监督

【民主评议】 锦江区选聘政协委员担任特邀监察员、审计员、监督员，针对政府工作提出意见和建议。政协锦江区委员会组织政协委员开展专题监督活动，采用民主评议的方式，考评各街道和政府职能部门促进作风转变、实施党风廉政建设等工作。

【生态工作视察监督】 5月13日，政协成都市委员会和政协锦江区委员会联合开展陡沟河污染治理视察活动。视察组视察陡沟河锦江区七里香桥段、荷塘污水处理站、白鹭湾水生作物区、白鹭湾湿地等点位，提出意见和建议。包括“全域治理陡沟河并纳入全市消除黑（臭）水体专项治理范围；按照‘谁污染谁治理’和属地管理原则，开展定期和不定期监测，市、区联动打击违法排污行为；对污染企业开征污染税；扩建龙泉驿区陡沟河污水处理厂，提高污水集中收集处理率”等内容。9月23日，政协锦江区委员会经济委员会组织政协委员视察白鹭湾湿地一期运行管理工作。政协委员针对生态建设提出建议。

【社区青少年教育工作视察监督】 9月22日，政协锦江区委员会法制街道委员会组织政协委员到双桂路街道“儿童之家”视察。政协委员针对社区青少年教育工作提出建议。

【文化产业发展工作视察监督】 10月15日，政协锦江区委员会经济委员会组织政协委员视察成都艺术品保税仓库和“爱盒子创意空间”。政协委员针对文化创意产业发展提出建议。

【检务公开工作视察监督】 10月28日，政协锦江区委员会法制街道委员会组织政协委员到锦江区检察院视察“检务通”运行情况。政协委员针对检察机关检务公开工作提出建议。

【都市农业发展工作视察监督】 11月7日，政协锦江区委员会财贸和农业委员会组织政协委员视察高威设施花卉基地。政协委员针对现代都市农业发展提出建议。

【历史文化街区开发工作视察监督】 11月14日，政协锦江区委员会组织政协委员到锐钯街、耿家巷旧城改造片区和“88号青年空间”、崇德里、邱家祠等项目建设现场视察。政协委员针对历史文化特色街区保护性开发提出建议。

【公办幼儿园建设工作视察监督】 11月15日，政协锦江区委员会科教文卫委员会组织政协委员到沙河堡幼儿园、攀成钢东区幼儿园视察。政协委员针对公办幼儿园建设提出建议。

【关心下一代工作视察监督】 12月17日，政协锦江区委员会组织政协委员到水井坊街道辖区视察关心下一代工作。政协委员针对工作中存在的问题提出建议。

参政议政

【调查研究】 锦江区发挥政协参政议政的职能作用，制订《政协锦江区委员会委员和社会人士参加课题调研工作办法》《政协锦江区委员会调研工作表彰奖励暂行办法》。政协锦江区委员会围绕锦江区年度重点工作，开展调研活动。撰写了《锦江区金融产业发展的几点思考》《关于锦城逸景新型社区创新基层治理机制的建议》《以“百年华兴，地道川腔”为主题打造华兴街为成都川剧文化特色街区》《关于深化社区卫生服务功能的思考与建议》《社会组织协同参与城市社区治理的实践与创新调研报告——以水井坊街道为例》等调研文章。

【反映社情民意】 锦江区发挥政协“社情民意直通车”的作用，整理报送《建议锦江区在成都市率先实行全区垃圾分类》《城市公共自行车管理有待加强》《全面加强学校消防安全工作刻不容缓》等社情民意信息。

【政协文史工作】 锦江区发挥政协文史资料“存史、资政、育人、增智”的作用，启动文史资料编印工作。政协锦江区委员会完成知青系列文史资料《八年——成都知青云南支边纪实》再版工作。启动四川知青系列文史资料《青春印记》的编撰工作，完成资料采集、出版委托、审批等前期工作。按照《当代四川史知青卷·锦江卷》的编撰要求，启动资料征集工作。

2014年，政协锦江区委员会编著的《八年——成都知青云南支边纪实》再版发行

【办实事工作】 政协锦江区委员会按照旧城改造工作的部署，派遣人员到各旧城改造项目指挥部协助开展工作。协助完成旧城改造3.61万平方米。按照中共锦江区委员会安排，政协成都市锦江区委员会领导分别到各街道辖区指导维护社会稳定工作，政协成都市锦江区委员会机关党员干部到对口联系街道辖区参加防汛抗洪工作。

【政协提案工作】 锦江区发挥政协提案的参政议政作用，完善政协提案工作制度和提案、社情民意工作表彰办法，创新和推进政协提案工作。政协锦江区委员会第六届第三次会议以来，收到政协委员提案193件，立案158件，办复率达100%，委员满意率达100%。确定12件提案为重点督办提案。中共锦江区委员会、锦江区政府主要领导阅批了《抓住机遇，促进我区民间金融发展更上一层楼》《关于在锦江大道商圈建设汽车后市场的建议》等10件重点督办提案。

【政协委员依法履职促进工作】 锦江区从促进政协委员依法履行参政议政职能的角度建立政协委员述职机制和履职登记报送制度，制发《关于加强委员履职服务与管理的暂行办法》。以“锦江政协讲坛”为载体，举办“锦江政协讲坛——法治”“锦江政协讲坛——宗教文化与和谐社会”等专题讲座，对政协委员进行法治教育，政协委员依法履职意识得到提升。

【政协街道工作委员会工作】 锦江区持续推进政协街道委员会工作，受到政协成都市委员会肯定。11月1日—10日，政协锦江区委员会主席会议成员到政协街道工作委员会调研，指导工作。11月11日，政协锦江区委员会召开政协街道工作委员会工作交流会，总结街道工作经验，部署政协街道工作委员会下一阶段工作。

2014年，政协锦江区委员会沙河街道工作委员会组织政协委员协商座谈

民主党派

>>> THE DEMOCRATIC PARTIES IN JINJIANG DISTRICT, CHENGDU

中国国民党革命委员会

【学习教育活动】 中国国民革命委员会成都市委员会锦江支部围绕中共锦江区委员会开展的坚持和发展中国特色社会主义学习实践活动，开展和参加了“薪火相传·圆多党合作之梦”“依法治国”等主题教育活动，组织成员参加中国国民革命委员会成都市委员会举办的“纪念民革成都市委成立六十周年”活动和“抗战爆发七十七周年”爱国主义教育活动。

【参政议政职能履行】 中国国民革命委员会成都市委员会锦江支部编撰《深化科技与金融结合，助力创新企业融资》，为科技创新型企业融资建言献策。2014年，提交政协提案11件、社情民意信息15件。锦江支部一名成员被中国国民革命委员会成都市委员会授予“参政议政先进个人”称号。

中国民主同盟

【“基层组织建设年”活动】 中国民主同盟锦江总支部围绕中共锦江区委员会开展的坚持和发展中国特色社会主义学习实践活动，开展“基层组织建设年”活动，完成换届工作。2014年，发展会员两名。

【助力社区群众文化建设】 中国民主同盟锦江总支部动员6名演艺界成员参加社区演艺团队，为丰富社区群众文化生活贡献力量。

【参政议政职能履行】 中国民主同盟锦江总支部组织成员撰写提案，为锦江区经济社会发展建言献策。2014年，提交提案和建议10余件。

【参与慈善工作】 中国民主同盟锦江总支部组织成员参与社会慈善工作，向锦江区对口支援的甘孜州炉霍县捐赠善款5 000元。

中国民主建国会

【会员学习活动】 中国民主建国会锦江总支部围绕中共锦江区委员会开展的坚持和发展中国特色社会主义学习实践活动，编印学习资料300册，组织会员学习会史。以“寻根、感恩、传承”为主题，开展了“红色主题广安重庆行”活动。组织会员到广安市参观邓小平故居，到重庆市参观中国民主党派陈列馆。

【骨干会员培养】 中国民主建国会锦江总支部选派骨干会员参加中共锦江区委员会统一战线工作部组织的党外人士培训会，组织骨干会员参加中国民主建国会成都市委员会组织的骨干培训会5次。

中国民主促进会

【组织建设】 中国民主促进会撤销锦江区支部，组建锦江总支部委员会，下设3个支部。2014年，发展了两名新成员。

【服务基层】 中国民主促进会锦江总支部委员会围绕中共锦江区委员会开展的坚持和发展中国特色社会主义学习实践活动，按照塑造社会主义核心价值观的工作要求，立足基层，服务群众，接待咨询招生事宜的社区居民178人次，义务辅导学生235人次，接待咨询法律事项的群众21人次。

【助力社会事业发展】 中国民主促进会锦江总支部委员会完成中国民主促进会四川省委员会教育专门委员会下达的调研任务，撰写调研报告两篇。按照锦江区开展办学满意度督评工作的部署，完成8所小学的督评工作。

【参政议政职能履行】 中国民主促进会锦江总支部委员会组织成员中的人大代表和政协委员撰写议案、提案，为区域经济社会建设建言献策。2014年，向成都市人民代表大会常务委员会提交议案5件，向中国人民政治协商会议成都市锦江区委员会提交提案8件。两名成员被聘为锦江区特邀监察员。

【慈善活动】 中国民主促进会锦江总支部委员会组织成员参加社会慈善活动，向锦江区对口援助的甘孜州炉霍县捐赠善款3 000元。

中国农工民主党

【革命传统教育活动】 中国农工民主党锦江支部围绕中共锦江区委员会开展的坚持和发展中国特色社会主义学习实践活动，组织成员到重庆市参观中国民主党派历史陈列馆、渣滓洞纪念馆、红岩革命纪念馆，弘扬革命精神，开展塑造社会主义核心价值观活动。

【参政议政职能履行】 中国农工民主党锦江支部发挥参政议政职能作用，围绕锦江区年度特色工作和人民群众关心的热点问题，组织成员开展调研活动，向政协锦江区委员会提交提案20余件。

【课题研究】 中国农工民主党锦江支部组织成员参加中国农工民主党四川省委员会开展的“参政党作风建设”理论研究工作，参加中国农工民主党成都市委员会开展的“创新医患矛盾处理机制，维护医疗秩序，促进社会和谐”理论研究工作。

【社会公益活动】 中国农工民主党锦江支部开展义诊服务6次，惠及群众2 000余人次。开展一对一定点资助困难学生活动，每人每年1 000元的标准，资助龙泉驿区10名家庭困难的小学生。组织成员到锦江区对口援助的甘孜州炉霍县开展卫生援助活动，捐赠价值40 000余元的医疗药品和医疗器械。在炉霍卫生援助活动中开设培训班，授课4课时，培训炉霍县卫生技术骨干50余人。组织成员向为炉霍县捐赠善款2 000元。

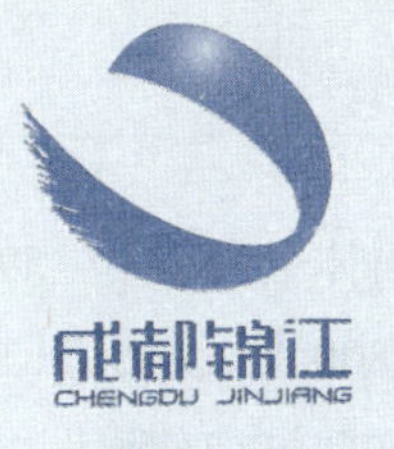

群众团体

>>> MASS ORGANIZATIONS IN JINJIANG DISTRICT, CHENGDU

工 会

【锦江区总工会】锦江区设总工会，内设办公室、综合工作部、财务部、职工权益部，核定行政编制7人、工勤人员1人，实有行政编制人员3人、工勤人员1人。锦江区总工会下设职工俱乐部、职工帮扶中心。职工俱乐部核定事业编制8人，职工帮扶中心核定事业编制4人。

【基层工会组织建设】锦江区以“党建带工建，党工共建”为指导，以“广普查、深组建、全覆盖”为目标，推动工会组织建设。新增工会组织95个，涵盖企业100家，发展会员3 299人。区域内共有工会组织2 437个，涵盖企业3 645家，会员人数达到147 580人。约200家外商投资企业成立了工会组织，“世界500强”企业组建工会组织17个。锦江区企业工会覆盖率达90%。成立街道总工会11家、街道工会联合会5家、区域性工会153家、行业性工会5家，文化创意产业商务区成立了总工会。

【“职工建家”活动】锦江区开展“职工建家”活动，推选锦江区地方税务局机关工会参加“全国模范职工小家”评选，推荐五月花计算机学校龙舟路分校工会小组参加“四川省模范职工小家”评选，推荐富登小额贷款（四川）有限公司工会委员会参加“成都市模范职工之家”评选活动。

【职工民主管理】锦江区在“厂务公开民主管理示范单位”创建活动中发挥锦江区总工会的职能作用，指导2 291家企业和事业单位建立职工代表大会或区域性职工代表大会制度，推行厂务公开民主管理。成都市龙王庙正街小学、华润置地（成都）有限公司达到成都市创建标准，完成示范单位创建目标。在厂务公开民主管理综合标准化试点工作中，成都市龙舟路小学等10家试点单位通过成都市标准化试点工作检查组验收，成都五月花计算机专业学校达到优秀试点单位标准。

【构建和谐劳动关系】锦江区开展“集中要约月”活动，宣传《四川省企业工资集体协商办法》，组织人员参加工资集体协商专题培训。区域内共有2 025家企业签订工资集体协议，签订率达到95%。其中劳动安全与卫生专项集体合同、女职工权益保护专项集体合同签订率达到100%。

【就业服务】锦江区发挥工会组织联系职工的职能优势，建立就业培训体系。2014年，享受就业培训服务的外来务工人员达到2 282人次，享受就业指导、职业介绍的外来务工人员达到1 313人次，享受生活帮扶服务的外来务工人员达到747人次。通过实施失业人员培训就业行动计划，培训失业人员237人。参加培训人员全部实现就业愿望。锦江区总工会帮助40名职工获得“初级职业技能证书”，帮助40名职工获得“高级职业技能证书”。推进锦金合作工会贴息小额贷款工作，为20名返乡创业申请人发放贷款贴息60 000元，协助完成小额贷款100万元。

【困难职工帮扶】 锦江区利用节假日开展困难职工慰问活动，向困难职工家庭提供生活救助、医疗救助，发放价值23.9万元的慰问品（含慰问金）。2014年，为59名身患重大疾病的困难职工申请“爱心救助金”59 000元。

【职工体检】 锦江区按照四川省和成都市制订的《环卫职工、困难职工健康体检》的要求，组织611名困难职工、环卫职工体检。

【职工互助保险】 锦江区组织基层单位为职工购买互助保险，购买金额达137.07万元。办理赔付468人次，赔付49.46万元。

【关爱“劳动模范”】 锦江区以“中国梦·劳动美”为主题，组织67名劳动模范参加体检。元旦节、春节期间，向50名省部级劳动模范发放慰问金35 000元；慰问生活困难劳动模范、已退休劳动模范以及身故劳动模范家属，向48人发放价值16 400元的慰问品（含慰问金）；向劳动模范发放荣誉津贴61 020元。开展“五一劳模关爱周”活动，向144名劳动模范发送慰问金57 600元。

【精品菜单培训机制】 锦江区建立总工会服务职工精品菜单培训机制，开展学习培训30余场次，共8 000余名职工参加。

【职工学雷锋志愿服务】 锦江区推进学雷锋志愿服务队伍建设，已发展团体会员单位159家，职工志愿服务队伍人数达到4 800人。组织职工志愿者开展“三关爱”“学雷锋”“文明城市建设”“党员义工日”等志愿服务活动100余次。

【职工技能竞赛】 锦江区以“当好主力军、建功十二五”为主题，举办“创先争优、建功立业”劳动竞赛。锦江区总工会组织职工选手参加成都市百万职工技能大赛二级大赛，共有36支队伍、105名选手参赛，参与汽车维修工等5个项目的比赛。经过角逐，选出15名选手参加成都市一级大赛。

【“工人先锋号”创建活动】 锦江区推荐四川佳宏物业管理有限公司等10家企业参加“成都市工人先锋号”评选活动。

共产主义青年团

【共产主义青年团组织】 共产主义青年团在锦江区设委员会，内设办公室、综合科、青教办公室，设行政编制5人、事业编制6人、工勤编制1人，实际人数12人。锦江区共有共产主义青年团组织558个，新增团员1 521人，共有团员10 143人。新经济组织建团405个，有专兼职团干部611人。2014年，推荐57名优秀团员为党员发展对象。

【基层团组织建设】 锦江区推进实施区域化团组织建设，建立以共产主义青年团街道工作委员会为核心、各支部组织为成员的共建委员会，并在双桂路街道辖区开展试点工作。辖区内的四川省农业科学院、成都市第七中学育才学校、中国建筑总公司第三局ICC项目部等18家单位加入共建委员会，开展了以“工友之家”“团建积聚力量·五福散发光芒”“工团互助高校毕业生思想教育活动”为主题的3个品牌活动，为辖区青年搭建了交流合作展示平台。

【"锦江青年创业城"项目】锦江区发挥共产主义青年团对青年的引导作用，帮助青年实现创业梦想。共产主义青年团锦江区委员会鼓励青年人群体携带项目到"锦江青年创业城"创业。共征集创业项目35个，新引入大学生创业项目18个，在园项目达到44个。入驻"锦江青年创业城"的宝贝淘网络公司获得"2014川商创业创新大赛优胜奖"。通过"孵化器+加速器"模式，"锦江青年创业城"共孵化项目18个，年产值达到6 000余万元。

【青年人创业指导】锦江区发挥共产主义青年团的聚集作用，组织青年创业者参加欣艺丰文化传播公司、锦界文化传播公司等企业开展的"一对一"导师诊断活动60余次，为青年人创业提供专业咨询。共产主义青年团锦江区委员会联合锦江区国家税务局、锦江区科技信息局等部门为创业青年提供创业政策解读、科技扶持政策解析、项目申报材料撰写、企业税务风险防范、税收优惠政策申报等专题培训26次。

【青年人创业资金扶持】锦江区发挥共产主义青年团的平台作用，协调信贷机构为青年创业者提供资金服务。共产主义青年团锦江区委员会联合优尼特财务咨询管理公司、高新锦泓小额贷款公司等投融资机构为青年创业项目提供创业贷款服务，为"幻实科技"项目募集小额低息贷款20万元。

【青年人就业活动】锦江区联合成都大学、四川师范大学等高校开展青年人就业巡展活动3次，组织"芝麻开花""戈美文化"等企业举办现场招聘会，向在校大学生提供工作岗位。

【高校创业基地建设】锦江区与四川大学、四川师范大学等8所高校合作，打造大学生创业基地，扶持创意设计类专业大学生创业。创业基地的核心部分"创业苗圃"已建成，面积达到6 900平方米，入驻创业团队29个。"创业基地"被共产主义青年团中央委员会、中共四川省委员会组织部、四川省人力资源和社会保障厅授予"全国青年创业示范园区""四川省大学生创新创业示范园""四川省五四红旗团委"等称号，被批准为"成都青年创新创业工作市级示范项目""锦江区青年创新创业人才小高地"。《经济日报》《四川日报》等媒体对创业基地进行了专题报道。

【青少年空间】锦江区通过"88号青年空间"连接吴晓波书友会、马克汉森基金会、1314创意联盟组织等社会资源，开展"青年文化交流""青年个人成长""青年创业就业"等主题公益活动185次，服务青年8 000余人次。以服务创意青年为主的"E78青年空间"建成，面积达1 500平方米。"少年空间"新开设"故事分享""创意手工""儿童绘本剧""少儿瑜伽""小小糕点师""国学启蒙"等益智课程，服务少年儿童4 000余人次。"青年空间"和"少年空间"利用中秋节、万圣节、国庆节、感恩节、圣诞节开展主题活动10余次，活动内容和形式受到青年群体和少年儿童喜爱。

【未成年人心理咨询热线开通】锦江区开通未成年人心理咨询热线，配备老年志愿者接听热线，定期邀请心理专家值守热线，对未成年人和家长提供心理辅导，服务青少年700余人次。

【青年志愿者活动】锦江区开展"学习雷锋精神·践行志愿服务·争做文明市民"青年志愿服务主题活动10余次。重点开展主题为"公德在我心·文明我

锦江·四川高校大学生创业基地

先行”的文明劝导志愿服务活动和“社区共建·温暖同行”社区公益志愿服务活动。面向16个街道的117个社区开展困难家庭未成年子女“微愿望”圆梦活动，发动有客酒店等单位帮助121名困难家庭未成年子女圆梦。共产主义青年团锦江区委员会主持拍摄的反映锦江区志愿者服务精神的微电影被共产主义青年团成都市委员会评为“2014年优秀新媒体和思想引导项目”。

【关爱青少年帮扶活动】 锦江区成立关爱工作团，在16个街道辖区分别组建了关心下一代工作委员会，在117个社区组建了关心下一代工作小组。开展“暖冬行、送温暖”等关爱活动5次，举办“我的中国梦”校园巡讲、“将成功传给下一代”家长课堂等活动8次。成都市关心下一代工作委员会授予锦江区“宣传工作先进单位”“《关爱明天》杂志宣传发行工作先进单位”称号。

【未成年人思想道德建设】 锦江区围绕构建社会主义核心价值观活动，推进未成年人思想道德建设。共产主义青年团锦江区委员会组织开展少先队辅导员说课比赛，27所学校的代表参加比赛，两所学校脱颖而出，代表锦江区参加成都市说课比赛。娇子小学、成都师范学院附属小学被评为“四川省优秀少先队集体”，陈斌彬被评为“四川省优秀少先队大队辅导员”。

【青少年权益保护】 锦江区通过“法治进社区”等形式宣传《未成年人保护法》《预防未成年人犯罪法》《未成年人保护条例》等法律法规，开展“安全自护”“网络素养”“禁毒防艾”等主题宣传活动12次。

妇女联合会

【概况】 锦江区发挥妇女组织联系和团结各界妇女的纽带作用，从“妇女之家”建设、妇女维权、妇女就业、妇女儿童法律援助等方面开展工作，鼓励社会各界妇女为区域经济社会发展奉献才智。锦江区数字城市管理指挥监督中心、锦江区春熙路街道办事处获得“成都市三八红旗集体”荣誉，锦江区五福桥社区志愿者胡延碧、锦江区检察院研究室主任邓立获得“成都市三八红旗手”称号，成都市和平街小学（锦江区特殊教育中心）教师阳斌获得“成都市十佳巾帼岗位明星”荣誉。

【妇女就业】 锦江区发挥妇女组织联系妇女群众的职能优势，利用锦江区妇女联合会新市民教育基地开展妇女就业培训。列为新市民教育基地的锦江区鑫泰阳花艺职业技能培训学校、成都现代职业技术学校开设了新市民培训班12期，培训新市民582人。锦江区两个妇女居家灵活就业基地向妇女提供就业岗位2 806个，培训妇女3 000人次。

【“五好家庭”创建】 锦江区选送的百年古琴世家曾成伟家庭获得“四川省最美家庭”称号和“全国最美家庭”提名，同时获得“全国五好文明家庭”荣誉。胡延碧家庭等50个家庭获得“锦江区最美家庭”称号，督院街街道辖区吴建平家庭等155个家庭获得“文明家庭”称号。

【儿童之家】 锦江区在五福桥社区打造的“儿童之家”是四川省首家家庭式公益性儿童服务机构。“儿童之家”为少年儿童配备大学生志愿者辅导课程，星期一至星期六每天开展一个专题活动，每月开展两个主题活动。已举办活动300余次，接待儿童10 000人次，发展核心志愿者38人，共有大学生志愿者380人、妈妈义工50个，拥有微信粉丝11 786人，吸纳会员家庭3.8万个。

【家庭教育活动】 锦江区妇女联合会、锦江区教育局在外国语小学联合举办“中国梦起航·亲子共成长”成都市锦江区家庭教育论坛活动。四川大学教师教育学院副教授、成都市家庭教育研究会副会长张皓应邀参加活动。张皓针对儿童心理脆弱等社会问题，从“改变家庭教育观念”“提升家长素质”“培养抗挫能力”“应对挫折的方法”等方面分析讲解。2014年，锦江区共举办家庭教育讲座30场次。

【妇女儿童工作调研】 3月6日，中共中央办公厅调研组到锦江区双桂路街道辖区五福桥社区“儿童之家”“妇女之家”及皇经嘉园保障房点位调研，对锦江区妇女工作和儿童关爱工作表示赞赏。3月12日，中国妇女联合会书记处书记焦扬到锦江区成龙路街道辖区经天路社区“儿童之家”“妇女之家”调研，肯定了锦江区妇女工作和儿童工作取得的成绩。

【“形象美学”讲座】 锦江区以“扬帆增效年·色彩靓锦江”为主题，举办“形象美学”讲座。中国形象设计协会主任讲师、学术交流与推广副会长、形象管理专家韩久九为到场妇女干部讲解色彩知识和搭配技巧，介绍如何根据不同肤色，发型、身材搭配服饰。200余名妇女干部参加讲座。

锦江区举办“形象美学”讲座

【“寻找最美家庭特别行动”活动】 3—5月，锦江区以“家风力量·幸福守望”为主题，开展“向幸福出发——寻找最美家庭特别行动”活动。推荐5个家庭参加成都市级、四川省级、国家级“最美家庭”评选。

【“妇女之家”建设】 锦江区在16个街道辖区建城28支巾帼志愿服务队，共有成员2 138人。各街道辖区“妇女之家”由64个扩建至117个，实现一个社区建成一个“妇女之家”的目标。

【婚姻家庭法律常识讲座】 6月，锦江区妇女联合会全体党员干部、惜字宫社区党员群众共同在书院街街道辖区举办婚姻家庭法律常识讲座。四川矩衡律师事务所律师魏玥应邀到场，讲解妇女维权方法，向妇女提供法律咨询服务。

【“春蕾计划”继续实施】 锦江区继续实施“春蕾计划”，在沙河堡小学、五福桥社区、甘孜州炉霍县确定“春蕾女童”150人，提供助学金80 000元。

【向地震灾区献爱心活动】 锦江区发动各街道辖区妇女组织开展向云南昭通市鲁甸地震灾区妇女儿童献爱心活动，募集、捐赠救灾资金46 370元。

科学技术协会

【概况】 锦江区以贯彻落实《全民科学素质行动计划纲要》为主线，创新建立以“科普教育联抓、科普活动联搞、科普设施联建”为内容的科普工作新机制，推动科普示范单位创建工作，开展“科技之春”“迎新科技节”等各种科普活动。《成都日报》《四川科技报》和搜狐网、新浪网等媒体分别报道了锦江区科普工作。

【“科技之春”科普活动】 锦江区开展“科技之春”科普活动，举办科普报告会、科普讲座58期，听众达4 368人次；举办科技培训18期，2 420人参训，提供科技咨询服务3 790人次，推广新品种、新技术5项（次）；举办科普宣传活动78次，受教育群众达13 880人次；举办科普展览活动21场次，参观人数达13 100人，发放科普宣传资料60 000份。

【公益健康活动】 锦江区以“美丽锦江、健康城区”为主题，举办“美丽人生·科普随行·健康相伴”公益健康讲座。活动由锦江区科学技术协会、中共锦江区委员会组织部、锦江区人口和计划生育局、锦江区妇女联合会共同主办。复旦大学附属华山医院主任医师、教授王兴娟等专家应邀到机关单位、街道辖区、社区讲解健康知识，开展义诊活动。锦江区机关干部和工作人员共300余人参加活动。

【“迎新科技节”活动】 锦江区举办“迎新科技节”活动，四川省“科普大篷车”应邀到现场开展活动，组织科技互动游戏17个，600多名师生和家长参与互动。

【科普读本编印和赠送】 锦江区以“美丽人生·科普随行·健康相伴”为主题，编印民生科普书籍、文化义教材等科普读物80 000册。锦江区科学技术协会将各类科普读本送到各街道辖区、社区、企业、学校、机关单位。同时向甘孜州炉霍县赠送了科普读本。

【“第二季·科技季”活动】 锦江区开展“第二季·科技季”活动。以“创新、体验、成长”为主题，在各中小学校开展科普实践活动、科幻绘画比赛、科普论文征文比赛、科技小发明、科普知识竞赛等活动。

【青少年科普文化节】 锦江区开展第二届青少年科普文化节暨“志愿者送科普知识进社区”活动。活动期间，志愿者向11个社区发放暴雨、雷电、大雾、高温预防等气象类科普宣传资料50 000份，向群众赠送《四川科技（特刊）》8 000册，发放《食品安全知识问答》10 000份。活动现场展出科普知识展板506个，展板内容涉及“食品安全”“健康保健”“科学理财”“疾病防控”“减灾防灾”等科普知识。活动现场还展示了人体成分检测仪、健康知识互动机以及瓦力机器人搬运工、乐高机器人等科技成果。

【科普文艺汇演活动】 锦江区以“创新发展·全民行动”为主题，在白鹭湾湿地公园开展第九届科普文艺汇演活动。16个街道办事处推出以科普为内容的原创文艺作品29个。水井坊街道办事处推送的《科技创新国力升》等23个科普文艺作品获得表彰，春熙路街道办事处演出队表演的《社区大妈学电脑》等16个科普文艺节目获奖。

【“送科技进社区”活动】 锦江区实施“送科技进社区”益民活动计划。以“做都市农夫创生态社区”为主题，在五福桥、莲花等社区开展浅土蓄水保湿盆式栽培技术咨询活动21次，培训800余人，发放技术资料20 000余份，赠送栽培盆810个、蔬菜种苗5 000余株。成都电视台3频道、成都电视台5频道、锦江电视台以及《华西社区报》《SO·Day》等媒体报道了锦江区“送科技进社区”活动情况。

【“科普惠民”活动】 锦江区继续开展“科普惠民”活动，举办科普报告、科普讲座127期，参与群众达10 180人次。开展科技培训班70期，参训人数达9 850人。提供科技知识咨询服务，受理咨询3 790人次。推广新品种、新技术5个。开展科普宣传活动46次，参与群众达13 880人次。举办科普展览51场次，发放科普宣传资料60 000余份。

【“金桥工程”项目】 锦江区向成都市科学技术协会推荐“金桥工程”项目13个。“青稞β–葡聚糖在保健食品的领域运用及产业化”项目获得“金桥工程”项目一等奖，“赞力复方功能型保健饮料开发及技术成果转化”“活益多褐色功能性乳酸菌饮料的开发和应用”两个项目获得“金桥工程”项目三等奖。成都市科学技术协会授予锦江区科学技术协会“成都市金桥工程工作优秀组织单位”称号。

【实施学科建设】 锦江区举办孵化锦江区有影响力重点学科建设研讨会，开展科研学术培训研讨活动，组织与会代表参观“国家重点学科（专科）单位”。对医疗机构中有影响力的重点学科和重点专科进行分层次分类别规划培育，促进学科建设。

【组织科技专家调研】 锦江区发挥高端人才的智力

支撑作用，组织科技工作者围绕“精品城区”建设开展调研活动，完成《促进白鹭湾湿地可持续发展》《关于将许燎源博物馆打造成我市文化创意成果转化中心的建议》《成都市旅游胜地三圣乡生态文明建设与管控机制》等调研报告。

【科学技术年会】 锦江区在2014年成都市科学技术年会期间，以“科技融合创意，引领产业升级”为主题，举办了“创意科技展暨裸眼3D科技展”活动。锦江区为社区居民编印文化义教材，向群众赠送科普书籍80 000册，开展科普讲座12场，参加活动的群众达16万人次。

【科普创建工作】 锦江区以科普宣传教育活动为载体，开展国家级、省级、市级“科普示范单位”创建工作。三圣街道辖区驸马社区、成龙街道辖区皇经社区、成龙街道辖区槎子树社区创建为“四川省科普示范社区”，成龙路街道办事处、沙河街道办事处创建为“成都市科普示范街道”，成龙路街道辖区国槐路社区、成龙路街道辖区金像寺社区、狮子山街道辖区静明路社区、春熙路街道辖区岳府街社区、龙舟路街道辖区滨河社区、沙河街道辖区塔子山社区、双桂路街道辖区净居寺社区、盐市口街道辖区青年路社区创建为“成都市科普示范社区”，陈香苑科普基地、白鹭湾环保科普基地创建为“四川省科普教育基地”，锦江区莲花社区科普教育中心、锦江区沙河辖区社会组织服务中心创建为“成都市科普教育基地”。锦江区老年科学技术工作者协会被评为5A级社会组织。锦江区向中国科学技术协会提出申请，申报白鹭湾湿地公园为“全国科普教育基地”。

【科技援藏工作】 锦江区派遣一名科技辅导员、一名科技模型制作专家到甘孜州炉霍县开展科技援藏工作。两名专家在藏区开展了“你也会创造”“让课程成就师生，让偶然变成必然”等主题活动，用活动方式培训藏区青少年科技辅导员，同时还培养了藏区青少年科技创新能力。

【国学普及志愿者基地】 锦江区在双桂路街道社区创办了第一个街道与高校合作的国学普及志愿者基地。双桂路街道办事处与四川省社会科学院合作，利用国学普及志愿者基地向群众普及国学知识。高校专家以科普志愿者身份举办讲座，为群众解析优秀传统文化的魅力。

【莲花社区科普教育中心】 锦江区莲花社区科普教育中心内设跳跳虫壁挂式科技馆、科普学校、科普网络书屋、3D科普电影院等功能区，开设“科普随身贴”“儿童天地”等活动项目，为社区各年龄段的群众提供体验式科普服务。2014年，接待考察学习团队的次数达到16次。开展科普培训、咨询、讲座、文艺演出、宣传等活动100场次，发放科普宣传资料7 000余份，参加群众达10 000人次。

【社区科普网络书屋】 锦江区以中国三农网络书屋为平台，在50个社区开展社区科普网络书屋建设，登录账号免费提供。中国知网的7 000余种期刊、500余种报纸、2 000余种工具书均可在社区科普网络书屋中查到。

归国华侨联合会

【概况】 锦江区专为华侨服务，保护归国华侨权益的人民团体是归国华侨联合会。2014年，锦江区发挥归国华侨联合会的桥梁和纽带作用，在归国华侨和政府之间搭建沟通平台，组织归国华侨为区域经济社会发展贡献力量。成都市归国华侨联合会授予锦江区归国华侨联合会“成都市侨联工作先进单位”称号。

【侨法宣传】 锦江区以群团组织社会服务中心义诊活动为契机，宣传《中华人民共和国归侨侨眷权益保护法》等法律法规，向群众和归侨、侨眷发送宣传资料100余份。

【服务侨界群众】 锦江区把成都肛肠专科医院确定为侨服务点，建立锦江区侨界群众健康关爱中心，为58名侨界群众建立健康档案，组织17名侨界群众到医院就诊，优惠、减免医疗费用2 685元。开展“入侨家、联侨情”活动，走访35家归侨、侨眷，帮助侨界群众解决生活难题。春节、中秋节期间，锦江区组织归国华侨联合会干部慰问归侨和侨眷家庭，发送慰问金16 800元。

【服务侨商】 锦江区接待江苏省南通市等地到区考察的侨商，为澳大利亚侨商和留学归国人员提供政策咨询等服务，帮助侨商寻找生产经营场地。10月21日，欧华联会和斯洛伐克政府、企业家代表团到锦江区考察。锦江区归国华侨联合会参加接待工作。

【侨务活动】 春节前，锦江区组织5名归侨、侨眷代表参加四川省侨务工作办公室、四川省归国华侨联合会举办的四川侨界迎春团拜会。5月，组织3名归侨、侨眷代表参加成都市归国华侨联合会举办的基层侨联组织参与社会公益慈善事业研讨会。中国归国华侨联合会副主席乔卫到四川省群团组织社会服务中心视察，表示支持基层归国华侨联合会从事公益事业。

【参政议政职能履行】 锦江区组织侨联界别政协委员参加政协锦江区委员会和政协锦江区委员会各专门委员会组织的视察活动，针对区域政治、经济、文化建设撰写《关于解决医患矛盾的建议》《关于白鹭湾湿地控制人流量的建议》等4份提案，为区域发展建言献策。

2014年10月21日，欧华联会和斯洛伐克政府、企业家代表团到锦江区考察

【泛珠三角省区侨联协作会议】 锦江区参加由中国侨商联合会、中国侨联青年委员会、四川省归国华侨联合会主办，由成都市归国华侨联合会承办的“知名侨商四川行”暨泛珠三角省区侨联（社团）协作会议成都考察活动。并以活动为契机，开展引资引智工作，邀请欧洲华人华侨社团联合会和斯洛伐克政府代表团、企业家代表团到区考察投资项目。

【参与经济社会建设】 锦江区抽调归国华侨联合会的两名干部到沙河片区旧城改造指挥部和春盐片区拆迁指挥部参加旧城改造工作。组织归国华侨联合会的干部对口联系粮丰社区9次，慰问困难群众50余人次。投入5 000元帮助社区完善院落党支部硬件设施。11月21日，组织成都肛肠专科医院的医务人员到双桂路街道辖区五福桥社区开展群团组织社会服务中心义诊活动，接待群众150余人次。组织成都肛肠专科医院的急救车辆、医务人员开展“为高考考点考生及家长服务”等主题志愿活动。

【侨情调查】 5—7月，锦江区委派归国华侨联合会开展侨情调查工作。调查情况形成汇报材料，上报政府。

【澳大利亚V集团奖（助）学金项目】 锦江区与成都市归国华侨联合会、成都市第三中学对接，完成2014学年澳大利亚V集团奖助学金发放工作。共发放奖（助）学金25 000元，10名学生受益。

残疾人联合会

【概况】 锦江区将残疾人帮扶工作作为社会服务体系和社会保障体系建设的主要内容之一，为残疾人

2014年，成都肛肠专科医院医务人员到双桂路街道辖区五福桥社区为残疾人义诊

提供医疗康复救助、教育培训、就业扶持等服务。2014年，为2 937名肢体类残疾人、1 187名视力类残疾人、655名听力类残疾人、61名言语类残疾人、840名精神类残疾人、675名智力类残疾人、146名多重类残疾人办理了第二代“残疾人证”。

【残疾儿童康复与救助】锦江区落实经费20万元，为20名贫困家庭脑瘫儿童提供康复救助服务；救助重度听力残疾贫困儿童4人；为25名智力残疾儿童的家长开设培训班，指导家长开展康复训练工作；为5名低视力残疾儿童配置助视器，并对低视力残疾儿童的家长进行了培训。

【精神病患者康复与救助】锦江区针对精神病患者开展关爱行动活动，惠及838人。另为150名贫困精神病患者提供免费供药服药服务，救助20名贫困重型精神病患者。

【贫困残疾人康复与救助】锦江区免费为60名贫困残疾人实施白内障复明手术，为250名贫困残疾人适配基本型辅助器具，为10名贫困残疾人安装假肢，为3名贫困残疾人装配矫形器。

【残疾人就业培训】锦江区面向残疾人开展职业技能培训工作，帮助残疾人就业。锦江区残疾人联合会采用政府购买服务的方式，购买“黑暗中对话”服务，培训残障人士25人，安排22名残障人士就业。组织10余名残疾人参加成都市残疾人联合会举办的电脑操作培训、盲人按摩培训，组织60余名残疾人参加锦江区举办的残疾人就业培训，组织80名残疾人参加实用技术培训。

【残疾人助学金发放】锦江区向664名残疾人学生和残疾人家庭子女发放“残疾人自强助学金”93.09万元。

【残疾人创业扶持】锦江区建立残疾人创业就业孵化中心，投入30万元扶持残疾人创业；投入45万元，为自主创业的5名残疾人提供资金扶持。

【残疾人就业扶持】锦江区征收“残疾人就业保障金”6 986万元，为残疾人就业提供资金保障。通过居家灵活就业方式，帮助750名残疾人就业。锦江区残疾人联合会、水井坊街道办事处共同为锦江区助残就业创业孵化中心寻找工作场地，在水井坊街道辖区安排20平方米场地，作为残疾人居家灵活就业扶持点。三圣街道辖区内的锦江区残疾人生态种植基地为20余名残疾人提供了就业岗位。

【残疾人专项生活补助】锦江区向领取“最低生活保障金”的残疾人和低收入家庭的残疾人发放“残疾人专项生活补助金”82.56万元，惠及残疾人860人。

【重度残疾人护理费用补贴】锦江区向重度残疾人发放“重度残疾人护理费用补贴金”174.39万元，惠及重度残疾人2 481人。

【残疾人居家生活设施补贴】锦江区向残疾人家庭发放“残疾人居家生活设施补贴金”10万元，惠及100个残疾人家庭。

【残疾人无障碍设施改造】锦江区在残疾人家庭中开展无障碍设施改造工作，惠及残疾人家庭306户，改造无障碍设施350个。

【残疾人机动轮椅车燃油补贴】 锦江区发放“残疾人机动轮椅车燃油补贴金”9.63万元，惠及残疾人264人。

【困难残疾人家庭慰问】 锦江区在“温暖万家行”活动中慰问1 500个困难残疾人家庭，发放慰问款30万元。向171名困难残疾人发放“残疾人临时救助金”和“残疾人特殊慰问金”42.46万元。

【残疾人社会保险扶持】 锦江区为331名购买社会养老保险的重度残疾人提供资金支持，财政补贴额度达到308.6万元。资助1 946名贫困残疾人及贫困残疾人家庭子女购买城乡居民基本医疗保险和大病医疗互助补充保险，财政补贴额度达到87.57万元。耗资19.34万元，为4 837名残疾人购买了人身意外伤害保险。

【助残社会组织补贴】 锦江区向区域内5家具有“阳光家园”助残性质的社会组织发放补贴，向454名“阳光家园”居家托养服务对象发放护理补贴。享受补贴的社会组织分别是成都市第一精神卫生防治院、锦江区东光街道“阳光家园·残疾人之家”、成都市锦江区静颐养老助残中心、水井坊街道牵手助残互助中心、庇护工场。

【残疾人运动会】 锦江区成立中国第九届残疾人运动会暨第六届殊奥林匹克运动会锦江区筹备工作委员会，组织两名智障运动员参加2014年特殊奥林匹克东亚区运动员培训。9月12日，锦江区选送一名残疾人运动员参加中国第九届残疾人运动会倒计时揭牌仪式。组织8名智障青少年参加特殊奥林匹克东亚区融合足球比赛暨健康计划活动，取得少年组第四名和青年组第三名的成绩。2014年，代表锦江区参赛的5名运动员在四川省第八届残疾人运动会上获得金牌5枚、银牌4枚、铜牌1枚。

【残疾人精神生活】 锦江区新建双桂街道牛沙社区助残关爱中心和狮子山街道助残关爱中心，并将两个中心确定为残疾人文化活动示范点。春节期间，锦江区利用莲新市民中心“残疾人空间”举办残疾人迎新春联谊会，100余名残疾人参加。中秋节期间，600余名残疾人参加迎中秋残疾人联谊会。锦江区组建了残疾人合唱团，组织10名喜好音乐的残疾人在莲新市民中心表演。

【“全国助残日”活动】 5月，锦江区以“牵手圆梦”为主题，由锦江区残疾人联合会牵头开展第24次“全国助残日”活动。活动期间举办健康养生互动讲座和音乐剧欣赏活动，向1 600名残疾人赠送米、油等慰问品。

红十字会

【概况】 锦江区弘扬“人道、博爱、奉献”的红十字精神，开展救灾、救助、救护培训工作。参与云南省昭通市鲁甸县地震灾区救援工作。与中共锦江区委员会统一战线工作部援藏办公室配合，接收社会各界爱心捐赠，对口支援甘孜州炉霍县。

【红十字组织抗震救灾】 8月3日16时30分，云南省昭通市鲁甸县（北纬27.1度，东经103.3度）发生6.5级地震，震源深度12千米。8月4日凌晨，锦江蓝天红十字志愿者救援队携带抗震救灾设备赶赴灾区。8月4日12时，锦江蓝天红十字志愿者救援队到达灾区，向中国红十字总会报到，领取救援任务，展开搜救工作。

【创建文明城市复查测评工作】 锦江区按照《中国红十字总会、中央精神文明建设办公室关于开展“博爱家园·红十字应急救护志愿服务进社区”活动的通知》的要求，将“社区开展红十字应急救护志愿服务活动”列入重点工作，拟制《2014年第一次成都综合文明指数暨城乡环境治理测评实地考察工作任务分解表》，制发《关于红十字应急救护志愿服务进社区的通知》，在117个社区开展“红十字应急救护志愿者服务进社区”活动。

【急救知识培训】 3—10月，锦江区组织街道办事处、香格里拉大酒店、东方广场假日酒店等企业的员工举办急救知识培训活动18期，覆盖16个街道辖区、117个社区，参加培训人数达1 000余人。有901人通过培训考核，办理了“急救员证书”。

【“博爱送万家”活动】 锦江区继续开展“博爱送万家”活动。向16个街道办事处的509个因突发变故而陷入困境的家庭和重病困难家庭、生活困难的党员家庭以及新增遗体捐献志愿者发送米、油、棉被等价值13万元的春节慰问品。

【人道主义医疗救助】 锦江区继续向贫困居民提供人道主义医疗救助。共救助21人次，发放救助款25 000元。

【人道主义助学】 锦江区按照人道主义助学标准，向成龙路街道国槐社区的一名帮扶对象发放助学金3 000元。

【红十字会员管理】 锦江区健全红十字会会员管理制度，收缴个人会员会费7 010元、团体会员会费17 000元。对所收会费进行规范化管理，收支账目清晰。

【对口援助炉霍县】 锦江区接收社会各界爱心人士对甘孜州炉霍县安老、扶孤、助残、助学、重大疾病救助、突发自然灾害、特殊求助等12个民生项目的捐赠。共筹集资金204.35万元，全额划转甘孜州炉霍县红十字会。

【红十字志愿者队伍】 锦江区新注册红十字志愿者796人，新增遗体捐献志愿者9人。

【“世界艾滋病日”宣传活动】 12月1日，锦江区在成龙路街道辖区国槐路社区举办“行动起来，向零艾滋迈进”主题宣传活动。活动由锦江区红十字会、锦江区人口计划生育局、成龙路街道辖区国槐路社区党委联合主办。活动期间发放宣传单1 000余份，免费赠送安全套2 000个，发送红十字小型急救包160个。

2014年12月1日，锦江区开展“世界艾滋病日”宣传活动

【“世界红十字日”宣传活动】 5月8日，锦江区开展纪念“世界红十字日”宣传活动。以活动为载体，弘扬“人道、博爱、奉献”的红十字精神。锦江区红十字会牵头，在成龙路街道辖区国槐路社区开展“尊重人的尊严”主题宣传活动。向社区群众宣传《中华人民共和国红十字会法》《中华人民共和国献血法》以及家庭日常急救知识。活动期间发放急救知识宣传单、捐献造血干细胞宣传单500余份，发送红十字急救包120个。

【社区配置红十字急救箱】 锦江区把满足社区居民需求和提升社区群众健康安全水平作为出发点，以“保护人的生命和健康，发扬人道主义精神，促进和平事业发展”为宗旨，向新增社区配备红十字急救箱51个，耗资31 000元。

【红十字应急救援队伍建设】 锦江区帮助蓝天红十字志愿者救援队申办社会团体注册手续，组建了成都市锦江区蓝天应急救援中心，并投入20 000元帮助救援中心购置急救药物、器材等装备。5月，锦江区红十字会组织救援队到崇义成都地震紧急救援训练基地训练。训练内容包括荷马特工具的学习与操作、手动破拆以及斜楼体验、狭小空间救援。6月，救援队3名骨干队员到北京凤凰岭国家地震紧急救援训练基地参加第三次全国蓝天救援队大集训。11月，救援队6名骨干队员参加成都市政府应急管理办公室开展的中欧应急管理合作项目应急管理培训师培训。

工商业联合会

【教育培训】 锦江区按照中共成都市委员会开展第二批党的群众路线教育实践活动的部署，在非公有制经济组织中开展理论学习活动；围绕社会主义核心价值观，组织非公有制经济界人士举办主题教育培训会。选派两名会员参加成都市工商业联合会举办的“弘扬井冈山精神，增强社会责任感”主题培训，举办“扬帆增效年·色彩靓锦江——形象美学”专家讲座和“美丽人生·科普随行健康相伴”公益讲座。通过讲座的形式开展培训工作。

【民营经济调研】 锦江区开展“走民企、解难题、办实事”活动，组织调研组到民营企业调研36次，收集意见和建议20余条，完成《2013年锦江区民营经济发展报告》，出台《推进2014年锦江区民营经济发展的行动计划》。

【工商界人士政治推荐】 锦江区发挥工商业联合会联系工商界人士的职能优势，开展党外代表人士和后备人才推荐工作。锦江区工商业联合会向中共锦江区委员会统一战线工作部推荐党外代表人士和后备人才6人。

【参政议政职能履行】 锦江区发挥工商业联合会参政议政的职能作用，为经济社会发展献智出力。锦江区工商业联合会通过重要会议发言、专题调研、提案、社情民意等方式谏言献策，向政协锦江区委员会提交提案24件。其中《关于文化创意产业发展的建议》《关于加快东大街民间金融业发展的建议》被评为优秀提案。

【助力招商引资】 锦江区发挥商会的企业资源优势，组织企业参加内蒙古阿拉善盟招商引资推介会、甘孜州投资项目合作推介会、中国西部博览会拉萨市招商推介会。2014年，锦江区参加各类推介会的商会会员企业达到32家。

【企业合法权益保护】 锦江区发挥工商业联合会联系企业、服务企业的优势，帮助企业维护合法权益。以“劳资冲突背景下的法律思维与证据意识”“人力资源管理者如何在企业呈现价值”“企业工资收入分配制度改革”为主题，举办专题讲座。锦江区工商业联合会协调解决民营企业权益诉求案件4件；聘请北京盈科（成都）律师事务所律师曾文忠为法律顾问，为会员企业提供法律咨询服务。

【基层商会组织建设】 锦江区推进基层商会规范化、制度化建设，建立产业优势型基层商会，指导3个基层商会和新加入的会员单位开展规范化建设，协助成立3家行业协会，新增会员54人。

【就业促进】 锦江区举办“民营企业招聘周”“高校毕业生就业创业服务月”等专场招聘活动，参加招聘活动的企业共343家，提供空岗信息3 591条，419名求职者于企业达成就业意向。

【光彩工程·公益慈善事业】 锦江区组织企业党支部、团支部与社区党委开展“践行党的群众路线，同心共建幸福锦江”活动。四川维诚会计事务所有限公司、四川长远集团、四川大金源电力发展集团有限公司、合江亭社区募集资金20 000元，支持老旧院落改造。锦江区工商业联合会组织会员企业参加对口支援炉霍县爱心慈善捐赠活动。成都科甲投资开发有限公司、成都茂名商会等10家会员单位捐款71.8万元。云南鲁甸地震灾害发生后，锦江区工商业联合会会员企业——成都科甲投资集团向灾区捐款100万元。2014年，锦江区工商业联合会会员企业共为公益慈善事业捐赠360万元。

【会员企业典型宣传】 锦江区工商业联合会会员企业中的明宇实业集团有限公司、成都舞东风超市连锁有限公司、成都科甲投资开发有限公司、成都金松营销有限公司、成都亨得利钟表眼镜有限责任公司被评为“2014年度成都市锦江区十大热心公益企业”。

社会科学界联合会

【社会科学理论研究成果】 锦江区坚持开展社会科学理论研究工作。由锦江区社会科学界联合会组织编写的《发展文化品牌，推动文化惠民——以成都市锦江区为例》在《成都日报》理论版发表，理论文章《着眼顶层设计，着力环境培育——锦江区社会组织创新实践》入选《2014成都市经济社会发展报告》，以生态环境建设研究为内容编写的《夯实锦江生态本底，推进全面改革发展》入选《成都市社会科学院2014年度研究报告》。

【社会科学课题立项与评选】 锦江区按照成都市社会科学界联合会的部署，开展哲学社会科学领域的课题研究工作。锦江区社会科学界联合会选送的《试论锦江区如何深入推进现代化国际化建设》《文化产业发展的新思路和新路径》等5个课题被批准立项，列入“成都市哲学社会科学规划研究项目”。在成都市第十一次哲学社会科学优秀成果评选中，锦江区获得奖项6个。其中二等奖两个，三等奖4个。

【“干部群众面对面”活动】 锦江区围绕公共安全、公共服务、产业发展三个方面工作，开展“干部群众面对面讲政策答疑惑”主题活动。活动由锦江区社会科学界联合会牵头，涉及民生和改革的职能部门参加。

文学艺术界联合会

【概况】 锦江区发挥文学艺术界联合会职能优势，联系和团结文化界人士，组织开展文化活动，为促进文化事业大发展大繁荣助力。锦江区文学艺术界联合会完成锦江当代艺术学会会员征集和登记注册工作以及锦江书院规划选址、概念性方案设计工作，推进电视剧《百年春熙》剧本创作工作。2014年，锦江区内的梵木艺术馆被命名为“成都市文联文艺创作展示基地”。

锦江区梵木艺术馆

【灯谜创作与竞猜活动】 锦江区围绕党的群众路线教育实践活动，开展灯谜创作与竞猜活动。锦江区文学艺术界联合会负责灯谜创意和活动组织等工作。活动期间展出原创灯谜500余个。

【“文艺志愿者进万家”活动】 锦江区开展“文艺志愿者进万家”活动。锦江区文学艺术界联合会牵头组建法治宣传志愿服务队，打造了文艺志愿基地。白鹭湾湿地被成都市文学艺术界联合会列为“成都文艺志愿者活动基地”。

法　治

RULE BY LAW

案件侦破

【概况】 锦江区创新案件侦破机制，建立“微警务”破案模式，成立合成作战大队，开展各类专项行动，破获经济、刑事等各类案件2 000余件。

【命案侦破】 锦江区坚持把命案侦破工作作为案件侦破的重点，破获现行命案10件，现行命案破案率达到83.3%，命案积案破案率达到1.9%。

【刑事案件侦破】 锦江区在公安民警中树立“打击是公安机关主责”的理念，以取保候审突出问题专项治理工作为契机，召集办案部门负责人座谈，查找办案过程中存在的问题，制订办案制度，促使刑事案件侦破质量得到提升。锦江区以“夏季会战”和打击盗抢诈骗专项行动为契机，总结侦破工作，有针对性改进工作方法。2014年，侦查刑事案件1 904件，破获各类刑事案件100余件，打击处理1 065人，追捕负案在逃人员350人，抓获犯罪嫌疑人43人，追赃价值达到200余万元。

【经济案件侦破】 锦江区针对经济犯罪新趋势，开展打击假冒伪劣犯罪、打击涉众型经济犯罪、打击传销犯罪等专项行动，保护区域经济发展环境。受理经济犯罪案件190件，立案168件，破案321件，打击处理58人，抓获网上逃犯25人，为群众挽回经济损失5 000余万元。

【“黄赌毒”案件侦破】 锦江区坚持开展打击“黄赌毒”专项行动，把“黄赌毒”现象较集中的娱乐场所列为重点清理对象，检查娱乐场所10个，打击涉案犯罪嫌疑人226人，破获公安部、四川省公安厅挂牌的毒品目标案件4件。另打击涉黄涉赌团伙9个，销毁赌博游戏机750台。

【小型民生案件侦破】 锦江区创新建立“微警务”案件侦破工作机制，开展“破小案、追赃款”专项行动。针对2 000元以下的小型民生案件建立了专项破案考核制度，将追赃减损纳入目标考核。破获小型民生案件1 497件，追回赃款400余万元。

【国家安全案件侦破】 锦江区侦破危害国家安全的案件17件，挡获违法活动人员19人，搜缴非法宣传品5 580份。

【交通肇事案件侦破】 锦江区发生致人死亡交通肇事逃逸案件4件，死亡5人。4件案件全部侦破，侦破率达到100%。

检　察

【概况】 锦江区围绕“提质增效、转型升级”的工作主题,发挥检察机关职能作用,推进“平安锦江”“法治锦江”“廉洁锦江”建设。8月11日，锦江区检察院被中共成都市委员会办公厅、成都市政府办公厅评为“2013年度社会管理综合治理工作目标平安单位”。11月24日，四川省检察院授予锦江区检察院“2013年度全省检察宣传先进单位”称号。

【涉案人员逮捕审查批准】 锦江区检察院受理公安机关提请审查逮捕的各类案件905件，涉案1 252人。审查案件761件，批准逮捕1 009人。对132件案件的232名涉案人员作出不予逮捕的决定。

【公诉】 锦江区检察院受理移送审查起诉案件933件，涉案1 250人。向审判机关提起公诉的案件共895件，涉案1 180人。对涉及17件案件的24人作出不予起诉的决定。

【捕后羁押必要性审查】 锦江区检察院完善捕后羁押必要性审查工作机制，与成都市公安局锦江分局共同制订《关于建立侦查阶段捕后羁押必要性审查重点跟踪案件工作机制的规定（试行）》。

【禁毒工作】 锦江区设立毒品犯罪办案组，开展禁毒工作，推广禁毒经验。5月6日，四川省检察院公诉三处副处长罗江到锦江区检察院调研打击毒品犯罪工作。

【未成年人刑事检察】 锦江区检察院受理公安机关提请批捕的未成年人刑事案件34件，涉案43人，批准逮捕25人，不批准逮捕18人。受理审查起诉未成年人刑事案件35件，涉案40人。对其中22件案件提起公诉，涉案25人。酌定不诉案件5件，涉案5人。附条件不起诉案件5件，涉案5人。锦江区检察院与锦江区关心下一代工作委员会制订《关于共同开展附条件不起诉考察帮教工作的意见》，协同开展被附条件不起诉未成年人的考察帮教工作。

【预防职务犯罪】 锦江区检察院围绕预防职务犯罪开展专题调研两次、专项活动两次、宣传活动10次、警示教育活动6次，行贿犯罪档案查询486件次。2014年，立案查办贪污贿赂、渎职侵权等职务犯罪案件20件，涉案28人，追回赃款329万元。其中大案要案占立案件数的95%。制作的预防职务犯罪微电影《佳楠的婚事》在中共四川省委员会政法工作委员会主办的“平安与法治”四川政法微电影创作大赛中获一等奖。

【侦查监督】 锦江区检察院监督公安机关立案30件，追诉漏犯13人、漏罪案件27件，针对公安机关侦查活动发出《纠正违法意见书》19份。

【监所检察】 锦江区检察院开展减刑、假释、暂予监外执行专项检察活动，对在监外刑罚执行和社区矫正检察监督中发现的违法现象发出《纠正意见书》11份，纠正减刑、假释、保外就医不当案件7件。

【民事行政检察】 锦江区检察院开展财产刑执行同步检察监督试点工作，与锦江区法院、锦江区司法局联合签署《锦江区关于财产刑执行工作及检察监督联席会会议纪要》。2014年，提出再审检察建议两次，均被审判机关采纳。

【行政执法与刑事司法衔接机制】 锦江区检察院完善行政执法与刑事司法衔接机制，拟订《关于加强行政执法与刑事司法衔接工作的实施意见》，召集15家行政执法单位领导和8个部门分管领导召开行政执法与刑事司法衔接工作会议。2014年，锦江区检察院建议行政执法机关移送涉嫌犯罪案件6件。

【控告申诉检察】 锦江区检察院拓宽司法救助渠道，在向被害人发放司法救助金的同时，在司法能力范围内为被害人创造自食其力的机会和条件。2014年，办理刑事被害人司法救助案件11件，发放司法救助金10万元。

【打击和预防经济犯罪】 锦江区检察院维护市场秩序，控制和化解金融风险，办理非法吸收公众存款和集资诈骗等涉众型经济犯罪案件，批准逮捕30人，起诉6人。重点打击合同诈骗等破坏市场经济秩序的犯罪行为，批准逮捕犯罪嫌疑人20人，起诉48人。组织干警到锦江区创意产业园区、水井坊社区、四川省电力物流公司开展经济犯罪预防宣讲活动6次。

【职务犯罪查办工作外部监督】 锦江区检察院针对立案后、批捕前、移送法院起诉前3个环节，建立人民监督员对职务犯罪嫌疑人谈话监督制度，为查办职务犯罪工作营造外部监督条件。

【检察机关争创一流工作】 锦江区检察院按照成都市检察院开展争创一流改革试点工作的部署，实施案件公开审查听证机制建设、重点案件关注机制建设等5项工作，制订《成都市锦江区人民检察院关于建立打击行贿犯罪工作机制的意见》《成都市锦江区人民检察院申诉案件公开审查实施办法》。

审判与执行

【概况】 锦江区按照“依法治区”的要求，完善审判工作机制，推动审判工作规范化建设，健全法院、公安局、检察院、司法局的工作联系制度，确保司法流程畅通。锦江区法院受理案件10 280件，一审服判息诉率达90.49%，法定审限内结案率达100%。锦江区法院获表彰108次，获得“成都市化解产权式商铺纠纷维护稳定突出贡献奖”。在成都市基层法院考评中，锦江区法院整体工作在成都市基层法院中名列第一。

锦江区法院2014年案件受理和审判情况表

案件类型	受理数（件）	审结数（件）
刑事一审案件	883	878
民事一审案件	7 080	6 352
行政一审案件	82	79
执行一审案件	2 222	2 198
申诉、再审案件	13	13
合计	10 280	9 520

【刑事案件审判】 锦江区法院兼顾办案法律效果和社会效果，坚持“罪刑法定、疑罪从无、非法证据排除”的法律原则，探索建立了轻微刑事案件快速办理机制。2014年，受理刑事案件883件，审结878件，判处罪犯1 154人。参与“平安锦江”建设，打击严重危害公共安全和人民群众生命财产安全的刑事犯罪，依法处置故意伤害、非法拘禁等暴力犯罪案件，处置“两抢一盗”、非法集资等多发性侵财犯罪案件573件729人。依法审结贪污贿赂、渎职等职务犯罪案件16件，涉及18人。

【刑事附带民事案件调解】 锦江区法院开展刑事附带民事案件调解工作，刑事附带民事调解率达100%。

【民事案件审判】 锦江区法院发布《劳动争议案件审判白皮书》，探索建立劳动争议案件诉前和案外化解机制，审理劳动争议案件384件。2014年，受理民事案件7 091件，审结6 363件。审理民间借贷、金融股权、房地产纠纷等案件1 552件，处理婚姻家庭、人身权益等涉及民生的案件3 356件。

【行政争议化解与案件审判】 锦江区法院完善“诉前指导、诉中释明、诉后延伸”的工作机制，听取行政相对人诉求，促进行政机关完善行政行为，引导行政相对人正确认识权利义务，化解行政争议。2014年，受理行政案件82件，审结79件。

【行政审判的服务保障作用发挥】 锦江区法院参与“法治锦江”建设，发挥行政审判的服务保障作用，从司法审查的角度提出24条司法建议。定期向行政机关发送《锦江行政审判》，邀请行政机关工作人员旁听庭审。

【审判监督】 锦江区法院执行“判前释法、判后答疑、判后回访”等工作制度，履行审判监督职责，依法保护当事人申诉、申请再审等权利。2014年，受理并审结申诉复查、再审案件两件。

【执行工作】 锦江区法院创新执行工作方式，完善被执行人财产调查制度，与公安、民政等部门和银行建立联动工作关系，查找被执行人身份信息和可执行财产线索。2014年，受理执行案件2 222件，有2 198件完成执行任务。依法实施财产冻结、查封案件1 260件次。对650名规避执行的行为人采取司法拘留、罚款、限制高消费等强制措施，并通过媒体曝光。同时利用法院失信被执行人信息公布与查询平台向社会曝光，典型失信被执行人信息38条。依托信息化手段推进执行精细化工作，建立案款管理体系，对重点环节和关键节点进行风险防范。

司法行政

【概况】 锦江区推进司法所建设，开展社区法律服务工作，促进人民调解组织规范化化建设，打造了“半小时法律援助圈”，依法对刑满释放和解除管教人员进行矫正管理和安置，坚持开展普法宣传工作。锦江区在中央普法办公室组织的“六五”普法中期先进集体和先进个人评选中获得“全国先进普法办公室”称号；在成都市“我最喜爱的普法员”群众评选活动中获得组织奖。

【司法行政机构】 锦江区司法局内设办公室、法制宣教科、基层工作科、律师公证工作科、法律援助工作科。办公室加挂党建工作科牌子和纪检监察科牌子，基层工作科加挂社区矫正工作科牌子。锦江区司法局向16个街道辖区派驻行政机构，设街道司法所。锦江区司法局行政编制54人。其中局长1人、副局长两人、科级领导职数21人（含16名街道司法所所长）。

锦江区街道司法所地址及联系电话

名称	地址	联系电话
督院街司法所	青石桥南街50号	86677909
春熙路司法所	大科甲巷锦华馆1号	86652136
东光司法所	东光街16号	84410430
狮子山司法所	静康路396号	84670522
水井坊司法所	九眼桥一环路东5段5号	84471011
书院街司法所	武城大街91号	86512318
沙河司法所	静康路789号	84782133
牛市口司法所	席草田15号	84433046
盐市口司法所	梨花街9号	86728089
莲新司法所	宏济巷49号	84528991
合江亭司法所	天仙桥南路4号	86726066
成龙司法所	静安路16号	84794676
柳江司法所	柳荫路96号	85914639
龙舟司法所	二环路东5段10号	84551755
双桂司法所	牛沙路19号	84525235
三圣司法所	成龙大道一段1166号	84675107

【司法所建设】 锦江区规范司法所工作机制，建立业务学习制度，考勤制度、统计和档案管理制度以及重大业务请示制度。采取树立典型、带动全体的方式开展“品牌司法所”创建活动。举办培训班3期，组织工作人员培训；司法所工作人员每月学习法律法规。

【社区法律顾问】 锦江区按照“一社区一律师”的标准，采用公开招聘的方式为16个街道辖区的117个社区配备社区法律顾问。社区法律顾问围绕“物权、婚姻、继承、赡养”等事关群众切身利益的问题举办法律讲座，接受群众咨询。同时制订量化考评制度，对社区对法律顾问进行量化考评；建立社区法律顾问工作保障机制，向社区法律顾问发放专项补助经费。

【“民主法治示范社区”评选】锦江区合江亭街道辖区的崇德里社区、莲新街道辖区的莲花社区、沙河街道辖区的塔子山社区、督院街街道辖区的督院社区、狮子山街道辖区的万科城花社区、水井坊街道辖区的水井坊社区被成都市司法局、成都市民政局授予“成都市2013—2014年民主法治示范社区”称号。

【人民调解组织建设】锦江区在16个街道辖区建立人民调解委员会135个。其中街道调解委员会16个、社区调解委员会117个、行业调解委员会两个。为基层调解员登记造册，完善调解委员会工作制度。锦江区共有人民调解员392人。其中专职人民调解员两名。人民调解组织排查纠纷1 724件，成功调解695件。

【专项调解】锦江区在司法局设置了医患纠纷调解室，专门对医患矛盾进行调解；与公安交通警察部门协作，参与道路交通事故损害赔偿联动处理工作。

【“半小时法律援助圈”建设】锦江区从便民利民的角度出发，拓宽法律援助申请渠道，打造“半小时法律援助圈”。4月16日，成龙街道法律援助工作站、三圣街道法律援助工作站挂牌成立。锦江区法律援助工作站达到3家。成龙街道法律援助工作站、三圣法律援助工作站、莲新法律援助工作站共同构成“半小时法律援助圈”格局。

【法律援助事项补贴】锦江区增加法律援助事项补贴经费，值班补贴标准由每人每天100元提高到200元，公安机关侦查或检察院审查起诉阶段介入补贴由每件案件200元提高到至400元，审判阶段的刑事援助补贴由每件案件500元提高到800元。

【“法律援助优秀案例”评选】锦江区组织“2014年度法律援助优秀案例”评选活动，选出一等奖一个、二等奖一个、三等奖两个。获奖案件涉及追索劳动报酬、工伤赔偿、赡养纠纷、离婚纠纷等领域。2014年，办理法律援助案件165件，接待咨询群众1 277人次，向群众提供法律援助服务1 607人次。

【法律服务机构】锦江区共有法律服务机构53个。其中律师事务所42家、法律服务所11家。有两家律师事务所员工人数超过50人，属于跨省大型律师事务所；10 ~ 50人的律师事务所有10余家。锦江区共有执业律师550人、执业法律服务人员47人。律师中的中共党员共142人，占律师总人数的25.8%。执业律师中取得硕士学位的共有146人，占总数的26.8%。3名律师是政协锦江区委员会委员，其中一名律师当选为锦江区第七届人大代表，律师中的民主党派成员共有27人。

【律师工作】锦江区共有622家律师事务所的执业律师担任了法律顾问，共代理刑事案件416件、民事案件1 920件、非诉讼法律案件8 364件。

【律师人才培养和招募】锦江区将律师列入“人才计划”进行扶持培养，首批入选58人。建立法律顾问专家团，首批邀请法律专家24人。

【公证服务】锦江区为城乡统筹中失地农民购买社会保险提供公证服务和查档服务，办理公证案件500余件，提供查档服务30余人次。为三圣、柳江、成龙、狮子山4个街道办事处组织的“锦城逸锦”房屋安置和“花果二期”房屋安置提供现场公证服务，公正安置房5 000余套。4月25日，现场监督公证廉租房摇号工作，确保政府提供的民生工程公平、公开。

【锦江公证处体制改革】锦江区启动锦江公证处体制改革工作，落实公证处独立法人地位。

【依法治区工作推进】锦江区成立依法治区领导小组，下设7个专项工作组。72家单位建立法律顾问制度，覆盖党政部门、派出机构、群团组织、国有公司；42所中小学校配置法治副校长和法治辅导员；从退休干部、社区群众中挑选60人担任市民观察员。

【安置帮教】 锦江区探索建立刑释解教人员安置帮教新途径。通过与服刑人员出监谈话等方式了解服刑人员家庭情况，开展帮扶工作。锦江区帮教刑满释放和解除劳动教养人员399人，帮教率达100%，安置率达85%。

【普法宣传】 锦江区创立法治宣传"1+N"工作法。即以法律援助为核心，采取多种方式，针对未成年人、农民工、老年人等群体，在社区、学校、锦江区社保大厅、锦江区政务服务中心、锦江区老干部活动中心举办普法宣传活动。组建普法讲师团，各社区组建法治宣传志愿者团队、社区普法员团队、文艺演出小分队，开展法治宣传教育活动。开展了"法律进工地""法律进景区""法律进楼宇"活动。锦江区司法局会同教育、工商、劳动、民政等部门开展法治宣传、法律咨询、法律援助等活动121场次，发放《锦江区法律援助便民服务手册》《农民工法律援助服务手册》等资料20 000份，现场咨询的群众达2 000人次。成都市第七中学育才学校教师郑艳、四川迪扬律所事务所律师雷润在第三届成都市"我最喜爱的普法员"群众评选活动中获"第三届成都市十大我最喜爱的普法员"称号。

司法队伍建设

【检察队伍建设】 锦江区推进检察队伍专业化和职业化建设，制订教育培训计划。通过专题培训、岗位练兵、业务竞赛、考察学习以及邀请高校专家、法院法官和举办"三人谈"沙龙活动等方式组织干警培训。锦江区检察院干警的学历均达到本科。干警中硕士和硕士在读的有30人，博士和博士在读的有两人。锦江区检察院干部薛荣金被中共四川省委员会、四川省政府授予"一等功公务员"称号，锦江区检察院控申科干部陈俊获得"四川省刑事申诉检察业务标兵"称号，锦江区检察院民行科科长郭高被成都市检察院授予"2014年度全市检察机关民事行政检察业务竞赛优秀选手"称号。

【法官队伍建设】 锦江区法院按照"优化法官队伍知识结构、年龄结构"的要求，采用公开招录的方式为法官队伍补充新生力量。对法官、法官助理和司法行政工作人员实行分类管理，明确责权关系。建立优秀资深法官担任青年法官导师制度，采取观摩庭审、现场演练、讲评研讨等方式培训预备法官、初任法官。2014年，锦江区法院参加培训的法官达1 120人次。鼓励法官参加审判实务调查研究工作，完成5个省级和市级重点调研课题，20余篇调研成果获得省级及以上奖项，3篇案例分析文章入选《中国法院年度案例》《四川省法院指导案例》。

【公安队伍信息化建设】 锦江区民警手持电台配备率达到100%，基层一线民警配备执法记录仪542台，建成数据采集站23个。新建天网点位269个，天网点位数达到1 910个，共有监控员114人。拥有3G无线图传手持式单兵设备两台，3G无线图传手提箱式设备1台，车载4G无线图传设备3套，4G高清无线图传单兵设备1台。

国防建设

NATIONAL DEFENSE CONSTRUCTION

人民武装

【党管武装】 中共锦江区委员会召开议军会议4次，落实锦江区人民武装部职工编制。锦江区人民武装部和各街道武装部检查民兵整组、征兵工作和正规化建设情况，对武装工作、国防教育工作的先进单位和个人进行了表彰。各街道党工委书记履行了党管武装工作述职责任。

【战备工作】 锦江区修订6类作战预案和抢险救灾方案，建成以“区—街道—社区—社会组织”为层级的指挥信息网，按照“规范化、常态化、专业化”的要求开展民兵整组工作。锦江区国防动员委员会组织100名民兵参加四川省军区举办的“天府使命2014”实兵演习，锦江区民兵电磁频谱管理分队代表成都市赴四川西部地区参加联合演习。锦江区人民武装部被四川省军区授予“践行强军目标先进人武部”称号。

【国防教育】 锦江区采用流动宣传的方式开展国防教育活动，组织2 000余名青少年学生军训。9月19日，锦江区人民武装部在城东万达广场举办国防教育挂图展览活动。向群众发送国防知识宣传单3 000余份；在《解放军报》《战旗报》《国防时报》发表稿件56篇，被成都警备区授予“新闻报道工作先进单位”称号。

【兵员征集】 锦江区以“莘莘学子从军去，汇聚强军正能量”为主题，在四川师范大学开展征兵宣传

锦江区民兵训练

锦江区开展征兵宣传活动

活动。向四川师范大学、四川邮电职业技术学院的学生发送征兵短信50 000条，设征兵报名宣传点5个，组织430名应征青年到成都市第二人民医院体检，完成新兵征集任务。

【参与地方建设】 锦江区按照中共成都市委员会、成都市政府和成都警备区的部署，组织两人一组的民兵小队，配合公安、交通执法人员在绕城高速公路成龙大道收费站（西）开展超限超载货运车辆整治工作。锦江区人民武装部带领80名民兵参加“义务植树”活动。组织民兵巡查九眼桥、三官堂延河区域，确保汛期安全。

锦江区民兵应急分队整装待发

人民防空

【人民防空工程建设与管理】 锦江区开展人民防空工程隐蔽备案检查45次，对8个人民防空项目进行了验收。按照地铁兼顾人民防空施工和人民防空工程质量监督的要求，对地铁3号线、4号线、7号线人民防空设施的施工质量进行监督。

【人民防空工程安全检查】 锦江区定期对老旧人民防空工程的防火、防汛安全情况进行检查，出动检查人员150人次。

【疏散地域建设】 锦江区按照成都市推进中心城区人民防空项目建设工作座谈会的要求，与对口联系的龙泉驿区共同开展疏散基地建设。经过商议，确定了锦江区人民防空核心疏散基地指挥所地址。

【警报建设与管理】 锦江区新安装3台电声警报装置，对43台警报器进行了维护检查和保养。召开了警报工作会议。组织了警报试鸣演练，警报鸣放率达到100%。

【防空预案】 锦江区根据成都市政府要求，配合成都市人民防空办公室开展《成都市人民防空工程中心城区总体规划》修编工作。

【人民防空知识宣传教育】 锦江区将人民防空知识宣传教育共组延伸到16个街道辖区，发放宣传资料4 900余份，发送《人民防空宣传手册》4 500册，在成龙路街道辖区国槐路社区制作了两个人民防空宣传栏。8月28日，锦江区在国槐路社区举行人民防空应急包发放仪式。

城市建设

URBAN CONSTRUCTION

市政设施建设

【公建配套设施建设】 锦江区完成沙河堡北区幼儿园、粮丰幼儿园、“攀成钢”西区配套幼儿园、“锦东庭园”配套幼儿园和成都市第十七中学改扩建工程等项目的建设任务，完成12个项目的配套停车场建设任务。“红星国际”、锦尚购物中心、“卓锦城”R5a地块、“锦蓉佳苑”住宅小区、阳光保险大厦、“成功红树林”住宅小区、“仁恒滨河湾”住宅小区一期、锦江区妇幼保健院、东大街9号地块、成都大慈寺文化商业综合体1号地块、四川航空广场、“通用时代”国际社区建成停车场。完成“绿地锦天府”社区用房建设任务和“天地自由星城”农贸市场、粮丰农贸市场建设任务。

【“东部新城”公建配套项目】 锦江区促进“东部新城”公建配套项目建设，协调项目报建、施工验收、移交等方面工作，向成都市报送《情况通报》5期。4月18日，中共锦江区委员会常务委员、锦江区政府副区长诸红举和成都兴城集团副总经理郭强带队到“东部新城”锦江区建设区域检查了公建配套项目建设情况。粮丰幼儿园、粮丰农贸市场等3个公建配套项目竣工移交。“东部新城”锦江区域的南区、东区分别建成中学、小学、幼儿园、社区卫生服务中心、社区用房、公共停车场。为东区幼儿园办理了移交手续，其他建成项目均已移交锦江区使用。西区幼儿园、社区用房、农贸市场、公共停车场以及派出所和街道办事处办公用房建设项目的主体工程已完工。

【道路交通发展规划】 锦江区根据成都市对断头路建设的要求，编制《区域断头路现状及建设行动计划》；根据区域干线路网及乡村路网建设需求，修订《统筹城乡农村公路建设规划方案（2013—2017）》。委托西南交通大学编制《区域综合交通运输专项方案研究》《区域交通缓堵保畅综合施治专项研究方案》。

【区域路桥情况】 锦江区已建成城乡道路495条，共351.427公里，路面面积309.49万平方米。区域内桥梁共39座，总长度1 736米。

【人行天桥建设】 锦江区协助成都市建设委员会完成人力资源市场的跨三环路人行天桥建设任务，完成“成空白云花园”小区跨锦江人行天桥建设任务。

【路桥维护】 锦江区整治路面65 602平方米，修复破损人行道33 375平方米，更换路沿石605米，安砌花岗石盲道砖226米。检修道路三防井157口，安装雨水篦子657套，修复窨井盖510个，改建排水管道638米。完成农村道路养护维修工程1 123个。2014年，锦江区市政道桥管护工作和农村公路管理工作在成都市5个中心城区中名列第一。

【公共交通建设】 锦江区新增5条社区巴士线路，已开通社区巴士线路14条。186路支线公交线路开通。锦江区交通局被成都市交通委员会评为“2014年公交行业先进单位”。

旧城改造

【改造项目】 锦江区实施危旧房改造项目17个，总建筑面积26.26万平方米。其中9个项目已完成，建筑面积10.9万平方米；在建项目6个，建筑面积8.21万平方米；两个项目因民意征询未达比例暂停实施。

【经验交流】 4月14日，锦江区·都江堰市旧城改造经验交流座谈会在锦江区危旧房改造中心召开。7月15日，锦江区·烟台开发区旧城改造工作经验友好交流座谈会在锦江区危旧房改造中心召开。9月15日，锦江区·红旗区旧城改造工作友好交流座谈会在锦江区危旧房改造中心召开。

【旧城改造工作会议】 7月9日，锦江区旧城改造领导小组召开第一次工作会议。会议就旧城改造项目推进中涉及的题进行研究。8月7日，锦江区召开2014年牛新片区旧城改造指挥部指挥长第二次工作会议。会议对推进旧城改造工作进行了部署。

【棚户区改造】 锦江区棚户区改造涉及住户1 658户。城市旧城改造搬迁安置遗留办证涉及17个项目，共有安置房816套，已全部完成初始登记，有25套办理了分户产权。启动第一批由国家开发银行贷款支持的棚户区改造项目。老半边街片区和点将台东二巷项目完成民意征询、房屋评估、补偿安置方案论证审核等工作。申报暑袜北一街片区等6个项目为2014年第二批国家开发银行贷款支持项目，已按成都市房管局

锦江区2014年旧城改造项目点位统计表

类别	序号	项目名称	占地面积（平方米）	总户数（户）	建筑面积（平方米）
基本完成项目	1	北纱置业地块（收尾项目）	2 840	49	9 401
	2	自强路危房改造项目	533	1	525
	3	红照壁延伸项目	2 133	3	2 423
	4	东丁字街片区（中唱）改造项目	13 333	186	19 809
	5	二环路东四段38号地块改造项目	7 380	1	4 287
	6	锦江区工业设备安装公司搬迁项目	1 300	1	1 058
	7	专汽厂宿舍片区旧城改造项目	22 000	470	44 337
	8	华兴上街署袜北二街地块（收尾项目）	2 773	68	3 928
	9	东大灯饰城项目	4 820	133	23 281
	小计		57 113	912	109 049
正在实施项目	10	指挥街片区市政设施综合改造项目	38 486	586	62 613
	11	安居巷项目（新增）	1 800	72	5 131
	12	人民东路61号原锦城艺术宫项目（新增）	1 333	16	1 762
	13	成都颗颗酥有限责任公司搬迁项目	2 793	1	2 802
	小计		44 413	675	72 309

和国家开发银行的要求完成可研报告等前期工作。

居住区建设

【概况】 锦江区新型社区项目和新居工程项目已竣工面积达247.51万平方米，在建项目面积为39.96万平方米。建成小区均已同步完善公建配套和公共服务设施，已安置入住3.22万人。

“锦水花乡”二期项目

【新增城市建设用地内新居工程建设】 锦江区新增城市建设用地范围内规划建设新居工程项目6个，已竣工151.32万平方米。包括“皇经楼新居”一期和二期、“柳江新居”一期、二期、三期、五期，“花果新居”一期、二期，“包江新居”一期、二期、三期，“槎五新居”。在建新居项目共30万平方米。包括“包江新居”四期9号楼和“华兴新居”一期。建成小区提供安置房14 032套，已入住1.97万人。

【非城市建设用地内新型社区建设】 锦江区非城市建设用地范围规划了两个新型社区。新型社区已开工面积达106.15万平方米。其中竣工面积96.19万平方米。包括“锦城逸景”A区、B区、C区和“锦水花乡”一期以及部分公建配套用房。在建项目为“锦水花乡”二期，建设面积9.96万平方米。“锦城逸景”新型社区安置涉农居民3 114户11 636人。已建成的新型社区累计安置入住12 539人。2014年，纳入新型社区项目的大安幼儿园建设项目竣工，面积达3 300平方米，完成投资1 000万元。

“华兴新居”二期项目

城市管理

URBAN ADMINISTRATION

市容管理

【环境卫生管理】 锦江区建立“区、街、环卫公司”三级环境卫生监管体系，成立环境卫生监督中心；组建16支白色垃圾快速捡拾队伍，配备白色垃圾捡拾电瓶车172辆，环卫设施小型高压清洗电瓶车86辆，确保街面垃圾在15分钟之内快速捡拾。2014年，清扫面积达899万平方米，处置生活垃圾2.45亿公斤。锦江区还开展了垃圾中转站点整治工作，17座垃圾中转站点“脏乱差”现象得到改变。为主街干道、繁华商业区域安装和更换果屑箱1 256个、垃圾桶400个；改造老旧院落旱厕9座。

【垃圾直运改革试点】 锦江区在督院街、盐市口、书院街、合江亭、水井坊5个街道辖区开展垃圾直运改革试点工作。投入经费397万元，购置专用环卫车26辆。

【垃圾分类试点】 锦江区按照环境卫生分类改革试点的要求，在合江亭辖区建设生活垃圾分类宣传屋，发展生活垃圾分类参与用户50 000户。纳入统一收运的餐饮企业及单位达244家，收运处理餐厨垃圾1 600万公斤。

【城市景观管理】 锦江区拆除违法户外广告牌5个，拆除违规灯杆广告牌217个，取缔布幅广告115条，拆除违法门楣LED广告屏1 199个，拆除违法标牌183个；组织开展车辆停放整治行动，查处车辆乱停乱放行为6.02万件次。

【市容秩序综合整治】 锦江区规范市容市貌管理，查处出摊占道、流动商贩等违法违章行为，整治“城市病”突出问题。在春熙路—盐市口商圈、青石桥水产市场周边、莲花东路（好吃街）、三官堂街等区域开展市容秩序综合整治，纠正违法行为3.6万件次。将街道划分为严禁区、严管区、控制区，完成“镗钯街临时便民疏导区”建设。采取巡查纠正、联合执法、商家自律等方式，规范、查处和取缔违规烧烤摊点5 670个。

【城市建设管理转型升级示范片区建设】 锦江区政府投入治理经费8 000万元，实施“合江亭·水井坊”升级示范片区建设。

【数字化城市管理】 锦江区在“合江亭—水井坊城市建设管理转型升级示范片区”建成综合指挥（网格化服务）分中心，城市管理智能化水平得到提升。整合资源，共享公安视频监控、环保油烟监测、水务局监测等资源，在区域内河道两侧安装视频监控摄像头21个，对河道水系状况进行监控。打造车载GPS管理平台，为54辆城管工作车辆安装GPS定位装置。

【河道沟渠治理】 锦江区完成洗瓦堰和南支三渠输配水工程、陡沟河3座水闸手自一体改造工程和3条排洪渠的清淤的工作，清除淤泥20 000立方米，消除防汛隐患，解决生态用水问题。治理院落黑臭水沟33处，整治洗瓦堰、驸马排洪渠、潘家沟排洪渠、何家冲排洪渠等19处下河排污口。

【园林绿化建设管理】 锦江区以“弘扬生态文明，建设美丽锦江”为主题，开展义务植树活动，治理占用公园绿地的违法行为。完成二环路沿线4处屋顶和二环路以内零星地的绿化工程。2014年，改造和新增公共绿地137 697平方米，义务植树97万株(含折合)，绿化率达44.4%。

环境保护

【概况】 锦江区编制《2014年生态建设行动计划》《2014年环境提升行动计划》，完成《生态文明调研报告》，撰写了《特大城市主城区生态文明建设路径探索与实践——成都市锦江区创建生态文明建设示范区》，持续推进节能减排、水环境治理、大气治理、生态区建设等工作，通过“国家级生态区”考核验收，被四川省政府命名为“省级生态区”。

【生态细胞建设】 锦江区进生态细胞建设，新增“环境友好学校”3所、“人居生态小区”5个，白鹭湾湿地创建为“四川省中小学教育实践基地”。

【节能减排】 锦江区内的四川康特能药业有限公司、四川方向药业有限责任公司完成工业减排项目，建成幸福梅林一体化污水处理站、白鹭湾湿地水质净化区污水处理站、大安桥100万吨新建污水处理厂，完成《“十二五”期间主要污染物总量减排中期评估》。锦江区在四川省2014年各县（市、区）主要污染物总量减排综合考核中排名第三位，在成都市2014年各县（市、区）主要污染物总量减排综合考核中排名第一位。

【建设项目环境管理】 锦江区对建设项目的现场踏勘次数达到372人次，窗口办理环境审批事项224个，接受咨询事项87个。2014年，锦江区审批建设项目98个。其中审批《环境影响报告书》5份、《环境影响报告表》45份、登记表项目48个。另有“三同时”验收项目17个，危废转移项目78个。配合四川省和成都市的环保部门审批建设项目41个。

【水环境综合管理】 锦江区完成洗瓦堰、南支三渠等9条小流域的综合治理任务，整治了33个院落的下水道。检查下河排污口19个，查处违法排污单位175家。锦江区城市生活污水集中处理率达到95%。

【大气环境综合治理】 锦江区制订《大气污染防治行动方案》《重污染天气应急预案》，启动重污染天气应急预案11次。针对扬尘、燃煤、餐饮油烟所造成的大气污染开展综合整治工作，要求3家不符合环保要求的单位整改，责令三圣花卉产业园等两家使用燃煤锅炉的单位改造锅炉。

【工业污染防治】 锦江区开展违法排污单位综合整治专项行动，监督涉及危险化学物和危险废物的企业，检查污水处理厂（站）、涉水涉气工业企业和涉放射性同位素与射线装置的医院。行动期间，出动执法人员和工作人员1 800余人次，检查企业720余家，处罚四川方向药业有限责任公司等8家企业，罚款9.24万元，责令四川企信环境工程有限公司等12家单位整改环境违法违规行为。监督重点工业企业的生产生活废水排放情况，对违法排污工业企业进行专项整治，淘汰落后产能企业13家，关闭无证照、无环保许可的工业企业5家，责令23家企业限期整改。

【燃煤烟尘污染治理】 锦江区开展经营性燃煤反弹专项执法检查，重点针对农贸市场、饮食服务业、洗浴业、茶坊开展专项整治80余次，出动执法人员900余人次、执法车辆200余辆次，收缴燃煤炉具100台，销毁煤球1 500余个。重点对成都市蓉东发达糖果有限公司、成都市欧桑立基新能源科技有限公司、全味轩味业有限公司使用污染燃料锅炉的情况进行了现场核查。

【扬尘污染治理】 锦江区创新建立建设工地扬尘治理物业化管理模式，落实运渣车全密闭运输和公司化管理制度，交通、环保、城管等部门联动，开展扬尘治理工作。硬化道路84 242平方米，实施裸土覆盖21 100平方米；派出执法人员1 800余人次，检查建设工地1 200余次，查处建筑工地违法行为680余件次，出具《整改通知书》65份，处罚扬尘案件9件，整改率达到100%；查处违规运渣车230余辆次，查处未密闭输运车15辆，查处污染路面输运车1辆，处罚违规运渣车230余辆次，对145辆运渣车进行了密闭式改装。出动洒水车4 234辆次，洒水作业15 982辆次。启动大气环境污染处置工作预案48次，发出《成都市锦江区大气环境综合整治检查通知单》19份。

【污染物排放管理】 锦江区受理污染物排放申报134家次，入库排污费131.66万元。针对工业企业、医院、污水处理站等50余家存在污染源的单位建立排污监测制度，获得监测数据1 500个，出具监测报告145份。

【环境保护知识宣传】 锦江区以“向污染宣战”为主题，开展环保宣传活动。与英特尔产品（成都）有限公司和成都市锦江区爱有戏社区文化发展中心联合举办“向污染宣战·还湿地美丽”大型义集活动。印发环保宣传资料5 000余份、环保购物袋2 000余个，悬挂宣传横幅100余幅、制作宣传展板24个。活动以宣传电磁辐射、水体污染、汽车尾气、生活垃圾分类、绿色消费等方面的环境保护知识为主，引导公众关注和参与环境保护事业。

【环境监测站建设】 锦江区为区域内监测站新增负离子检测仪、自动移液器、多联过滤器等设备8台，检验、校准环境监测仪器67台。

【水环境监测】 锦江区对辖区内主要河道、支流出入境情况进行监测，设置监测断面12个，出具监测数据720个。河道监测断面总达标率为5%，较2013年增长3.3%。

【噪音监测】 锦江区根据成都市噪声监测中心站安排，采用昼夜循环的方式，监测区域内53个环境噪声点位。昼夜监测结果为51.8分贝，较2013年下降1.9%.检测结果符合国家声环境质量标准二类声环境功能区的要求。

【排污申报登记单位验收监测】 锦江区对排污申报登记单位进行验收监测，出具监测报告427份。

【环境监察】 锦江区受理环境投诉案件366件。其中大气污染投诉案件158件、水污染投诉案件27件、噪声污染投诉案件140件、辐射污染投诉案件37件、重金属污染投诉案件1件、其他投诉案件3件。案件办结率和回复率均达100%。

【现代节能环保服务业园区建设】 锦江区参加2014年澳门国际环保合作发展论坛及展览活动，修订《节能环保现代服务业园区发展规划》《关于加快节能环保现代服务业发展的实施意见》，与北京大学环境科学与工程学院签订框架协议，引进“四川首创”“成都乐攀”等环保企业22家，引进一名环保类学科带头人和10名高级环保应用科技人才。

【白鹭湾湿地环境管理】 锦江区对白鹭湾湿地两个空气监测点位和6个水环境监测断面进行监测，编发《白鹭湾环境质量周报》51期。完成《锦江白鹭湾生态湿地水质分析及水生植物选择建议报告》，推进实施锦江白鹭湾生态湿地水体治理及生态修复省级环保领域PPP项目。

【塔子山人工湖治理】 锦江区完成塔子山人工湖水体修复示范项目，通过四川省环境保护厅科技示范项目验收。

社会安全管理

【公安机关】 锦江区负责社会公共安全的政府职能部门是成都市公安局锦江分局。下设17个派出所、辖62个社区警务室。

【校园警务】 锦江区建立校园周边环境安全保护机制，开展机动车ABC分类管理工作。要求校园100米范围内不准停放机动车，家长接送小孩不得进入50米红线区。针对校园反恐工作，向区域内各中小学校配备了350名保安，配发了盾牌、警棍等装备，组织安保人员参加专业培训。同时在金苹果幼儿园等单位试点，接送小孩由校外改为校内，防止因突发混乱引发的伤亡事件。

【反恐怖袭击措施】 锦江区在区域内各加油站设置等候区，要求车辆“进一出一”，防止暴恐袭击事件。“锦江110”各巡组在配备常规应急救援设备的基础上增添折叠式自行车、折叠担架、折叠梯、撬棍、应急锤等器材。针对公交车纵火爆炸等有可能出现的恐怖袭击事件，为“锦江110”各巡组配备消防水带，确保第一时间启用高桩或低桩消防栓，最大程度减少人员伤亡和财产损失。

【治安防控】 锦江区针对入室盗窃、入室抢劫、

锦江区各派出所地址、报警电话及所辖社区警务室

派出所	地址	报警电话	社区警务室
督院街派出所	下南大街39号	86113354	滨江路社区警务室 青石桥社区警务室 督院街社区警务室 人南社区警务室
书院街派出所	三槐树路89号	86919612	五昭路社区警务室 庆云社区警务室
合江亭派出所	成都市锦江区义学巷69号	86674419	大慈寺社区警务室 东升社区警务室 合江亭社区警务室
水井坊派出所	青和里北段1号	84447059	水井坊社区警务室 交子社区警务室
龙舟路派出所	莲桂西路44号	84516331	河滨社区警务室 莲桂西路社区警务室 莲花社区新区 三官堂社区警务室 龙舟社区警务室 顺江路社区警务室
莲　新派出所	莲花西路325号	84545602	紫东社区警务室 莲花社区警务室 海椒市社区警务室 一心桥社区警务室

续表：锦江区各派出所地址、报警电话及所辖社区警务室

派出所	地址	报警电话	社区警务室
莲新派出所	莲花西路325号	84545602	九眼桥社区警务室 宏济路社区警务室
双桂路派出所	牛市口路99号	84525021	牛沙路社区警务室 五福桥沙区警务室
沙河派出所	上沙河堡街555号	84790774	塔子山沙区警务室 沙河社区警务室
人民东路派出所	东大街段66号	86672233	学道街社区警务室
春熙路派出所	中新横街8号	86656259	总府路社区警务室 华兴社区警务室 署袜社区警务室 岳府社区警务室 桂王桥社区警务室
牛市口派出所	锦东路433号	84527031	牛市口社区警务室 蜀都花园社区警务室 水碾河路南社区警务室
东光派出所	东光街12号	84410597	新莲新社区警务室 五桂社区警务室 永兴社区警务室
狮子山派出所	静康路398号	84797110	川师大社区警务室 万科社区警务室 菱窠社区警务室 花果社区警务室
柳江派出所	洗瓦堰路16号	85910288	琉璃社区警务室 柳江社区警务室 生研所社区警务室 包江桥社区警务室 祝国寺社区警务室 锦馨社区警务室 潘家沟社区警务室
三圣派出所	三圣街道辖区粉房堰村三组	84675596	幸福梅林警务室 红砂社区警务室 江家菜地警务室 驸马社区警务室
成龙路派出所	新华村一组	84675176	晨辉社区警务室 皇经社区警务室 皇经楼社区警务室 倦子树社区警务室 赖家新桥社区警务室 国槐社区警务室
白鹭湾派出所	三圣街道辖区锦水街39号	84539110	大安桥社区警务室 万福社区警务室

汽车盗窃三类案件建立逐案倒查工作机制，利用网络平台建立社区民警案件防控台账，并在3个工作日内填报案件倒查情况。确定高风险院落41个，定人定责，分别进行挂牌整治。辖区派出所、街道办事处按照《成都市锦江区社会管理综合治理委员会关于锦江区推进“三无院落”提档升级的通知》要求，组织专人重点监控和整治治安防范薄弱区域。

【“锦江110”建设】 锦江区以巡警警务机制改革为契机，推动“锦江110”工作重心从接警处置向反恐维稳转移，以提高“锦江110”维护国家安全和社会稳定的能力，为打造成都市最安全城区助力。

【社区警务】 锦江区建成社区警务室59个，工作范围覆盖117个社区。社区警务室根据情报信息，重点开展人口管理、安全防范、治安管理、维护稳定等基础工作。以社区为主阵地的“打击、防治、监控、管理”一体化警务机制基本形成。

【安保警务】 锦江区出动警力8 715人次，参与安保工作79次。3月24日—26日，美国总统奥巴马的夫人米歇尔携两个女儿访问成都，下榻香格里拉酒店。锦江区出动安保人员3 384人次，维护外宾驻地、出行线路、活动现场的安全。10月23日—10月26日，国务院副总理马凯、捷克总统泽曼到成都出席第十五届中国西部国际博览会。锦江区出动安保人员1 478人次，维护会议期间活动现场的安全。

【重点人员管理】 锦江区新增重点管理人员113人，被撤销管理的有145人，纳入重点管理的人员共630人。其中36人涉嫌从事危害国家安全活动，另有9人涉嫌从事刑事犯罪活动，刑满释放和解除劳动教养不满五年的重点管理人员有533人，吸毒人员52人。锦江区对重点人员的列管率达到100%。

【“平安边界线”创建活动】 锦江区与武侯区开展“平安边界线”创建活动，被四川省社会治安综合治理办公室和四川省民政厅授予“平安边界”称号。

交通安全管理

【概况】 锦江区健全道路交通秩序管理工作机制，开展道路交通安全法规宣传活动，依法处置机动车、非机动车、行人的道路交通违法行为，构建和谐交通环境。锦江区处置机动车违法案件7 652件，处置非机动车、行人违法案件71 271件。

【道路安全宣传教育】 锦江区以提高全民道路交通安全意识为目标，推进“千警进万家”活动。驻区交通警察部门的每个科队每月到各单位开展“文明交通安全”主题活动，宣传道路交通安全法规。2014年，成都市交警三分局在锦江区开展道路交通安全宣传活动80余次。

【道路交通秩序管理】 锦江区查处酒后驾驶违法案件579件。其中醉酒驾驶案件33件。刑事拘留醉酒驾驶犯罪嫌疑人30人。处置公交车、出租车交通违法案件2 248件。处置机动车违反禁令标志标线案件9 257件，非现场处置机动车乱停放案件55 299件，当场处置机动车乱停放案件22 046件。扣留非法营运三轮车1 101辆，查处违规渣土车6 135辆。查处机动车超载案件760件，机动车涉牌涉证违法案件824件，行政拘留228人。

【交通事故受理】 锦江区完善事故处理预约制度，执行《道法》和《事故处理程序规定》，杜绝民警人情执法现象。2014年，锦江区接获交通事故报警案件31 510件。其中交通事故致人受伤案件4 552件，交通事故致人死亡案件36件，死亡38人。有289件交通事故案件采取一般程序立案。

【机动车和驾驶员管理】 锦江区受理办理驾驶证业务50 074件、行驶证业务18 792件、机动车免检业务15 717件，办理电子眼违法处理业务281 476件。组织交通民警到多车单位检查60余次，约谈重点驾驶员约300人次。

【创新道路交通执法工作】 锦江区创新建立“开门评警”“联席会议”等工作制度，通报、研究、改进执法工作。打造交通事故巡回法庭，畅通交通事故处置过程中的调解、诉讼、赔付环节。

【交通事故走访调查制度】 锦江区建立交通事故走访调查制度，交警民警走访交通事故受害人30余人，走访投诉人、被处罚人14人，走访运输企业7家、客运站3个、学校39所、社区40个，发放《征求意见表》1 500余张，征集意见和建议70余条。成都市交警三分局收到单位和群众感谢信10封、锦旗4面。

消防安全管理

【概况】 锦江区打造素质过硬的消防队伍，开展消防产品专项整治、重大火灾隐患整治等消防安全专项整治行动，在元旦节、春节、劳动节、国庆节等传统节日期间和第十五届中国西部国际博览会等重要时点开展消防安全保卫工作，为区域经济社会发展营造安全环境。

【消防安全专项治理】 锦江区将确保火灾形势稳定作为消防工作的重点，部署第二次清剿火患战役、“零点行动”等10余次消防安全专项整治行动，检查1 225家单位的消防设施，发现火灾隐患538处，下达《责令改正通知书》369份，责令13家单位停产停业整改，罚款33.86万元。

【消防行政许可】 锦江区办理消防行政许可申请148件。其中建设工程消防设计审核申请44件，竣工验收36件。对68个公众聚集场所实施了开业前消防安全检查。

【火灾事故预防】 锦江区组织开展消防演练50余次，派人到重点社会单位开展消防知识宣讲活动300余次。第十五届中国西部国际博览会和APEC会议期间，在火灾易发区域开展应急疏散演练。

【消防设施建设】 锦江区已建成成龙路消防站，金港片区消防站建设项目完成立项工作。购买冲锋舟一艘，添置消防员呼救器后场接收装置一套，高清指挥、调度、营区监护、执法记录等设备均已到位。

【消防安全宣传】 锦江区按照“橙袖标·正能量”消防志愿者计划的部署，利用“119消防日”活动，开展“找火灾隐患，保家庭平安”主题宣传活动。组织消防站对外开放活动30余次，联合单位开展消防知识培训50余次，发放宣传资料50 000份。

【“锦江119”服务】 锦江区驻区的消防部门有锦江公安消防大队七中队、十一中队，另组建了政府专职消防队。2014年，“锦江119”接警4 628次。其中火警677次、抢险救援报警627次、社会救助报警2 145次。

【火灾事故处置】 锦江区发生火灾事故750件，直接财产损失38.03万元，过火面积706.9平方米，死亡1人。火灾发生数量较2013年同期上升97.37%，财产损失数额下降69.23%，伤亡人数上升100%。

财政与税务

FINANCE AND TAXATION

财　政

【概况】锦江区按照“科学化、精细化”要求，调整支出结构，对财政预算、收支以及支付中心进行管理，监督管理国有资产，完成2014年度财政预算任务。财政投入重心向民生事业倾斜，支持教育事业、医疗卫生事业、文化事业发展，为社会保障体系建设提供支持。

【财政监督】锦江区开展财政支出绩效评价工作，财政重点评价项目7个，评价资金5 879.4万元。对政府采购预算进行约束，政府采购预算8 302万元，实际采购7 639万元，节约资金663万元。公开72个区级部门预算和“三公”经费预算。

【支付中心运行管理】锦江区按照“事前防范、事中牵制、事后监督”的规定，建立和完善资金安全运行管理机制。锦江区支付中心根据财政局批复的预算单位资金分月用款计划，办理财政支付业务。同时建立财政资金汇总和财政资金清算管理制度，处理预算单位的支出信息及其他经济信息。定期与财政局、代理银行、预算单位核对账务，向财政局提供财政资金支付和清算信息，报告财政资金支付情况。管理预算单位的预留印鉴卡，受理预算单位预留印鉴卡变更事宜。

【国有资产监督管理】锦江区配合社会中介机构对12家区属国有公司的财务年报进行审计，对各单位申请报废、报损、转让和无偿调出资产的处置情况进行审查，防止国有资产流失。锦江区国有企业监事会依据《区属国有企业监事会业务工作规范》，监督检查国有企业重大决策制度的执行情况。

【收入预算执行情况】锦江区地方公共财政收入47.6亿元，完成预算的100.1%，较2013年同比增长8.1%。其中区级税收28.7亿元（不含耕占税），完成预算的100.1%，较2013年同比增长8.1%；非税收入18.4亿元。

【支出预算执行情况】锦江区地方公共财政支出46.74亿元，完成预算的100.7%，较2013年同比增长0.6%。

【公共财政收支】锦江区地方公共财政收入47.6亿元，成都市税收返还和一般性转移支付补助收入4.03亿元，成都市专项补助收入3.64亿元，2013年结余1.38亿元，总收入56.65亿元。地方公共财政支出

46.74亿元，上解支出5.6亿元，共支出54.51亿元。

【政府性基金收支】 锦江区设置预算稳定调节基金2.17亿元，收支相抵后结转结余2.14亿元。政府性基金收入2 600万元，成都市专项补助收入4 600万元，2013年结余4 300万元，总收入1.15亿元。政府性基金支出6 600万元，收支相抵后政府性基金结余4 900万元。

【居民社会养老保险基金收支】 锦江区城乡居民社会养老保险基金收入836.9万元，支出1 064.4万元。其中城乡居民社会养老保险基金收入836.9万元，2013年结余2 309.1万元，总收入3 146万元；城乡居民社会养老保险基金支出1 064.4万元，收支相抵后滚存结余2 081.6万元。

【国有资本经营预算】 锦江区国有资本经营收入50万元，国有资本经营支出50万元，收支平衡。

【教育事业投入】 锦江区在教育事业方面的财政投入达8.5亿元，较2013年同比增长5.6%。其中4.58亿元用于教师待遇保障和学校运转，1.48亿元用于校舍建设，2 400万元用于办学条件改善，1 000万元用于公益性幼儿园补助，2 700万元用于义务段学生学杂费、课本费、作业本费减免，730万元用于普通高中学生学费和信息技术费减免，840万元用于中等职业教育学生学费减免，600万元用于学校设施设备更新，220万元用于教育现代化改革示范实验区建设。

【城乡社会保障投入】 锦江区在社会保障和就业方面的财政投入达3.9亿元。其中2 770万元用于“居家养老服务金卡”发放，460万元用于“长寿金”补助，1 100万元用于城乡居民最低生活保障补助，300万元用于“长者通”呼援中心运行，360万元用于社会养老、托老机构扶持，270万元用于城乡居民养老保险补贴，1 000万元用于“锦江·四川高校大学生创业基地”建设，1 100万元用于“锦江青年创业城”“新青年空间”运行管理，330万元用于人力资源市场运行管理。

【医疗卫生保障投入】 锦江区在医疗卫生方面的财政投入达1.36亿元。其中2 780万元用于基本公共卫生事业发展，1 190万元用于社区卫生服务中心建设项目贷款还本付息，920万元用于基本药物零差价补贴，830万元用于城乡居民基本医疗保险补贴，200万元用于区域卫生信息平台建设，190万元用于疾病控制中心标准化建设。

【科技和文化事业投入】 锦江区在科技和文化事业方面的财政投入达1.37亿元。其中1 830万元用于文化创意产业项目扶持，880万元用于文图大楼运营，490万元用于文化馆、图书馆、李劼人故居运营，200万元用于政府购买公共文化服务，100万元用于节日活动和文化活动，180万元用于知识产权创新奖励。

【人文和生态环境建设投入】 锦江区在人文和生态方面的财政投入达12.35亿元。其中1.25亿元用于清扫保洁，1 670万元用于绿化管护，7 460万元用于城市节点改造，1 010万元用于路桥维护，830万元用于居民生活垃圾分类处理，2 500万元用于白鹭湾生态湿地管护，720万元用于水环境综合治理。

【社会管理创新工作投入】 锦江区在社会管理创新方面的财政投入达2.0亿元。其中8 880万元用于保障社区人员工资、社保及办公经费，2 480万元用于社区公共服务定额补贴，290万元用于社会服务管理信息平台建设，240万元用于志愿者服务项目。

【公共安全项目投入】 锦江区在公共安全事务方面的财政投入达3.4亿元。其中2 500万元用于保障“天网”的运行和维护，830万元用于应急处置工作，270万元用于流动人口管理，200万元用于社会治安综合治理。

【产业扶持】 锦江区投入产业发展资金2.4亿元。其中企业扶持资金1.36亿元，总部经济、现代商贸、休闲旅游业投入500万元，金融产业投入720万元，文化创意产业投入1 830万元，农业投入7 000万元。投入招商引资奖励620万元，支持楼宇经济发展。

【援藏投入】 锦江区投入2 255万元资金支持对口援藏工作，支持炉霍县改善基础设施、特色产业和民生事业。

国家税务

【概况】 锦江区简化国税办税流程，健全精细化管理机制，完善服务机制，完成各项国税征收任务。3月，中共四川省委员会办公厅、四川省政府办公厅联合制发《关于表扬第三届四川省文明单位的通报》，锦江区国家税务局被授予“四川省最佳文明单位”称号。

【国税收入】 锦江区管理国税纳税户2.82万户。其中企业纳税户1.88万户、个体工商纳税户9 390户。全口径国税收入44.61亿元，较2013年同比增长7.46亿元，增幅达20.08%。国税地方实得收入5.58亿元，较2013年同比增长0.47亿元，增幅达9.2%。

锦江区2014年国税组织收入情况表

税种	累计收入（亿元）	增长额（亿元）	增幅（%）
增值税	28.61	5.97	26.36
消费税	0.59	0	-1.04
企业所得税	15.42	1.5	10.78
合计	44.61	7.46	20.08

锦江区2014年国税纳税额前20名企业情况表

排名	纳税人中文名称	纳税额（亿元）
1	国网四川省电力公司	5.91
2	国网四川省电力公司成都供电公司	2.57
3	成都王府井百货有限公司	1.88
4	延长壳牌（四川）石油有限公司	1.19
5	龙茂房地产开发(成都)有限公司	1.17
6	华夏银行成都分行	0.86
7	成都盛吉立房地产开发有限公司	0.82
8	华润置地（成都）有限公司	0.77
9	中国五冶集团有限公司	0.77
10	成都小企业融资担保有限责任公司	0.54
11	大连银行成都分行	0.34
12	一汽（四川）专用汽车有限公司	0.31
13	香格里拉大酒店（成都）有限公司	0.30
14	成都生物制品研究所有限责任公司	0.29
15	安利（中国）日用品有限公司四川分公司	0.27
16	成都仁和春天百货有限公司	0.26
17	成都舞东风超市连锁有限责任公司	0.25
18	成都伊藤洋华堂有限公司锦华店	0.25
19	成都万科锦江置业有限公司	0.24
20	三星(中国)投资有限公司成都分公司	0.24

【精细化管理】 锦江区针对企业所得税低贡献率企业开展风险核查、资本弱化核查、非居民股权转让信息核查、资产损失税前扣除事项核查等专项核查工作，对国税征管对象实行精细化管理，确保税收稳定。

【税收风险管理】 锦江区制订风险分析监控工作方案，监管四川省国家税务局和成都市国家税务局明确的风险纳税户233户次，排除风险率达100%，查补税款、滞纳金5100余万元。

【依法治税】 锦江区重点监管控出口退税审核关口，办理税收优惠1.03万户次，减免税12.66亿元，办理出口退税9 802.71万元。

【税收服务】 锦江区开展“便民办税春风行动”“征管服务年”等活动，为纳税户提供服务。完善全职能办税服务厅工作机制，实现涉税事项“同城通办、一厅通办”目标。简化办税流程5个，落实44个提速事项、61个减负事项。设置大企业联络员，开通大企业“绿色通道”服务，为大产业、大园区、大项目、大企业提供个性化服务6次。

【“营改增”范围扩大】 锦江区两次扩大营业税改

增值税试点范围，将邮政业、电信业纳入试点，分批开展纳税户培训，完成征管任务。

【国税在线咨询平台】 锦江区利用QQ群、网站、微博、短信、“蓉税通”等媒体受理咨询，解答问题，为营业税改增值税试点、企业所得税汇算清缴等工作助力。

【国税宣传活动】 10月，在成都国家广告产业园开展“锦江区政风行风热线进企业国税专场”活动，锦江区国家税务局负责人现场为纳税人答疑解惑。开展税务法律法规知识宣传活动两次，200余户纳税户参与，印刷发放《办税指南》6 000余册。

地方税务

【概况】 锦江区创新地方税务工作，聘请中介机构协助税务部门检查纳税情况，规范减免税审批程序，改造办税服务厅硬件设施，通过税务宣传活动向社会普及税务法规，为地方税收工作营造法治氛围。锦江区地方税收实得总量在成都市5个中心城区中名列第一，增幅在5个中心城区中排第二位。

【地方税收】 锦江区管理地税纳税户3.94万户。其中企业纳税户2.72万户、个体工商纳税户1.22万户。组织各项收入80.32亿元，较2013年同比增长8.12%，增收6.03亿元。其中税收收入74.42亿元，较2013年同比增长7.52%；实得税收收入23.14亿元（不含耕地占用税4 874万元），较2013年同比增长2.72%，增收6 133万元。

11月19日，锦江区地方税务局召开组织收入动员大会

锦江区2014年地税纳税额前20名企业情况表

序号	企业名称	纳税额（万元）
1	龙茂房地产开发（成都）有限公司	30 844
2	绿地集团成都蜀峰房地产开发有限公司	16 895
3	国网四川省电力公司	14 548
4	四川蓉锦东房地产开发有限公司	13 049
5	绿地集团成都锦江房地产开发有限公司	12 729
6	华夏银行成都分行	12 191
7	华润置地（成都）有限公司	11 476
8	工商银行四川省分行营业部	9 195
9	中国银行成都锦江支行	8 878
10	工商银行成都滨江支行	8 681
11	成都市锦江区统一建设办公室	6 477
12	工商银行成都芷泉支行	8 262
13	成都锦兴华润置地有限公司	8 033
14	龙锦综合开发（成都）有限公司成都商业及物业经营分公司	7 615
15	成都市宏誉房地产开发有限公司	7 267
16	四川瑞升实业集团有限公司	7 264
17	国网四川省电力公司成都供电公司	7 103
18	成都国嘉志得置业有限公司	7 093
19	思维特石油天然气技术服务（成都）有限公司	6 930
20	成都盛吉立房地产开发有限公司	6 369

【地税征管制度完善】 锦江区制订《关于对〈聘请中介机构协助税务部门实施税务检查的建议〉的改进意见》，修订《土地增值税清算审核工作指引》，完善了地方税种征收制度。

【旧房转让税收管理】 锦江区统一旧房转让税的征管范围和执行标准，入库旧房转让税6 467万元。

2014年，锦江区地方税务局科（所）长轮流在办税服务厅值守

【个人房屋出租和装修税征管】 锦江区建立了以政府为主导，以各街道、派出所、代征队伍为依托，以财政返还奖励机制为支撑的“三位一体”综合征管模式。征收个人房屋出租税及家庭装修税6 000余万元，已征户达1.1万户。

【税收清算与减免审批】 锦江区督察房地产企业土地增值税清算等重点工作。规范享优减免税审批程序，落实税收优惠政策，对43户纳税户进行税收减免资格审查。

【纳税服务】 锦江区落实《全国县级税务机关纳税服务规范》，改造办税服务厅硬件设施，梳理业务流程，完善了窗口服务制度。3月，执行科（所）长到办税服务厅值守制度。参与值守的科（所）长达226人次，平均每日办理事项超过50件。

【地方税收减免】 锦江区发挥地方税收“调结构、惠民生”的作用，减免税收2.28亿元。

【纳税人学校】 锦江区以纳税人学校为载体，针对企业法人开办专题税收讲座。纳税人学校共注册学员8 564人，开课114次，学员下载课件10 488次。

【地税宣传活动】 锦江区以“便民办税春风行动”为主题，开展“税收宣传月”活动。打造了地方税务网络宣传平台，运用微博等媒体展示办税服务厅的工作情况。

2014年3月29日，锦江区地方税务局工作人员走进社区开展税收政策宣传活动

经济产业

ECONOMICAL INDUSTRIAL

商贸业

【商贸企业】 锦江区登记注册商贸企业5 538家。其中限额以上商贸企业524家，销售额超过1亿元企业114家。

【商贸业发展载体】 锦江区汇集了仁恒置地广场、仁和春天百货、王府井百货、伊势丹百货、远东百货等18家大型零售百货卖场和成都IFS国际金融中心、财富中心、锦华万达广场3个超大型城市综合体，经营总面积达80万平方米。

【国际品牌汇集】 路易威登、迪奥、古驰、普拉达、阿玛尼、爱马仕等53个国际著名奢侈品品牌均在锦江区设有卖场。H&M、ZARA、杰克琼斯、VERO MODA、ONLY等350余个国际知名品牌在锦江区“春盐商圈”内设有旗舰店和专卖店。

【商贸业主要经济指标】 锦江区商贸业销售总额达到1 108.1亿元，较2013年同比增长5.6%。其中社会消费品零售总额684.22亿元，较2013年同比增长12.2%，占四川省社会消费品零售总额的5.87%，占成都市社会消费品零售总额的16.28%。“春盐商圈”内限额以上商贸企业零售额超过270亿元。锦江区商贸业全口径税收25.59亿元，占区域全口径税收的25.56%。

【“春盐商圈”建设】 锦江区“春盐商圈”是位于成都市中心城区的大型商业聚集区，由春熙路商圈、盐市口商圈组成，面积达1.06平方公里。商圈内汇集王府井百货、群光百货等大型百货零售卖场16个，聚集九龙广场、万紫服装批发城等专业市场24个，另有仁恒置地广场、财富中心、成都IFS国际金融中心3个超大型城市综合体。商圈内餐饮、休闲娱乐和金融服务配套设施齐全，从业人员超过60 000人。

【对外贸易】 锦江区进出口总额14.81亿美元，较2013年增长8.39%。其中进口额3 923万美元，比2013年增长14.19%。主要进口电子、机械、服装等产品。出口额14.42亿美元，较2013年增长8.23 %。主要出口电子、机械、服装、生物制药等产品，销往欧洲地区和美国等国家。

现代服务业

【现代服务业项目建设】 锦江区共有市级服务业

项目19个。其中投产项目3个、在建项目14个、促进开工项目两个。有3个项目竣工，两个项目开工建设。

【现代服务业主要经济指标】 锦江区服务业增加值达到618亿元，较2013年同比增长8%。

【总部经济发展】 锦江区对外引进外资企业在区域内设立总部或区域总部，对内引进省内及周边总部型企业，新引进总部经济型企业28家，壮大总部经济型企业10家，转化升级总部经济型企业5家。锦江区总部经济型企业共311家，应税销售（营业）收入达到647.28亿元，全口径税收贡献达34.17亿元，地方实得9.4亿元。

【餐饮业发展】 锦江区餐饮服务企业共1 707家。其中限额以上企业168家，零售额达28.4亿元。销售额超过1亿元的餐饮企业分别是四川麦当劳餐厅食品有限公司、四川乡村基餐饮有限公司、成都星巴克咖啡有限公司、香格里拉大酒店（成都）有限公司、四川锦江宾馆有限责任公司。餐饮业销售额占锦江区消费总额的4.15%，较2013年同比增长2.64%。

【成都IFS国际金融中心】 成都国际金融中心是锦江区中央商务区内现代服务业发展的重要载体和标志性建筑。成都IFS国际金融中心由香港九龙仓集团有限公司投资160亿元打造而成，总建筑面积达到76万平方米，集旗舰购物中心、超五星级酒店、甲级写字楼、高端服务式住宅等功能于一体。

【成都远洋太古里】 成都远洋太古里是锦江区中央商务区内又一个现代服务业发展的重要载体和标志性建筑。“太古里”由北京远洋地产与香港太古地产投资90亿元打造而成，总建筑面积达到42万平方米，集购物中心、酒店、酒店服务式公寓、写字楼等功能于一体。汇集了古驰、爱马仕、卡地亚等国际著名奢侈品品牌卖场。

旅游业

【旅游业主要经济指标】 锦江区接待游客1 617.45万人次，较2013年同比增长16.13%；旅游总收入174.05亿元，较2013年同比增长13.05%。入境游客数量达到60.12万人次，较2013年同比增长28.74%。旅游业外汇收入2.77亿美元，较2013年同比增长28.44%。

【旅游关联产业主要经济指标】 锦江区休闲服务业企业完成区级税收1.07亿元，较2013年同期下降1.5%。住宿餐饮业营业收入（全口径统计）120.41亿元，较2013年同比增长14.10%。

【特色旅游项目建设】 锦江区重点打造的水井坊历史文化特色街区主体工程一期项目完工，进入试营业阶段。水井坊历史文化特色街区是锦江区申报国家5A级景区即“大慈寺—水井坊历史文化片区”内的主体项目。

【酒店项目建设】 锦江区引进的万达瑞华酒店、文华东方酒店、希尔顿康拉德酒店、新鸿基环球贸易广场（ICC酒店）、香港置地环球汇广场、泰合国际财富中心、韩国乐天世界广场等星级酒店项目在建，成都远洋太古里博舍酒店完成装修工程，群光君悦酒店、JW万豪酒店建成。

【“三圣花乡”旅游接待】 锦江区“三圣花乡”景区接待游客1 321.82万人次，较2013年同比增长2.01%；旅游收入5.94亿元，较2013年同比增长9.25%。其中“五朵金花”接待游客1 192.43万人次，旅游收入5.89亿元。由“幸福梅林”“荷塘月色”“东篱菊园”“花乡农居”“江家菜地”5个景点构成的“五朵金花”依旧是锦江区休闲旅游产业发展的重点。新建成开放的白鹭湾生态湿地接待游客129.39万人次，旅游收入479.93万元。

工 业

【工业经济指标】 锦江区持续调整产业结构，工业投资达到8.83亿元，技术改造项目投资5.67亿元，总投资超过1亿元的重大工业直推项目完成投资4.84亿元。

【支柱产业】 锦江区规模以上工业企业共16家。其中生物制药企业5家、现代印务企业4家、食品制造加工等企业7家。现代印务、生物医药是锦江区现有实体工业的支柱产业，工业总产值达到15.32亿元。

【发展规划】 锦江区按照《成都工业产业发展指引（2013—2015年）》的要求，启动《锦江区工业转型发展规划（2014–2017年）》编制工作，明确了“发展节能环保现代服务业、现代信息服务业等战略性新兴产业”的工业发展方向。

【优质企业培育】 锦江区按照《成都市关于促进当前经济平衡增长的二十二条措施》的规定，制发《关于印发促进当前经济平衡增长的实施办法的通知》，为企业争取各级扶持资金2 207.03万元。宣传西部大开发政策和税收优惠政策，15家企业得到国家鼓励类产业确认。支持工业企业参加由各级政府组织的展会，按照一个标准展位给予展位费50%补贴标准，向参展企业兑现补贴。

【技术改造】 锦江区坚持低碳绿色发展理念，推动科技成果转化，技术改造投资达5.67亿元。对“能效对标达标暨电机能效提升”项目进行跟踪监察，督促项目实施方改造分包装车间，更新设备。技术改造后降低能耗15%。

【支持企业技术创新】 锦江区指导企业申报技术创新项目，为企业争取四川省、成都市两个层面的技术创新（工业设计）资金支持。成都力思特制药股份有限公司等7家企业的7个项目获得四川省2014年技术研究与开发专项资金840万元。

【中小企业和微型企业扶持】 锦江区制订扶持政策，扶持中小型企业和微型企业。四川世纪义商网络技术有限公司的两个项目、中国检验认证集团四川有限公司的3个项目获得四川省2014年中小企业发展专项资金235万元。同时，锦江区还引导保险机构开发适合中小企业需求的产品，为成都小企业融资担保有限责任公司等8家担保公司争取到国家、四川省、成都市3个层面的中小企业发展专项资金1 801万元，扶持成都生物制品研究所有限责任公司、四川新华西乳业有限公司、成都博瑞传播股份有限公司印务分公司等企业。

高新技术产业

【高新技术产业发展】 锦江区制订《文化与科技融合创意产业园试点区建设专项实施方案》，获得成都市科技局创新驱动发展试点区资助资金200万元。制订《关于印发促进当前经济平稳增长的实施办法的通知》，编印《2014年度科技支撑计划项目和产学研合作项目申报指南》，引导科技企业开展技术研发和创新工作。9家企业通过成都市专家评审，获得科技项目扶持资金41万元。区域内100余家企业申报了四川省和成都市的科技项目，有47个项目批准立项。其中29个项目获得四川省和成都市科技项目扶持资金2 161万元。

【高新技术企业】 锦江区组织3家企业申报“高新技术企业”，四川优品道通信有限公司、成都众联信德科技有限公司被批准为高新技术企业，向7家新认定的高新技术企业发放奖励金28万元。新增企业研发机构——成都博瑞传播股份有限公司市级企业技术中心，新希望乳业控股有限公司被批准为产学研联合实验室，梵木科技创业苗圃被批准为创新创业载体。锦江区内高新技术企业达26家，高新技术产业产值达到169.68亿元，较2013年增长9%。技术改造投资达到5.66亿元，技术交易额达到9.35亿元。建成成都市科普基地和市级社区科技信息服务站。

信息服务业

【信息服务业发展】 锦江区区域内共有信息服务企业913家，销售收入26.6亿元，较2013年同比增长5%。信息服务企业创造全口径税收1.5亿元，较2013年同比增长20%。

【无线网络基础设施建设】 锦江区实现2G、3G网络在区域内全覆盖的目标。区内建成移动基站882个。其中包含660个室外宏站和222个室内基站。

【信息产业发展规划】 锦江区制订《建设四川省信息安全软件及服务产业园工作方案》《四川省信息产业应用示范中心建设方案》，对信息产业发展进行了统筹规划。

都市现代农业

【发展定位】 锦江区制订《大力发展都市现代农业的实施意见》，明确“大力发展都市农业，立足农民持续增收，满足市民休闲需求”的目标定位。

【园区建设】 锦江区推进成都三圣花卉产业园区建设，举办“2014成都三圣花卉展百合花节”“成都三圣桃花艺术节”等活动，推动现代农业与乡村旅游业融合发展。

【企业扶持】 锦江区监测14家农业龙头企业运行情况，推荐1家企业参加“成都市农业产业化龙头企业”评选。组织企业参加中国都市现代农业现场会、成都第二届都市现代农业博览会，宣传企业形象。

金融服务业

【金融业主要经济指标】 锦江区金融业增加值达到179.6亿元，增速达16.2%。金融类行业创造区级地方税收1.85亿元，占锦江区区级税收总量的8%。

【金融机构】 锦江区新引进瑞士再保险集团、恒生银行等30家金融企业，区域内聚集金融机构及衍生、配套服务机构352个。其中银行机构36个，银行开设支行以上分支机构92个。包括外资银行机构12个，占成都市外资银行总数的73%。保险机构32个。包括外资保险机构15个，占成都市外资保险机构总数的78%。还有证券期货机构27个，基金及基金管理机构31个，第三方支付机构两个，融资租赁机构4个。

【准金融机构】 锦江区共有小额贷款、融资担保准金融机构37个。小额贷款机构中包括外资机构4个。2014年，筹建新融鼎小额贷款公司、四川交投小额贷款公司等4个融资贷款机构。有3家公司增资3.7亿元，和昌公司、融众公司、长辉公司、美联担保公司等抗风险能力弱的公司退出融资担保业务。

【融资贷款和担保业务】 锦江区35个金融机构为30万家企业和个人提供贷款、融资240亿元，为城乡居民提供消费类贷款10亿元。锦江区将四川金融人才中心改组为西部金融人才中心，四川投促金融信息服务公司利用互联网平台为政府投资项目引进民间资本。11月6日，成都高威农业开发有限公司与成都农商银行签署2 000万元融资协议，成为四川省首个农业设施抵押融资贷款项目。

【小额贷款公司资产证券化融资试点】 锦江区启动小额贷款公司资产证券化融资项目试点工作，融资金额达4亿元。其中瀚华小额贷款公司两亿元的资产证券化项目获得四川省金融办公室批准。

【“成都民间金融街”建设】 锦江区建设“成都民间金融街”，促进成都民间金融服务中心建设，创新建立贴合企业需求的会诊式服务模式。推进“金融服务进园区”活动，承办项目推荐会、对接会4次，涉及项目20余个，项目金额1.2亿元。锦江区与四川省投资促进会创办“周五金融讲堂”，邀请西南财经大学、北京大学等院校和“香港富睿”“毕马威”等知名金融企业的负责人开设讲座38期，为金融从业者讲授金融专业知识。

房地产业与建筑业

【土地出让】 锦江区通过招标、拍卖、挂牌出让三种方式出让宗地11宗，面积达49.03万平方米，出让总价款65.4亿元。出让的11块土地中粮丰片区有6块，三圣、沙河堡、攀成钢、农科院、烟厂等片区各一块。其中“华熙”地块成交面积16.87万平方米，成交价10.13亿元；“攀成钢”2号地块成交面积6.43万平方米，成交价13.16亿元。

【花果村土地竞买】 10月21日，锦江区采用竞拍方式获得三圣街道辖区内花果社区二组、四组共9 746.5平方米土地的使用权。地块用地性质为二类住宅用地，预计可开发面积位52 540平方米，容积率为4，预计总投资1.8亿元。

【沙河堡南片区地块开发】 锦江区统一建设办公室（锦江区政府直属事业单位，具有房地产二级开发资质）联合成都市信德实业有限公司、四川国嘉地产有限公司共同在沙河堡南片区“南9a”地块开发商品房项目。地块占地13 206平方米，用地性质为商业用地，预计可开发面积约11万平方米，预计总投资3亿元。

【商品房销售】 锦江区商品房销售面积136.67万平方米。其中商品住房销售面积116.77万平方米，商业用房销售面积3.13万平方米，办公用房销售面积6.54万平方米，其他商品房销售面积10.23万平方米。房地产开发行业销售收入256.20亿元，房地产中介行业销售收入4.34亿元。

【房地产企业纳税】 在锦江区纳税的房地产企业共790家。其中房地产开发企业339家、房地产中介服务企业203家、物业管理企业248家。房地产企业缴纳全口径税收29.88亿元，地方实得11.73亿元；房地产中介企业缴纳全口径税收3 847万元，地方实得1 208万元。

【房屋租赁市场】 锦江区备案出租房屋4 937套，总面积48.54万平方米。其中住宅4 664套，面积34.95万平方米；非住宅273套，面积13.58万平方米。

【建筑业情况】 注册地在锦江区的建筑业企业共76家，共有职工1 200人。其中施工总承包企业22家、专业承包企业55家。2014年，建筑业产值约380亿元。产值排名前五位的企业是中国五冶集团有限公司、中国水利水电第五工程局、成都市第三建筑工程公司、成都市第四建筑公司、中国核工业西南建设集团有限公司。

行业管理

INDUSTRY MANAGEMENT

建筑与房地产行业管理

【建筑工程质量监督】 锦江区办理房屋建筑工程质量监督备案项目13个，涉及建筑面积6.25万平方米。安排监督工程项目30个，涉及建筑面积66万平方米。其中竣工验收工程21个，验收面积55万平方米。报建工程监督覆盖率达到100%。向成都市建设管理委员会报送《监督报》23份。

【建筑工程安全监督】 锦江区办理施工安全监督备案项目13个，安排监督工程30个，监督检查施工现场115次，查处安全隐患184处，下发《责令限期整改通知书》36份。创建“成都市安全文明施工标准化工地”1个。

【房地产开发资质管理】 锦江区根据住建部出台的《房地产开发企业资质管理规定》和四川省建设厅制发的《关于进一步加强房地产开发企业资质管理的通知》的要求，为房地产开发企业办理资质初审和上报手续91件。其中新办12件，资质升级9件，资质延续68件，资质变更两件。

【公建配套项目管理】 锦江区按照成都市建设委员会要求，对区域内市级平台公司承担的56个应建未建公建配套项目进行了清理。更新153条公建配套项目规划建设信息，新增农贸市场项目信息65条、绿地项目信息504条。

【公房登记管理】 锦江区直管公房因拆迁改造、基数清理核减等原因减少14户。国有直管公房实际登记8 040户，房屋建筑面积45.1万平方米。完善直管公房安全日常巡查制度，明确直管公房管理公司的职责范围，建立了直管公房维修项目事前、事中、事后三级监管制度。公房租金收入达到2 186万元，租金年收缴率达到91.31%，租金年增长率为10.8%。

【房屋租赁市场管理】 锦江区建立房屋租赁档案，从源头规范房屋租赁行为，规范租赁市场。组织房屋租赁备案登记培训13次；将房屋租赁备案管理与“法治锦江”建设相结合，在16个街道辖区开展“租房安全，双方有责”集中宣传活动，印发宣传资料3 000余份。完成89个房产经纪机构备案工作。

【服务房产经济发展】 锦江区对房产市场进行了调研分析，完成《房产销售目标完成情况的报告》。锦江区房产管理局针对房产营销中出现的问题派出调研组，走访仁恒置地、香港置地、上海绿地等10余家房地产企业，了解企业需求，引导企业参加展示会、交流会4次，为企业搭建服务平台。

交通运输行业管理

【交通运输行政执法】 锦江区建立交通、城管、公安、交警联勤联动机制，综合治理交通运输秩序。出动交通运输行政执法人员7 000余人次，派出执法车1 800余辆次，办理行政执法案件480件，罚没金额达236万元。锦江区交通局被交通部表彰为“优秀基层执法站所”。

【货运企业登记管理】 锦江区新增货运企业3家、汽车维修企业7家、客运租赁企业12家。登记在册的交通行业企业共1 094家。其中运输物流企业40家、汽车维修企业198家。另有停车场经营企业438家，共有车位12.87万个。

【货运车辆登记管理】 锦江区登记在册的营运货车共3 881辆。审验车辆3 431辆，年审率达88.4%。转籍车辆365辆，注销车辆29辆。

劳务行业管理

【工伤认定】 锦江区受理工伤认定申请279件，结案率达100%。其中9件申请不符合认定条件，不予认定。

【提前退休申请审批】 锦江区受理特殊工种提前退休申请53件，批准24件。另审批因病提前退休申请7件，涉及7人。

【劳动关系调查】 锦江区开展2014年企业薪酬调查工作，122家企业接受调查。调查显示，企业在薪酬支付方面遵守《劳动法》的规定，践行工资集体协商制度和集体合同制度，集体合同备案151份，集体合同覆盖企业2 025户，覆盖职工66 785人。其中区域性行业性集体合同备案28份，覆盖企业1 902户，覆盖职工63 095人，已建工会企业集体合同签订率达到95%。

【劳动人事争议案件处置】 锦江区推进调解组织建设，规模以上企业和事业单位劳动人事争议调解组织组建率保持在65%以上。建立仲裁巡回庭制度，仲裁办案率达100%。依法受理、处理劳动人事争议案件，处理2013年积案25件，新受理案件530件，涉案金额2 432.8万元。2014年，办结劳动人事争议案件473件，结案率达到89%。

【农村劳动力就业实名制普查】 6—10月，锦江区针对拥有锦江区农村户口，年龄在16 ~ 60周岁的农村劳动者开展农村劳动力就业实名制普查工作。调查农村劳动力的个人基本信息、转移就业情况、培训及技能情况、转移就业意愿，填写《成都市农村劳动力就业实名制普查登记表》，录入成都市统筹城乡劳动保障四维基本公共服务体系管理信息平台。共调查农村社区12个、农村居民16 730人，完成问卷16 730份。其中外出务工10 586人、自主创业1 560人、务农2 035人、从事非经济活动2 549人。

【女性就业维权宣传活动】 锦江区针对女性就业群体权益保护问题，在人力资源市场开展“关爱女性、依法维权”宣传活动。宣传《妇女权益保障法》《婚姻法》《劳动法》等法律法规，提高妇女的维权意识，现场发放宣传资料2 000余份。

粮食行业管理

【社会粮食统计】 锦江区依据《粮食流通管理条例》

《国家粮食流通统计制度》，开展社会粮食统计工作，定期开展市场粮情调查。2014年，上报《粮情价格周报》50期，组织涉粮油报表企业的统计人员集中培训两次。统计范围内的粮食企业销售粮食1.67亿公斤（折合原粮），销售食用油7 890万公斤。

【社会粮食供需平衡年度统计调查】 锦江区随机抽取3个社区的60户居民为调查样本，调查城镇居民的粮油消费需求。开展国有、民营粮油经营企业供需调查、加工企业生产调查、省际市州间粮油流向调查、餐饮企业及单位食堂用粮油专项抽样调查，粮食经营企业按规定填报《粮食平衡调查表》《油脂平衡调查表》各7份，填写《餐饮企业、单位食堂食用植物油收支存基础调查表》《餐饮企业、单位食堂粮食损失损耗基础调查表》各50份，填写《城镇居民家庭口粮收支平衡基础调查表》《城镇居民家庭食用植物油及油料收支存基础调查表》各120份。

【粮食市场检查】 锦江区针对粮食市场开展执法检查12次，开展节前市场综合检查4次。针对涉粮统计报表单位开展统计执法检查两次，开展全国性粮食（油脂）库存检查1次。

【粮食法规及家庭储粮宣传】 5月，锦江区开展“粮食科技活动周”活动。组织人员到莲花、锦官驿两个社区现场宣传，发放《家庭节粮储粮科普小知识手册》《粮食质量安全手册》150余份。在涉粮企业中开展宣传活动，宣传《粮食流通管理条例》《粮油储藏技术规范》。10月，锦江区开展“爱粮节粮宣传周”主题活动。向市民宣传节粮科技知识，推荐健康粮油食品。成都市粮食局锦江分局在庆云社区设宣传点，向市民发放“粮食安全”和“节约粮食”方面的宣传资料300余份。

【放心粮油示范店管理】 9月，锦江区共有20个放心粮油示范店。成都市粮食局锦江分局按照《成都市“放心粮油工程”示范店粮油商品及经营质量监管检查办法》的规定，对锦江区的放心粮油示范店进行管理。

【粮食供应应急网点】 锦江区确定4个粮油经营点为粮情价格监测点，落实市级粮食应急供应网点7个、区级粮食应急供应网点20个，确定粮食应急供应配送点1个、粮油应急加工点1个。

食品和药品市场管理

【概况】 锦江区在街道辖区设置食品药品监督管理所，建立生产经营主体台账，开展电子监管试点工作，宣传食品和药品安全知识，对食品药品市场进行整治，维护市场秩序。2014年，受理群众投诉举报案件734件，均依法进行了处置。

【基层监管机构建设】 锦江区创新食品药品监督管理机制，将管理重心下移，在16个街道辖区设置食品药品监督管理所，按照“1+3+N”的标准配置工作人员。每个所设1名所长、3名协管员和多名社区信息员。

【生产经营主体台账】 锦江区逐户调查食品、药品、化妆品和医疗器械生产经营主体，建立经营主体台账，动态更新数据，为管理食品和药品市场提供依据。

【电子监管试点工作】 锦江区利用电子监管平台，首批组织3家药品批发企业和6家零售药店开展中药材溯源试点工作，完成131家零售药店电子监管终端设备配发和人员培训工作。

【亮剑行动】 锦江区以春熙路—盐市口商圈、大型城市综合体、农贸市场、三圣花乡景区、青石桥水产品市场、学校食堂、建筑工地食堂以及新中兴购物广场、梨花街化妆品批发市场、个体诊所为重点，启动2014年度“亮剑行动”，打击食品和药品生产经营中的违法行为。共抽检食品、药品614个批次，立案93件，结案率100%。其中一个案件移送公安机关立案查处。

【豆制品市场准入工作】 锦江区张贴豆芽产品、豆腐制品市场准入宣传资料1 000余份；对12家大型超市、22个农贸市场、28家街边蔬菜店、121所学校的食堂、12家医院的食堂和114家大型餐饮企业售卖豆制品的情况登记造册，拉网式检查索证索票、台账登记、产品取证情况。责令存在问题的12家豆芽产品、豆腐制品经营户限期整改，立案调查1家商户。

【"地沟油"回流餐桌现象整治】 锦江区对76所学校的食堂以及13家星级宾馆、756家超市、127家餐饮服务单位的废弃油处置、收集、交运、索证索票、台账建立情况进行了专项检查。抽样检测食用油、油脂制品53个批次，查处违法案件10件，取缔食用油非法加工作坊1个。

【婴幼儿配方乳粉管理】 锦江区对392家婴幼儿配方乳粉经营单位进行检查，查处不符合条件的经营单位，为已达许可条件的经营单位登记造册，纳入台账管理。选取四川杏林医药连锁有限责任公司东大街店、成都德仁堂药业有限公司成都同仁堂店开展药店销售婴幼儿配方乳粉试点工作，把婴幼儿配方乳粉纳入药品管理体系进行监管。

【食品抽检工作】 锦江区采取政府购买服务方式委托第三方检验检测机构开展食品抽检工作。每月对23个农贸市场的食品、食用农产品进行抽样检测，在食品安全信息公示栏上公示检测结果和处理情况。2014年，针对农贸市场抽检食品1 318个批次。完成四川省食品药品监督管理局和成都市食品药品监督管理局下达的食品生产环节、流通环节、餐饮环节抽检任务，在生产环节抽检食品10个批次，在流通环节抽检食品694个批次，在餐饮环节抽检食品148个批次。另抽检保健食品30个批次。

【食品药品安全宣传】 锦江区建成食品药品安全科普宣传站3个。在"消费者权益保护日"和"食品安全宣传周"期间开设"食品安全知识大讲堂"，制作食品药品安全法规及科普知识展板。2014年，开展宣传活动9次，接受群众咨询180余人次，发送《食品药品安全知识掌中宝》60 000份。

【引导商家合法经营】 锦江区食品药品管理部门与商家签订《食品安全承诺书》，落实餐饮服务单位食品安全主体责任，向商家发送《食品药品生产经营指南》5 000册。

文化行业管理

【文化市场】 锦江区共有文化经营单位603家。其中娱乐经营场所64家，包括歌舞娱乐企业39家、电子游戏经营户25家、网吧109家、影剧院经营企业12家、营业性演出企业30家、书报经营户237 家、音像制品经营单位25家、印刷（含打字复印）企业123家、美术品经营单位3家。

【文化市场监管】 锦江区出动执法人员1 600人次，检查歌舞娱乐场所、互联网经营场所、影剧院、印刷（复制）企业、书刊零售店、音像租赁店340家次，责令35家整改，取缔无证照经营文化商品的地摊8个，收缴盗版光碟2 000张、非法出版书籍800余册。吊销3家娱乐企业的"文化经营许可证"，要求1家娱乐企业停业整顿，向18家娱乐企业提出警告。2014年，锦江区文化广播新闻出版局获得"成都市扫黄打非办案有功集体"称号。

【广播电视安全播出】 锦江区与16个街道办事处和四川省网络公司锦江分公司、锦江电视站签订《广播电视安全播出责任书》。在传统节日和中药时间节点期间安排专人值班，监控广播、电视播出内容，实现"零报告"目标。

物业行业管理

【物业管理“主题年”活动】 锦江区通过开展物业管理“主题年”活动，规范物业管理市场。开展“业主开放日”“业主体验日”“业主大讲堂”等群众性活动，调动和发挥业主的物业管理责任主体作用，引导业主树立依法维权意识，达到提升业主委员会履职能力的目的。

【“和谐物管·创先争优”活动】 锦江区开展“和谐物管·创先争优”活动。联合成都传媒集团为业主量身提供“邻生活”APP物管新媒体服务，在“卓锦城”投入使用。物业公司可通过“邻生活”向业主发送紧急通知、通告，业主可以轻松解决报警、叫外卖、收寄快递等问题。

【物业管理项目获奖情况】 锦江区11个物业管理项目获得“国家示范小区（大厦）”称号，有44个物业管理项目获得“四川省物业管理优秀住宅小区（大厦）”称号，有59个物业管理项目获得“成都市优秀住宅小区（大厦）”。四川省建设厅和住建部推荐锦江区城乡物业管理全覆盖社区建设项目申报“迪拜国际改善居住环境最佳范例奖”。

医疗卫生行业管理

【医疗机构管理】 锦江区卫生行政主管部门要求医疗机构与患者签署《医患双方不收不送红包协议书》，将签订情况和履行情况作为医务人员年度考核、医德考评、定期考核的依据。2014年，锦江区受理医疗纠纷投诉案件76件，结案73件。

【基本药物采购】 锦江区16家社区卫生服务机构执行国家基本药物采购制度，实行零差率销售。在四川省药品采购平台采购基本药物1 296.71万元。

【医疗卫生人才建设】 锦江区利用医学会继续医学教育平台培养区级医学学科学术带头人113人。锦江区卫生局组织中医药专业的骨干参加四川省和成都市组织的培训，共培养中医药医师36人；组织129人参加成都市中医药管理局组织的四部经典《黄帝内经》考试；开展中医类别全科医师岗位培训，12名中医类别医师参加培训。锦江区组织医疗机构参加各类专业培训120余次，参训人数达720人次。

【“爱婴医院”申报】 锦江区组织妇幼保健院总院、分院和成都市第二人民医院申报“爱婴医院”，已通过复评。

【卫生监督人员培训】 锦江区选派卫生监督员参加四川省和成都市卫生监督机构组织的培训，参训人员达128人次；开设卫生监督员、卫生协管员培训班，参训人员达302人次。

【打击非法行医】 锦江区制发《打击非法行医实施方案》，成立打击非法行医领导小组，开展打击非法行医联合执法工作5次，查处17家非法行医单位，立案查处7家，取缔10家，罚款1.9万元，没收违法收入1 302.4元。

【诊所卫生监督量化分级管理】 锦江区卫生行政主管部门开展诊所卫生监督量化分级管理工作，对诊所进行量化分级管理评级。评定A级6家，占2.6%；B级190家，占82.9%；C级33家，占14.5%。

【食品从业人员体检】 锦江区组织从业人员健康体检，参加体验人员达到52 688人。其中3人检查出戊肝阳性。

锦江区政务服务中心

锦江区政务服务中心位于成都市锦江区天仙桥北路10号附2号、附3号,金府花园一楼。中心总建筑面积5 200平方米，服务区面积4 000平方米，设服务窗口90余个，审批后台办公室共30余个。中心是锦江区集中办理行政审批和政务服务的单位，有31个行政审批职能部门进驻。锦江区行政审批和政务服务事项集中在中心办理，全部纳入电子监察范围。中心前台窗口、后台办公室工作人员约200人，提供一条龙式政务服务。中心内公共标识齐全，服务大厅设有服务事项公示牌、首席代表公示牌，挂牌明示窗口首问责任岗。中心还开通了企业服务呼叫平台，设置服务专线电话82005500，为企业提供政策咨询、流程查询等服务。

成都远洋太古里

成都远洋太古里是太古地产和远洋地产共同打造的开放式、低密度街区形态购物中心。作为大慈寺项目的一部分，成都远洋太古里毗邻由太古酒店管理、拥有100间客房的都会风尚酒店“博舍”，紧邻47层的国际甲级办公楼睿东中心。

成都远洋太古里的建筑设计风格独具，将以人为本的“开放里”概念贯穿始终。通过保留古老街巷与6处富含历史底蕴的建筑，融入2~3层的独幢建筑，采用川西风格的青瓦坡屋顶与大面积落地玻璃幕墙，体现既传统又现代的美，营造出自由开放的城市空间。

在深刻理解成都这座城市以及当地消费者生活习惯的基础上，成都远洋太古里首创“快里”“慢里”概念，并精心选择品牌和业态创造出“快耍慢活”的全新生活方式。

成都远洋太古里“快里”购物街区汇集了Hermès（爱马仕）、GUCCI（古驰）、 Cartier（卡地亚）、Chloé（蔻依）、GIVENCHY（纪梵希）、Versace（范思哲）、Alexander McQueen（亚历山大·麦昆）、Stella McCartney（丝黛拉麦卡妮）、JIMMY CHOO等业界名品新概念旗舰店。除了国际一线品牌，还引入了无印良品在海外的第一间世界旗舰店、全国首个Jurlique茱莉蔻SPA概念店以及首次进入西南地区的MICHAEL KORS旗舰店、Kate Spade旗舰店、Maria Luisa、Adidas主场旗舰店。

“慢里”汇集了Tasty（正斗）、Din Tai Fung（鼎泰丰）、Jade Garden（翠园）等餐饮品牌店铺，带来顶

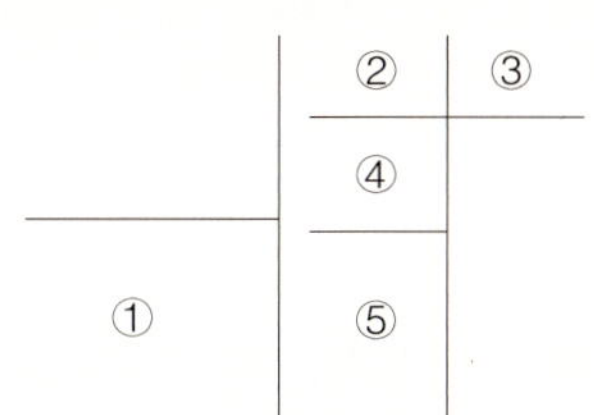

① 成都远洋太古里

② 成都远洋太古里 西广场

③ 成都远洋太古里 购物街区

④ 成都远洋太古里 快里独幢店铺

⑤ 成都远洋太古里 艺术品“穿行”

级品质的精致美食；Starbucks（星巴克）位于西南地区的全球旗舰店、Häagen-Dazs（哈根达斯）在上海之外的第一家酒吧概念店、全国首间Café& Meal MUJI都为成都带来全新消费体验；Element Fresh（新元素餐厅）、KABB（凯博）、Wagas（沃歌斯）、blue frog（蓝蛙）、小山、Let’s Seafood、Lian（莲）、绿茶、Wuu's Hong Kong Cuisine（吴系茶餐厅）、MustGuette（红邮筒）、Gloria Jean’s Coffee、Moka Bros（摩卡站）、The Urban Harvest（极食餐厅）也首次亮相成都，提供更丰富的美食享受。

除了精致美食，“慢里”还特别引入多家创意文化生活品牌。包括“集书店”“美学生活”以及“例外”服饰与咖啡店一体的“方所”，还有汇集世界顶级设计产品、文具、书籍的“物心”以及传奇笔记本品牌Moleskine、欧洲顶级定制银器品牌Christofle（昆庭）、百年茗茶“王德传”、科技与时尚完美结合的drivepro、精致贴心的The Beast（野兽派花店）、日本最大的料理工作室ABC Cooking Studio、精品超市Ole'、百丽宫电影院。忙碌的都市人在这里可以慢下脚步，邂逅生活的美好。

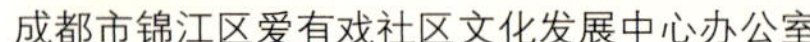
成都市锦江区爱有戏社区文化发展中心办公室

“爱有戏”开展社区活动

成都市锦江区爱有戏社区文化发展中心

成都市锦江区爱有戏社区文化发展中心成立于2009年，是在民政局注册的5A级社会组织。中心专注于城市社区发展，以“协力构建更具幸福感的社区”为使命，通过参与式的方法培育社区社会资本推动社区文化事业发展，已在城市社区社会工作方面处于行业领先地位。

“爱有戏”认为每一个社区都是独一无二的，没有一种模式是万能的。只有在了解社区需求和社会资源的基础上才能够探索出解决社区问题的有效办法。“爱有戏”采用鱼群式组织发展模式，在多个领域成立专业机构开展专业化工作。

一路走来，不断在实践中摸索，战胜一个又一个困难，“爱有戏”一直在成长。2012年，“爱有戏”在中国首届专业社会工作服务项目评选中被民政部授予二等奖。2013年，“爱有戏”创建的社区参与式互助项目体系被列为“中央财政购买社会组织服务全国示范项目”。2014年，“爱有戏”中心主任、社工师刘飞被民政部评为“全国社会工作领军人才”；中心成为成都市社会组织学院实践基地；中心创建的社区参与式互助项目体系内容被民政部编入中国社区社会工作教学片，入选清华大学创新与社会责任研究中心编撰的《社会创新案例集》。

“爱有戏”组织居民共同参与社区环境和土壤改良工作

“爱有戏”组织志愿者入户访问，义仓项目开展调查

“爱有戏”开展义集活动

成都水井坊博物馆

成都水井坊博物馆位于四川省成都市锦江区水井街19号，占地1.23万平方米，建筑面积9 964平方米，展厅面积6 746平方米，由四川水井坊股份有限公司出资兴建，是以传统工业遗址和酒文化为展示主题的民办博物馆。

成都水井坊博物馆是集保护和展示水井街酒坊遗址原貌的陈列馆，是再现水井坊酒传统酿造技艺的演示性生产场所以及水井坊酒特色体验区三位一体的的体验式博物馆。声光画影多媒体的运用以及零距离感官体验让博物馆不再冷冰冰的矗立在观众的视线之中。

成都水井坊博物馆包括酒史厅、遗址厅、技艺厅、品牌厅、世界多元酒文化厅5个展厅。

酒史厅介绍了中国酒文化的起源和世界蒸馏酒的特点。

遗址厅原址原貌展示了水井街酒坊遗址。包括晾堂、酒窖、灶坑、灰坑、灰沟以及杯、盘、碗、碟等各类青花瓷质酒具、食具遗物，复原了600年前水井街酒坊"前店后坊"繁荣景象。

技艺厅以真实的生产场景再现600年历史的水井坊酒传统酿造技艺。包括地晾堂、窖池、古酿酒工具、粮食堆放区在内的水井坊酒古法生产流水线。湿漉温润的老窖池、四溢的酒糟香气、穿梭忙碌的酿造师傅，让置身其中的观众有时空倒转的穿越感。

在勾兑互动区，观众能够在专业品酒师的指导下调制、品鉴水井坊酒。多元酒文化厅通过吧台形式展示出了包括伏特加、威士忌、金酒、白酒、白兰地在内的国际五大蒸馏酒，进一步丰富了观众的酒文化知识。

① 四川水井坊股份有限公司
② 成都水井坊博物馆外景
③ 酒史厅
④ 遗址厅
⑤ 非遗厅
⑥ 品牌厅
⑦ 国际高端蒸馏酒厅

“锦基金”支持的“汇公益·创未来·2014锦江公益先锋汇”活动

“锦基金”支持的第三届“金拇指”大学生公益项目创新大赛说明会

成都市锦江区社会组织发展基金会

成都市锦江区社会组织发展基金会（简称“锦基金”）由中共锦江区委员会、锦江区政府主导，经四川省民政厅批准，于2011年11月30日成立；是中国第一家区县建立的专门为社会组织发展提供支持的地方性公募基金会。

自成立以来，锦基金以“最具公信力”为标准，秉承“立信守信”的理念，践行“助推公益事业，促进社会和谐”的使命，发挥在整合社会资源过程中的轴心作用，通过开展“公益文化映像”“公益先锋汇”等主题活动以及建设“公益伙伴空间”等方式集合各界爱心企业、公益机构、大众媒体，共同关注和支持锦江区公益事业发展，为社会组织发展创造条件，营造氛围。四年来，“锦基金”发挥资源整合的平台作用，募集公益资金6 000万元，吸引了200余家爱心企业参与公益活动，支持了80余家社会组织的发展，资助了120余个公益项目。

“锦基金”支持的“爱在锦江·全民传爱·锦江公益文化映像”活动

"锦基金"举办的SODAY沙龙

"锦基金"支持的锦江区大学生社工团队成长营活动第一期开营

锦基金简介

我是谁？

- 地方性公募基金会
- 为社会组织发展提供支持

我要做什么？

- 整合社会资源
- 培育发展社会组织
- 助推区域公益事业发展
- 促进社会和谐进步

我已经做了什么？

入围中国社会创新奖

- 四届"金拇指"大赛 —— 发掘未来公益人才
- 两期社工团队成长营 —— 培养未来公益领袖
- 三期"We创益"项目 —— 孵化草根团队
- 四期种子计划公益项目 —— 助力机构成长
- 调查、研究、研讨会 —— 促进行业发展

锦基金依托"地方·高校"战略合作平台，开展了各类专项需求调查活动。在此基础上，通过举办"金拇指"大学生公益项目创新大赛，实施大学生社工团队成长营项目、"We创益"项目、"TSP计划"（全称：The seed project，意为"种子计划"）以及"We创益2.0计划"等公益品牌项目，逐步形成了从社工人才储备到社会组织孵化、培育和扶持的一站式服务体系。支持了"88号青年空间""锦江青年创业城""锦江区长者通呼援中心""锦江区儿童之家"等民生项目建设，与地方党委、政府在创新社会治理领域建立了伙伴关系。

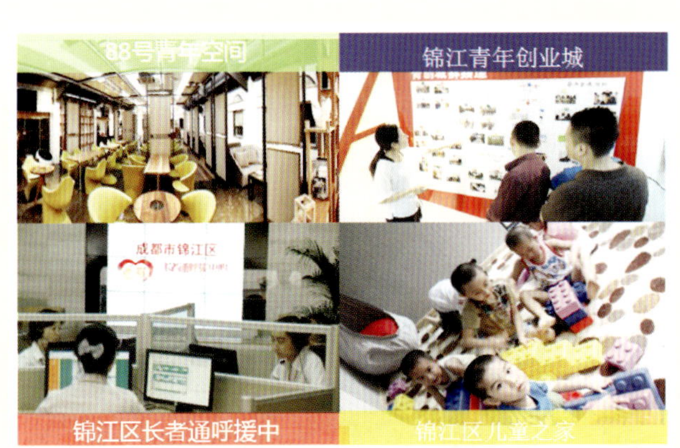

"锦基金"支持的重大民生项目

位于锦江区东大街的成都民间金融街

成都东大街金融建设投资股份有限公司

成都东大街金融建设投资股份有限公司位于“天府门廊”东大街紫东楼段明宇金融广场，是锦江区政府与西南财经大学实施战略合作的载体，注册资本500万元人民币，成立于2009年10月。公司根据《四川省西部金融中心建设规划》，通过创新政府高校与企业的合作模式，整合高校智力资源，搭建“产、学、研、建”一体化合作平台。在投资咨询、人力资源、金融创新等领域与高校合作，推动成都金融街建设，打造要素市场完备、集散功能强大的金融市场集聚区，助推西部金融中心核心区建设。

公司借助西南财经大学智力资源，成立了金融发展顾问团。通过对东大街沿线调研，编制了东大街沿线土地开发规划、城市规划、金融产业发展规划。公司与西南财经大学共同出资组建了西部金融人才中心（四川）有限责任公司，为金融产业聚集区提供专业人才服务，面向四川省金融机构开展人才培养、交流、培训、认证、人事代理等服务工作。

公司以“激活民间资本、服务实体经济、助推经济转型”为目标，联合成都市金融办公室，共同推动成都民间金融街服务中心建设。根据锦江区政府第六届第二十八次常务会议决定，公司成为成都民间金融街服务中心项目建设的运营主体，负责项目建设和管理。项目启动以来，公司牵头组建了“成都民间金融服务联盟”，为成都民间金融街服务中心完善了政务咨询、中介、投融资等服务功能，针对企业需求开展会诊式服务，组织各类项目推荐会，传递最新金融政策，促进金融行业在锦江区健康有序发展。

开设“周五讲堂”培训金融从业人员

西部金融人才中心

经济事务管理

MANAGEMENT OF ECONOMIC AFFAIRS

质量管理

【概况】 锦江区落实国务院颁布的《质量发展纲要》和《成都市质量发展“十二五”规划》，围绕“转型升级、提质增效”主题，开展“全国质量强市示范城市”创建工作。推荐企业参加“市政府质量奖”评选活动，开展诚信计量活动，完善特种设备安全监管机制，落实行政执法责任制，健全组织机构代码及商品条码管理制度，完成“质量强区”建设任务。

【“质量强区”工作】 锦江区根据《成都市深入推进质量强市专项工作目标》分解下达目标任务，将“质量强区”专项工作纳入政府目标考核。制订《质量奖管理办法》，推荐6家企业申报“市政府质量奖”。完成质量指标统计工作，产品质量等级品率达到94.53%，损失率0.16%。完善获证企业信息数据库，10家生产许可证目录产品的获证企业建档率100%，年审率100%，抽查率10%。完成第十一届“四川名牌”的复审工作，新增“四川名牌”两个。

【质量监督】 锦江区与5家食品企业签订《安全生产承诺书》，建立产品质量监督约谈制度，查处不合格企业1家。在农资、儿童玩具，家用电器、妇儿用品、装饰材料、食品等行业中实施“质量提升行动”，检查危险化学品、压缩天然气、液化石油气、消防产品经营企业，每季度检查机动车检测机构。

【质量认证管理】 锦江区制订《加强认证执法监管体系建设工作实施意见》，防止区域性和行业性认证质量安全事故。在春节、“六一”、国庆节等节日期间和“质量月”活动期间开展专项检查4次。对认证过程中的质量情况实施监管，现场评审企业85家，抽查8家，抽查率达8%。抽查自愿认证企业15家，抽查率达10%。

【计量管理】 锦江区按照《成都市固定集贸市场诚信计量建设工作规范》的要求，建立商品量市级定期监督抽查制度，免费检定1 638台计量器具、32台公平秤和8家基层公益性医疗卫生服务中心的常用计量器具。每月对22个菜市场进行巡查，动态抽查计量器具1 132台次，合格率达100%。锦江区固定集贸市场在用计量器具、在用加油（气）机、高速路动态汽车衡、大型商场（超市）在用强检计量器具、出租车计价器的受检率均达到100%。

【眼镜行业质量和计量管理】 锦江区专门对眼

镜行业进行了整治，检查眼镜门店18家，抽检8家。眼镜制配场所在用强检计量器具受检率100%。

【重点能耗企业能源计量监管】 监管重点能耗企业的能源计量情况，用于贸易结算的计量器具配备率达100%，受检率达100%，次级用能单位计量器具受检率达100%，5个重点用能单位落实了《重点用能单位能源计量审查规范》。

【标准化管理】 锦江区将CNG站标准化试点项目纳入2014年“民生工程”和2014—2016年省级服务业标准化试点项目。开展公共信息标志专项检查两次，自查4次。落实《企业标准备案管理规定》，新增4家备案企业，企业标准和产品标准登记录入率、准确率均达100%。对6座CNG站的特种设备进行标准化管理。

【组织机构代码管理】 锦江区改革组织机构代码年检方式，代码数据质量合格率达98%，电子档案扫描质量合格率达97%。新增商品条码成员单位24家。

【特种设备监察】 锦江区打造电梯安全公共服务平台，为3 124台电梯粘贴3D二维码电子标签。监察重点单位、重点场所特种设备350次，每季度对CNG等气液体充装储存站、商场车站、地铁的电梯进行检查。开展特种设备法规宣传活动4次，宣传《特种设备安全法》《成都市电梯安全监督管理办法》。在安全生产大检查期间检查特种设备100余次，检查特种设备使用单位300余家，对两家电梯维保单位和8家电梯使用单位进行调查处理。在锦江宾馆开展了锅炉节能监管和能效测试工作。

【行政执法】 锦江区开展“质检利剑行动”，针对儿童玩具、食品农产品、消防产品、农产品等行业开展执法检查9次。办理“12365”热线、“96110”热线交办案件106件，案件回复率、查处率、办结率均达到100%。2014年，共办理行政执法案件693件。

工商行政管理

【工商行政管理机构】 成都市锦江工商行政管理局是成都市工商行政管理局的派出机构，主要负责锦江区范围的市场监督管理和行政执法工作。成都市锦江工商行政管理局机关设注册登记管理科、市场管理科、公平交易执法分局、消费者权益保护科、商标广告管理科、计划财务科、人事教育科、办公室、法制科，设行政编制107人、工勤编制5人。下辖盐市口工商所、水井坊工商所、成龙工商所、春熙工商所、合江亭工商所、牛市口工商所、沙河工商所、三圣工商所、柳江工商所。

【企业注册登记管理】 锦江区实行注册资本认缴登记制度、企业年度报告公示制度，对电子营业执照进行登记管理。《人民日报》对锦江区推进注册登记制度改革，激发民间投资活力的工作进行了专题报道。2014年，新增企业4 506家，较2013年同比增长61.1%；新增企业注册资金总量达到138.1亿元。新增个体工商户5 677户，较2013年同比增长33.48%；新增个体工商户注册资金总量达到3.14亿元。锦江区市场主体增量在成都市5个中心城区和高新区中排名第一。锦江区登记企业总数为18 594家，注册资金总量为977.93亿元；登记个体工商户总数为29 195家，注册资金总量为10.77亿元。

【公平交易监督管理】 锦江区开展“红盾春雷行动2014”专项整治工作，打击制售假冒伪劣商品、销售“傍名牌”商品、虚假宣传等违法行为。清理整顿会所，规范会所经营行为；开展机动车非法生产销售和改装拼装专项整治工作，清查机动车销售企业违法违规销售行为。打击传销违法行为的同时，开展打击传销宣传活动，向社会宣传传销的危害。

清理金融中介资讯信息服务机构，检查各类金融中介资讯信息服务机构1 903家，对15家涉嫌虚假宣传的金融中介机构进行了立案查处。

【流通领域商品质量监管】 锦江区对电取暖产品、絮用制品、铁锅、建材、电动自行车、儿童玩具等商品质量进行了专项检查。配合四川省工商行政管理局、成都市工商行政管理局开展商品质量抽检工作，对流通领域的酒店用品、服装、成人内衣、儿童内衣、学生用品、卫生用品、农药等9个大类的143个批次的商品进行了抽检，处理了23个批次的不合格商品。

【市场监督管理】 锦江区以城乡环境综合治理和“全国文明城市”复查工作为主线，推进市场监管联动机制建设，打造标准化菜市场3个。建立合同回访回查制度和台账制度，对40家企业的203份合同进行了备案。动态监管拍卖行为，确保备案登记制度化。针对集贸市场开展“诚信经营示范店”评比活动，申报两家企业为“守合同重信用企业”。

【商标管理】 锦江区开展宣传活动，宣传新《商标法》。锦江区共有驰名商标5个。其中一个为2014年新增。注册商标7 649个。其中新注册399个。成都舞东风超市连锁有限责任公司、四川香居坊贸易有限公司申报“成都市著名商标”和“四川省著名商标”，4个“四川省著名商标”和5个“成都市著名商标”通过复查。

【国家级广告产业园区认定】 4月，“红星路35号”广告创意产业园区获得工商总局授牌，被认定为国家级广告产业园区。

国土资源管理

【耕地保护】 锦江区耕地面恪守耕地保护红线政策，落实土地用途管制制度，保持耕地面积920万平方米，达到成都市下达的指标要求。

【农村土地征后安置】 锦江区落实农村集体土地征收补偿安置政策，执行征收前公告、安置后公告和登记制度，依法对拆迁范围内的822户集体土地农户、33户购地建房户、95家企业进行了安置和补偿。现房安置3 219人，安置“农转非”人员386人。

【土地执法监察】 锦江区整合国土、规划、城管、属地街道办事处等各方力量，利用GPS等现代化信息手段辅助土地执法工作，对违法用地行为进行查处。组织土地动态巡查活动160余次，调查核实群众举报案件11件，查处违法用地案件8件。

【土地利用管理】 锦江区落实土地用途管制制度，依据耕地占补平衡指标，开展土地节约集约用地专项督查和审计工作。完成白鹭溪生态湿地、创意产业园区等区域土地利用情况调查工作，对2008—2014年出让的经营性用地开工和竣工情况进行了清理，对“批而未供、供而未用”的土地进行了排查。

【“成都环城生态区”建设】 白鹭溪生态湿地建设项目是“成都环城生态区”建设项目的组成部分。锦江区核实了白鹭溪生态湿地土地现状和变更情况，对白鹭溪生态湿地（二期）项目建设进行了部署。

【地籍管理】 锦江区开展地籍调查核心工作，每月对土地现状进行核实。同时健全土地权属管理制度，调查不动产登记信息化工作开展情况，建成城乡土地登记数据库，处理土地权属遗留问题两个，依法向28 034宗土地的业主发放了“国有土地使用权登记证”。

【土地法规宣传】 锦江区在国土网站和新浪微博、腾讯微博“锦江国土在线”栏目上宣传土地法规，解析国土资源管理热点问题。同时还组织国土法律知识培训8期，接待咨询群众34批次。

安全生产管理

【概况】 锦江区生产安全形势稳定，完成省级民生工程目标，14个街道办事处获得“全国安全社区”称号。

【安全生产监管】 锦江区89家企业完成职业危害申报工作，12家企业接入安全生产综合监管信息平台。对危险化学品和烟花爆竹监管检查48次，责令20家单位整改。

【建筑领域安全生产培训】 4月25日，锦江区由建设局牵头，召集16个街道办事处的安全生产监督管理办公室人员、部分社区工作人员以及区属在建工程建设方、监理方、施工方的负责人，在沙河街道辖区内的“锦东庭院”工地召开安全生产知识专题培训会。

【安全生产隐患排查】 锦江区开展安全生产检查和重点行业隐患排查治理，排查隐患587处，整改隐患578处，办理行政案件32件，分别对12家单位作出“停工、停产、停业”的处理决定。

【烟花爆竹市场管理】 锦江区批准烟花爆竹经营点72个，向30家符合条件的经营户发放“烟花爆竹经营（零售）许可证”。打击非法制售烟花爆竹行为，取缔非法经营摊点两个，收缴烟花爆竹40箱。

【安全生产应急演练】 锦江区确定高层楼宇、生产企业、城市综合体为安全生产应急演练重点对象，在东方广场开展高层楼宇火灾事故应急演练，在万达广场开展城市综合体燃气泄漏事故综合应急演练，在新希望乳业控股有限公司开展液氨使用企业安全生产事故应急演练。

【安全生产宣传】 锦江区以“安全生产主题宣讲周”为契机，组建宣讲队到社区、企业，开展“事故警示教育进社区巡展”活动，宣传《安全生产法》。在社区放映《盲洞·迷途》《事故盘点（2014版）》等警示教育片，向社区和建筑工地发放《生活大百科》、环保宣传折扇、环保袋。

【安全生产管理员培训】 锦江区组织70名安全生产专兼职管理人员、344名危险化学品从业人员以及重点企业安全管理人员进行了培训。

投资促进

【概况】 锦江区确定“稳中求进、改革创新、统筹发展”的工作基调，以“转型升级、提质增效”为主线，围绕“国内一流的现代化国际性生态型精品城区”建设，创新投资促进工作，研究行业招商战略，拓展对外开放合作的广度和深度。对外开放各项目标综合评比在成都市5个中心城区中排名第二，连续第七次获得“全市对外开放工作先进单位”称号。

【资金和项目引进】 锦江区实际利用外资16.07亿美元，引进省外资金272.19亿元人民币，引进重大产业化项目34个。

【“世界500强”引进】 锦江区引进“世界500强”企业7家。入驻锦江区的“世界500强”企业达116家，占成都市“世界500强企业”总数（262家）的44%，保持成都市“世界500强企业”和跨国公司集聚度最高城区的优势。“世界500强”的聚集，推动了锦江区高端产业发展。

锦江区2014年引进“世界500强”企业情况表

序号	企业名称
1	永诚财产保险股份有限公司四川分公司
2	高纬物业咨询有限公司成都分公司

续表：锦江区2014年引进“世界500强”企业情况表

序号	企业名称
3	中国人民财产保险股份有限公司四川省分公司
4	乐天地产（成都）有限公司
5	富士电机（中国）有限公司成都分公司
6	中国农业发展银行四川省分行
7	澳新银行成都分行

【金融服务业发展促进】 锦江区引进恒生银行，协助恒生银行办理落户手续，确保在预定时间开业；引进澳新银行，落户成都IFS国际金融中心；引进台湾第一银行，设立成都分行。

【休闲服务业发展促进】 国际知名电动汽车制造企业特斯拉公司旗下特斯拉汽车销售服务（成都）有限公司落户锦江区。引进了成都市名居酒店管理有限责任公司、成都市金创永利酒店管理有限责任公司、成都海啼餐饮管理有限公司等137家知名休闲服务企业。

【地产服务业发展促进】 锦江区政府与四川发展公司签订《关于共同打造省级投融资中心项目战略合作协议》，促成四川发展公司与绿地集团签订《关于出资设立四川绿地发展投资有限公司合作协议》，形成政企合作的发展态势。

【其他产业发展促进】 锦江区引进了WPP集团旗下黑弧奥美西南区总部、今日酷媒文化传媒有限公司等知名文化创意类企业。专业服务业方面引进了毕马威华振会计师事务所成都分所，信息服务业方面引进了苏州八爪鱼在线旅游四川分公司。

【国际知名品牌引进】 锦江区以成都IFS国际金融中心、晶融汇广场、成都太古里商业综合体等项目为载体，引进国际知名品牌60个。锦江区国际品牌旗舰店数量和经营面积位居国内第三、中国西部第一。

【中国西部国际博览会招商项目】 锦江区在第十四届中国国际西部博览会上签约的重点项目全部履约，项目实现率、开工率、投产率均达到100%，资金到位率达到62.5%。

【成都市投资说明会招商项目】 锦江区与北京首创股份有限公司在成都市投资说明会暨项目签约仪式上签订投资服务协议，协议投资金额达到30亿元。

【招商考察】 中共锦江区委员会书记周思源率锦江区招商考察团赴北京拜访WPP集团旗下黑弧奥美地产行销传播集团、老佛爷百货公司、华熙国际投资集团、国家开发银行金融公司等现代服务业企业，考察颐堤港综合体项目、芳草地综合体项目、万事达中心等城市商业文化项目。

区域合作促进

【“锦金”合作】 锦江区和成都市金堂县签订《锦江区·金堂县圈层融合共同推进产业倍增发展行动宣言》以来，利用财富全球论坛、世界华商大会、中国西部国际博览会等契机，开展联合招商工作，已经形成圈层融合的对口联系机制。

【“锦青”合作】 锦江区利用成都市青白江区的地理优势，承接产业转移，建立互动式招商引资工作机制，推动区域优势互补，实现商贸业、物流业跨区域联动发展目标。四川食泰餐饮管理股份有限公司代理的全球第二大西式餐饮连锁店“汉堡王”中国西南总部落户锦江区后，锦江区向企业推荐青白江区食品加工基地和材料仓储基地，组织企业代表到青白江区考察投资环境。

社会事务管理

SOCIAL AFFAIRS MANAGEMENT

社会保险管理

【养老金社会化发放】 锦江区根据《四川省人力资源和社会保障厅、四川省财政厅关于2014年调整企业退休人员基本养老金的通知》的规定，执行养老金社会化发放制度，涉及退休人员35 224人，发放养老金65 944.79万元，养老金社会化发放率达到100%。

【被征地"农转非"人员社会保险管理】 锦江区按照《成都市政府关于进一步落实被征地农民社会保障工作的通知》的规定，落实2008年4月11日后被征地人员的参保工作。为585名被征地"农转非"人员办理了参保缴费手续。

【企业退休职工养老金调整】 锦江区为2013年12月31日前参加企业职工基本养老保险并办理了退休（退职）手续和已办理领取基本养老金手续的企业退休人员调整待遇。涉及企业退休人员32 828人，共支付养老金1 705.97万元。企业退休职工每人每月平均增加养老金173元。

【医疗保险转移接续工作】 锦江区为1 764人办理医疗保险转移手续，办结1 151人。其中省外转入459人、省内转入277人，省外转出132人、省内转出277人。经核算，个人账户转出24.82万元，个人账户转入78.52万元。

【伤残审核】 锦江区按照国家伤残认定标准的规定，受理伤残认定申请，审核1～6级伤残1 258人次。

【超龄重度残疾人员养老保险管理】 锦江区根据《关于政府资助城乡重度残疾人参加养老保险有关问题的通知》的要求，制订超龄和适龄重度残疾人员参加城镇职工养老保险工作流程。经过调查，批准329名超龄重度残疾人参加城镇职工基本养老保险。其中超龄重度残疾人员76人，适龄重度残疾人员253人。

【农村养老保险并轨工作】 1月1日，锦江区已按照《关于原则同意〈锦江区自建农村养老保险并轨城镇职工基本养老保险实施方案（送审稿）〉的复函》和《关于锦江区自建农村养老保险并轨接续城镇职工基本养老保险有关问题的通知》的要求，完成了自建农村养老保险并轨城镇职工基本养老保险工作。并轨总人数为13 439人，并轨总金额达到1.79亿元。3

月，农保并轨人员首次随城镇职工享受2014年养老金调资政策。符合调资政策的人员达到3 318人，共调整养老金1 269 750元，每人每月平均增资127.56元。3月24日，调整资金全部到账。6月27日，锦江区将并轨资料移交成都市人力资源和社会保障局。同时建立了农保并轨专项档案。

【社会保险基础知识培训】 锦江区针对四期工伤、生育、医疗保险转移等工作，组织区域内231家参保企业举办政策培训活动。培训经办人员266人，发放宣传资料6 650份。锦江区还组织定点医疗机构和定点零售药店开展医疗保险专业知识培训，举办培训班8期。460名定点医疗机构的执业医师、执业护士和158名定点零售药店经办人员参加培训。

【医保基金监督检查】 锦江区针对定点医疗机构和定点零售药店履行服务协议情况开展监督检查工作，检查定点医疗机构24个、定点零售药店241家、定点诊所39家，追回基金37 320.88元，扣除违规医院保证金111 962.64元。受理、查处举报案件5件，追回医保基金24.36万元，扣除保证金72.22万元。

【特殊疾病门诊业务】 锦江区开展特殊疾病门诊业务，组织定点医疗机构保险经办人员培训。患有糖尿病、心脏病等疾病的病人到特殊疾病门诊就医后，不需住院，定期到医院领取药物。锦江区2014年二季度特殊疾病门诊统筹支付费用比一季度减少828万元，次均支付费用减少910元。

计划生育行政管理

【计划生育依法行政】 锦江区制订《整治社区公共服务站人口和计划生育窗口服务管理的规定》《整治落实惠民政策缩水走样的相关规定和禁止在计划生育工作中违规收费的相关规定》，将两个文件作为计划生育基层服务窗口正风肃纪的准绳。针对再生育审批和违法生育案件处理建立集体讨论审批制度，落实“单独两孩”政策。处理违法生育案件43件，征收社会抚养费270.15万元；审批再生育案件1 249件，法律文书有效送达率达到100%。

【行政执法案卷评查】 锦江区每季度组织街道办事处开展行政执法案卷交叉评查工作。一评案卷制作是否规范，二评行政执法基础账册是否规范，三评社会抚养费征收率是否达标。工作中采用集中与分散相结合、互评与点评相结合、评查与考试相结合的方式，提升案卷质量总体水平。

【流动人口计划生育协会建设】 锦江区在流动人口聚集地成立流动人口计划生育协会，根据各街道特色确定服务项目，明确服务管理人员，吸纳流动人口为会员。位于双桂路街道辖区的中铁三局成都分公司ICC项目部成立了流动人口均等化服务示范协会，举办了生殖健康讲座，为建筑工人提供生殖健康知识咨询、孕前优生健康检查咨询和避孕药具知情选择咨询等服务。区域内流动人口计划生育协会覆盖率达80%。

【计划生育利益导向机制建设】 锦江区兑现“计划生育家庭奖励扶助金”73.53万元，766人受益；兑现“计划生育特别扶助金”327.34万元，871人受益。投入资金23.31万元帮扶“计划生育三结合户”，为新增“三结合户”18周岁以内的19名儿童购买少儿基础医疗保险及大病补充医疗保险。推进“幸福工程”建设，对10名贫困母亲和孤残留守儿童进行了慰问，发送慰问品和慰问金，总共耗资40 000余元。

【人口和计划生育工作经费投入】 锦江区按每人每月18.61元的标准，由财政逐月投入人口和计划生育工作经费1 084.73万元（含户籍人口和流动人口58.28万人）。街道级人口和计划生育工作经费实际投入量达到每人每月两元。

民政事务管理

【流浪乞讨人员救助管理】 锦江区在传统节日期间开展流浪乞讨人员集中救助行动，劝导街面流浪乞讨人员1 200余人次，救助流浪乞讨人员40余人。其中救助站救助13人，救助率100%。

【殡葬管理】 锦江区开展殡葬行业专项整治工作，健全公墓管理制度，杜绝炒卖公墓现象。坚持长期宣传殡葬法律法规，倡导文明丧葬习俗。为户籍在锦江区的2 164名亡者免除基本殡葬服务费，免费金额达116万元。

【婚姻登记管理】 锦江区登记结婚夫妻6 276对，向1 232对夫妇补发“结婚证”；为2 710对夫妻办理离婚登记手续，补发“离婚证”770个。出具“婚姻登记证明”13 329份。

【收养工作】 锦江区办理收养申请两件，办理解除收养关系申请1件。

【优抚优待】 锦江区向1 158户重点优抚对象发放“定补金”“定抚金”1 000余万元，发放“生活补助金”100余万元，发放“价调金”40余万元。按每户17 614元的标准，向296名义务兵家属发放“优待金”500万元。锦江区的优抚对象到指定医院就医享受医疗“一站式”服务，向重点优抚对象发放“医疗补助金”1 200人次，共200余万元。接收残疾军人9人，为12人评定和调整残疾等级。

【军人和军队职工安置】 锦江区接收退役士兵166人。其中149人自主就业，安置就业16人，自谋职业1人。发放“自主就业补助金”390万元、“自谋职业补助金”70 000元，为待安置人员发放生活费20 000元。接收军队退休干部43人、军队无军籍退休职工73人，安置率达到100%。

【双拥工作】 锦江区完善创建“四川省双拥模范区”的申报资料，推进“四川省双拥模范区”创建工作。在春节、“八一”前慰问驻区部队，发送慰问金10万元。耗资40余万元慰问优抚对象。按每人100元的标准，向重点优抚对象发放慰问金和慰问品；按每人60元的标准，向其他优抚对象发放慰问金和慰问品。投资15万元改建驻区武警成都市森林大队食堂，向部队赠送图书3 000余册，赠送价值10 000元的文化体育用品。

【军队离退休干部服务管理】 锦江区军队离退休干部服务管理中心管理军队离退休干部（士官）336人。其中军队离休干部3人、退休干部323人、退休士官10人。

社会组织管理

【社会组织登记管理】 锦江区办理民办非企业单位成立登记43件，变更登记21件，注销登记1件；办理社会团体成立登记6件，变更登记1件，注销登记3件。锦江区共有登记类社会组织363个。其中民办非企业社会组织307个、社会团体56个。共有备案类社区社会组织601个，新增92个，注销181个。

【社会组织年检】 锦江区完成271个社会组织年检工作，年检率达到92%。

【社会组织建设创新示范区】 锦江区根据《关于开展创建全国社会组织建设创新示范区活动的通知》的精神，启动“全国社会组织建设创新示范区”创建工作。

【社会组织党的建设】 锦江区制订《2014年社会组织党建工作实施方案及专项目标任务分解表》，开展社会组织党建工作。建立党组织的社会组织共150个。其中两个社会组织建立了党总支部，148个社会组织建立了党支部。党组织在社会组织中的覆盖率达到100%。

【社会组织诚信建设】 锦江区开展社会组织诚信建设活动，社会组织签订《诚信建设责任书》38份。

【社会组织开办资金扶持】 锦江区委托第三方机构对107个社会组织进行考核。参加考核的登记类社会组织28个，备案类社会组织79个。向考核合格的83个社会组织兑现开办扶持资金77.5万元。获得扶持资金的登记类社会组织共24个，备案类社会组织59个。

【社会组织孵化】 锦江区共孵化社会组织153个。

【社会组织专题培训】 锦江区以成都社会组织学院为平台，举办社会组织专题培训班4期。中央行政学院公共管理教研部副主任、法学博士、教授马庆钰，清华大学公共管理学院副教授、清华NGO研究所副所长、社会学博士贾西津等专家和民政部民间组织管理局副局长廖鸿等人应邀担任授课老师，讲解社会组织政策、社会组织党建等知识。

【社会组织从业者执业资格培训】 锦江区组织社会组织从业人员参加成都市助理社会工作师、社会工作师继续教育培训30次。组织社会组织从业人员参加成都市社工评定考试专业辅导培训。

【“全国社会工作领军人才”评选】 锦江区组织社会组织从业人员参加中国首批“社会工作领军人才”选拔活动。锦江爱有戏社区文化发展中心负责人刘飞被评为四川省首批“全国社会工作领军人才”。

【“社会工作专业人才小高地”建设】 锦江区组织社会组织参加“社会工作专业人才小高地”建设。锦江爱有戏社区文化发展中心、华诚助老服务中心、蓉和社会工作服务中心分别被列为“一级人才小高地”“二级人才小高地”“三级人才小高地”。

【锦江人才计划】 锦江区组织社会组织参加“锦江人才计划”。5名社会组织从业人员分别获“创业人才”“创新人才”称号。

【社会工作者职业水平考试培训】 锦江区与成都信息工程学院文化艺术学院（社工专业）合作，开展2014年度社会组织从业人员报考全国社会工作者职业水平考试（初级）考前培训工作。制订《2014年度社会组织从业人员报考全国社会工作者职业水平考试（初级）考前培训的实施方案》，对90名报考人员进行了免费培训，达到每人400学时的要求。

【社会公益组织项目】 锦江区实施“TSP公益项目”（“TSP”全称The seed project，意为“种子计划”），涉及金额300余万元，受益群体达80 000余人。举办“金拇指”大学生公益项目创新大赛，吸引省内外14所高校的23名专业指导老师、320余名大学生、80支大学生团队参加，26个项目获奖。5个优秀公益项目获准实施，获得6家企业定向捐赠，金额达2.54万元。

2014年12月2日，锦基金“种子计划”（TSP）项目入围第三届“中国社会创新奖”

社会事业发展

SOCIAL UNDERTAKING DEVELOPMENT

教育事业

【教育资源】 锦江区共有小学31所、中学13所、幼儿园69所。其中公办幼儿园10所、民办幼儿园59所。有中等职业学校两所，公办和民办各1所。教职员工共7 669人。在编教师中有66人获得“全国优秀教师”“四川省特级教师”“四川省学术技术带头人”“成都市拔尖人才”“成都市教育专家”“成都市学科带头人”荣誉和享受国务院、四川省政府的特殊津贴，有132名教师被授予“成都市优秀青年教师”称号。

【义务教育校际均衡工作】 锦江区《成都市2014年度义务教育校际均衡监测总报告及区（市）县报告》中，2013年的义务教育区域内总体均衡总指数为0.24，小学和初中办学条件的8项指标差异系数平均值分别为0.30和0.22，位居成都市义务教育校际均衡程度以及教育发展水平的第一方阵。

【督学机制建设】 锦江区调整学校考评方式和督学工作机制，按照“规划引领，鼓励自主，督导并重，轻负高效”的思路，制订《2014—2016年中小学（幼儿园）目标考核方案》。建立了“三个自主”发展模式。即坚持鼓励学校自主发展，坚持学校自主规划，坚持学校自主申报发展项目和考核小组。

【学校制度建设试点工作】 锦江区开展“一校一章程”活动，提出“修订章程程序规范、合法，修订过程民主”的要求。同时推进法人治理试点工作，完善学校理事会、监督层与执行层的运行机制，学校理事参与学校管理的实效性得到提升。《中国教育报》对试点工作进行了报道。

【“法律进学校”工作】 锦江区创新建立“三化一基地”工作思路，推进“法律进学校”工作。“三化”即法治教育生活化、法治教育融合化、法治教育情景化；“一基地”即锦江区依托成都市第七中学育才学校新校区、成都师范学院附属小学慧源校区、文轩优优幼稚园等优质教育资源，建设法治文化教育基地。并以基地为载体，开展依法治市文化建设网络作品征集、法治教育书画比赛、依法治区主题创造大赛等活动。成都市第七中学育才学校郑艳被评为成都市的“我最喜爱的普法员”。

【“缤纷校园·艺满锦江”作品展】 9月10日，中共锦江区委员会宣传部、锦江区教育局、锦江区文化广播和新闻出版局共同举办的“缤纷校园·艺满锦江”

2014年9月13日，“缤纷校园·艺满锦江”主题活动开幕

锦江区师生优秀书画作品展览活动在白鹭湾生态湿地开幕。现场展出书法、绘画、摄影、刺绣、手工编织等艺术作品500余件。

【“家长论坛”活动】 8月30日，锦江区以“做一个优秀的家长”为主题，在成龙街道辖区国槐社区青少年教育中心举办“家长论坛”活动。参加活动的锦江实验学校教师代表、家长代表和小学一年级新生家长共同探讨幼儿教育和小学教育衔接问题。成都市妇女联合会家庭教育指导中心特聘专家曾庆兰现场举办“从幼儿园到小学，衔接教育与家庭教育”专题讲座。

【家庭教育与学校教育衔接】 锦江区启动“锦江全时空”校社互动工程，完善“学校、家庭、社会”立体教育网络体系，推动学校教育与家庭教育衔接机制建设。

【环境教育】 5月22日，锦江教育现代化暨环境友好型学校创建工作会在成都市第七中学育才学校三

2014年5月22日，锦江区向中小学生发送《走进白鹭湾湿地》

圣分校召开。锦江区教育局、锦江区环境保护局共同编制的成都市第一部白鹭湾湿地科普读物《走进白鹭湾湿地（试行本）》在会上发布。

【教育干部和教师专业素养培养】 锦江区在教育干部和教师中开展跟岗培训工作。以提升校长课程领导力为核心，分期分批次选派39名中小学行政干部和教师到北京市第十一中学、上海晋元高级中学、清华大学附属小学等学校挂职培训；选派26名校长到北京市海淀区教育委员会和教师进修学校学习。开设副校长高级研修班，特聘专家分组指导，完成“一对一”沙龙式自助培训任务。组织学员到成都市实验小学，以“教师培养机制的思考与实践”为主题，开展暑期干部教师培训活动。组织60名副校级干部和中层干部代表，组成管理干部高级研修班，分批到清华大学接受为期一周的综合素养提升培训；组织60名学科骨干教师代表，组成骨干教师高级研修班，分批到清华大学接受为期一周的综合素养提升培训。组织校长、园长到成都师范学院附属小学万科分校、成都市第七中学育才学校学道分校观摩交流。邀请教育部课程中心专家开设专题讲座，培训干部和教师约300人。完成区域第四期共8个学科教育教学“名师工作室”组建工作，组建特殊教育、心理健康教育研修工作室各一个，为“名师工作室”遴选研修学员80余人。

【教育干部和教师交流】 锦江区建立教育干部和教师交流制度，义务教育学校交流校长（含副校长）16人，交流教师223人。教育联盟间交流干部5人、教师43人。锦江区教师管理中心启动教师资格定期注册试点工作，选择成都师范学院附属小学万科分校、成都市第三幼儿园、成都市现代职业技术学校等6所公办学校为试点学校。

【构建“八分钟学习圈”】 锦江区在龙舟路街道辖区打造“八分钟学习圈”，探索社区教育牵引创新社区治理机制新路径。中共成都市委员会政策研究室编印的《工作与研究》第37期和《成都市教育局简报》

第18期均全文登载了《龙舟路街道辖区“八分钟学习圈”牵引创新社区治理机制》。

【智慧化院落学习室建设】 锦江区以水井坊街道辖区较场坝东苑社区为试点，打造智慧院落学习室。借助有线数字电视网络，植入社区教育课程、读本、视频等模式，打造了爱家社区电视智能信息平台，引导居民利用智能化、数字化技术学习知识文化。

【俄罗斯儿童教育机构交流访问】 9月15日，俄罗斯“海洋”儿童活动中心代表团交流访问欢迎仪式在成都市第七中学育才学校学道分校举行。锦江区以“感恩致谢，增进了解，巩固传统友谊”为主题，组织了中俄学校艺术表演和文化交流活动。俄罗斯“海洋”儿童活动中心代表团向锦江区赠送象征友谊长存的帆船模型。四川省教育厅厅长朱世宏向俄罗斯“海洋”国际儿童中心代表团颁发了友好证书。

【“四川基督城教育节”活动】 9月19日，“四川基督城教育节”活动在四川师范大学附属中学举办。四川省教育厅党组成员、四川省政府教育督导团总督学刘东，新西兰基督城教委执行董事Mike Hadley，基督城教育委员会主任Emily Branthwaite，锦江区政府副区长吴文辉，四川省教育厅外事处处长苏萍出席活动。来自新西兰基督城各学校和四川省各学校的师生代表共200余人参加活动。双方就两地学校合作与交流进行了研讨。

【学区制试点工作】 锦江区按照“先行先试”的原则，在锦江国际新城学区、东升学区、狮子山学区、三圣学区开展学区制试点工作。组织4个试点学区所在学校，围绕学区建设主题开展学校课程整合与学区课程共享研究工作。调研狮子山学区活动日课程实施情况和三圣学区课程整合研究情况，指导学校按照国家课程校本化实施要求，丰富课程资源。

【学校课程计划编制讲座】 3月28日，上海华东师范大学课程与教学专家胡惠闵应邀在四川师范大学附属中学高中部开设讲坛。讲座主题是“学校课程规划编制”。锦江区12所中学、28所小学的校长和分管行政干部、骨干教师及科室负责人230余人参加活动。

【试点学科课程整合研究】 锦江区以成都市第七中学育才学校学道分校、三圣分校和嘉祥学校为试点，开展学科内、学科间、学段间的课程整合研究工作。学道分校对6～9年级语文、数学、外语等学科的内容进行了整合，解决了学段转换中存在的问题。三圣分校以“研学旅行”活动为载体，整合多元课程。嘉祥学校组建两个二四分段课程改革试点项目班，探索内涵发展和拔尖创新人才培养的新途径。

【王东明视察成都市第七中学育才学校】 9月9日，中共四川省委员会书记王东明到成都市第七中学育才学校视察。王东明视察了学校网班备课教室、网校导播中心、名师工作室和创新实验室，询问了学校远程教学、教师备课培训等情况。中共四川省委员会常务委员、中共成都市委员会书记黄新初陪同视察。

【区本精品课程研发】 锦江区负责中学区本课程研究的5个项目组增加了探究型学习、研究型学习的课程内容。以省级课题“高中学生自由意志力现状及培养对策研究”为牵引，培育区本精品课程“心理健康”，研发高中生个人成长主动性、情绪自理、人生规划等心理健康课程。10—11月，在高中学校开展了专题调研工作。共有6所高中的2 418名高中生参加调研。

【作业效能研究】 锦江区建立作业管理制度，开展了学生作业问卷调查工作。据成都市2014年义务教育阶段学生作业专项监测显示，锦江区学生课业负担过重情况得到缓解。

【服务进城务工人员子女就学】 锦江区宣传进城务工人员随迁子女入学政策，组织街道办事处工作人员开展政策培训，张贴《进城务工人员随迁子女接受义务教育办理流程图》，为1 107名进城务工人员的随迁子女办理了中学入学手续。

【课堂教学比赛】 锦江区在中央电教馆举办的2014年新媒体新技术教学应用研讨会暨第七届全国中小学互动课堂教学实践观摩活动课例评审中，在中国中西部地区的区县中排名第一，获奖课例达123节。其中一等奖22节，占成都地区获奖总数的三分之二。5月27日，在安徽合肥举行的现场赛课活动中，锦江区参赛的7名教师全部获得一等奖，锦江区教育局获组织奖。

【区域教育信息化工作】 锦江区建立"1653"区域教育信息化机制。"1"即把"以信息化促进教育均衡化，以信息化领跑教育现代化，以信息化助推教育国际化"确定为全域推进教育信息化建设的指导思想;"6"即搭建"网络基础、教学应用、教学资源、在线教育、教育技术管理、教育督导考核"6个工作平台；"5"即制订"融合教研、融聚资源、融析数据、融创空间、融联职能"5项措施；"3"即突出"抓课题、抓示范、抓引领"3个工作抓手。7月11日，四川省教育厅厅长朱世宏对《锦江区推进教育信息化"1653"工作经验报告》进行了批示，肯定锦江区的成绩。9月17日，《中国教育报》聚焦锦江区教育信息化工作，在教育信息化专版头条刊载《建设高品质应用高效能——看成都市锦江区如何推进教育信息化》。

【教育信息化专题培训】 11月26日和12月2日，四川省教育厅分两期举办的四川省教育行政部门领导干部教育信息化专题培训班在锦江区天涯石小学开班。四川省21个市、州和183个县、市、区的500名教育行政干部参加培训。锦江区教育局以"推进区域教育信息化的锦江实践"为题，在开班仪式上作经验交流。

【教育公建配套项目建设】 锦江区制订《成都市锦江区公办幼儿园标准化提升工程规划（2014—2016年）》。"攀成钢"东区配套幼儿园和粮丰幼儿园竣工移交，沙河配套幼儿园、石胜幼儿园两个项目竣工，大安幼儿园、"攀成钢"西区配套幼儿园、"锦东庭园"配套幼儿园完成主体建设，"望江锦园"配套小学项目启动主体工程建设。

【学校基础工程建设】 锦江区制订《教育系统小额工程建设监督管理办法（试行）》《教育系统学校维修管理办法》。完成四川师范大学附属中学体育馆主体建设、青少年宫装修改造工程、成都市第七中学育才学校改建工程、成都市第十七中学改扩建工程、祝国寺小学过渡校点建设工程，完成田家炳中学新建综合楼工程的前期手续。

【中国基础教育课程教学改革研讨会】 12月17日—18日，第一届中国基础教育课程教学改革研讨会在锦江区召开。国内各地教育专家、学者共300余人参会。会议围绕贯彻党的十八大精神和落实教育部《关于全面深化课程改革，落实立德树人根本任务的意见》进行探讨。《人民网》《中国教育报》《四川日报》《成都日报》等媒体对会议进行了报道。

2014年，第一届全国基础教育课程教学改革研讨会在锦江区召开

科技事业

【科技成果转化】 锦江区以"金桥工程"为平台，促进科技成果转化，技术市场成交合同金额达到9.35亿元。

【政校合作】 锦江区与北京大学环境科学与工程学院、四川师范大学、成都大学等院校签订战略合作协议，借助高校优势促进科技成果转化。打造了企业技术中心和产学研联合实验室，新希望乳业控股有限公司被批准为产学研联合实验室。

【专利保护和专利项目扶持】 锦江区根据《关于下发成都市2014年度区（市）县创新驱动发展绩效考核目标的通知》精神，开展专利保护工作。2014年，申请专利2 827件。其中发明专利1 164件，授权专利2 645件。为专利项目提供资助，资助金额达到189.07万元。

【知识产权转化】 锦江区颁布《鼓励自有知识产权创新实施办法》，遴选优势产业骨干企业，开展知识产权试点工作。组织3家企业申报“成都市第三批知识产权试点示范”和“优势培育企业”。开展社区知识产权宣传活动，发放宣传资料1 000余份。

文化事业

【基层文化活动场地建设】 锦江区建成街道文化活动中心75个，新增社区文化活动室53个。

【锦江区图书馆】 锦江区图书馆面积约4 500平方米，设阅览坐席400个；收藏纸质图书28万册、中文报纸60种、电子书刊13万种。锦江区图书馆365天开馆，每日9时至21时接待读者，每星期开放84小时。2014年，锦江区图书馆接待读者36万人次，书刊外借28万人次。5月，中国图书馆学会授予锦江区图书馆“全民阅读先进单位”称号。

【智能图书馆建设】 锦江区在完善图书馆硬件设施的同时实施了智能化建设。完成图书借阅“一卡通”建设任务，安装“通借通还”网络管理平台。新增歌德电子图书借阅机，内存电子书籍2 000册，每月更新书籍200册。读者只需触屏即可操作。

【文化馆建设】 锦江区启动文化馆录音室项目建设，项目总投资62.2万元。5月4日，项目开工；5月9日，完成安装调试任务，投入使用。

【图书流转】 锦江区新建图书流转点3个，为16个街道图书流转分中心流转图书4次，为各基层流转点配送图书73 426册。

【群众文艺活动】 锦江区利用特色品牌“春熙放歌”和“社区文化节”组织文艺演出4场，组织法治文艺演出两场，开展文艺宣传活动12次，参加活动的群众达到60 000人次。

锦江区街道文化活动中心和社区文化活动室点位统计表

序号	名称	地址	面积（平方米）
1	莲新街道文化活动中心	海椒市街60号	200
2	海椒市社区文化活动室	海椒市东街43号	200
3	九眼桥社区文化活动室	新桂村西五街16号	200
4	宏济路社区文化活动室	宏济巷25号	60
5	一心桥社区文化活动室	东四横街7-8号	200
6	紫东社区文化活动室	海椒市街15号	60
7	合江亭街道文化活动中心	天仙桥南路4号	800
8	合江亭社区文化活动室	下东大街328号309室	160
9	东升社区文化活动室	东升街53号3楼	400
10	大慈寺社区文化活动室	东顺城南街59号	100

续表：锦江区街道文化活动中心和社区文化活动室点位情况统计表

序号	名称	地址	面积（平方米）
11	督院街街道文化活动中心	红星路四段6号	500
12	滨江路社区文化活动室（与街道文化活动中心共用）	红星路四段6号	500
13	督院街社区文化活动室	大塘坎街68号	100
14	青石桥社区文化活动室	南府街58号	100
15	春熙路街道文化活动中心	梓潼桥正街58号	200
16	华兴街社区文化活动室	岳府街58号	50
17	总府路社区文化活动室	联升巷10号	80
18	岳府街社区文化活动室	桂王桥西街25号	100
19	柳江街道文化活动中心（与锦馨社区文化活动室共用）	榕声路84号	1 500
20	琉璃社区文化活动室	柳翠路179号	600
21	柳江社区文化活动室	翠凤路444号	100
22	包江桥社区文化活动室		400
23	生研所社区文化活动室	锦华路三段379号	200
24	祝国寺社区文化活动室		400
25	潘家沟社区文化活动室		200
26	龙舟路街道文化活动中心	三官堂街11号	300
27	河滨社区文化活动室（与街道文化活动中心共用）	三官堂街11号	300
28	龙舟社区文化活动室	莲花新区北一巷10号	40
29	顺江社区文化活动室	莲桂南路185号	300
30	狮子山街道文化活动中心	劼人路27号	500
31	川师大社区文化活动室	静安路5号	100
32	万科社区文化活动室	静安路1号	100
33	菱窠社区文化活动室	菱窠东路62号	100
34	双桂路街道文化活动中心	静居寺路科源大厦3楼	578
35	牛沙社区文化活动室（与街道文化活动中心共用）	静居寺路科源大厦3楼	578
36	五福桥社区文化活动室	江东二区居民之家	300
37	书院街街道文化活动中心	成都市华星路12号	1 300
38	东较场社区文化活动室（与街道文化活动中心共用）	成都市华星路12号	1 300
39	天涯石社区文化活动室	天涯石北街153号	90
40	福字街社区文化活动室	武城大街91号	60
41	牛市口街道文化活动中心	席草田巷15号	400
42	华成路社区文化活动室（与街道文化活动中心共用）	席草田巷15号	400
43	水碾河路南社区文化活动室	水碾河路46号15幢	20
44	得胜街社区文化活动室	锦东路555号附16号	130
45	三圣街道文化活动中心	红砂社区联合二组377号	1 100
46	幸福社区文化活动室	幸福社区联合110号	100
47	红砂社区文化活动室	红砂社区联合二组	120
48	万福社区文化活动室	万福社区十组	80
49	驸马社区文化活动室	驸马社区附江路186号	100
50	江家堰社区文化活动室	江家堰社区五组	50
51	大安桥社区文化活动室	锦水花乡	500
52	沙河街道文化活动中心	静康路789号	100
53	沙河社区文化活动室（与街道文化活动中心共用）	静康路789号	100
54	塔子山社区文化活动室	秀水街1号	200

续表：锦江区街道文化活动中心和社区文化活动室点位情况统计表

序号	名称	地址	面积（平方米）
55	盐市口街道文化活动中心	梨花街39号	500
56	学道街社区文化活动室	梨花街9号	200
57	青年路社区文化活动室	东华门街35号	200
58	水井坊街道文化活动中心（与水井坊社区文化活动室共建）	青和里北段一号	881
59	交子社区文化活动室	点将台东街4号	600
60	东光街道文化活动中心	锦华路一段115号	2 000
61	东怡社区文化活动室	东光街5号	80
62	翡翠社区文化活动室	华润路1号附44号	30
63	新莲新社区文化活动室	东怡街83号附2号	78
64	永兴社区文化活动室	净居寺西街174号	50
65	锦华社区文化活动室	琉璃路90号	10
66	成龙路街道文化活动中心	国槐街835号	520
67	金像寺社区文化活动室	修建中	修建中
68	粮丰社区文化活动室	牡丹街595号	60
69	皇经楼社区文化活动室	皇经楼社区七组	85
70	花香苑社区文化活动室	大观里广场	50
71	国槐路社区文化活动室	国槐街835号	520
72	皇经社区文化活动室	经天路10号	260
73	槿子树社区文化活动室	皇经楼一街88号	160
74	金象花园社区文化活动室	晨辉一街11号	60
75	华新社区文化活动室	华新社区广场	130

【艺术展演活动】 锦江区开展“缤纷校园·艺满锦江”师生书画展、“春暖白鹭湾”摄影艺术展等展览活动14场次。其中室内展9场、户外展5场。参与群众达到10 000人次。

【“文化下乡”活动】 1月10日，锦江区举办“送文化下乡——文化志愿者在行动”综合文艺演出活动。开展“国学经典诵读在锦江·公益讲座进社区”活动12场次。在宣传活动中向群众赠送期刊200余册，赠送年画、春联各100余幅。

【“锦江讲堂”活动】 锦江区开设“锦江讲堂”，围绕春节、清明节、端午节、七夕节、中秋节、重阳节的由来，举办“我们的节日”民俗公益讲座。邀请诗人、作家流沙河主讲，开设“锦江讲堂”之流沙河《诗经》系列公益讲座。还开设了“锦江讲堂”之“红标·成都”卫生急救知识公益讲座、“锦江微梦想”读书会公益讲座、老年养生保健公益讲座。2014年，“锦江讲堂”举办各类公益讲座82场。

【“电影人人看”工程】 锦江区推进实施“电影人人看”工程，启动“公益电影进影院”活动，为环卫工人、儿童开设专场，共有2 000余名群众观影。2014年，放映电影225场，观影群众超过10 000人次。在16个街道辖区的62个社区放映电影600场，受到社区居民的欢迎。

【文化工作者培训】 锦江区在街道、社区开展基层文化工作者业务培训160余次。重点对涉农社区文化工作者进行培训，共开设培训班70余期。两次开展基层图书管理员业务培训，参训人员达100余人次。锦江区市民文化艺术培训学校开展社区公益性培训3期，组织文艺辅导活动350次，参训人员达16 000人次。锦江区文化馆开展街道辅导员培训活动12次。

【文化成果】 锦江区编排的大型话剧《后人》在“文

化惠民”活动和“话剧进万家”活动中演出20场次。在“四川省群星奖”评比活动中，锦江区编排的小品《明月几时有》获一等奖，歌曲《妹是麦子遍山黄》获二等奖，《成都糖画》《雪域盟鼓》获音乐舞蹈戏剧曲艺决赛三等奖。《成都糖画》还获得“天籁之音·石海之约”西南民歌邀请赛三等奖。锦江区创作的歌舞作品《中国梦》获得四川省第十三届“五个一工程奖”的荣誉。《啊，锦江》在成都歌曲征集活动中被中共成都市委员会宣传部授予三等奖。《天空》获成都市第五届艺术团体中青年演员表演大赛金奖。锦江女子合唱团、锦江合唱团分别在“成都文化四季风·欢歌庆秋”大型群众歌咏比赛中获得二等奖、三等奖。

【文物分布】 锦江区现存43处文物点。其中3处列为“全国重点文物保护单位”，有6处列为“四川省文物保护单位”，另有两处列为“成都市文物保护单位”。区域内分布着江南馆街唐宋街坊遗址、水井街酒坊遗址、大慈寺、李劼人故居等文物保护点。

【李劼人故居纪念馆建设】 5月18日，锦江区以“国际博物馆日”为契机，举办李劼人珍藏书画精品展活动。完成李劼人故居纪念馆的陈列布展工作。10月20日，李劼人故居“菱窠”向社会开放。

【可移动文物普查】 锦江区对209家国有单位收藏文物的情况进行了调查，确定收藏文物的国有单位共4家，收藏文物1 226件套。完成3家文物收藏单位的数据采集工作，登记上报文物36件套。

【非物质文化遗产保护】 锦江区申报“四川省民间文化艺术之乡”，完成了申报资料。建立非物质文化遗产档案，宣传非物质文化遗产知识。开展社区民间剪纸艺术培训29场，组织糖画展演活动7场、扬琴展演活动7场，开展糖画对外交流活动9次。申报四川省第二批非物质文化遗生产性保护示范基地和传习基地。配合“非物质文化遗产传承进校园”主题活动，将糖画、剪纸、中国结、棕编、面塑等非物质文化遗产项目带进校园，在学生中普及传统文化。在锦江文化中心9楼打造了非物质文化遗产陈列室，为“糖画”“水井坊酿造”“四川扬琴”“拓片”“剪纸”提供了展示平台。

卫生事业

【社区卫生服务机构标准化建设】 锦江区按照成都市实施社区卫生服务机构标准化建设的要求，在各社区修建了社区卫生服务中心。双桂街道辖区五福社区卫生服务中心建成面积3 500平方米，东大社区卫生服务中心建成面积4 400平方米，莲新街道辖区莲新社区卫生服务中心建成面积1 700平方米，督院街街道辖区督院社区卫生服务中心建成面积1 200平方米，4个社区卫生服务中心均已投入运营。2014年，锦江区新增社区卫生服务机构12个，增加业务用房10 800平方米。

【健康宣传教育活动】 锦江区各社区卫生服务机构按照要求完成了健康教育宣传任务，发放宣传资料134 515份，开展公众健康咨询活动880次，参与群众达51 472人次。举办健康知识讲座197场次，参与群众达8 504人次。

【微机动态化管理服务】 锦江区使用微机动态化管理孕产妇及儿童健康，微机管理的0 ~ 6周岁儿童78 696人。享受保健服务的0 ~ 6周岁儿童达65 549人次，0 ~ 6周岁儿童口腔保健26 264人次。另对0 ~ 36个月儿童进行中医药健康管理，共5 573人次。危机管理的孕产妇45 782人。为孕产妇提供保健服务26 623人次。

【孕产妇住院分娩补助】 锦江区城乡居民孕产妇住院分娩补助项目补助128人次，补助金额57 600元，补助率100%。

【孕期健康】 锦江区对初次产前保健的孕妇人数进行了统计，共13 183人，咨询孕期保健的孕妇共13 310人。

【待孕妇女叶酸服用】 锦江区待孕妇女叶酸服用率达到95%，叶酸服用依从率88.43%。

【传染病防治设施】 锦江区新增冷链车、防疫消毒车、应急检测车各一辆，实验室设备达到县级A类要求的94.4%，传染病控制类装备齐全率将达到90%，中毒处置类装备齐全率将达到80%，队伍保障类装备和核与放射处置类装备基础性装备齐全率将达到60%。

【传染病登记管理】 锦江区乙丙类传染病累计报告14种2 880例，累计报告发病率418.84/10万，较2013年同比增长21.26%。其中急性传染病（乙类传染病）累计报告发病率为107.91/10万。

【艾滋病预防】 锦江区印发《防治艾滋病“安全有一套”推广行动实施方案》，以“安全有一套”为主题，开展安全套推广工作。2014年，区域人群使用安全套预防艾滋病知识知晓率继续保持在80%以上。

【结核病防治知识普及】 锦江区制订《“3·24世界防治结核病日”系列宣传活动实施方案》，开展了3次结核病防治知识宣传活动。活动期间，发放宣传资料3 000余份、环保袋600只，50余名医务人员提供义诊服务，受惠群众达800余人。

【狂犬病防治】 1—11月，锦江区因犬伤就诊的病人共6 381人，均接种人用狂犬疫苗；为729人注射狂犬免疫球蛋白。完成成都市传染病医院报告的5例疑似狂犬病病例（四川省内的外地户籍病人）个案调查任务。

【食品和餐具采样检查】 锦江区对区内超市、农贸市场、副食店、学校食堂所涉及的12类129件食品的15项检测指标进行主动监测采样。其中112件合格，合格率94.1%。对列为监测点的中小学校的食堂餐具进行采样抽检，共采样160件，合格率达到100%。

【诺如病毒感染事件处置】 锦江区处置了诺如病毒感染引起的感染性胃肠炎聚集性病例，涉及3名儿童、1名机关工作人员，1名学生、1名公司职员。

【精神疾病患者管理】 锦江区完善精神疾病患者医疗保障机制，继续对重性精神疾病患者提供救助。重性精神疾病患者户籍人口检出率为4.45‰，社区管理率达到88.98%。

【艾滋病患者救助】 锦江区落实《艾滋病防治条例》，管理现住址存活感染者777人。检测651人，检测率88.57%；对52名艾滋病患者配偶进行了检测，检测率85.25%。

【卖淫嫖娼人员艾滋病干预】 锦江区对公安机关查获的暗娼实施艾滋病干预，平均每月289人次，干预覆盖率达74.3%，累计HIV检测率达到60.4%；对查获的嫖娼男性实施艾滋病干预，平均每月188人次，干预覆盖率达81.9%，累计HIV检测率达152.1%。

【艾滋病发展情况】 2014年，锦江区新增艾滋病服药病人127人，服药病人总数达467人，较2013年同比增加38.75%。

【艾滋病检查】 锦江区设立6个初筛实验室，在8家社区卫生服务中心和成都市肛肠专科医院、成都市骨科医院、成都东区医院设置HIV快速检测点。2014年，各医疗机构完成初筛检测67 331人次，确认阳性804人，确认阳性率1.19%。完成VCT检测936人，初筛阳性55人，初筛阳性率5.88%。

【艾滋病患者维持治疗】 锦江区向符合治疗条件的病人免费提供抗病毒药物，美沙酮药物维持治疗人数为265人。

【慢性病监测情况】 锦江区上报死亡卡片3 948张，初死亡率为8.39‰。慢性病报告发病2 047例，总报告发病率434.93/10万。其中缺血性心脏病250例、恶性肿瘤557例、糖尿病671例、脑中风640例。男性报告发病1 008例，报告发病率为435.86/10万；女性报告发病1 039例，报告发病率为434.04/10万。

【控烟宣传】 锦江区以“营造无烟环境”为主题，召开公共场所控烟会议，印发“远离烟草，保护健康”宣传折页90 000个，编印《健康教育宣传手册》50 000册，印制禁烟商标30 000个，举办咨询活动21次，向社会倡导“吸烟有害健康”的理念。参与活动人数达1 320人。

【有害生物防治】 锦江区派出有害生物防治专业技术人员699人次，投入灭鼠药11 790公斤，向社区居民免费发放灭鼠毒饵盒1 600个，印发灭鼠宣传资料4 000份。

体育事业

【体育设施建设】 锦江区将10个体育设施建设项目纳入民生工程，投入资金56万元启动建设。新建社区健身室3个，新增全民健身点39处，新增体育场地4 500平方米。

【全民健身活动】 锦江区围绕“运动成都·健康锦江”主题，举办锦江区首届全民健身运动会、中国成都第五届自行车车迷健身节（锦江站）比赛、业余羽毛球公开赛等特色体育活动。还举办了元旦越野赛、自行车车迷健身节、健步走邀请赛、太极拳比赛等群众体育健身活动15次。2014年，承办省级体育赛事3次，承办国家级体育比赛1次。

【体育彩票】 锦江区体育彩票销售额达1.17亿元，获公益金200万元。

【竞技体育】 锦江区以“健康锦江、活力城区，阳光体育、人人参与”为主题，开展青少年体育竞赛活动30次。组织青少年学生参加田径等17个项目的市级竞赛60余次，参加省级竞赛10次，参加国家级比赛3次。选派50余名运动员参加四川省第十二届运动会，获得奖牌60余枚。完成1 237名参赛运动员的参赛注册工作。

【学校体育场馆对外开放】 锦江区制订《学校体育设施向社会开放的实施意见》，投入经费96万元推进各级各类学校体育场馆向社会开放工作。社会公共资源使用效益最大化的作用得到体现。

慈善事业

【慈善募捐】 锦江区落实《开展节俭养德全民节约行动实施方案》，开展“一张纸献爱心行动”募捐活动。募集的1.45万元善款全部用于救治贫困家庭患病儿童。为云南鲁甸地震灾区募捐，募集救灾资金6.39万元。

【慈善救助项目】 锦江区在16个街道办事处部署慈善项目32个。资助一名贫困学生，发放“困难帮扶”金4 000元。开展“阳光大病医疗”救助工作，救助13人，发放“阳光大病医疗救助金”3.06万元。锦江区慈善会成都亨得利不弃基金会开展贫困家庭救助活动，资助9个困难家庭，救助金额达9.5万元。开展“爱在身边，情满军营”救助活动，救助两人，发放救助金20 000元。

【助学工程】 锦江区开展阳光帮困助学工程，向74名享受最低生活保障政策、有子女就读大学的家庭提供资助。另资助低收入家庭的贫困大学生7人、贫困研究生1人，资助高中宏志生两人，发放助学金19.35万元。

功能区建设

FUNCTIONAL AREAS CONSTRUCTION

中央商务区

【概况】 锦江区根据产业发展需要，在东起天仙桥街，西到南大街，南至滨江路、指挥街沿线，北至华星路的范围内设置中央商务区，是5个功能区之一。锦江区中央商务区涵盖春熙路商圈、盐市口商圈、红照壁商圈、大慈寺文化旅游片区，面积达到5.3平方公里。

【管理机构】 锦江区在中央商务区设管理委员会，负责区域内招商引资、项目推进、产业促进、协税护税、固定资产投入等工作。管理委员会根据工作需要，下设综合部、产业一部、产业二部、投资服务中心。

【经济指标完成情况】 锦江区中央商务区内306家限额以上商贸企业纳入社会消费品零售统计，社会消费品零售总额达到272亿元，占锦江区限额以上商贸企业社会消费品零售总额的52%。锦江区中央商务区的现代商贸业创造区级税收3.06亿元，在锦江区区级税收中的比重达到30.6%。锦江区中央商务区的建筑业总产值达到32.6亿元，国税收入2.77亿元、地税收入7.24亿元。

【重点项目建设】 锦江区推进中央商务区内的项目建设，为中央商务区拓展产业发展载体。由锦江区中央商务区管理委员会负责的重点项目共12个。其中3个项目竣工投产，6个项目在建，储备项目3个。6个在建项目分别是成都IFS国际金融中心项目、大慈寺太古里项目、壹都锦商住楼项目、航空广场项目、万达瑞华中心项目、“东府九座”项目。2014年，6个在建重点项目完成固定资产投资52.13亿元。

锦江区中央商务区重点项目建设情况选介

在建项目	计划总投资	完成投资额	建设进度
成都IFS国际金融中心	145.3亿元	2014年，累计完成投资149.01亿元	2014年底，竣工投产
银石广场	12.2亿元	2013年，完成投资11.53亿元	2014年底，竣工投产
四川航空广场	8.3亿元	2013年，完成投资8.29亿元	2014年底，进入外墙玻璃幕墙施工阶段
壹都锦商住楼	3.65亿元	2013年，完成投资4.37亿元	2014年底，竣工投产
大慈寺太古里	41.6亿元	2013年，完成投资44.86亿元	2014年底，商业部分竣工投产，写字楼部分开展收尾工作
万达瑞华酒店	22.5亿元	2014年，完成投资5.33亿元	2014年底，主体施工完毕

【资金和企业引进】 锦江区利用中央商务区商贸业、现代服务业聚集的优势，开展招商引资工作。锦江区中央商务区引进到位的外资达到86 675万美元，引进到位的内资达到62.87亿元。引进重大项目9个。引进注册资金1亿元以上企业8家，引进注册资金5 000万元以上企业15家。另引进商贸企业33家、服务业限额以上企业69家。

【楼宇经济发展】 楼宇经济是锦江区发展总部经济的主要载体。锦江区中央商务区内高端商务楼宇聚集，是锦江区发展楼宇经济的主要区域之一。锦江区中央商务区内纳入楼宇经济发展的高端楼宇共59幢。其中重点楼宇40幢。另打造专业楼宇3幢。入驻锦江区中央商务区高端楼宇的“世界500强”企业共90家，在锦江区“世界500强”企业中的占比达到82.57%。楼宇企业完成税收25.36亿元。其中仁恒置地广场、时代广场、王府井写字楼、中环广场、航天科技大厦、成都IFS国际金融中心等楼宇产生的税收均超过1亿元。利都广场、仁和大厦、华敏翰尊大厦、报业大厦、世都大厦、百扬大厦、正熙国际大厦、友谊广场、财富中心大厦、茂业大厦、总府大厦等楼宇产生的税收均超过5 000万元。

【楼宇社区试点工作】 锦江区在中央商务区开展楼宇社区试点工作。锦江区中央商务区管理委员会与春熙路、合江亭两个街道办事处联合打造楼宇社区，向社会提供政务服务、经济咨询服务。

【现代商业繁华区】 锦江区中央商务区内聚集成都IFS国际金融中心、成都远洋太古里综合体、仁恒置地广场、美美力诚百货、仁和春天百货等16家经营面积超过10 000平方米高端商业卖场，汇聚LV、Prada、范思哲、爱马仕、芬迪、Dior、Armani等世界知名品牌，是成都市最大的高端百货集聚区。锦江区中央商务区内的春熙路商圈每日平均人流量位居成都市各商圈之首，商贸流通业聚集度高，能够满足各层次消费群体的购物需求。

【核心商圈建设】 锦江区推进春熙路商圈和盐市口商圈提档升级工作，完成红星路下穿隧道改造、红星路道路铺装以及道路绿化景观等工程建设任务，打造了占地7 000平方米的红星路广场，建成平均宽度达到70米的特色街区。解决红星路三段交通拥堵问题，拓宽地铁2号线、3号线的人流疏导空间，地铁进出口与成都IFS国际金融中心、太古里、银石广场等大型卖场无缝衔接。综合整治纱帽街街区，建设东锦江广场，与红星路广场融为一体。同步引入开放式购物街区、休闲庭院、文化交流广场等元素，将纱帽街区域打造成具有现代化和国际化氛围的新商圈。

创意产业商务区

【概况】 锦江区根据产业发展需要，在锦绣大道以南，锦阳大道以西，外环路以北，府河以东区域设置创意产业商务区，是5个功能区之一。锦江区创意产业商务区占地10.16平方公里，入驻企业350余家。其中总部型企业40余家。

【产业定位】 锦江区以数字出版传媒业为重点，为创意产业商务区产业发展定位。锦江区创意产业商务区管理委员会按照“一楼一园区”的理念，推动功能区产业结构转型升级，促进创意产业发展。

【经济指标完成情况】 锦江区创意产业商务区社会消费品零售总额目标任务数较2013年同比增长12.6%，同比增幅达到20.69%。区域内建筑业总产值达到158亿元，房地产销售面积达到113 886平方米。完成税收2.375亿元。其中国税收入6 096万元、地税收入1.76亿元。

【现代节能环保服务业园区建设】 锦江区制发《加快发展节能环保服务业2014年行动计划》，依托创意产业商务区建设锦江现代节能环保服务业园区。

以“中加国际”和“汇融国际”A座、D座为载体，建设生活配套设施、商务配套设施、多功能展示中心、中小企业孵化中心，吸引节能环保服务业企业入驻。

【数字出版示范基地建设】 锦江区依托博瑞印务公司等企业，促进数字传媒出版、动漫设计制作、IT软件研发等产业集群化发展，打造国家级数字出版示范基地。

【广告创意产业发展】 锦江区发挥成都泽宏嘉瑞文化传播公司等广告企业的带动作用，打造“博瑞·创意成都”“汇融国际B座”“汇融国际E座”等文化创意专业楼宇，建设广告创意研发平台。区域内的广告产业园区获得“国家级广告创意产业园区”称号。

【电子商务专业基地建设】 锦江区确定“汇融国际”C座为电子商务专业楼宇，吸引四川果岭网络科技有限公司、四川世纪义商网络技术有限公司、阿里巴巴西南服务中心等电子商务企业入驻。“汇融国际”C座集电子商务企业办公、新技术展示、商务服务、电商培训、电商沙龙等功能于一体，成为四川省电子商务示范基地。

【信息安全软件产业】 锦江区按照转变发展方式和调整产业结构的思路，利用创意产业商务区的产业基础优势，以“天府宝座”项目为载体，创建四川省信息安全软件及服务产业园。园区整合了企业、科研院校、政府等资源，以信息安全软件产业技术研发和服务为主业，通过集群式、楼宇化、全链条式产业发展模式推动信息安全软件产业发展。

【资金和企业引进】 锦江区创意产业商务区引进总部企业10家、现代服务业企业170家、广告创意类企业32家、环保类企业6家、限额以上商贸企业9家，引进省外资金51亿元、国外资金1 320万美元，引进重大产业化项目10个。

【楼宇经济发展】 锦江区创意产业商务区内的楼宇经济贡献度达到4.34亿元，固定资产投资额达26.17亿元。

【新兴产业发展】 锦江节能环保产业园已入住“四川首创”“四川省能投风电”“成都乐攀”等环保类企业16家。其中“四川首创”“四川鼎升”等6家企业为2014年引进。园区环保企业营业收入达到5 000万元。新引进的32家广告创意类企业2014年营业收入1.3亿元。

【项目促建】 锦江区创意产业商务区2014年完成政府投资项目1项、社会投资项目12个。其中两个社会投资项目竣工投产，6个项目在建，1个项目开工，3个项目完成前期储备工作。

生态商务区

【概况】 锦江区根据产业发展需要，在锦绣大道以南，锦阳大道以东区域设置生态商务区，是5个功能区之一。锦江区生态商务区位于成都市东部副中心和南部副中心之间，占地29平方公里，包括“117”新增城市建设用地区、锦江环城生态区两大区域。其中“117”新增城市建设用地区域约12平方公里，锦江环城生态区约17平方公里。生态商务区以发展现代商贸业、休闲观光旅游业、文化创意业、现代都市农业为引擎，打造国际化、高端化、集聚化现代服务业基地。区域内入驻企业达到1 136家。

【经济指标完成情况】 锦江区生态商务区固定资产投资达79.1亿元，社会消费品零售总额达117.38亿元，建筑业总产值达1.31亿元，房地产销售面积达56.6万平方米，批发零售业销售收入128.35亿元，住宿餐饮业销售收入4 835万元。锦江区生态商务区的国税收入3 813万元，地税收入34 352万元，一次性税源区级实得部分1 713.2万元。全口径税收1.87亿元。其中锦江汽车商贸园销售收入116.6亿元，全口径税收达到1.14亿元。5家新引进企业缴纳税收的区级实得部分为184.8万元。

【资金和企业引进】锦江区发挥生态商务区生态环境优势，发展高端现代服务业。锦江区生态商务区引进现代服务业企业125家，注册资金达10.12亿元。其中90家企业2014年开业。引进企业中，注册资金1 000万元以上企业共19家，注册资金5 000万元以上企业有5家，注册资金1亿元以上的企业有5家。引进省外资金53.1亿元，实际利用外资1.4亿美元。

【土地上市】锦江区生态商务区引进“华熙国际528艺术村”“蓝润V客东都”“新鸥鹏”等项目，以项目带动土地上市。2014年，锦江区生态商务区内7宗土地上市，面积达28.4万平方米。

【项目建设】位于锦江区生态商务区内的“华熙国际528艺术东村”“创意山”等8个重大产业化项目开工，“卓锦城”六期、“锦尚春天”B区等4个项目竣工投产，四川大学华西医院锦江分院、成都国际文化传媒中心等6个项目列为储备项目。锦江区生态商务区在建项目共18个，在建项目面积331万平方米，竣工投产面积109.67万平方米。竣工投产项目中的商业面积为12.93万平方米，住宅面积达到96.74万平方米。

锦江区生态商务区2014年重点项目介绍

1.成都绿地中心项目：位于枫香街以东，樱花街以南，芙蓉西路以北区域，占地14.6万平方米。项目由7个地块项目组成。二类住宅项目为“468公馆”国际青年精英住区，占地14.67平方米，总建筑面积135万平方米。其中住宅项目建筑面积67万平方米，商业项目建筑面积68万平方米。

2.“华熙国际528艺术东村”项目：位于成龙路以北，喜树街以东，茶花树街以南，银木街以西区域，占地16.87万平方米，总建筑面积105万平方米。其中住宅项目建筑面积35万平方米，商业项目建筑面积14.5万平方米，地下停车场及配套设施建筑面积30.7万平方米。

3.四川大学华西第二医院锦江院区项目：位于成龙路以南，锦江大道以西区域，占地6.4万平方米。项目分两期开发。一期总建筑面积154 596平方米，建门诊大楼、住院部；二期总建筑面积209 950平方米，建行政大楼及配套设施。

【汽车销售服务企业选介】锦江区在生态商务区内打造了锦江汽车产业园。成都锦泰宝驹汽车销售有限公司、成都新元素兴业汽车服务有限公司、成都新锦丰汽车销售服务有限责任公司等汽车4S店落户园区。成都锦泰宝驹汽车销售有限公司位于成都市锦江区南三环路二段，琉璃立交桥和娇子立交桥之间地段，三环路外侧。公司展厅总建筑面积12 000平方米，是宝马在亚洲地区的4S服务中心。成都新元素兴业汽车服务有限公司是一汽大众奥迪销售事业部特许4S经销商。企业两次获得“中国一汽功勋经销商奖”，三次获得一汽大众奥迪销售事业部颁发的“最佳经销商”荣誉，连续三年蝉联“全球单店销量冠军”。成都新锦丰汽车销售服务有限责任公司展厅占地面积10 000平方米，是西南地区最大的官方授权保时捷中心。

【接待工作】锦江区生态商务区接待党政代表团314批次，共5 940人次。其中接待省外代表团182批次、3 159人，接待省内代表团124批次、2 630人，接待港、澳、台地区的代表团1批26人，接待外宾7批次、125人。

金融街商务区

【概况】锦江区在顺城街以东，府河以西区域设置金融街商务区，是5个功能区之一，是成都市打造的“城市会客厅”。锦江区金融街商务区覆盖水井坊、牛市口、莲新、龙舟路4个街道辖区。区域内的明宇金融广场、西部国际金融中心、喜年广场、晶融汇广场等优质楼宇成为锦江区推动主导产业发展的载体。区域内入驻企业937家。

【管理机构】锦江区在金融街商务区设置管理委员会，负责招商引资、企业服务、协税护税、固定资产投资、经济运行情况统计以及东大街金融产业发展等工作。

【经济指标完成情况】锦江区金融街商务区批发零售业销售收入112.84亿元，住宿餐饮业销售收入8.95亿元，社会消费品零售总额达到76.9亿元，建筑业总产值达到155.61亿元，国税和地税区级实得部分达到6.7亿元，企业全口径税收11.7亿元。

【资金和企业引进】锦江区金融街商务区根据"1+4+N"现代服务业发展规划中产业布局的需要，转变招商模式，变坐式服务为跑式服务，变被动受理为主动上门，变卡式服务为沟通服务。2014年，引进省外资金57.77亿元，锦江区金融街商务区实际利用外资1.1亿美元。引进符合产业高端与高端产业定位的现代服务企业206家，引进外资企业3家，新增重大产业化项目6个。

【项目建设】锦江区金融街商务区围绕"天府门廊"建设，按照"开工推动一批，加快推进一批，包装推出一批"的思路，为项目建设营造环境。2014年，完成固定资产投资48亿元。阳光保险大厦、阳光新业中心、晶融汇广场3个项目竣工，阳光保险大厦、阳光新业中心商场已开业，顺江路333号综合体、水井坊历史文化街区等项目在建。

【楼宇经济】锦江区金融街商务区纳入目标管理的商务楼宇有26幢。其中重点楼宇19幢、一般楼宇7幢。楼宇商务和商业面积达到93.9万平方米。其中商务面积58.2平方米，商业面积35.7万平方米。区域内楼宇共入驻企业1 373家。楼宇入驻企业中的"世界500强"企业共15家，外资企业有146家。入驻企业属地注册率达到87.98%，成熟楼宇属地注册率达到91.16%。

【主导产业分类】按照主导产业分类，锦江区金融街商务区内总部经济型企业有72家，商贸类企业有376家，文化创意类企业有102家，休闲旅游类企业有88家，金融类及关联企业有299家，其他类型企业有436家。

【综合治税】锦江区围绕"1+4+N"产业发展布局，调整金融街商务区税源结构，重点培育晶融汇广场、阳光新业中心、阳光保险大厦等新开业商场的税源。跟进伊利集团等企业的税收剥离工作，挖掘潜在税源。维持四川省电力公司成都供电公司、北京车易闻文化传媒有限公司成都分公司、华农财产保险股份有限公司四川分公司等企业的税收关系，确保税收稳定。

沙河商务区

【经济工作】锦江区沙河商务区国税收入4 876万元，地税收入5.43亿元。引进省外资金63.8亿元，实际利用外资4.84亿美元；引进重大产业化项目4个。功能区固定资产投资达到131.65亿元，建筑业总产值4亿元，商品房销售面积达到51.21万平方米。在功能区内注册的现代服务业企业共有116家，功能区2014年的社会消费品零售额达到16.28亿元。

锦江区沙河商务区2014年缴纳地方税收1 000万元以上企业

序号	企 业
1	华润置地（成都）有限公司
2	上海绿地集团成都锦江房地产开发有限公司
3	四川省蓉锦东房地产开发有限公司
4	成都宏誉房地产开发有限公司
5	成都锦兴华润置地有限公司
6	成都市新东方置业有限责任公司
7	成都市新希望置业有限公司

续表：锦江区沙河商务区2014年缴纳地方税收1 000万元以上企业

序号	企 业
8	仁恒置业（成都）有限公司
9	成都希瑞房地产开发有限公司
10	四川省万达房地产有限公司
11	祥宝投资（成都）有限公司
12	成都市万达商业广场投资有限公司
13	成都市通用时代投资管理有限公司

【楼宇经济】 锦江区沙河商务区内有商务楼宇5幢，新增商务商业楼宇面积90 000平方米，新增楼宇企业111家。功能区楼宇企业全口径税收达到4.94亿元。其中万达广场入驻企业219家，全口径税收达到2.74亿元；华润办公楼入驻企业4家，全口径税收达到两亿元；沙河壹号商务楼入驻企业118家，全口径税收达到660万元；索尔龙舟商务楼入驻企业41家，全口径税收达到234万元；华润广场入驻企业38家，全口径税收达到272万元。

【项目建设】 锦江区在沙河商务区内打造“锦江国际新城”，打造环球贸易广场等8个项目，预计总投资338.11亿元。2014年，“锦江国际新城”项目投资达到57.38亿元，其他项目投资达到108.94亿元，涉及项目9个。

锦江区沙河商务区（锦江国际新城）项目投资情况表

序号	项目名称	总投资（万元）	2014年完成投资额（万元）
1	环球贸易广场	1 200 000	92 526（含土地款59 600）
2	香港置地环球汇	700 000	115 537（含土地款73 000）
3	乐天世界·成都	259 852	78 732(含土地款47 800)
4	泰合·国际财富中心	239 400	85 880（含土地款60 500）
5	滨河湾国际社区	320 000	19 700
6	伊泰·天骄	404 338	66 953(含土地款36 600)
7	通用国际社区	109 793	49 728（含土地款20 793）
8	中洲·中央城邦	147 804	64 807（含土地款45 804）
合 计		3 381 187	573 863（含土地款344 097）

沙河商务区2014年其他项目投资情况表

序号	项目名称	总投资（万元）	2014年完成投资额（万元）
1	华宇广场	231 619	50 568（含土地款30 500）
2	幸福里	234 396	84 047（含土地款59 296）
3	凯旋天地	127 228	81 863（含土地款56 931）
4	沙河绿洲	8 820	6 434（含土地款1 820）
5	锦东庭院	134 727	33 447
6	致瑞雅苑	161 455	33 362
7	塔子山壹号	183 650	11 458
8	望江锦园配套小学	3 923	105
9	电力隧道	3 656	1 021
合 计		1 089 474	302 305（含土地款148 547）

街道辖区

SUB-DISTRICTS

督院街街道辖区

【概况】锦江区督院街街道辖区辖滨江路、青石桥、督院街、人南路4个社区。辖区常住人口12 424户29 241人，登记流动人口23 874人。

【为民办实事】锦江区对督院街街道辖区内的老半边街、光大巷片区存在的安全隐患进行了整改，修建消防水池两个，电气线路全部更换改造，投入10万元解决了公平巷23号、青石桥南街50号等7个院落的下水管道堵塞问题。

【基层党的建设】锦江区督院街街道党工委召开党建工作例会12次，研究党员发展教育、区域化党的建设等8项重点工作。指导4个社区完成党组织换届选举工作，产生了新一届居民委员会成员。开展党建工作督查活动12次，解决青石桥社区部分党员生活困难等问题22个。组织班子成员到院落调研党建工作6次，组织党员干部结对帮扶困难家庭82户。组织党员志愿者开展“党员义工日”等志愿服务活动20余次，参与党员达500人次。在街道办事处设置党员（流动党员）服务站，在所辖社区分别设立党员（流动党员）服务点，成为党员服务群众的窗口。辖区内所有院落党支部均按要求公布《楼幢党员分布图》，印制《党员登记册》，设置党建公示栏，组建特色党员服务队。青石桥社区开创“延时工作法”，社区服务中心的窗口工作人员延迟1小时下班，周末和节假日轮流值班，实现“服务群众无缝隙”目标。2014年，6名预备党员转正，新发展党员4人，“两新”组织中的安利（中国）集团公司成立党支部。

【旧城改造】锦江区督院街街道办事处配合春盐片区旧城改造指挥部完成东丁字街棚户区改造项目签约和补偿工作；根据自强路危改房改造计划的要求，协助电子元件厂开展搬迁工作；协助完成老半边街、光大巷片区低洼棚户区摸底征询工作；抽调专人参与指挥街片区的搬迁工作。

【解决就业问题】锦江区督院街街道辖区城镇登记失业率控制在4 %以内。辖区内有就业愿望和就业能力的城镇失业劳动力约850人。街道办事处组织就业技能培训，参训人员达230人。解决就业694人次，辖区就业率达到 81.64%。63名就业援助对象全部就业，就业援助对象就业率达到100%。向两名高校毕业生兑现一次性创业补贴，向1名创办经济实体的创业者发放了创业实体补贴。

【惠民工作】锦江区督院街街道辖区内的残疾人全部领取了“残疾人困难生活补助金”“居家生活设施补助金”,符合条件的残疾人在街道办事处开展的“送温暖”活动中领取了“残疾人紧急救助金”。按照政策规定，受理了93名进城务工人员随迁子女享受义务教育的申请。为85户登记在册的享受最低生活保障政策的家庭购买社会保险，惠及107人。为80周岁以上的高龄老人和60周岁以上的低保户、残疾人、老年优抚对象免费安装“长者通”电话19部，为弱势群体提供24小时紧急救助服务。兑现“长寿金”26万元，惠及776名老年人。向2 155人发放“居家养老服务金卡”，价值130.86万元。

【计划生育工作】锦江区为督院街街道辖区的234名群众办理了“生育服务证”，为41人办理了“独生子女父母光荣证”，批准40人办理转外地生育指标。2014年，辖区出生209人。其中178人为一孩，31人为二孩。街道办事处与锦江区政府办公室、锦江区环保局、锦江区商务局共同帮扶2014年新增加的5户“计划生育三结合”家庭。为流动人口提供免费B超检查服务。开展“艾滋病宣传日”“婚育新风进万家”等活动，宣传计划生育知识，发送宣传资料500余份。立案处理违法生育家庭两户，向两户家庭分别征收社会抚养费44 547元、27 194元。2014年11月，中国计划生育协会授予督院街街道办事处“第五批全国人口和计划生育基层群众自治示范村（居）”称号。

【市容秩序管理】锦江区针对督院街街道辖区内占用公共道路和绿化带设置户外标牌的现象开展专项治理，拆除违规设置的户外标牌12个。按照“透绿”的要求，对锦兴路北侧“昆仑华庭”楼盘侧的闲置地块围墙进行了透绿改造。对青石桥海鲜市场夜间非法蔬菜早市进行了为期15天的整治。将辖区分为重点保障区域、难点管理区域、一般保障区域，采取集中巡查与定点值守相结合的方式维护辖区市容秩序。设置垃圾直收点，重新设计了垃圾收运路线。

【流动人口信息采集】锦江区更新督院街街道辖区的流动人口信息25 790条、出租房屋信息2 355条，采集用工单位信息324条。

【司法工作】锦江区在督院街街道辖区开展法制宣传活动44次，印发法治宣传资料和调查问卷3 000余份，印制法治公益广告25幅，受理法律咨询88人次，举办法制讲座6次。落实安置帮教政策，安置辖区内刑释解教人员5人；接收社区矫正人员4人，解除矫正两人；辖区内两名监外执行的职务犯罪人员被收监管制。

【安全生产管理】锦江区在督院街街道辖区内开展“燃气安全专项排查”“特种设备安全专项排查”“老楼危楼安全专项排查”“夏季防汛安全专项排查”等安全检查工作,开展“百日安全生产”和“橙袖标·正能量——消防志愿者行动”等宣传活动。共开展安全生产大检查活动120余次，排查建筑工地、高层建筑、居民院落的安全隐患80余次，发出《安全整改通知》60余份。

【食品药品安全监管】锦江区督院街街道办事处配合锦江区食品药品监督管理局开展“亮剑行动”“春季护苗”等8次活动,净化食品市场环境。经过整治，辖区内餐饮店铺持证率达到100%。

【经济普查工作】锦江区督院街街道办事处根据全国经济普查工作的部署，录入、核对企业法人单位457家，调查个体工商户1 084家。

【社区群众文化活动】锦江区督院街街道辖区内的4个社区共开展“百姓故事会”活动26次，开设“道德讲堂”21场，组织群众观看坝坝电影15场。

【“文明细胞”创建】锦江区督院街街道辖区开展寻找“最美家庭”活动，评选“最美家庭”3户。开展孝道“红榜”评选活动，5人上榜。开展“文明家庭”评选活动，10户家庭获得“文明家庭”荣誉。

盐市口街道辖区

【概况】 锦江区盐市口街道辖区辖学道街、青年路两个社区。辖区常住人口4 603户12 969人，登记流动人口36 690人。

【辖区特色】 盐市口是成都市历史上有名的商业繁华区。清朝时期，以开设官盐店面而得名。盐市口商圈经青年路步行街与春熙路商圈相连，汇集商家5 000余家。聚焦了茂业百货商场、茂业新天地广场、仁和春天百货商场、摩尔百盛商场、新世界百货商场、北京华联商厦、远东百货商场等大型商业卖场以及九龙广场、尚都服饰广场、泰华广场、新中兴广场、EGO潮流广场、万紫服装城、金开服装城、染房街小商品市场等批发零售市场。另有中环广场、航天科技大厦、百扬大厦、阳光保险大厦等商务楼宇和明宇丽雅饭店、蜀都大厦宾馆、银河王朝大酒店、新良大酒店等星级酒店。国际商城、航天广场等大型城市综合体在建。

【机构调整】 1月，锦江区设盐市口街道食品药品监督管理所。管理所会同盐市口街道办事处承担食品药品安全监管职责，由成都市锦江区食品药品监督管理局和盐市口街道办事处双重管理。11月，锦江区机构编制部门制发《关于设立街道环境保护机构的通知》，在盐市口街道办事处增设环境保护科。

【社区网格化服务管理】 4月，锦江区制发《关于推进社区网格化服务管理工作的实施意见》，制订街道工作方案，在盐市口街道辖区设立网格化服务管理分中心、社区网格化服务管理工作站，整合街道、社区各类网格管理平台，构建网格化全覆盖管理、全程化服务体系。

【社区资金规范管理】 锦江区在盐市口街道辖区开展社区审计工作。盐市口街道办事处制订《关于加强社区“三资”管理和规范社区财务审批制度的实施办法》，审计了两个社区2009—2013年的社区公共服务和社会管理专项资金。2009—2013年，青年路社区实施公共服务项目3个，分别是院落公共设施维护、院落自治平台管理维护、老旧院落环境治理。学道街社区实施公共服务项目4个，分别是院落公共设施维修、社区教育培训场地设备购置、社区公共设施维护、社会组织培育。两个社区实施的公共服务项目均专款专用，无违规情况。

【基层党的建设】 1月，锦江区依据《成都市社区居民委员会直接选举规程》，指导盐市口街道辖区内的学道街社区和青年路社区完成居民委员会换届选举工作。锦江区对盐市口街道辖区内的后进党组织进行了整顿，整治社区党委1个、党支部1个。建立街道党员干部直接联系群众制度，收集群众诉求信息241条，解决217条，街道办事处上报区级解决24条。依托社会组织联合党支部创办了以宣传党的建设为主要内容的刊物，命名《金辉书画》。2014年，编印《金辉书画》4期5 000余册。开展“听党话，跟党走”主题活动，辖区各基层党组织分别举办了专题活动。

【党风廉政建设】 锦江区批准《盐市口街道2014年党风廉政建设和反腐败工作要点及任务分工》，盐市口街道干部自愿签订《履行主体责任承诺书》17份，签订《党员干部履行党风廉政承诺书》50份。街道党工委专题研究党风廉政建设工作23次，开展廉洁从政教育35次；开展廉政风险点自查工作，查找廉政风险点部门6个、风险点37个，对自查的200个问题进行了整改。街道办事处制订《街道干部职工纪律作风和工作绩效考核办法及评分细则》，对实际工作中存在的“庸、懒、散、浮、拖”问题进行了专项整治，修改干部日常教育管理制度18项，将干部工作作风情况纳入绩效考核。

【市容秩序管理】 锦江区在盐市口街道辖区内开展

联合执法20余次，查处违法行为5 000余件，教育违法人员6 000人次。办理群众投诉和督办案件89件，结案率达100%。开展标志整顿工作，拆除违规设置标牌7个。专项整治违法户外广告，拆除违规设置的LED显示屏84个。落实清扫保洁24小时作业和垃圾不落地要求，从5月起将生活垃圾转运改为直运。清除“牛皮癣”式违法广告7 000余处。

【环境保护工作】 锦江区向盐市口街道辖区内的7家燃煤户兑现燃煤补贴，督促两家不符合油烟排放规定的餐馆进行整改，取缔占道使用蜂窝煤摊点20个。开展餐饮店铺隔油池摸底排查工作，督促餐饮店铺整改，55家餐饮店铺按要求安装了隔油池。

【食品和药品监督管理】 锦江区针对无证无照的餐饮店铺开展调查工作，要求盐市口街道辖区内的33家餐饮店铺补办“餐饮服务许可证”，要求55家餐饮店铺办理“灵活就业辅导证”。建立食品和药品日常监管机制，在盐市口街道辖区内开展食品和药品市场检查628次，抽查食品、药品72批次，对9件违法经营行为进行了行政处罚，对7件违法经营行为给予行政警告的处分。在盐市口街道辖区内开展食品药品安全宣传培训5次，培训从业人员97人。

【卫生防疫工作】 锦江区坚持开展“灭鼠灭蟑”工作，向盐市口街道辖区发放灭鼠药300公斤，发放灭蟑螂药1 200包。4—10月，组织工作人员在辖区院落喷洒消毒药液。开展卫生防疫专题宣传教育活动10次，发放宣传资料2 200份，接受群众咨询370人次。

【安全生产管理】 锦江区与盐市口街道辖区内82家单位签订《消防安全责任书》，在辖区老旧院落张贴《社区居民防火提示》，将辖区内的20家商场、电影院、批发市场列为日常监管的重点。2014年，锦江区在盐市口街道辖区实施安全生产专项整治行动49次，排查安全隐患153个，整改落实144个，督促150多家商家完善了消防设施。

【社会治安管理】 锦江区与盐市口街道辖区内70家单位签订《社会治安综合治理保一方平安责任书》，将社会治安综合治理工作纳入社区网格进行管理。结合“平安锦江”创建活动，在辖区院落设置提示栏80个，在提示栏上张贴《治安月报》《发案通报》《防范提示》《维稳信息动态简报》。以“两抢”“两盗”为重点，联合辖区派出所开展专项治理工作。

【流动人口服务管理】 锦江区与盐市口街道辖区内300家用工单位、物管企业、房屋中介机构签订《流动人口出租房屋服务管理责任书》，完成流动人口信息采集和登记管理任务。

【劳动就业】 锦江区每月向盐市口街道辖区内失业人员提供用工动态信息100条，培训农民工500人，为355名失业人员提供免费职业介绍服务，帮助65名就业困难对象就业。向5人兑现“灵活就业补贴金”，为3人办理“创业补贴金”领取手续。2014年，盐市口街道辖区新增就业695人，再就业率达到87.09%。

【困难群体帮扶】 锦江区为盐市口街道辖区兑现“最低生活保障金”16 214元，向1户享受最低生活保障政策的困难家庭兑现了“液化气补贴金”，向享受最低生活保障政策的困难家庭兑现“一体化医疗救助金”37 843.62元。发动企业和街道干部结对帮扶困难党员5人、困难群众20人、残疾人两人、特殊困难家庭10户，帮扶资金达到59 000元。

【残疾人帮扶】 锦江区向盐市口街道辖区内12户符合最低生活保障条件的残疾人家庭兑现“最低生活保障金”。在辖区内开展“温暖万家行”活动，慰问残疾人55人，发放慰问金11 000元。为1名残疾人申请“特殊慰问金”，发放“特殊慰问金”2 000元。为两名残疾人申请“临时救助金”，发放“临时救助金”2 400元。按每人200元标准，向两名残疾儿童发放“六一慰问金”。采取集中托养的方式，为1名精神残疾人解决了生存问题。为26名重度残疾人申请补贴，均兑现了“重度残疾人补贴金”。为27名残疾人、7名残疾人子女购买了基本医疗保险，为77名残疾人购买了意外伤害保险。

【居家养老服务】 锦江区在盐市口街道辖区设立问需中心、便民服务咨询点、老年餐桌、老年义务理发队、家政服务队、“华诚养老中心”医疗服务点，在四川省第四人民医院、成都肛肠医院、国防医院等7家医疗机构开通“老年人绿色就医通道”。发放“居家养老服务金卡”2 695人次，金额达到81.46万元。发放“长寿金”1 264人次，金额达到118 480元。利用社区养老服务场所向老年人提供养老日间照料服务1 900人次。

【第三次全国经济普查】 锦江区按照第三次全国经济普查的部署，在盐市口街道辖区开展调查工作。调查个体户4 097家、企业453家。街道办事处两名工作人员分别获得“四川省经济普查先进个人”“四川省经济普查最美普查员”称号。

【街道工会组织建设】 锦江区坚持在盐市口街道辖区实施工会组织建设。辖区内新建工会组织8个，发展会员288人。辖区内211家企业与员工签订《集体合同》《工资集体协议》，签订率达到96.48%。615名职工通过工会组织参加互助保险，参保金额为45 110元。

【社会组织发展】 锦江区盐市口街道辖区新发展备案类社会组织6个、登记类社会组织1个。辖区内已有备案类社会组织50个、登记类社会组织5个。

春熙路街道辖区

【概况】 锦江区春熙路街道辖区辖总府路、华兴街、岳府街、桂王桥、暑袜街5个社区。辖区常住人口9 724户24 777人。其中户籍人口7 758户16 260人。共有住宅小区、院落107个。

【辖区特色】 锦江区春熙路街道辖区是成都市传统的商业繁华区域，享有“百年金街”盛誉的春熙路位于区域内，是成都商业繁荣的象征。辖区内驻扎单位2 000余家，共有商家300余家，品牌专卖店60余家。汇聚了“胡开文”“成都同仁堂”“龙抄手”等“中华老字号”和王府井百货商场、伊藤洋华堂商场、伊势丹商场等大型卖场以及四川宾馆、假日酒店、金紫薇酒店等星级宾馆。

【院落自治】 锦江区在春熙路街道辖区推进院落自治工作，指导总府路社区成立家园自治会。总府路社区家园自治会成员由党员代表、家属委员会成员、居民小组组长、楼幢楼长、单位代表、商家代表、志愿者组成，共8人。家园自治会协助社区居民委员会开展社区院落自治工作，服务项目包括老旧院落改造、社区环境治理、居民文体活动、居家养老服务、流动人口服务、社会治安综合治理、健康教育。2014年，总府路社区家园自治会开展文明劝导活动520次，提出建议和意见25条，调解矛盾纠纷3件。

【物业管理】 锦江区在总府路社区推进物业服务管理全覆盖工作。完善街道、社区、院落业委会三级网格化管理制度，发挥老旧院落的自治管理功能，引导院落自治组织主动参与院落环境综合治理。同时建立了由社区、家属委员会、群众代表参加的矛盾纠纷调处机制，协调解决物业纠纷。

【关爱老年人群体】 锦江区在春熙路街道辖区开展了“搭把手，不孤单”关爱老年人活动。街道办事处以“党员义工日”活动为载体，组织志愿者上门和空巢老人聊天，宣传居家安全知识；组织志愿者在元宵节期间向老年人赠送汤圆，在端午节期间组织老年人开展包粽子活动。锦江区还在春熙路街道辖区开展了“社区乐活老人”评选活动，选出“社区乐活老人”161人。

【居家养老服务】 锦江区为春熙路街道辖区的老年人办理“居家养老服务金卡”2 322张，清算定点服务机构使用“居家养老服务金卡”消费金额158.33万元。为80周岁及以上年龄的老年人兑现“长寿金”，向788名80 ~ 89周岁的老年人发放“长寿金”18.16万元，向111名90 ~ 99周岁的老年人发放“长寿金”12.14万元，向5名年满100周岁的老年人每人每月发放“长寿金”300元。

【基层党的建设】 锦江区在春熙路街道辖区新建社区党委两个、非公有制企业党支部1个、社会组织党支部1个、院落联合党支部两个，春熙路街道辖区实现基层党组织全覆盖目标。以社区党组织、企业党组织为依托，整合辖区单位服务资源和社会公共服务资源，组建党员服务团队，推进社区网格化管理、组团式服务工作，形成全覆盖、网络化的组织体系和服务体系。组织党员志愿者开展志愿服务活动100次，参与活动的党员志愿者达800人次；召开党员大会3次，召开院落支部大会8次；开展讲党课活动3次。2014年，春熙路街道辖区新发展入党积极分子1人，3名预备党员按期转正。

【市容秩序管理】 锦江区拆除春熙路街道辖区内违规设置的LED电子显示屏10个，清除“牛皮癣”式违法广告500余处。出动执法人员200人次，清理流动商贩20人次，整治出摊占道行为60件，整治夜间露天餐饮摊点10次，查处违章烧烤摊点1个。

【环境保护工作】 锦江区在春熙路街道辖区开展燃煤排查整治行动4次，处理辖区内油烟扰民案件两件，督促3户商家安装和更换油烟净化器，督促15户商家清洗油烟管道。

【社会治安管理】 锦江区春熙路街道办事处出动执法人员200人次，配合公安机关开展“扫黄打非”工作，收缴违法宣传品200余份。

【法治宣传】 锦江区在春熙路街道辖区开展法制宣传活动，发放普法宣传资料2 000余份、法律书籍1 000余册，悬挂横幅20余条。宣传活动覆盖群众5 000余人。

【纠纷调解】 锦江区春熙路街道辖区的调解组织调解矛盾纠纷43件，涉及当事人123人，涉及金额15万元，调解成功率达到100%。

【劳动就业】 锦江区春熙路街道公共服务中心办理劳动保障和就业服务事项4 852件。街道辖区城镇登记失业率控制在4%以内，共有689人实现就业愿望，199名失业人员再就业。199人中的64人为就业困难人员。培训城乡劳动者511人。其中266人是35周岁以下的青年劳动者，参加的是就业技能培训。

【困难群体帮扶】 锦江区春熙路街道辖区新增最低生活保障对象10户10人，最低生活保障对象共54户60人，发放“最低生活保障金”24.93万元。向最低生活保障对象发放“春节价格补贴金”15 900元。报销“一体化医疗救助金”和孤寡老人医药费22次，金额达76 061.46元。

【残疾人帮扶】 锦江区春熙路街道辖区新增残疾人16人，共有残疾人188人。街道办事处在“温暖万家行”活动中慰问困难残疾人家庭60户，发放慰问金12 000元。为20名符合条件的残疾人申请了“最低生活保障金”，向贫困残疾人家庭发放“残疾人专项补助金”17 280元。向4名残疾人发放“残疾人临时救助金”4 800元，向4名生活困难的残疾人发放“特殊慰问金”8 800元，向85名重度残疾人兑现“重度残疾护理费用补贴金”57 000元。出资18 850元资助35名残疾人购买城乡医疗保险，出资4 880元资助122名残疾人购买意外伤害保险，向6名残疾人提供了养老保险参保服务。

书院街街道辖区

【概况】 锦江区书院街街道辖区设五昭路、华星路、中道街、庆云、惜字宫、东安南路6个社区。辖区常住人口20 228户42 868人，流动人口16 537人。

【老旧院落片区化管理】 锦江区将书院街街道辖区的179个老旧院落划分成25个片区，以网格为单元进行管理。每个片区成立片区居民自治理事会，通过自治方式管理日常事务。

【社会组织培育】 锦江区鼓励书院街街道辖区内的45家社会组织向公共服务多元化方向发展。重点培育贴近居民生活、承接政府公共事务的社会组织。

【基层党的建设】 锦江区批准书院街街道党工委制订的党建工作目标任务分解方案，将任务分解到辖区48个基层党组织。收集7条党建工作建议，解决街道党建工作中的重要问题3个。整顿软弱涣散基层党组织，庆云社区党委整改达标。指导社区党组织完成换届选举工作，产生新一届社区居民委员会成员。

【党风廉政建设】 锦江区与书院街街道党工委和办事处班子成员签订《党风廉政责任书》，街道办事处与各科室签订《科室廉政承诺书》，与所辖社区签订《社区廉政承诺书》。街道党工委组织街道中心组成员集中学习21次，学习党章和反腐倡廉的文件精神。开展会所消费专项整治工作，清查党员领导干部出入私人会所情况，清退干部持有的会员卡。

【依法治区工作】 锦江区在书院街街道辖区推进全民学法用法和社会依法治理工作，完善街道办事处行政决策程序，推进行政机关“开放式决策”改革试点工作。排查梳理重大社会矛盾和信访突出问题，建立台账，制订措施，逐一解决。截至2014年12月，锦江区书院街街道辖区实现“一社区一律师”目标。

【城市管理转型升级】 锦江区在书院街街道辖区开展城市管理转型升级工作。书院街街道办事处开展了违法户外广告和标志清理工作，开展了街面零星散落垃圾专项治理工作，对辖区内两块闲置地块进行了绿化。

【困难群体帮扶】 锦江区为书院街街道辖区的特殊人群建立应急救疾中心基金救助保障机制，向辖区内最低生活保障家庭、空巢老人、孤寡老人等困难群体提供专项救急和救疾基金帮助。2014年，提供救疾帮助17人次。

合江亭街道辖区

【概况】 锦江区合江亭街道辖区设合江亭、东升街、大慈寺、崇德里、纱帽街、王家坝6个社区。辖区常住人口48 500人，户籍人口28 700人。

【辖区特色】 府河与南河在锦江区合江亭街道辖区内交汇。交汇处的合江亭始建于1 200年前，是成都水运码头之一，也是成都第一座市政公园。曾以红梅绽放为标志，成为古人迎来送往的热闹之地。1989年，锦江区政府投资重建合江亭。区域内还有记录蜀国时期成都治水、因水而兴历史的主题公园——思蜀园。辖区内的大慈寺始于魏晋，兴于唐代，誉为“震旦第一丛林”。锦江区政府实施春熙路商气东移战略后，紧邻大慈寺打造了太古里商业区，再现了唐宋时期大慈寺区域庙市合一的盛景。

【社区建设】 锦江区为合江亭街道辖区所辖的纱帽街、王家坝、合江亭3个社区新建了办公场地，组织社区党组织和居民委员会成员学习培训12次，构建了集社会力量参与、社区管理保障于一体的社区自治体系，开展院落大清扫志愿服务活动15次、端午节主题活动6次。街道党工委指导“美丽合江”住宅小区成立业主委员会，指导“锦海国际花园”“金海岸”等住宅小区开展业主委员会换届选举工作，规范小区物业维修基金管理制度，调解物业纠纷50余次。

【社会组织培育】锦江区在合江亭街道辖区内培育备案类社会组织4个，有两个备案类社会组织转化为登记类社会组织。辖区内社会组织开展“新视界·单亲家庭关爱”等活动22次。

【文化活动】锦江区组织合江亭街道辖区群众文艺团队参加文化体育活动8次，开展“我们的节日”等文化活动5次，组织文化惠民活动4次，播放公益电影22场，开设“百姓故事会”4场、“道德讲堂”12场，开展未成年人文化活动42次。

【科普活动】锦江区向合江亭街道辖区印发科普宣传资料8 000余份，为辖区更换科普宣传栏4个，在辖区内开展科普活动14次。

【联合执法机制建设】锦江区从合江亭派出所抽调一名公安干警到合江亭街道办事处城管执法中队挂职，会同城管队员共同开展城市综合管理工作，解决了城管执法力度不足的问题。

【综合数字管理平台建设】锦江区在合江亭街道辖区新建了城市管理综合管理电子平台，建立“快速发现、快速指挥、快速处置”的城市管理工作机制，为执法人员配备现场执法记录仪，在辖区131个居民院落、11个办公区域以及其他106个点位安装监控设备，实现区域化动态管理目标。

【社区城管工作站建设】锦江区在合江亭街道辖区的大慈寺社区、纱帽街社区、崇德里社区、合江亭社区设立城管工作站，建立城管社区工作站群众诉求办理登记卡和城管社区工作站值班巡逻登记表两个台账，建立了工作记录和问题反馈机制。社区城管工作站成为锦江区推进街道管理体制改革的新举措。

【磨坊街院落整治】9月，锦江区在合江亭街道辖区的磨房街片区实施院落整治。11月15日，项目完工。铺设彩色沥青混凝土地面5 000平方米，完成屋面防水、屋面改坡工程3 900平方米，粉刷外墙27 000平方米，更换铝合金窗户6 825.42平方米，翻新防盗网9 467米，序化楼道水、电、气线路以及光纤、通信、网络管线1 200米，为27个单元楼道粉刷乳胶漆，修缮门卫室5个。

【锐钯街业态调整】锦江区调整锐钯街业态，塑造区域产业聚集优势和竞争优势。业态调整后，锐钯街以创意设计类图书销售为主，首期聚集了8家由创业青年开办的店铺。

【崇德里保护性改造】锦江区采用修缮的方式对崇德里进行保护性改造开发。根据建筑的实际情况，实施选择性拆除改造，最大限度保留修复历史建筑。改造后的崇德里呈现出历史与时尚共舞的特色。

【为民办实事】锦江区针对合江亭街道辖区内的龙王庙正街、青莲上街、大慈寺路、拱背桥街排水沟渠进行整治，解决了因排水不畅形成臭水沟污染环境的问题。

【环境保护工作】锦江区对合江亭街道辖区内的餐饮店铺燃煤现象进行了3次整治，两次组织工作人员检查企业排污情况，到商家检查油烟净化器运行情况42次，检查洗车场污水排放情况12次。针对违规行为，责令商家整改。

【垃圾分类回收】锦江区在合江亭街道辖区设立垃圾分类宣传展示室，宣传环保知识。为辖区更换垃圾桶92个，处置生活垃圾800万公斤。

水井坊街道辖区

【概况】锦江区水井坊街道辖区设水井坊、锦馆驿、交子、点将台、较场坝、光明路6个社区。人口13 192户40 829人。其中常住人口20 770人、流动人口20 059人。

【辖区特色】锦江区水井坊街道辖区是历史文化保护街区，区域内建筑具有川西民居特色。辖区是“交子”诞生地。辖区内的水井酒坊遗址是国家级重点文物保护单位，被誉为“中国白酒上的无字史书”。成都兰桂坊是锦江区引进香港兰桂坊打造的时尚街区。锦官驿、点将台、较场坝等历史老街分布辖区内。历史上誉为“蜀中首街”、已打造为“天赋门廊”的东大街位于辖区内。锦官驿小学是陈毅的母校。区域内汇集了香格里拉大酒店、成都市商会大厦、明宇酒店、东方广场、嘉里商务楼等商务楼宇。

【“平安水井坊”建设】锦江区在水井坊街道辖区开展法治宣传活动16场次，参加人数3 000余人。每月召开社会治安综合治理会议和门卫工作会议，向驻区单位和院落通报治安形势，制订防控措施和工作计划，组织人手落实。2014年，辖区刑事案件同比下降1.4%。10月，推荐锦官驿社区申报“成都市平安示范社区”，推荐成都市第十七中学、工商银行芷泉支行申报“成都市平安单位”。

【司法调解】锦江区在水井坊街道辖区开展矛盾纠纷排查工作，共排查11次，调解纠纷61件，调解成功率达100%。

【社区网格化服务】锦江区在水井坊街道辖区划分社区网格，配置网格人员，建立考核办法，运用街道综合信息平台公布社会治理情况。

【安全生产管理】锦江区在水井坊街道辖区建立居民安全自治工作机制，在辖区内开展新《安全生产法》教育培训活动。水井坊街道辖区制订《居民安全自治公约》，利用信息化手段建立安全工作快速联动机制，辖区安全管理体系逐步健全。街道办事处还指导企业实施安全生产标准化建设，6家企业创建为“安全生产标准化单位”。

【社会救助】锦江区向水井坊街道辖区发放“居家养老金服务金卡”2 800余张，兑现“长寿金”40余万元，新增“长者通”用户890户。向参加医疗保险的89名残疾人兑现补贴，发放“残疾人补贴金”20万元。辖区内低收入人群实现应保尽保目标，发放“最低生活保障金”“生活救助金”150余万元。

【劳动就业】锦江区水井坊街道辖区新增就业1 400余人，6名大学生在辖区内创业。

【社会公共服务站管理创新】社会组织承接社会公共服务站管理模式在锦江区水井坊街道辖区试点。民政、计划生育、住房保障、劳动保障、综合服务共5大类49项工作由社会组织承担。

【党风廉政建设】锦江区在水井坊街道辖区开展“党风廉政宣传教育警示月”活动，营造廉政勤政风气。投入50 000元在各社区打造“廉政文化长廊”，为每个院落制作廉政文化展板。

【社区治理机制创新】锦江区批准水井坊街道办事处制订的社会治理工作推进行动计划，指导辖区创新社区治理机制，促进水井坊街道辖区的社区管理向多元化协同参与和共同治理转变。

【“五义”项目】锦江区以“义仓、义集、义学、义坊、义网”为内容，继续在水井坊街道辖区实施“五义”项目。共募集物资4 142件，总价值25.8万元。募集青少年志愿服务时间10 000小时，活动参与人数约10万人。2014年，《人民日报》报道了“五义”项目实施情况。“义集”项目被评为“全国终身学习活动品牌”。

【特色文体活动】锦江区在水井坊街道辖区举办了第一届社区居民运动会，涉及麻将、游泳、羽毛球等14个比赛项目，参加活动的群众达到2 000余人。

还在水井坊街道辖区举办了“水井年代·牛人秀”活动，参与群众达400余人。

【社会治理工作调研宣传】 中央编译局专家、中国浦东干部学院学者、中央机构编制办公室成员分别到锦江区水井坊街道辖区调研社会治理等工作，《四川日报》《成都日报》报道街道社会治理工作20余次。

【市容秩序管理】 锦江区水井坊街道办事处按照“一街一公约”的模式构建“放收自如、规范有序、单位共治、居民自治”的城市管理工作格局，调动企业、商家、社区、院落自治组织、居民、职能部门的积极性，共同参与城市管理。2014年，规范广告牌、店招300余个，对生活垃圾进行了分类管理。

【环境保护】 锦江区在水井坊街道辖区内开展燃煤污染整治、餐饮油烟整治、锅炉污染物排放整治、工地扬尘整治等专项整治行动，共兑现“燃煤补贴金”18万元。

【绿化景点建设】 锦江区对水井坊街道辖区内的绿化景观进行提升改造。改造了成都市第七中学育才学校正门和侧门旁的绿化景观以及九龙仓侧门和大门前的马路隔离带、水井坊博物馆正门和侧门旁绿化带、水井街24号绿化带、伊顿幼儿园侧绿化带、青龙正街102号的绿化景观。在水井坊社区和“义中心”门前的“邮票绿地”补种树木，打造了移动景观花台。

【“智慧社区”建设】 锦江区在水井坊街道辖区推进实施“智慧社区”建设，打造“创新水井坊”。建立街道综合信息指挥中心、“智慧社区”信息平台、“爱家”社区电视智能信息平台和微信综合信息服务平台，拓宽信息服务范围，建成“大数据街道”。街道办事处数据中心与各科室台账数据对接，统一管理人、地、事、物、组织等数据。街道办事处数据中心录入组织机构信息1 486条、人口信息49 286条、房屋信息17 887条、部门信息2 552条。

牛市口街道辖区

【概况】 锦江区牛市口街道辖区辖水碾河路南、华成路、得胜街、牛市口路、经华南路、牛王庙6个社区。辖区常住人口31 982人，登记流动人口11 230人。

【辖区特色】 锦江区为牛市口街道辖区设定的城市功能以居住区为主。区域内共有主街干道5条、中小街道18条，有综合菜市场、专业灯具市场、家乐福超市。另有宾馆16家、医院3所、学校1所、大型写字楼两幢。娇子音乐厅位于辖区内。

【市容秩序管理】 6月，锦江区批准牛市口街道办事处从城管执法中队抽调4名干部、30名协管员，从辖区派出所抽调3名民警、13名协警，共同组成城管治安联勤执法队。以“网格管理、巡逻联勤、严格执法、交叉考评”为内容，建立联勤执法工作机制，制订管理制度。执法队成员按照“四班三运转”和无缝对接的要求，在街面开展联勤执法工作。2014年，处理占道经营行为3 600余次，批评教育违章人员4 000余人次，拆除违规设置的LED电子显示屏式店招、违法广告牌76个，拆除违规亭棚广告牌11个、指示牌7个，拆除违章建筑1处。锦江区还对牛市口街道辖区污染源进行了普查，取缔露天烧烤摊5个，整治违法排污餐饮商家11家，改造、疏通、修复雨污管网4 000余米。对东大街19号地块（原锦江区青少年宫）进行整治，待建地块“拆墙透绿”，新增绿化面积1 000平方米。

【环境卫生管理】 锦江区在牛市口街道辖区落实垃圾分类处理制度，建立生活垃圾、餐厨垃圾统一收运处理等环卫作业新模式，新建一座封闭式垃圾中转站，每日清运生活垃圾量从2013年的27 000公斤提高到30 000公斤。2014年，清理院落杂物、建渣50万公斤，清理餐厨垃圾60万公斤。

【社会治安管理】锦江区对牛市口街道辖区社会治安情况进行了统计。辖区刑事案件发案277件，较2013年同比下降11.2%。牛市口街道辖区受理群众信访案件56件，接待群众81人次，处置率100%。查获5名吸毒人员，移送强制戒毒所。

【社区管理创新】锦江区牛市口街道辖区对院落小区党组织负责人、自治组织负责人、楼幢长、小组长进行培养，促进院落党组织和自治组织全覆盖工作。搭建院落居民活动平台，改善居民生活环境，实施院落绿化工程，打造精品院落6个。调整清扫保洁模式，成立社区物业服务中心，承担老旧院落清扫保洁工作。批准社区收取居民垃圾处置费，按比例返还社区，超额部分给予奖励。将院落物业管理列为社区考核范畴，一个季度评比一次，按三个等级评定，按评定等级奖励。

【网格化管理】锦江区将牛市口街道辖区划分为54个网格，把6个社区分为两个片区网格，分别由两家社会组织以购买服务形式对两大片区进行网格化管理。形成以街道为中心、社区为平台、社会组织为载体的社区网格化服务体系。

【居家养老服务】锦江区为牛市口街道辖区内734户有高龄老年人的家庭安装了“长者通”呼叫救援机；办理“居家养老服务金卡”4 805张，金额47.85万元；将辖区内24名家庭收入低于最低生活保障标准的特困老年人纳入最低生活保障范畴；采用政府购买服务形式为11户空巢老人、困难老人提供上门服务。

【残疾人帮扶】锦江区通过“温暖万家行”活动，慰问牛市口街道辖区的残疾人90人，发放“残疾人慰问金”18 000元。紧急救助两名残疾人，发放“残疾人救助金”5 550元。向21名残疾人兑现“居家安养费”，总金额25 200元。为66名符合条件的残疾人购买了城镇居民医疗保险，为符合条件的330名残疾人购买意外保险。为165名残疾人办理重度护理补贴手续，为享受最低生活保障政策的残疾人家庭、贫困残疾人家庭争取“阳光助学”指标6个。采用“一对一”的形式帮扶残疾人4人。

【劳动就业】锦江区牛市口街道辖区有劳动能力人员和就业愿望的城镇失业人员1 088人。2014年，再就业1 083人。其中失业人员再就业382人。辖区城镇登记失业率控制在4%以内。500名农民工参加在岗培训，80名青年劳动者参加技能培训。3名高校毕业生领取“一次性创业补贴金”，7人领取“灵活就业人员社会保险补贴金”。

【社区公共服务】锦江区为牛市口街道辖区2014年度入户的60天新生儿办理医疗保险，共105份；为辖区居民办理2015年度城乡居民医疗保险，共329份；为516人购买“少儿互助金”。辖区共有113名进城务人员工子女享受了义务教育政策。向百岁老人发放“长寿金”10人次，共3 000元。发放民政老职工经费66人次，共19 800元；发放老职工医疗费用17人次，共5 863.92元。为77户提出住房实物配租申请的居民办理了手续。

【计划生育工作】锦江区牛市口街道辖区出生266人。其中计划内出生264人，符合政策生育率达到99%。未发生大月份引产情况。新增“计划生育三结合帮扶户”5户，确定“计划生育联系户”5户、“计划生育帮带户”10户。通过“新市民春晓行动”确定“计划生育流动人口帮扶户”4户，流动人口登记率达到85%，综合服务率达到90%。17名符合独生子女奖励金政策要求且享受最低生活保障政策的失业人员领取了“独生子女奖励金”。辖区应发放“独生子女父母奖励金”1 020元，共有15人领取，兑现率达到100%。辖区内计划生育家庭特别扶助对象共78人。

【安全生产管理】锦江区在牛市口街道辖区内开展安全生产检查390次，抽查重点隐患点320个，检查企业30余家，与辖区单位签订《安全生产责任书》1 200余份，下达《安全生产整改通知书》108份。

在安全生产宣传活动中发放宣传资料5 000余份，设置安全咨询点8个，制作安全生产宣传栏6个。

【文化体育工作】 锦江区在牛市口街道辖区水碾河路46号投资51万元建成300平方米的市民中心。中心内设文体活动室、电子阅览室、图书室、未成年人心理辅导室、健身房、科普学校、市民学校，已向居民开放。文体活动室由文化类社会组织运营，开展舞蹈培训活动24次、器乐培训6次，举办暑假儿童书法讲座12次、儿童安全讲座1次、夏季居家安全培训1次。街道办事处耗资19 168元，为社区购置了乒乓球桌、羽毛球拍、篮球、排球等130件体育器材。

【社会组织发展】 锦江区为牛市口街道辖区备案社区社会组织40个，涉及志愿服务、公益服务、文化体育、社区教育、养老助残等领域。其中公益服务类社会组织14个、社会事务类社会组织7个、文化体育类社会组织13个、社区维权类社会组织3个、慈善救济类社会组织3个。

【法治建设】 锦江区在牛市口街道辖区一心桥横街16号院打造“法治大讲堂”，开展主题活动10次。结合社会热点难点问题举办公益性法制讲座10次，开展“法律进社区”活动59次。通过现场设点咨询等方式开展普法咨询活动，服务300人次，享受法律维权服务的群众达200人次，发送普法宣传资料5 000余份。为法律服务工作室建立“一社区一律师”制度，潜在受援对象对法律援助服务事项的知晓率达90%。居民代表每年集中学法4次以上，组织30多家辖区企业开展法律知识培训，开展职工维权服务活动20余次。社区社会组织性质的维权工作室接待群众200人次，提供法律建议6人次。其中两人已由社区开具证明，经司法所申报，享受了法律援助服务。

【德国总理考察】 2014年7月5日，德国总理安格拉·默克尔到锦江区牛市口街道辖区的华仁社会工作发展中心考察。围绕教育问题与发展中心的社工以及辖区儿童、家长交流。

【华仁社会工作发展中心】 华仁社会工作发展中心由四川大学公共管理学院社会工作和应用心理学专业教授、博士张威（德籍）创立。主要面向儿童、青少年和家庭提供专业化社会工作咨询服务。中心位于锦江区牛市口街道辖区内。

【社会治安管理】 锦江区牛市口街道辖区按照“点、块、线”相结合的方式开展社会治安综合治理工作。“点”指楼幢，“块”指院落，“线”指街面。定期召开维护社会稳定工作联席会议，通报辖区治安情况，对发案情况进行分析，寻找发案规律、特点、原因，制订防范措施和治理方案，将“两抢、两盗”案件列为重点打击对象，达到“发案少、秩序好、群众满意、社会稳定”的目标要求。2014年，辖区刑事案件发案277件，发案数较2013年同期下降11.2%。

【社区矫正】 锦江区将牛市口街道辖区9名社区矫正人员纳入管理范围，牛市口街道辖区共有社区矫正人员13人。另有10名矫正人员解除矫正。每月9日，定期组织社区矫正人员集中学习，每月两次组织社区矫正人员参加公益劳动。社区矫正人员无脱管漏管现象。

【安置帮教】 锦江区将牛市口街道辖区25名刑满释放人员纳入安置帮教范围。街道司法所对帮教工作情况进行统计和记录，建立帮教档案。定期考核帮教人员，依法安置通过考核的帮教人员23人。辖区帮教率达100%，安置率达85%。

【基层党的建设】 锦江区批准牛市口街道辖区社区党组织建设计划，将党组织建设延伸到院落、楼幢，根据院落规模、类别组建院落党支部，将社区党的建设贯穿于社区自治的全过程。建立了以院落党支部为核心，推动院落自治的工作模式。在拥有3名以上党员的院落建立党支部，党员人数不足3人的院落与相邻院落组建联合党支部。已建成院落党支部46个，覆盖88个院落。

【居民自治】 锦江区在牛市口街道辖区推进居民自治工作。街道办事处指导具备条件的院落建立业主委员会，对暂不具备条件的院落采取成立住户委员会或家属委员会的办法，推动居民自治进程。辖区共有88个院落(小区)。其中两个小区成立了业主委员会，86个院落成立家属委员会、住户委员会。街道办事处还指导居民制订自治公约，社区居民委员会指导院落自治组织依照《自治章程》管理院落事务，调解居民纠纷。社区居民委员会通过联建、租赁居民活动室等的方式，为居民议事、党员活动提供场地。2014年，辖区建成院落自治平台4个，覆盖11个院落。

【弱势群体救助】 锦江区对牛市口街道辖区享受最低生活保障政策的家庭进行了登记，共200户250人。发放“最低生活保障金”2 727人次，发放金额104.5万元；为享受最低生活保障政策的居民报销门诊费用218人次，报销金额23 200元；向享受最低生活保障政策的居民提供“燃气供应救助金”110人次，共9 900元；向享受最低生活保障政策的居民发放“临时医疗救助金”5人次，共3 700元。向符合条件的居民发放“城乡一体化医疗救助金”40人次，共78 731.93元。

【工会工作】 锦江区在牛市口街道辖区推进工会工作。辖区非公有制企业组建工会组织199个，共有会员1 863人，建会率和职工入会率均达95%。参加工会互助保险的辖区职工达301人次，投保金额达26 198元；办理赔付15人次，赔付金额达11 419元。向一名符合条件者发放“爱心救助金”1 000元。

龙舟路街道辖区

【概况】 锦江区龙舟路街道辖区设龙舟、河滨、顺江、三官堂、河心村、莲花新区、莲桂西路7个社区。辖区常住人口36 716人，登记流动人口16 589人。

【微型养老院】 锦江区在龙舟路街道辖区投资10余万元，与社会组织合作，成立龙舟路街道微型养老院。养老院硬件设施通过成都市老龄委员会验收。

【“社区学习圈”建设】 锦江区联合成都市社区大学，在龙舟路街道辖区打造“社区教育8分钟学习圈”。已建成的11个“社区教育学习圈”包括健康保健、心理咨询、太极文化、生态环保、社区干部素质提升、义工培育等类别，已开展课程培训15次，受教育群众达1 800人次。在已建成的“社区教育学习圈”中孵化社会组织8个，引进了心理咨询、社区教育等社会组织3个。另有3个社会组织处于孵化过程中。

【为民办实事】 锦江区为龙舟路街道辖区的群众解决问题734个。包括“滨河雅居”小区污水问题、工农院街21号枯树问题、龙舟路60号院公共区域管理问题、龙舟路61号院拆迁问题。指导“锦洲花园”小区业主委员会开展选举工作。

【弱势群体帮扶】 锦江区发动龙舟路街道辖区内的企业和街道办事处干部结对帮扶24名困难党员、17名困难群众，发放“困难群体慰问金”41 000元。采用政府购买服务方式，委托社会组织向400余名残疾人提供服务。

【社会管理创新】 锦江区批准龙舟路街道辖区制订的社会管理创新方案。街道办事处将住房保障、低收入认证、“长寿金”发放、“居家养老服务金卡”审核发放等公共服务事项下放到社区，由社工站和社区的工作人员办理。已为群众提供上门服务82次。同时以网格为单位，建立精细化管理、规范化操作、科学化运转的网格化社会服务管理体系和运行机制。

【社区居民委员会换届选举】 锦江区同意龙舟路街道辖区开展社区换届工作。辖区内的社区居民委员会完成换届选举工作，产生社区居民委员会主任7人、副主任4人、专（兼）职委员27人。

【市容秩序管理】 锦江区在龙舟路街道辖区推进城市管理体制改革。街道办事处与环卫清洁公司签订《环境清扫保洁补充合同》，每天清扫、冲洗二环路东四段和二环路东五段街面。共清除“牛皮癣”式违法广告7 000余处。

【党风廉政建设】 锦江区批准龙舟路街道辖区党风廉政建设年度计划。街道党工委与班子成员、科室干部签订《党风廉政建设承诺书》92份，召开党工委会17次，制订《违反日常工作纪律规定的惩处办法》《“三公经费”管理暂行办法》等制度。街道办事处各科室、辖区内各社区分别开展了“党风廉政宣传教育月”活动。

【安全生产管理】 锦江区组织龙舟路街道辖区的300余名居民参加消防安全知识培训，发放消防宣传资料3 000余份，开展第十三个“安全生产月”活动，为河滨社区3号院配置灭火器20个。

【社会治安管理】 锦江区批准龙舟路街道辖区制订的社会治安管理年度方案。街道办事处制订反恐维稳应急预案，联合辖区单位、住宅小区物业管理机构建立社会治安整体联动工作机制，整合公安机关天网平台、巡警、企业、物业管理单位、院落门卫等资源，构建了社会治安群防群治网络。

【法治宣传活动】 锦江区在龙舟路街道辖区成立普法宣传队，向7个社区委派法治宣传联络员；开展法治讲座10场，组织宣传汇演活动4次，发放宣传资料6 000余份，展出法治内容的书画作品100余幅。

【社会公共服务】 锦江区在龙舟路街道辖区兑现“居家养老服务金卡”的金额达到119.9万元，发放“最低生活保障金”152.5万元，向享受最低生活保障政策的群众发放“燃气补贴金”8 190元、“价格补贴金”11.43万元。提供城乡一体化医疗救助430人次，兑现“城乡一体化医疗救助金”70 202.34元。受理租金补贴申请80份、公租房申请300份、限价房申请20份、廉租房申请80份。

【劳动就业】 锦江区在龙舟路街道辖区登记失业人员1 221人，帮助1 165人就业。辖区就业率达到95.41%。

双桂路街道辖区

【概况】 双桂路街道辖区设牛沙路、净居寺、五福桥、通慧4个社区和古雅坡、汇泉路两个筹备社区。辖区常住人口1.8万人，登记流动人口1.2万人。

【辖区特色】 双桂路街道辖区内有四川省农业科学院、四川省农业机械研究设计院、四川省畜牧科学研究院等教育科研单位，成都市第十人民医院位于辖区内。辖区内共有18个老旧院落、12个商品住宅小区。

【基层党的建设】 锦江区在双桂路街道辖区推进基层党建工作。街道党工委书记牵头成立整顿转化工作组，制订整顿转化方案，开展“听党话、跟党走”主题活动。在社区、街道和院落设立“民情快递线”，收集意见291条，办理248条，群众满意率达96%。五福桥社区党委被中共四川省委员会组织部授予“四川省服务型示范社区党组织”称号。

【党风廉政建设】 锦江区批准双桂路街道辖区党风廉政建设年度方案，在辖区召开党风廉政建设责任制领导小组联席会3次，协调解决问题8个。开展干部思想教育和作风讲评活动，组织党员干部参观锦江监狱，参加兰辉先进事迹报告会，通过活动引导干部树立廉政观。

【社区网格化管理】锦江区在双桂路探索建立社区网格化服务管理机制。以居民户数为依据，按300户和500户居民的标准将辖区划分为51个网格。把辖区企业、事业单位以及公共场所纳入网格管理，形成“人在网中走，事在网中办”的工作格局。整合辖区治安巡逻、流动人口管理、协税护税3支队伍的力量，在社区设立网格服务站。为网格片长、网格员制订工作职责和激励考核办法。实施“院落（小区）居民小组+社团”工程，构建了“专兼合一”的网格化服务管理队伍，社区治理从管控为主向管理与服务相结合转变，从“官管民”的单向治理转变为“官民共治”的双向治理。

【法治宣传】锦江区以“进社区、进企业、进学校”等为内容，在双桂路街道辖区开展“法律七进”活动；以青少年群体为重点，在辖区内打造锦江区青少年法治教育基地，开展“法制趣味讲堂”“12355少年模拟法庭”“法海拾贝”“法智大比拼”等活动；在辖区内打造“蝶语书屋”法治广场，开设“法治大讲堂”“心灵驿站”“法治书屋”等普法功能室。将双桂路街道辖区作为法治题材微电影《小婷社区成长季》拍摄地之一。

【居民自治】锦江区以促进社会治理自治、共治、法治和信息化进程为目标，在双桂路街道辖区内的“阳光水岸”等住宅小区建立以院落党组织为核心，由业主代表大会决策，业主委员会执行，业主监事会监督的“一核三会”自治模式。同时还在辖区的培育居民自治方面的微型社会组织，在“镏金岁月”住宅小区组建了安全巡查组。

【社会治安管理】锦江区以“平安街道”创建工作为契机，在双桂路街道辖区建立街道、社区、院落三级治安网络，建立了由公安、治安巡逻、物业管理、院落门卫于一体的社会治安防控机制。

【矛盾纠纷调解】锦江区在双桂路街道辖区建立群众信访逐级负责制，对社区和街道办事处信访科室的责任进行了明确。2014年，排查辖区内矛盾纠纷102件，接待群众信访28次106人，受理群众来信1件、网上信访8件。依法调解了新鸿基环球贸易广场、“吉宝凌云峰阁”等在建工地的劳资纠纷。街道办事处被中共成都市委员会、成都市政府评为“维护社会稳定工作目标先进乡镇”。

【市容秩序管理】锦江区在双桂路街道辖区建立市容管理片区责任制，采用定时、定员和机动巡查的方式巡查重点路段、重点街道、重点区域。2014年，办理双桂路街道辖区数字化城市管理平台移交的案件7 000余件，对辖区内24家存在违章搭建行为的家庭进行了处置。清理违规广告牌10个，拆除违法LED广告牌25个、导示牌4个。协助修复市政设施30余处，补栽树木30株。街道办事处被中共成都市委员会、成都市政府评为“爱国卫生工作先进集体”。

【公共服务】锦江区在双桂路街道辖区成立流动公共服务站，按照“定人、定点，随同、随时”的要求为新建住宅小区提供“两定两随”服务。

【计划生育工作】锦江区为双桂路街道辖区办理“独生子女父母光荣证”58个，向符合条件的辖区居民兑现“独生子女奖励金”540元。

【最低生活保障】锦江区为双桂路街道辖区新增加的4名居民进行了最低生活保障登记，累计发放“最低生活保障金”28.75万元。帮助1名最低生活保障家庭的子女享受“阳光圆梦”政策。

【医疗救助】锦江区向双桂路街道辖区低收入人群提供医疗救助81人次，救助金额达1.8万元。

【居家养老服务】锦江区为双桂路街道辖区办理

"老年证"391个；发放"长寿金"489人次，共69 820元。为254个老年人家庭安装了"长者通"呼叫救援机。

【残疾人帮扶】 锦江区向双桂路街道辖区69名贫困残疾人发放了"温暖万家行慰问金"，共13 800元；向19个享受最低生活保障政策的残疾人家庭发放"特困残疾人家庭专项补助金"，共17 280元；为5个残疾人家庭安装了无障碍设施。

【工会工作】 锦江区在双桂路街道辖区成立"街道工友之家"，在辖区工地设立服务站，为外来务工人员提供服务。双桂路街道办事处工会被四川省总工会授予"四川省示范街道工会"称号。

【妇女工作】 锦江区批准双桂路街道辖区妇女工作创新计划。双桂路街道辖区建立"党建带妇联、妇联促党建"工作模式，将妇女组织延伸到住宅小区，开展以"保护妇女儿童合法权益"为主要内容的宣传活动。中国妇女联合会书记处书记焦扬对双桂路街道辖区的做法给予肯定。

【群众文化建设】 锦江区在双桂路街道辖区开展"文化四季风"活动。以"民俗闹春、音乐消夏、欢歌庆秋、劲舞暖冬"为主题，开展了"我们的节日·春节""庆五一""我们的节日·端午"等文艺汇演活动。五福桥社区开设了"社区书屋"，配置图书9 000余册。内设多功能室、活动展览室、图书阅览室、电子阅览室、书画室、未成年人活动室。五福桥社区被评为"成都市首批示范性学习社区"。牛沙路社区也开设了"市民空间"，为群众提供文化活动场地。

【五福桥社区工作】 五福桥社区以党建为中心推动社会管理创新工作，培育了"晋哥聊天桌""常青树心灵驿站""风帆青少年乐团"等社会组织，向群众提供烘焙、电脑、手工制作、国画、彩铅画、声乐、钢琴、舞蹈、乒乓球等文化培训服务。五福桥社区获得"全国基层科普行动计划奖"和"全国科普示范社区"荣誉。

莲新街道辖区

【概况】 锦江区莲新街道辖区设莲花、莲花西路、九眼桥、新桂、海椒市、锦东、一心桥、东四街、紫东、宏济路、晶蓝11个社区。辖区常住人口59 853人。

【基层党的建设】 锦江区在莲新街道辖区推动基层党建工作。辖区内68个小区、院落全部成立党组织和自治组织，建立了院落党建活动阵地。

【劳动就业】 锦江区通过开展"春风行动""就业援助月""高校毕业生创业补贴宣传""民营企业招聘周"等活动，帮助莲新街道辖区失业、待业人员就业和创业。辖区新增就业1 104人，保持动态消除零就业家庭的成果。

【弱势群体帮扶】 锦江区登记莲新街道辖区享受最低生活保障政策人员2 221人，发放"最低生活保障金"89.23万元。利用节假日慰问辖区残疾人222人，向39个残疾人家庭的子女发放"自强助学金"48 500元，为70名特困残疾人申请了专项补助，为224名重度残疾人申请了护理补贴，为615名残疾人办理"残疾人证"，为"世纪朝阳"小区一名渐冻症患者提供救助和精神慰藉服务。

【优抚优待】 锦江区向莲新街道辖区的38名优抚对象兑现优抚金40.13万元。

【居家养老服务】 锦江区向莲新街道辖区发放"居家养老服务金卡"4 686张，向8 385名老年人发放"长寿金"34.96万元。

【垃圾分类处理】 锦江区在莲新街道辖区推进垃圾分类工作。莲新街道辖区扩大城市生活垃圾分类收集范围，建立小区居民注册服务和积分兑换制度，兑换奖品价值15.7万元，对居民自觉分类处置生活垃圾起到了促进作用。莲新街道办事处获得“2013年度城市生活垃圾处理收费先进单位”称号。

【市容秩序管理】 锦江区对莲新街道辖区新桂村西五街42号、莲桂西路98号、莲花西路121号等院落的地下排污管网进行了整治，对小区院落排水沟、“牛皮癣”式违法广告实施了专项治理。成都市政府授予锦江区莲新街道办事处“2011—2013年度爱国卫生工作先进集体”“2013年度治理非法张贴书写广告工作优秀单位”等荣誉。

【社会组织发展】 锦江区在莲新街道辖区发展社会组织，批准成立社会组织6个。莲新街道辖区已登记的社会组织共有76个，社会组织工作人员达到10 000余人。

【非法自行车和电动车清缴行动】 锦江区在莲新街道辖区开展非法自行车和电动车清缴行动，收缴非法车辆230辆、查获犯罪嫌疑人4人。

【流动人口登记管理】 锦江区在莲新街道建立流口人员常态化管理制度，登记流动人口新增人员7 381人、出租房屋信息1 103条，维护、更新流动人口数据信息19 522条。

【安全生产管理】 锦江区在莲新街道辖区开展燃煤专项整治、火灾隐患排查整治等工作，关闭了存在多年的化工经营商铺，帮助其中85家商铺完成业态调整，调整率达98.8%。

【普法宣传】 锦江区在莲新街道辖区定期开设“法治大讲堂”，成立了半小时法律援助圈工作站，邀请四川大学法学专家举办学习宣讲会3场。2014年3月27日，四川电视台新闻栏目报道了辖区法律援助工作情况。

沙河街道辖区

【概况】 锦江区沙河街道辖区设沙河、静康、塔子山3个社区。辖区常住人口10 058人，登记流动人口8 344人。

【辖区特色】 锦江区沙河街道辖区毗邻成都火车东站和成都东客站，47路、104路、12路、79路、218路、541路、230路、313路公交车行经辖区，地铁二号线在区域内设有站点。辖区内有占地27.3万平方米的塔子山生态公园，有四川省林业科学院、成都市射击运动学校等教育机构。位于辖区内的望江宾馆是一家融合了南亚风情与川西民俗风情的城市森林型宾馆。

【基层党的建设】 锦江区在沙河街道辖区推进基层党建工作。沙河街道党工委召开党建工作专题会议11次，组织街道中心组成员学习25次，组织街道班子成员集中培训6次，向流动党员印发学习资料120份。将3支驻辖区部队、3个政府职能部门、8家企业和事业单位纳入党员志愿者网格化服务范畴，组织开展主题志愿服务活动83次。建成205平方米的党员活动室，新发展党员4人。

【党风廉政建设】 锦江区批准沙河街道党工委制订的《沙河街道2014年党风廉政建设和反腐败工作任务分解表》，要求沙河街道辖区将党风廉政工作纳入目标管理，进行绩效考核。沙河街道辖区查找廉政风险点21个，制订防控措施15项，在干部中开展廉政讲座等活动，号召党员干部共建“廉洁沙河”。

【困难党员帮扶】 锦江区利用节假日慰问沙河街道辖区困难党员家庭216个，结对帮扶86个家庭。

【社区工作模式创新】 锦江区以“社区、社会组织、社会工作”为内容，在沙河街道辖区探索建立“三社互动”社区工作模式。沙河街道辖区以院落环境治理等工作为载体，开展社区服务。

【社会组织发展】 锦江区在沙河街道辖区培育和发展备案类社会组织5个，辖区共有登记类社会组织两个、备案类社会组织16个。辖区已有注册社会工作师1人、助理社会工作师4人。沙河街道社会组织指导服务中心与田园之家科普教育中心达成合作协议，建成“创意空间”“科技空间”“教育空间”“艺术空间”“运动空间”“原创音乐空间”等功能性服务载体。

【成都市第四十六届熊猫灯会】 1月28日，成都市政府主办的成都市第四十六届熊猫灯会在锦江区沙河街道辖区内的塔子山公园举办。活动至2月23日结束。灯会以“天马踏歌幸福蓉城”为主题，设置“大观园、天马行空、幻想空间、熊猫四川、特色灯廊”5个板块，展出特大型灯组5组、大型灯组20组、中小型灯组100组。活动期间还有陕北安塞腰鼓表演、武术PK争霸大赛、川剧表演等特色活动。会场设置了特色美食区，吸引了全国各地游客。

【城乡环境综合治理】 锦江区对沙河街道辖区马家沟路及周边路面、路灯、绿化、墙体进行改造，修补破损路面100平方米。对辖区内待建地块实施绿化改造，增加绿化面积2 000平方米。对静康路、东大路东延线、迎晖路沙河段等出入城通道的路面和绿化带实施改造，东沿线临街围墙景观化改造面积达3 000平方米。道路清扫面积达16万平方米，清运生活垃圾370万公斤。

【安全生产管理】 锦江区与沙河街道辖区的企业签订《安全生产责任书》50余份，街道办事处每月组织科室、社区开展安全隐患排查工作，消除安全隐患。

【社会治安管理】 锦江区批准《沙河辖区治安防控工作考评实施办法》，将沙河街道辖区分为30个网格，实行网格化管理。同时在辖区内开展“打黑除恶”“扫黄打非”等专项整治工作，确保辖区社会稳定。

【拆迁安置】 锦江区继续推动沙河街道辖区花果村一组拆迁安置工作。返迁居民共428户1 572人，安置住房1 104套，安置率100%。

【法治宣传】 锦江区在沙河街道辖区举办法治讲座12次，开展法治教育活动5次、法治宣传活动23次。

【计划生育工作】 锦江区为沙河街道辖区的112人办理了“一孩生育服务证”，审批再生育申请15份。辖区出生87人。其中二孩10人。帮扶“计划生育三结合新增户”5户。辖区“独生子女父母奖励金”兑现率达到100%，流动人口办证率、验证率均达95%，避孕措施及时率达100%。

【劳动就业】 锦江区登记沙河街道辖区新增就业人员400人。辖区共有160名失业人员和48名就业困难人员再就业。开展创业培训工作，培训60人。另培训城乡劳动者504人。向两名大学生创业者一次性兑现了“创业补贴金”。

【居家养老服务】 锦江区在沙河街道辖区新建了城社区微型养老机构，内设10个床位。为辖区80周岁及以上年龄的老年人安装了“长者通”呼叫救援机，共安装169台。发放“长寿金”306人次，共11.11万元。向894名70周岁及以上年龄的老年人发放了“居家养老服务金卡”，金额60.47万元。

【残疾人帮扶】 锦江区资助沙河街道辖区的4名重度残疾人参加社会养老保险，帮助两名残疾人以居家灵活就业方式就业，向133名重度残疾人发放“残疾人护理补贴金”8.88万元，15名残疾人享受了居家托养服务，为5个残疾人家庭实施了无障碍设施改造，救助贫困家庭脑瘫儿童3人。

【低收入群体帮扶】 锦江区按“应报尽保”的要求，

为沙河街道辖区兑现“最低生活保障金”1 406人次，共59.25万元。为3个低收入家庭申请人道主义救助，发放救助款4 000元。发放“城乡一体化医疗救助金”122人次，共14 000元。向59名符合条件的低收入群众发送《公共租赁住房资格通知单》，为两个家庭办理了购买限价房手续，向34人发放了“廉租房补贴金”。辖区内享受廉租住房的住户共20户，两人购买了经济适用房。

东光街道辖区

【概况】 锦江区东光街道辖区设东怡、东光、新莲新、观音桥、绿岭、永兴、北顺、东润、锦华、翡翠、东湖11个社区。辖区常住人口19 868户48 906人，登记流动人口26 160人。

【基层党的建设】 锦江区批准了东光街道辖区基层党建方案。东光街道辖区各社区均成立院落党支部，实现党组织全覆盖目标。辖区内新建党组织1个，辖区党组织达到80个。新发展党员8人，辖区党员共1 398人。辖区成立了党员志愿者队伍，开展了“集中建党”“周末奉献三小时”等活动。

【党风廉政建设】 锦江区批准《东光街道2014年党风廉政建设和反腐败工作任务分工》，将党风廉政主体责任落实到街道领导班子、主要领导人、班子其他成员，形成三个层级的责任制度，包括6类32个事项。街道党工委与街道办事处各科室、各社区分别签订《党风廉政建设责任书》，形成街道、科室、社区三级目标管理格局。

【体育事业发展】 锦江区在东光街道辖区开展体育活动10次，组织辖区群众参加10场体育竞赛。街道国民体质监测室改建为锦江区国民体质监测分中心，完成2014年度国民体质监测工作，监测人数达8 000人次。建成社区教育工作站11个。

【院落学习室建设】 锦江区东光街道辖区新增院落学习室6间，增配图书3 800册。院落学习室覆盖率达40%。

【劳动就业】 锦江区登记东光街道辖区新增城镇失业人员1 545人。辖区共有1 084人再就业，再就业率达70.16%。

【弱势群体帮扶】 锦江区在东光街道辖区东怡社区成立聋哑人残疾关爱站和东光聋哑人协会，在东光街道辖区翡翠社区成立社区养老助残中心。辖区内已有689名残疾人享受了个性化服务。向1 312名老年人发放“长寿金”46万元。发放“最低生活保障金”170.81万元、医疗救助门诊费22.05万元。

【计划生育工作】 1—10月，锦江区东光街道辖区出生386人，辖区人口自然增长率控制在3%以内。

【幼儿教育】 锦江区联合社会组织在东光街道辖区创办了0 ~ 6周岁幼儿培育中心，打造了锦江区东光街道树基儿童生活馆。馆内设置幼儿体能训练室、亲子厨房、亲子休息区等活动空间，专为辖区内0 ~ 6周岁幼儿开设公益课程。分别以“社区日”“父母日”“户外日”“庆典日”为主题，针对孕妇举办“好孕一生”公益讲座3场，针对幼儿抚养人开设早教讲座两次，举办以“热爱自然”“节日庆典”等主题亲子活动3次。每星期开设“生活即教育”幼儿课堂。6月，树基家庭教育中心试运行。已举办活动50余次，惠及600个家庭。

【市容秩序管理】 锦江区在东光街道辖区建立餐厨垃圾回收制度，回收垃圾2 190万公斤。督促“翡翠城”住宅小区农贸市场改造，市场硬件设施达标率达到98%。对辖区3座公共厕所进行整治，更换水龙头5个、脚踏阀两个、洗手盆两个，更换电灯8盏，安装灭蚊灯1盏，修补破损屋檐1处，粉刷墙面94.5平方米。更换街面果屑箱67个、果屑箱内胆160个。

改造路面20余处，疏通下水管道12次，安装窨井盖、水篦子17个，修复路灯10盏。对12处违规户外广告进行了整治，整治橱窗广告200个，收缴广告灯箱50个。

【社会治安管理】 锦江区为东光街道辖区的老式院落完善防盗、防火设施，为4个小区院落的20个单元安装了防盗门，更换监控设施10套。在完善硬件设施的同时，建立了治安防控机制和网格化管理制度，调动辖区派出所、物业公司、辖区单位、社区群众的力量共同参与社会治安防控工作。

【矛盾纠纷调解】 锦江区在东光街道辖区推动“大调解”网络建设。辖区人民调解组织2014年调处民事纠纷24件，调解率达到100%，调解成功率达到99%。

【安全生产管理】 锦江区对东光街道辖区5个危险化学品经营单位和3座加油站进行监督管理，对5个院落存在的树木接触高压线现象进行了处置，检验了400台电梯的运行情况。查出安全隐患48个，整改46个。

【企业参与社会建设】 锦江区在东光街道辖区创新建立企业参与社会建设的新机制。作为锦江区东光街道辖区观音桥社区的对口单位，锦江区生态商务区管理委员会联系四川能投集团公司援建了东光街11号老年服务平台升级改造工程。

【东湖社区创新社会管理】 锦江区在东光街道辖区推进社会管理创新工作。辖区内的东湖社区以“一包、二进、三送”为内容，开展“1236”主题活动。“一包”即包幢入户；“二进”即进院落办具体事，进住户办实在事；“三送”即送服务解民难、送法律化民怨、送文化助民乐。

【志愿者服务】 锦江区登记东光街道辖区志愿者队伍19支，注册志愿者2 000余人。辖区利用“爱心超市”创新建立的“两张卡”模式是指针对困难群体的“爱心卡”和针对志愿者的“积分卡”。通过“积分卡”的形式，对志愿者服务情况进行加减分，作为星级评定的依据。

【社区调整】 1月，锦江区将东光街道辖区的5个社区调整为11个社区。

【旧城改造】 2月，列入旧城改造的锦江区东光街道辖区内的南光厂宿舍片区和专用汽车厂宿舍片区完成拆迁工作。

狮子山街道辖区

【概况】 锦江区狮子山街道辖区设万科城市花园、四川师大、菱窠、花果、菱安路、静沙路、佳宏路、静明路8个社区。其中菱安路、静沙路、佳宏路、静明路4个社区为新增社区。辖区常住人口64 871人。其中在校大学生2.3万人。

【辖区特色】 锦江区狮子山街道辖区内有李劼人故居博物馆，又称“菱窠”。另有四川师范大学、四川师范大学附属中学、四川师范大学附属中学外国语学校、四川省邮电职业技术学院等教育机构。创建于1946年的四川师范大学是四川省重点建设大学，是批准列入中国中西部高校基础能力建设工程的高等院校。

【基层党的建设】 锦江区在狮子山街道辖区的“花果新居”“柳堤”等5个住宅小区组建了4个院落党支部，新成立老年协会党支部，另有一个社会组织成立了党组织。辖区已有基层党组织27个，党组织覆盖面达10.5%。基层党组织吸纳新成员21人，发展党员5人，10名预备党员按期转正。

【“租房安全”宣传活动】 锦江区在狮子山街道辖

区开展“租房安全”主题宣传活动。现场设4个点位，发放宣传资料1 000余份，到场咨询的群众达600余人次。

【市容秩序管理】锦江区对狮子山街道辖区内“中国铁建”“华润幸福里”两处工地以及成绵乐高速铁路建设工地、地铁七号线建设工地的噪音和扬尘情况进行监督，定期清理红庙子排水渠、南支三支渠的漂浮物和淤泥，对出摊占道、乱停乱放、噪音扰民等行为进行整治，拆除违法商招店招、户外广告，确保市容环境达到“文明城市”标准。

【居家养老服务】锦江区在狮子山街道辖区内的“爱丁郡院”“橡树汇”等中高端社区成立养老服务机构，日间照料老年人12人，提供接待服务230余人次。

【农户安置】锦江区完成狮子山街道辖区花果一组的拆迁安置工作。共提供安置房1 104套，安置失地农民428户。

【劳动就业】锦江区在狮子山街道辖区实施就业援助行动，帮助辖区内的困难群众、大学生、残疾人就业，新增就业人员685人。60人参加了街道办事处组织的创业培训，公共职业介绍机构为555人提供了免费职介服务，两名高校毕业生自主创业。

【最低生活保障】锦江区为狮子山街道辖区新增的12个享受最低生活保障政策的家庭进行了登记，增发“最低生活保障金”2.2万元。取消辖区内9户12人的“最低生活保障金”领取资格，向46户享受最低生活保障政策的居民发放“最低生活保障金”20.3万元。

【公共文化服务体系建设】锦江区在狮子山街道辖区发展文艺志愿者队伍21支，发展文化体育类社会组织13个。2014年，辖区开展社区文化活动12场次，放映电影15场次。利用“道德讲堂”等载体举办公益性文化讲座，引导居民遵守院规民约。

【社会治安管理】锦江区在狮子山街道辖区建立社会治安联席会议制度，街道办事处每季度召集社会治安综合治理成员单位召开联席会议，组织治安民警、交通民警、城管执法队员整治人口密集场所，打击抢劫、盗窃等犯罪行为，确保辖区社会稳定。

【弱势群体帮扶】锦江区在狮子山街道辖区建立弱势群体帮扶机制，将辖区内108户困难家庭列为帮扶对象。构建“爱心联盟”，发展“爱心家庭”22个、“爱心企业”18家，募集资金26 700元、物品1 200件。

成龙路街道辖区

【概况】锦江区成龙路街道辖区设大观、华新、花香苑、卓锦城、国槐路、金象花园、金像寺、经天、皇经、皇经楼、晨辉、椪子树、蓝谷地、赖家新桥、粮丰15个社区，筹备设立锦城逸景社区和香樟社区。辖区户籍人口约70 000人，常住人口和登记在册的流动人口共14万人。

【基层党的建设】锦江区在成龙路街道辖区皇经楼社区开展后进党组织转化整顿工作。成立党员志愿服务队伍30余支，开展“党员义工日”活动4次。在辖区党员中开展“听党话、跟党走”主题活动。新发展党员10人，17名预备党员按期转正，为196人转接党员组织关系。

【法治宣传】锦江区在成龙路街道辖区开展“法律服务进社区”“法治宣传进社区”“法律援助志愿服务进社区”“亲情帮教大走访”等活动，通过活动宣传依法治国的思想。落实“一社区一法律顾问”制度，为每个社区配备了法律顾问。依托各社区的“法治大讲堂”、文体活动小广场开展宣传咨询活动150余次，参与群众达5 000余人。在国槐路社区和皇经社区打造了“法治文化长廊”“法治文化广场”。

【安置帮教】 锦江区在成龙路街道辖区成立43个帮教小组，开展安置帮教工作。帮教小组工作人员走访帮教对象378人次，了解帮教对象的生活和思想状况。无脱管漏管现象。

【拆迁进度】 锦江区在成龙路街道辖区启动椿子树社区四组和五组的统征拆迁工作，与154户拆迁户签订拆迁协议。华新社区一组（三环路外侧）拆迁工作进入最后阶段，剩余31户拆迁户全部签订协议。纳入土地储备用地范围的华新社区一组、二组、七组位于三环路内侧土地的拆迁工作接近尾声，两户拆迁户签订协议。粮丰社区、大观社区的4户拆迁户签订征后实施协议，椿子树社区一组、二组、三组的9户拆迁户签订征后实施协议，成都铁路枢纽东南半环范围内的15户拆迁户签订拆迁协议，地铁七号线锦江区范围内的1户拆迁户签订拆迁协议。

【住房安置】 锦江区“198”用地范围内“锦城逸景”安置房剩余的68户全部安置入住。锦江区对成龙路街道辖区椿子树社区一组选择“柳江新居”的11户拆迁过渡户进行了安置。

【环境治理】 锦江区对成龙路街道辖区内开挖出土（回填）工地和建筑垃圾运输车辆进行整治，开具《责令限期改正决定书》120余份；清查违法倾倒的建筑垃圾700车次。对椿子树社区五组的农户排水沟、梵木艺术馆沟渠、金像寺社区五组沟渠进行了整治。开展违法排污专项整治工作，排查违法排污单位38家，对5家生产型企业作出关停整治的决定。

【社区网格化管理】 锦江区按照“人在网中走，事在格中办”的要求，将成龙路街道辖区的17个社区划分为209个网格。采用转岗配置和招录配置的方式，配置138名网格管理人员。依托网格化服务管理区监管中心枢纽型平台建立街道分中心实战型平台、社区工作站基础型平台和网格前沿平台。

【劳动就业】 锦江区针对成龙路街道辖区失业人员开展家政、计算机等方面的就业技能培训，受训人数达753人，培训合格率达100%。其中620人培训合格后找到了工作。向3名高校毕业生发放“创业补贴金”，向一名创办实体经济者发放“创业实体补贴金”。2014年，成龙路街道辖区1 406人就业，就业率达95.06%。583名城镇失业人员再就业，106名就业困难人员再就业。

【社会保险】 锦江区完成成龙路街道辖区城乡居民基本医疗保险和大病医疗互助补充保险的筹资工作。辖区城乡居民基本医疗参保人数达10 885人。其中少儿4 998人。大病医疗互助补充保险参保人数达6 491人。

【居家养老服务】 锦江区在成龙路街道辖区建立居家养老服务机构管理机制，对不按规定提供养老服务的养老机构进行了处置。向5 605名居民发放“居家养老服务金卡”，金额达208万元。“金象花园”和“锦城逸景”两个住宅小区建成院落养老中心。

【计划生育工作】 锦江区通过网上接件和社区窗口受理成龙路街道辖区“单独二孩”指标申请173件。新增计划生育家庭奖励扶助对象72人，增加计划生育特别扶助对象37人。

【社会救助】 锦江区向成龙路辖区内7 414名居民发放“最低生活保障金”289万元。发放“医疗救助金”31万余元。街道办事处与锦江区红十字会联合开展人道主义救助行动，救助3人。受理购买经济适用房申请9户、购买限价房申请20户、廉租住房申请112户、公共租赁住房385户。

【优抚优待】 锦江区向成龙路街道辖区的重点优抚对象发放“抚恤金”45万元，共发放1 031人次；向13名士兵发放三等功奖励、优秀士兵奖励1 760元；

向60周岁以上农村籍退役士兵发放生活补贴7人次，共960元。

【院落整治】 锦江区对成龙路街道辖区4个涉农社区的11个院落实施整治。以“有党的组织、有自治组织、有服务平台、有居民公约、有自治活动”为内容，在锦城逸景新型社区启动“五有院落”建设。按照“一户一表”的要求，对经天路25号院等9个老旧院落的电表、水表进行更新，对屋顶、车棚、围墙进行维修。

【群众文化建设】 锦江区利用成龙路街道辖区的公共文化阵地开展科普卫生“三下乡”、手工艺品展示拍卖等文化惠民活动，组织群众文化体育团队参加全民健身运动会太极拳竞赛。

【关心下一代工作】 锦江区在成龙路街道辖区成立关心下一代工作委员会，建立街道、社区两级工作网络。选配40名机关退休干部、社区离任书记和主任组建志愿者队伍，开展问题青少年普查工作。登记失学、失业、失亲、失足、失管青少年5人，分别进行了心理疏导。

【社会治安管理】 锦江区指导成龙路街道辖区内的成都卷烟厂、皇经社区开展“平安示范单位”“平安社区”创建共工作，协调派出所对城东客运站、劳动力市场及周边区域开展专项整治。为大观、花香苑、皇经3个社区的14个自管院落配备防盗伞、防盗铁丝网。2014年，辖区刑事案件、治安案件发案891件，较2013年同比下降1.9%。

【社区特色工作】 锦江区在成龙路街道辖区国槐路社区成立青少年教育实践基地和教育中心，开设少儿托管、硬笔书法、爱心支教等特色课程。晨辉社区成立助残服务站，启动“爱融合”“守护天使”等项目，向残疾人传授手工制作技能，帮助残疾人就业。锦城逸景新型社区利用安置小区2 000平方米的架空层，在4个点位上打造书画室、棋牌室、儿童游乐室、多功能厅、利安社区电超市、放心粮油配送站等服务设施，引进华诚助老服务中心，为入住新居的老年人提供日托照料、家政料理、康复指导、代购送货等服务。金象花园、蓝谷地、香樟、棬子树等社区引进社会组织，利用院落场地为老年人、少年儿童提供日间托管服务，为行动不便的老年人、残疾人提供代取款、代购物等服务。

柳江街道辖区

【概况】 锦江区柳江街道辖区是涉农街道辖区，设柳江、琉璃、锦源、凯天、生物研究所、锦馨、桂馨、楠馨、包江桥、祝国寺、潘家沟11个社区。辖区住户共9 938户，常住人口26 117人。

【基层党的建设】 锦江区对柳江街道辖区8个社区党委下设的党支部进行了调整，将1个社区的党总支部升级为党委。2014年，柳江街道辖区发展党员10人，7名预备党员按期转正，培训入党积极分子17人。共有784名党员参加民主评议党员活动，评出合格党员674人、优秀党员110人。

【党风廉政建设】 锦江区批准《柳江街道健全惩治和预防腐败体系2013—2017年实施方案》，要求柳江街道辖区落实党风廉政责任制，执行领导干部重大事项报告制度。柳江街道辖区上报重大事项10个。街道党工委和办事处发文数量较2013年减少39份，精减38%。锦江区还对柳江街道辖区办公面积超标情况和公务用车超标情况进行了清理，规范办公面积496.28平方米，清退违规公务车3辆。

【拆迁安置】 锦江区与柳江街道辖区内的23户拆迁农户和7家企业签订拆迁协议。安置拆迁户953户，共2 333人。为“锦馨家园”A区907套安置房办理了产权，启动“锦馨家园”B区和C区的分户产权办理工作。完成祝国寺、包江桥、麻柳湾3个社区的土地补偿费发放工作，发放800余户2 900余人。

【社区自治】 锦江区以民主选举方式完成柳江街道辖区11个社区居民委员会的换届工作。“凯丽香江”住宅小区完成首届业主委员会选举。

【社会组织发展】 锦江区在柳江街道辖区培育社会组织6个，注销不合格社会组织13个。

【志愿服务】 锦江区在柳江街道辖区建成志愿者队伍24支，新增注册志愿者140人，开展志愿服务活动90余次。

【劳动就业】 锦江区完善柳江街道辖区就业信息，对4 818户13 614人实行实名制动态管理。新增就业1 332人，新增公益性岗位13个。发放“灵活就业社保补贴金”191人次，共12.54万元。发放“失业保险金”13 089人次，共1115.85万元。举办就业培训班18期，培训770人。辖区失业率控制在4%以内。

【住房保障】 锦江区向柳江街道辖区15户符合条件的廉租房住户发放“廉租住房租金补贴金”。柳江街道辖区备案住房租赁311户，廉租房实物配租5户，受理经济适用房购买申请3件，受理限价房购买申请4件，受理公租房申请152件，审核外来人员住房保障居住地申请33件。

【最低生活保障】 锦江区登记柳江街道辖区937名享受最低生活保障政策人员，发放“最低生活保障金”36.4万元。

【医疗保障】 锦江区为柳江街道辖区5 795名参加城乡居民基本医疗保险人员进行了登记，辖区内参加大病医疗互助保险的群众共3 608人。向低收入家庭发放“医疗救助金”27.5万元，大疾病医疗救助覆盖率达到100%。

【养老助残】 锦江区向柳江街道辖区4 613名老年人发放“居家养老服务金卡”，金额达到146.2万元。为466名残疾人建立健康档案，发放残疾人辅助器具20件。

【计划生育工作】 锦江区登记柳江街道辖区1–10月出生人口200人，辖区人口出生率8.6‰，人口自然增长率5.7‰，符合政策生育率98%。“农村计划生育家庭奖励扶助金”“计划生育家庭特别扶助金”“独生子女父母奖励金”兑现率均达100%。以“查孕、查环、查病”为内容，为辖区育龄妇女提供B超检查服务。共有4 760名育龄妇女参加检查，检查率达到98%。接受检查的育龄妇女中，流动人口1 844人，实查率达到98%。

【公共文化服务体系建设】 锦江区在柳江街道辖区开设“道德讲堂”11次，参与活动者达500人次。在辖区内开展“全国文化先进区”创建工作，开展第六次全国体育场地普查工作。举办广场健身舞培训、国民素质监测培训等培训活动4期。开展群众文化体育活动75场次，放映电影16场次，参加群众达20 000人次。

【社区网格化管理】 锦江区对柳江街道辖区实行社区网格化管理，成立社区工作站，配备专业网格员73人。录入辖区基础数据信息90 000条，依托网格化服务管理信息平台处理事件544件。

【市容秩序管理】 锦江区在柳江街道辖区投入2.23万元，整治沟渠1 000余米，新建疏掏井1个。开展扬尘整治13次，查处运渣车170余辆次，检查建设工地120余次，发出《整改通知书》23份。拆除违规户外标牌36个，拆除违章搭建4处。

【法治宣传】 锦江区在柳江街道辖区开设“法治大讲堂”13期，开展文艺汇演活动7次。建立法律顾问制度，为街道干部建立法治档案，在街道和社区干部中开展了年度述法活动。

【维护社会稳定】 锦江区在柳江街道辖区开展矛盾

纠纷排查工作11次，调解纠纷86件，调解成功率达到100%。接待信访群众213批，共690人次。办理网上信访件60件，回复市长信箱、区长信箱转交信访件216件，化解信访积案两件。

三圣街道辖区

【概况】 锦江区三圣街道辖区设8个社区，下辖44个居民小组。辖区总人口48 077人。其中户籍人口25 158人，登记流动人口22 919人。

【基层党的建设】 锦江区在三圣街道辖区实施基层党建工作。辖区成立党支部5个。其中院落党支部3个、社会组织党支部两个。发展党员7人、入党积极分子29人，14名预备党员按期转正。建立远程教育考核站点7个，395名党员参加学习。

【社区治理】 锦江区在三圣街道辖区推进社区治理创新工作。辖区内各社区完善了《居民公约》《院落公约》，各院落选举产生居民小组长、楼长，形成“社区指导，居民自治，物业服务”的管理模式。街道办事处受理、解决物业管理方面的投诉案件30件。其中17件针对物业管理企业投诉，另有3件针对开发商和房屋质量问题投诉，有10件是针对住房改商业用房、噪音扰民等投诉。锦江区财政局向三圣街道办事处拨付政府定额补贴专项资金273.66万元，支持社区治理工作。街道办事处召开议事会36次，议决政府专项资金实施项目53个，涉及金额228.715万元。

【社会组织发展】 锦江区登记三圣街道辖区备案类社会组织7个、登记类社会组织1个。

【志愿服务】 锦江区三圣街道辖区举办了“邻里守望”“文明劝导志愿服务”等志愿服务活动200余次，推出“三圣花木诊所”“阳光家园”“为老人定时理发”等志愿服务项目。组建白鹭湾湿地志愿者队伍和三圣花乡志愿者队伍，在白鹭湾湿地游客中心和幸福梅林游客中心设立志愿者服务工作站，开展志愿服务活动119次，参加活动的志愿者达4 403人次。

【市容秩序管理】 锦江区在三圣街道辖区开展违法排污专项治理工作，创建“国家级生态区”工作通过验收。对辖区内卫生死角、房前屋后杂物进行清理。投资50万元改造健身广场近200平方米，维修路面2 000平方米，修补花台、地坪1 000余平方米，拆除棚屋10间，清理垃圾40 000公斤。

【环境保护】 锦江区三圣街道辖区坚持每天派出洒水车冲洗道路，对裸土进行绿化覆盖，防止扬尘污染。出动执法人员4 000余人次，检查建筑工地，下达《整改通知书》20余份。辖区内新增绿化面积300平方米。对“三圣花乡”景区内烧烤摊点进行规范，取缔露天烧烤摊40余个；为景区绿化带补种植物。辖区被环境保护部评为“国家级生态乡镇”，被四川省旅游局、四川省环境保护厅、四川省林业厅列入四川省首批“低碳示范区”，被成都市发展和改革委员会列入成都市首批“低碳示范区”。

【拆迁安置】 锦江区对三圣街道辖区江家堰、万福、幸福、驸马4个社区1 700余户7 100余人进行了住房安置。解决了万福社区十组拆迁户的住房安置遗留问题。

【全域禁养】 锦江区按规定关停三圣街道辖区内7个养殖场，实现全域禁养目标。

【劳动就业】 锦江区三圣街道辖区两家企业获得“劳动密集型企业认证”。辖区新增就业458人，劳务输出3 994人。向265名下岗人员发放了“失业金”，299名“农转非”人员领取了“失业金”。参加在岗培训的人员达到615人。

【最低生活保障】 锦江区为三圣街道辖区兑现“最

低生活保障金”23.75万元。为37个享受最低生活保障的家庭购买了基本城镇医疗保险，惠及47人。为121个享受最低生活保障的家庭提供液化气服务。

【居家养老服务】 锦江区为三圣街道辖区10名孤寡老人开通“一键通”服务平台；为373名老年人发放“长寿金”5.04万元；发放“居家养老服务金卡”，金额86.6万元。

【优抚优待】 锦江区为三圣街道辖区240名重点优抚对象兑现“重点优抚定补金”12.85万元。另有14人领取“定补金”。2014年，辖区共有264人领取“定补金”，金额达14.21万元。向594名60周岁以上农村籍退役士兵发放“老年生活补贴金”3.17万元。

【残疾学生和残疾人家庭子女就学帮扶】 锦江区为三圣街道辖区103名残疾学生和残疾人家庭子女兑现“自强助学金”11.07万元，实现残疾学生、残疾人家庭子女就学补助全覆盖目标。

【残疾人补贴】 锦江区按每年每人960元的标准，向三圣街道辖区12名特困残疾人发放“残疾人专项补助金”11 520元；按每人每年365元的标准，向辖区内27名使用燃油助力车的残疾人发放“燃油补贴金”9 855元；按每人每月100元的标准，向85名重度残疾人发放“居家据理补贴金”10.2万元；按每人每月80元的标准，向15名一级重度残疾人发放“重度残疾人护理补贴金”14 400元；按每人每月50元的标准，向11名二级重度残疾人发放“重度护理补贴金”6 600元。

【残疾人社会保险】 锦江区为三圣街道辖区101名残疾儿童、残疾人家庭子女购买“少儿互助金”和大病补充医疗保险，帮助186名轻度残疾人购买了城乡医疗保险，为91名重度残疾人购买了城乡医疗保险和大病统筹医疗保险。按照“女超过50周岁，男超过60周岁”的规定，为辖区内12名超龄重度残疾人购买了社会保险，政府补贴27.23万元；为26名适龄重度残疾人购买了社会保险，政府补贴5.35万元；按每年定额补贴800元的标准，为辖区内3名自主创业的残疾人购买了养老保险。

【残疾人医疗救助】 锦江区为三圣街道辖区40名贫困白内障患者免费实施复明手术，为一名下肢残疾人免费安装假肢。按每人每年600元的标准，向辖区内8名精神病患者免费赠药。

【残疾人活动场所】 锦江区三圣街道辖区残疾人活动空间面积达到每人平均31.62平方米。

【残疾人就业】 锦江区在三圣街道辖区“荷塘月色”景区建立残疾人生态种植基地，解决了17名残疾人的就业问题。

【群众文化和体育活动】 锦江区以街道综合文化活动中心和各社区文化活动室为阵地，在三圣街道辖区开展群众文化活动。组织群众文化团体参加“党的群众路线教育实践活动社会宣传工作大合唱和舞蹈比赛”活动，获得合唱比赛一等奖、舞蹈比赛三等奖；参加“成都文化四季风·音乐消夏”节目比赛，获得器乐比赛二等奖；参加“第十五届社区文化节”活动，分别获得舞蹈、曲艺、摄影3项比赛的一等奖，获得声乐、器乐、书法、摄影4个项目的二等奖；参加广场健身舞比赛，获得一等奖。还在辖区指导成立了乒乓球协会，举办了第一届乒乓球比赛。

【经济普查】 锦江区指导三圣街道辖区完成全国第三次经济普查任务。登记企业155家，完成率为92.26%。其中清查底册的企业共168家、个体户1 086家，实际清查个体户1 296家。街道办事处被评为“成都市第三次全国经济普查先进集体”。

【计划生育工作】 锦江区审核三圣街道辖区上报的单独二胎审批资料132份。对“计划生育三结合户”家庭进行帮扶，金额达20 000元。征收社会抚养费115.68万元。

【维护社会稳定】锦江区组织三圣街道辖区社会治安综合治理工作人员培训5次，参训人员达300余人次。为辖区制作社会治安综合治理宣传栏8个、展板8个、横幅60余条，制作“治安巡逻”红袖套1 200个，发放宣传资料6 000余份。排查矛盾纠纷19件，编制《不稳定因素处置预案》10份，撰写风险评估报告3份。街道、社区分别设立信访代理投诉点，属于公开范围的信访事项在网上公开。受理辖区群众信件信访案件64件，办结63件；受理上访案件12件，接待上访群众270人次。运用“大调解”工作模式，调解民事纠纷12件，化解矛盾纠纷5件。

【社区网格化管理】锦江区将三圣街道辖区划为71个网格，街道办事处成立社区网格化服务管理工作小组，成立由社区巡逻队、流动人口管理员、街道综合治理直属队成员组成的社区网格管理员队伍，组织网格员培训，街道网格化管理分中心制订网格员队伍管理考核办法。

【流动人口信息管理】锦江区三圣街道辖区流动人口数据采集和维护率达92.4%，新增流动人口信息7 088条；出租房信息采集率达100%，新增出租房信息1 295条；用工单位信息采集达100%。

【依法治区工作】锦江区在三圣街道辖区开展法律宣传活动10余次，开设“法治大讲堂”10场，受理法律咨询45人次，制作法治宣传栏9个，在社区设立法治宣传点8个，向群众发放宣传资料20 000余份。建立法律援助工作站，社区与法律服务所、律师事务所签订法律服务协议。

【“三圣花乡”提档升级】锦江区受理“三圣花乡”景区经营户提档升级申请117件，将95家经营户纳入提档改造名单，打造出“清源际”“何去”“柏阳随风”“幸福51号”等“艺家乐”品牌。“三圣花乡”景区的220家“农家乐”和乡村酒店分别获得星级认定。新建成生态停车场，提供停车位80余个。“三圣花乡”景区通过国家4A景区市级复检，“三圣花乡”和白鹭湾湿地通过“省级旅游度假区”资格评审。

【“三圣花乡”活动】锦江区在“三圣花乡”举办“蓝顶艺术节”“东西德建筑成就展”“湿地雕塑展”等活动40余次。

【“三圣花乡”风貌整治】锦江区在“三圣花乡”景区开展执法行动40余次，处置违规店外经营行为70余次，劝离游商摊贩60余人，取缔路边交易市场5个，规范景区旅游销售点3个，清理违法悬挂条幅120余条、违法招牌60余个，拆除违法户外广告牌100余个，清除“牛皮癣”式小广告200余处，拆除不符合设置标准的落地广告牌匾、灯箱30余个。

【“三圣花乡”景区接待】“三圣花乡”景区完成接待任务1 043次，举办交流座谈活动50余次。共接待游客1 319.591万人次，实现旅游收入5.96亿元。

【安全生产管理】锦江区与三圣街道辖区内的单位签订《安全生产及消防安全目标责任书》200余份，开展安全知识宣传活动，组织社区消防志愿者代表赴消防队参观学习，三圣街道办事处联合三圣花乡景区管理局开展“农家乐”安全生产培训。对人员密集场所和高危行业的385家企业和事业单位进行检查，对20件违法行为作出责令整改、限期整改的决定。将辖区100余家企业的安全隐患排查治理信息录入电子管理平台。

国有公司

STATE-OWNED CORPORATION

成都市中锦建设投资有限责任公司

【概况】 成都市中锦建设投资有限责任公司是成都市政府和锦江区政府共同出资成立的国有全资公司。承担成都市新增城市建设用地范围（“117”范围）的“新居工程”建设任务和“新居工程”红线外大配套道路建设任务。2014年，中锦公司归还贷款2.56亿元，租金收入1 212.9万元，净资产收益率为0.15%，国有资产保值增值率达到100.15%。

【市政配套建设】 成都市中锦建设投资有限责任公司承担的“花果新居”G1线道路工程和“花果新居”G2线道路工程均为锦江区城乡一体化建设项目。G1线长789米，红线外宽度12米。其中车行道宽6米，两侧人行道各宽3.5米。G2线长750米，红线外宽度16米。其中车行道宽9米，两侧人行道各宽3米。

【“新居工程”建设】 成都市中锦建设投资有限责任公司完成“皇经楼新居”二期项目的大产权办理工作。“花果新居”一期项目、“柳江新居”三期项目均为已竣工安置房项目。两个安置房项目完成投资1.27亿元，建筑面积24.49万平方米。其中“花果新居”一期项目完成投资9 300万元，建筑面积12.4万平方米；“柳江新居”三期项目完成投资3 400万元，建筑面积12.09万平方米。

“花果新居”一期项目竣工

【安置房建设】 “花果新居”一期项目共有安置房1 074套，面积7.71万平方米。“柳江新居”三期项目共有安置房734套，面积4.56万平方米。两个项目的安置房中，居民安置房共82套，面积7 206.65平方米。

成都市兴锦城市建设投资有限责任公司

【概况】 成都市兴锦城市建设投资有限责任公司启动3个项目的前期工作，完成了6个竣工项目移交工作和审计工作。2014年，公司融资额达到29亿元，完成投资2.09亿元。

【项目融资】 6月23日，成都市兴锦城市建设投资有限责任公司向中国工商银行股份有限公司芷泉支行申请10年期经营性物业贷款5亿元。12月18日，向兴业银行股份有限公司成都分行申请贷款9亿元，用于旧城改造项目。12月29日，向上海新东吴优胜资产管理有限公司申请土地整理专项资产管理计划资金15亿元，用于旧城改造项目。

【锦江文化创意产业中心二期项目】 成都市兴锦城市建设投资有限责任公司负责的锦江文化创意产业中心二期项目北临东洪路，东临栀子花西路，西临成龙路，南临锦江文化创意产业中心一期项目用地，占地22 666.78平方米。项目建筑面积10.5万平方米，预计投资5.45亿元。按照《锦江区2013年重点项目计划表》的安排，已完成项目方案调整工作和施工图设计工作，进入施工图并联审批阶段，工程量清单编制、招标控制价编制等工作均已展开。

【“煦华国际”装修项目】 成都市兴锦城市建设投资有限责任公司负责的“煦华国际”装修项目位于锦盛路2号，预计总投资2 149万元，包括“煦华国际”9号楼、10号楼的室内装修和安装工程。室内装修面积约7 000平方米。2014年，完成装修设计、监理公开招标等工作，进入方案设计及审查阶段。

【皇经楼三街106号综合楼装修项目】 成都市兴锦城市建设投资有限责任公司负责的皇经楼三街106号综合楼装修项目预计投资499万元，包括室内装修和水电改造工程。室内装修面积约3 000平方米。2014年，项目装修设计、监理比选、施工图设计等工作已经完成，编制了工程量清单，进入招标控制价评审阶段。

成都市兴锦现代农业投资有限责任公司

【概况】 成都市兴锦现代农业投资有限责任公司推进项目融资、土地综合整治、土地上市等工作，为国内一流的“现代化国际性生态型精品城区”建设助力。

【项目融资】 成都市兴锦现代农业投资有限责任公司向德阳银行成都分行和渤海国际信托有限公司申请流动资金贷款1.3亿元，全部投入“成都环城生态区”建设项目。

【椑子树片区土地整理】 成都市兴锦现代农业投资有限责任公司对椑子树片区配置土地进行整理，配合国土部门对整理地块范围内的人员进行安置。截至12月，已投入椑子树片区土地整理资金7 000万元，拆迁农户114户，搬迁企业20家，完成了椑子树社区四组和五组的拆迁工作。

【地块增值上市】 成都市兴锦现代农业投资有限责任公司完成宗地内南支三渠改造工作，满足了水利部门对防洪灌溉渠的要求。四川省农业科学院片区3号地块的土地价值也得到提升，净用地及开发价值实现最大化目标。10月21日，四川省农业科学院3号地块在成都市土地交易拍卖中心以每平方米4 780元的楼面地价出让，总价1.8亿元。

成都市兴锦教育投资发展有限责任公司

【概况】 成都市兴锦教育投资发展有限责任公司发挥投资融资平台作用，为5个项目筹集了建设资金。启动了早期教育项目规划建设工作，成都广告产业园成为中国西南地区唯一的国家级广告产业园区。

【项目融资】 成都市兴锦教育投资发展有限责任公司负责的成都市第七中学育才学校食堂修建工程等5个项目计划总投资约4 350万元。公司以融资租赁的方式为项目建设融资贷款，落实资金3亿元。

【早期教育项目】 成都市兴锦教育投资发展有限责任公司下属子公司成都三幼树基学前教育有限公司顺应社区化学前教育公益普惠政策趋势，探索建立专业化、公益化、便民化的“家门口”早期教育市场服务模式，启动0 ~ 3周岁早期教育新项目规划建设工作。公司对早期教育项目进行了研究，向四川省教育厅申报重点委托课题，打造了早期教育科研基地。同时依托幼儿园成立了具有现代教育理念和示范辐射功能的树基家长支持中心天祥分中心、城花分中心、大观分中心、福幼园分中心。9月3日，树基家庭教育服务中心（树基儿童生活馆）揭牌，面向社会开放。

【成都广告产业园运营情况】 3月，成都广告产业园通过工商行政总局专家评估组考评。园区总体建设和运营情况评估在国内29个广告产业园中排名第二。4月17日，成都广告产业园获得授牌，成为中国西南地区唯一的国家级广告产业园区。

成都恒锦旧城改造投资建设有限责任公司

【概况】 成都恒锦旧城改造投资建设有限责任公司发挥投资融资平台作用，为锦江区档案馆片区棚户改造等项目筹集资金。完成锦江区社会关爱援助中心、成都“爱盒子”、成龙路消防站3个项目的建设任务。

【项目融资】 成都恒锦旧城改造投资建设有限责任公司为锦江区档案馆片区棚户改造等项目融资17.5亿元，到账资金16.81亿元。其中锦江区档案馆片区棚户改造及其他基础设施项目在成都银行锦江支行融资两亿元，东大街5号地块改造项目在中铁信托公司融资3亿元，东大街盈嘉地块改造项目在中国建设投资信托公司融资2.5亿元（到账1.81亿元），青石桥南街棚户区改造项目在招商银行成都金沙支行融资5亿元，锦江区低洼棚户改造目在中航信托公司融资5亿元。

【锦江区社会关爱援助中心项目】 成都恒锦旧城改造投资建设有限责任公司以业主身份承担锦江区社会关爱援助中心项目建设任务。项目建筑面积约400平方米，建设费用约190万元。7月，采取公开比选的方式确定了施工单位。9月，项目完工，移交锦江区民政局管理。

【成都“爱盒子”项目】 成都恒锦旧城改造投资建设有限责任公司以业主身份承担成都“爱盒子”项目建设任务。包括用地平整、道路硬化、市政配套设施建设。项目占地面积8 666平方米，建设费用约190万元。8月，采取公开比选的方式确定了施工单位。10月，项目竣工验收。

【成龙路消防站项目】 成都恒锦旧城改造投资建设有限责任公司承建的成龙路消防站项目位于锦江区农业科学院片区原东光村五组，占地约3 000平方米，总建筑面积约3 700平方米，建设费用约1 030万元。3月，取得“施工许可证”后开工建设。12月，项目竣工。

成都锦江区中小企业融资担保有限公司

【概况】 成都锦江区中小企业融资担保有限公司发挥平台优势，针对中小企业开展融资担保业务。公司净资产达到1.11亿元，增值约10%。公司注册资本放大5倍，年度提取准备金406万元，实现利税505万元。实现国有资产保值增值目标。2014年，公司获得“成都市中小企业示范担保机构”称号。

【专项补助资金获取情况】 成都锦江区中小企业融资担保有限公司获得四川省2013年中小商贸企业融资担保费用补助资金、2014年四川省中小企业发展专项资金、2014年度成都市中小企业贷款担保费补助资金、2014年度成都市中小企业贷款担保风险补偿专项资金，共280万元。

【融资担保】 成都锦江区中小企业融资担保有限公司完成融资担保业务84件，担保金额6.23亿元，较2013年增长17%。公司在保余额为52 467万元，较2013年增长8%。

【支持主导产业发展】 成都锦江区中小企业融资担保有限公司围绕锦江区“1+4+N”产业发展战略，将业务重心向主导产业倾斜，为“老巢家居”“文创投资”等文化创意类中小企业提供融资担保。2014年，为成都市锦思文化传播有限公司打造西部艺术品保税仓库提供融资咨询服务和担保，为“爱林实业”“大光明眼镜”等商贸行业的中小企业提供融资担保，为在保中小商贸企业申请“保费补助金”20.7万元，为“闲亭锦江”“高威农业”“群丽婚纱”等现代服务业的中小企业提供融资担保，扶持“华商暖通”“冠林电子”等行业领先企业。

【在保客户社会价值】 成都锦江区中小企业融资担保有限公司在保客户销售额达到40亿元，在保客户纳税额达到9 800万元，在保客户为社会提供就业岗位9 022个。

成都锦金区域发展投资有限公司

【概况】 成都锦金区域发展投资有限公司注册资本1 000万元，由锦江区国有资产管理办公室和金堂县国有资产管理办公室共同出资成立，是锦江区、金堂县区域合作项目的投资平台。成都锦金区域发展投资有限公司在金堂县云绣社区投资建设以“锦绣花海·金色田园”为理念的“云绣花田”乡村旅游区项目。

【“云绣花田”项目建设】 成都锦金区域发展投资有限公司对“云绣花田”项目核心区160万平方米流转土地进行二次流转，引进“金绿园林”“科峰园林”“森涛园林”“川巴农业”“金峰艺佳”等7家花卉苗木经营企业，投资两亿元种植花卉苗木。园区内基础景观及基础配套设施基本建成。

成都市百年春熙建设投资发展有限责任公司

【概况】 成都市百年春熙建设投资发展有限责任公

司是锦江区政府创办的国有投资融资平台公司。2014年，公司按照锦江区建设国内一流的“现代化国际型生态型精品城区”的要求，对春熙路商圈的广告和会展业务进行管理，对商圈内市政设施进行改造和维护。

【“春熙路移动电子商务示范街”建设】 成都市百年春熙建设投资发展有限责任公司按照锦江区政府打造“春熙路移动电子商务示范街”的部署，在春熙路商圈内开展WIFI网络全覆盖工作。7月，锦江区商务局、成都市百年春熙建设投资发展有限责任公司会同中国电信股份有限公司成都分公司推动春熙路商圈电信无线WIFI网络建设和互动信息亭建设。首批一期20座互动信息亭定点春熙路东、南、西、北4个街段和中山广场、红星路地铁广场，每隔50米设置一座。其中春熙路北段和东段各建4座，春熙路南段和西段各建两座，中山广场建两座，红星路地铁广场建6座。每座信息亭单独接入100兆光纤。20座互动信息亭已调试完毕，开始试运行。

成都东大街金融建设投资股份有限公司

【概况】 成都东大街金融建设投资股份有限公司注册资本500万元，是锦江区政府、西南财经大学、成都旷怡投资担保实业有限公司共同出资成立的国有控股公司。主要负责“成都民间金融街”建设和金融人才培训。

【金融界的“百家讲坛”】 位于锦江区东大街的“成都民间金融街”成立服务中心，定期开展“周五金融讲堂”活动，为金融从业者和投资者搭建了学习互动平台。“周五金融讲堂”向金融投资从业者、中小企业主、投资者免费开放，被誉为金融界的“百家讲坛”。截至2014年12月，成都民间金融街服务中心已举办“周五金融讲堂”46期，培训3 000余人次。

【金融人才中心红色教育培训】 7月，位于东大街的四川金融人才中心更名为西部金融人才中心。西部金融人才中心以“提高金融从业者道德素质”为目的，以“弘扬传统革命精神，倡导银行干部廉政”为主题，与华夏银行四川省分行联合开展了红色教育培训活动。

【西部金融人才中心专业知识培训】 西部金融人才中心为“昊鑫担保”“金控担保”“瀚华担保”等融资担保企业和“康兴小贷”“金控小贷”“邦信小贷”等小额信贷企业以及大连银行成都分行、华夏银行等金融机构举办金融人才培训活动20余次，培训1 000余人。

成都市锦都工业建设投资有限公司

【概况】 成都市锦都工业建设投资有限公司利用融资平台开展项目融资工作，推动锦江大道片区高压线下地工程等项目建设进程。

【融资】 成都市锦都工业建设投资有限公司按照金融政策和平台公司融资监管的规定，与银行、信托等机构沟通，建立银企合作机制，采取中长期贷款相结合的方式控制融资成本。2014年，新增融资10.2亿元，按期归还银行贷款本金1.02亿元。

【锦江大道片区电力工程】 成都市锦都工业建设投资有限公司按照锦江大道片区高压线下地工程的建设要求，完成电力通道的土建项目施工任务，通过建设行业主管部门验收。项目工地被成都市建设委员会评为“安全文明施工标化工地”。成都市锦都工业建设投资有限公司与国网成都供电公司协调，对锦江大道110千伏、220千伏架空线路和杆塔等设备进行拆除，确保红星路南延线下穿隧道建设项目如期竣工。

【土地上市工作】成都市锦都工业建设投资有限公司推进潘家沟村十二组"高压走廊"区间的土地上市工作，协调土地业主归集项目建设资金1.97亿元。

【"锦馨家园"证照办理和商铺招租】成都市锦都工业建设投资有限公司完成"锦馨家园"A区、B区、C区的房产过户手续，协调成都市房地产管理局开展"房屋产权证"初始登记工作。"锦馨家园"地下停车场和B区农贸市场1～3楼的产权登记工作也同时启动。成都市锦都工业建设投资有限公司与锦江区国土资源局协调，为"锦馨家园"3个区办理了"国土使用证"。采取挂牌交易的方式，在成都市公共资源交易中心为"锦馨家园"商铺公开招租。

锦馨家园

成都市锦江城乡发展投资有限公司

【概况】成都市锦江城乡发展投资有限公司推进"环城生态区"规划建设用地范围内土地流转和整理工作，完善"环城生态区"基础设施和配套设施，为打造新型社区奠定了基础。

【融资】成都市锦江城乡发展投资有限公司向金融机构推荐"环城生态区"范围内项目，与农商银行锦江支行签订贷款合同。

【白鹭湾湿地提升打造】成都市锦江城乡发展投资有限公司按照成都市建设"环城生态区"的部署，在建成白鹭湾湿地一期项目的基础上编制了《三圣水生作物区白鹭湾湿地提升打造方案》，启动白鹭湾湿地二期项目规划工作。

【新型社区建设】成都市锦江城乡发展投资有限公司在成都市"环城生态区"范围内修建了"锦城逸景"和"锦水花乡"两个新型社区。新型社区占地31万平方米，建筑面积137万平方米，可安置19 817人。2014年，"锦城逸景"A区、B区、C区的安置工作基本结束，安置10 000人，使用安置房7 000套。"锦水花乡"二期项目1标段进行装饰装修，2标段房屋建设工程竣工。

锦城逸锦

人民生活

PEOPLE'S LIVELIHOOD

就业保障

【就业创业政策宣传】 锦江区为各街道辖区编印《公共创业服务办事指南》《就业困难人员就业创业宣传册》等宣传资料，在人力资源市场、人才市场、民营职介机构、锦江·四川高校大学生创业基地设立宣传点，宣传就业优惠政策。通过就业服务网、锦江薪酬群、企业QQ群、社保补贴群等网络平台宣传就业政策，在设创业培训班课堂上宣讲就业创业优惠政策22次，发放宣传资料3 000余份。

【就业创业优惠政策兑现】 锦江区向59名就业困难人员发放社保补贴289 062元，向29名就业困难人员发放岗位补贴55 000元。锦江区享受公益性岗位社保补贴的企业共两家，已向两名符合条件者发放社保补贴6 132.24元，另向两名符合条件者发放岗位补贴15 000元。锦江区享受大学生就业社保补贴的企业有4家，均为小型企业和微型企业。已向10人发放社保补贴25 772.75元。2014年，认定劳动密集型小型企业4家，发放劳动密集型小型企业贴息贷款430万元，吸纳5名高校毕业生到劳动密集型小型企业就业。

【帮助就业困难人员就业】 锦江区认定的就业困难人员共2 183人。2014年，帮助1 574名就业困难人员就业，坚持为尚未就业的就业困难人员提供跟踪服务，对有就业能力和就业愿望的未就业困难人员提供帮扶。

【解决企业在岗军转干部生活困难】 锦江区落实《关于公布2014年全市企业在岗军转干部生活困难补助标准的通知》精神，为189名企业在岗军转干部解决生活困难，兑现生活困难补贴393.44万元。走访涉及转业的干部1 350人，发送慰问金6.02万元，帮扶生活困难人员35人，解决困难问题13个。

【失业金领取人员就业培训】 锦江区根据失业金领取情况制订《享受失业保险待遇人员培训管理暂行办法》，采取政府购买服务的方式，有针对性开展就业培训。开办失业金领取人员就业培训班30个，培训专业包括中式烹调师、茶艺师、市场营销员、计算机操作员、焊工、家政服务员。开办一般技能培训班13期、品牌培训班6期。

【就业困难人员认定】 锦江区制订《就业困难人员认定管理暂行办法》，将就业困难人员认定工作下放街道办事处，采用“街道申报、审核、公示，区级备案、回访调查”的新流程，缩短就业困难人员认定时间。

2014年，认定就业困难人员364人。

【人力资源市场建设】 锦江区拓展人力资源市场的服务功能，开设求职登记室、职业指导室、企业指导室，建立企业对接和配套制度，形成“求职登记→职业指导→职业介绍→企业指导→政策宣传→信息发布→岗位匹配”流程化服务体系。

【“高校毕业生就业创业服务月”活动】 锦江区在成都市宇辉人力资源市场举办“高校毕业生就业创业服务月”招聘会活动。现场接受就业政策咨询223人次，发放宣传资料1 000余份。招聘会提供的岗位涉及医药、建筑、房产、金融、广告传媒、机械、电子、IT等行业。126家用工单位提供就业岗位1 008个。参加招聘会的高校毕业生达到1 287人，有162人与企业达成用工意向。

【“春风行动”就业援助活动】 锦江区以“搭建供需平台，促进转移就业”为主题，开展“春风行动”就业援助活动。组织农民工专场招聘会63场，向6 656名求职者提供免费职业介绍服务。“春风行动”期间，印发就业创业政策宣传资料12 366份，走访就业困难家庭2 296家，为173名就业困难人员提供援助，为157名已就业人员落实优惠政策。

【就业巡回服务活动】 锦江区承办成都市就业巡回服务活动期间，在活动现场设置免费职业培训登记、就业社保政策咨询、创业政策宣传等点位，为群众解答就业问题。现场为200名求职者办理求职登记手续，发放宣传资料1 000余份。29家用人单位提供就业岗位908个，接受咨询400人次，67人与企业达成用工意向。

【“民营企业招聘周”活动】 锦江区以“帮人才就业，促民企发展”为主题，开展“民营企业招聘周”活动。期间共举办招聘会7场，发放就业创业宣传资料4 055份，217家民营企业参加，提供空岗信息2 583条，308名求职者与用人单位达成就业意向。

【藏区“9+3”学生就业援助活动】 锦江区在成都市现代职业技术学校开展藏区“9+3”学生就业援助活动。期间发放宣传手册、宣传资料300余份，40家企业提供岗位494个，39名藏区“9+3”学生实现就业愿望，就业率达到71%。

【农民新居就业援助活动】 锦江区在三圣街道辖区锦水花乡新型社区开展“就业政策进社区，岗位服务进新居”就业服务活动。现场发放宣传手册350份，接受政策咨询150人。21家企业提供岗位432个，26名求职者办理求职登记手续。

【女性就业维权宣传活动】 锦江区针对女性就业群体权益保护问题，在人力资源市场开展“关爱女性、依法维权”宣传活动。宣传《妇女权益保障法》《婚姻法》《劳动法》等法律法规，提高妇女的维权意识，现场发放宣传资料2 000余份。

住房保障

【概况】 锦江区共有6 126户居民享受住房保障政策。其中实物配租低收入家庭882户，享受最低生活保障政策的无房家庭已开始实物安置。2014年，有764人提交了廉租住房租金补贴申请，有3 809人提交公共租赁房申请，受理601人的限价商品房申请，为95名申请经济适用房的居民办理了审批手续，对64户租赁型经适房进行了年度审核。

【三级住房保障工作体系】 锦江区建立区级部门、街道办事处、社区三级住房保障工作体系，将住房保障管理信息平台延伸至街道办事处和社区公共服务站，选派专职人员负责住房保障工作，并全部纳入财政供养范围。

【“住房保障工作窗口进小区”模式】 锦江区建立了“住房保障工作窗口进小区”模式。成龙路街道辖区“皇经嘉苑”住宅小区住房保障工作窗口试运行，为下一步将公共住房保障政策的后续服务延伸到各保障房小区提供了经验。

【住房保障审核流程并联运行】 锦江区推进并联审核机制，将民政局低收入核对流程与房管局住房保障审核流程并联运行。同时还完善了住房保障工作廉政风险防范和实物配租全程监督测评机制。通过事前座谈，完善工作程序；通过事中监督，确保规范公平；通过事后测评，促进工作提升。

【公租房保障形式创新】 锦江区创新公租房保障形式，将申请公租房前台移至各街道办事处社区公共服务站，提前对社区工作人员进行公租房受理业务知识培训，将公租房保障政策和流程等在各社区宣传栏进行张贴。还开设了便利通道，使用网络快速登记、上传数据，推动公租房申报服务工作。

社会保险

【概况】 锦江区企业职工基本养老保险参保人员共有17.74万人。其中在职14.22万人。共征收基金124 315.57万元。城镇职工基本医疗保险参保人员共有18.9万人，征收基金49 389万元。失业保险参保人员共有11.81万人，征收基金12 880.52万元。工伤保险参保人员共有11.44万人，征收基金2 595.8万元。生育保险参保人员共有16.13万人，征收基金3 574.77万元。城乡居民养老保险参保人员共有5 200人，缴费人数为326人，参保率达90%。

【城乡居民养老保险】 3月，锦江区根据《成都市人力资源和社会保障局、成都市财政局关于转发〈四川省人力资源和社会保障厅、四川省财政厅关于城乡居民养老保险工作有关问题的通知〉的通知》的精神，统一为享受城乡居民养老保险待遇和免费享受基础养老金补贴的人员调整基础养老金补贴标准，从每月55元调至每月60元。新标准实行时间为2014年1月。锦江区免费享受基础养老金补贴人员共1 711人，享受城乡居养老保险人员共1 382人，累计调整基础养老金补贴15 465元。

【城乡居民基本医疗保险】 锦江区参加城乡居民基本医疗保险人数为133 384人。其中城乡居民成人28 826人、学生儿童86 878人、大学生17 680人。另有5 112人为政府全额资助人员，资助金额达到78.79万元。2014年，审核城乡居民基本医疗保险住院报销4 996人次，医疗总费用4 049.23万元，报销费用2 339.3万元，人均报销住院费用4 682元。审核门诊特殊疾病报销1 786人次，医疗总费用274.04万元，报销费用199.38万元。

【城镇职工基本医疗保险】 锦江区参加城镇职工基本医疗保险人数为188 680人。其中在职职工153 855人、退休职工34 825人。审核城镇职工基本医疗保险住院医疗费报销25 828人次，医疗费用总额19 752.73万元，拨付医疗费15 663.76万元。其中大病报销1 084.04万元。人均报销住院医疗费5 644.93元。审批门诊特殊疾病报销44 602人次，拨付基本医疗费8 204.44万元。锦江区参加公务员门诊医疗补助人员共13 396人，征收医疗保险金763.57万元。共报销公务员门诊医疗补助27 829人次，拨付医疗费用1 121.14万元。

【工伤保险】 锦江区工伤保险参保人数为11.44万人，保费支出667.93万元，发生工伤251人。其中解除劳动合同42人，工伤10级认定49人、9级认定38人、8级认定31人、7级认定两人、5级认定1人，未达认定级别的有60人，工伤死亡4人，定期补助的有13人，旧伤补助的有11人。享受工伤保险待遇的有183人，死亡职工每人平均补偿43.5万元，最高补偿达到每人56.68万元。

【生育保险】 锦江区城镇职工生育保险参保人数为16.13万人，保费支出4 135.17万元。享受生育保险待遇人数为4 144人，每人平均支出保费10 000元。

【大病医疗互助补充保险】锦江区城乡居民参加大病医疗互助补充保险人数达到40 872人。城镇职工中单建统筹人员参加大病医疗互助补充保险人数为590人，基金收入17.7万元。共有28 985人享受大病医疗互助补充保险，报销医疗费1 407.18万元。其中城镇职工享受大病医疗互助补充保险人数24 718人，报销医疗费1 084.04万元；城乡居民享受大病医疗互助补充保险人数为4 267人，报销医疗费323.14万元。

居家养老

【概况】锦江区是中国第一个申报“全国智能化养老实验区”的行政区，在居家养老社会化管理方面国内领先。

【养老服务网络平台建设】锦江区通过“居家养老服务金卡”“长者通”“96519”3个养老服务智能化网络平台，为60周岁及以上年龄的老年人提供居家养老服务。实现高龄、困难、残疾、空巢老人居家呼叫与应急救援网络全覆盖目标。2014年，向5.11万人发放“居家养老服务金卡”，持卡消费2 812.95万元。“96519”提供热线服务6 000次，受理咨询事项30 000件。“长者通”服务人数达1.36万人，提供呼叫服务20余万次、生活帮助服务1.13万人次、紧急求助服务200人次。

【养老服务机构建设】锦江区鼓励社会力量发展民办养老机构，为民办养老机构兑现建设补贴、房租补贴、床位补贴270余万元。完善社区日间照料中心助餐服务、健身康复、文化娱乐和精神关爱等功能，并按每个机构30万元的标准向社区日间照料中心兑现建设补贴。按每个机构10万元的标准向10个小区院落养老中心发放建设扶持资金补助款。确立养老定点服务机构215家，形成区、街道、社区、院落和定点服务机构“五位一体”居家养老服务网络。

【老年人医疗保障】锦江区完善区、街道、社区三级医疗预防保障网络。各医院设老年诊室、老年病床，为老年人提供“优先、优惠、优抚”服务，免收挂号费。社区医疗服务中心建立老年人健康档案，建档率达85%。为226名90周岁以上老年人提供了免费上门体检服务。

【“长寿金”政策落实】锦江区提高80周岁以上高龄老人“长寿金”补贴标准，向1.3万名老年人发放“长寿金”570余万元。

【“老年证”办理】锦江区继续受理“老年证”办理申请，办理“四川省老年证”5 620个，办理“成都市老年证”5 970个。

【老年人活动】锦江区开展“老年大学示范校”创建活动，分别在区、街道、社区开设老年学校。成立锦江区老年教育协会，开展老年人教育宣传和养老研究等工作。组织社区老年文艺团队参加成都市2013年第十三届老年艺术节选拔活动，获得组织奖、特别奖。参演节目的4人获得优秀奖，两人获得二等奖，4人获得三等奖。组织老年人开展乒乓球、象棋、舞蹈等比赛和健康知识讲座等活动，参加人员达10 000余人次。依托街道、社区老年协会开展“老年法律维权知识下基层进社区，老年健身保健知识下基层进社区，老年文化体育活动下基层进社区”主题活动。

【敬老活动】锦江区创建“四川省第四轮敬老模范区”，开展第六届中国敬老爱老助老主题教育活动，评选出25名区级“孝亲敬老先进个人”，1人参加“全国孝亲敬老之星”评选。投入经费100余万元，在“敬老月”和传统节日期间，在劳动模范、百岁老人、困难老人、空巢老人、残疾老人群体中开展慰问活动1 000余次。开展“志愿服务进院落”活动，组织为老服务志愿者队伍80余支、志愿者2 000余人，为老年人提供义务服务。

弱势群体救助

【最低生活保障政策落实】 锦江区上调最低生活费标准，由每人每月380元上调到每人每月430元。向2 360户3 128人发放“最低生活保障金”144.04万元，每人每月补差393.45元。按每人72元的标准向享受最低生活保障政策的群众兑现返还款22.52万元。

【分类施保政策落实】 锦江区向学前教育阶段享受最低生活保障政策的学生兑现分类施保政策，共157人次，金额1.38万元。向义务教育阶段享受最低生活保障政策的学生兑现分类施保政策，共2 819人次，金额24.82万元。向高中教育阶段享受最低生活保障政策的学生兑现分类施保政策，共1 371人次，金额24.14万元。向大学教育阶段享受最低生活保障政策的学生兑现分类施保政策，共954人次，金额33.61万元。向享受最低生活保障政策的残疾人家庭学生兑现分类施保政策，共765人次，金额3.34万元。向享受最低生活保障政策的残疾学生兑现分类施保政策，共123人次，金额5 400元。

【社会保险资助】 锦江区为享受最低生活保障政策的家庭提供儿童基本医疗保险资助，共资助291人；为享受最低生活保障政策的群众参加居民基本医疗保险和大病统筹保险提供资助，参保率达100%；资助238名大学生参加基本医疗保险，参保率达100%。

【困难人群医疗救助】 锦江区实施医疗救助5 099人次，救助金额达216.09万元，平均每人423.8元。

【困难人群燃煤补贴】 锦江区向绕城高速公路范围内和三环路内的231户享受最低生活保障政策的家庭发放燃煤补贴，每户每月补贴90元。

【困难老年人基本生活保障】 锦江区将399名60周岁以上重病、残疾和生活困难老人纳入最低生活保障体系。其中66名老人供养经费由财政支付。为70周岁以上享受最低生活保障政策的老人上调最低生活保障标准，上调幅度为10%。

人民合法权益维护

【妇女儿童合法权益维护】 锦江区畅通妇女利益诉求渠道，聘用四川矩衡律师事务所律师罗金云为常年法律顾问，为妇女维权提供法律帮助。锦江区法院成立未成年人案件审判综合庭，开辟投诉举报绿色通道，打击危害妇女儿童的违法犯罪行为。锦江区妇女联合会指派专人为人民陪审员，参与法院调解工作。锦江区调动妇女联合会、司法、公安等部门开展维护妇女权益宣传活动，现场发送宣传资料5 000余份。

【职工合法权益维护】 锦江区发挥工会组织保护职工合法权益的职能作用，检查824家用人单位兑现农民工工资情况，涉及劳动者4.93万人，涉及金额952.7万元。受理职工维权咨询8件，处置网络舆论事件26件，办理回复率达到100%。锦江区总工会结合“六五”普法工作，组织人员到建筑工地、商铺、小区院落宣传《四川省工会实施办法》《劳动法》《劳动安全法》，发放法律法规宣传资料12 000余份。

【残疾人合法权益维护】 锦江区完善残疾人权益保障机制，为残疾人群体解决生活困难，得到残疾人拥护。2014年，锦江区接待上访残疾人300余人次，残疾人信访问题办结率达到100%。侵犯残疾人权益的事件发生率低于万分之1.5。未发生残疾人集体上访、越级上访、重复上访事件。

【老年人合法权益维护】锦江区开展“老年法律维权知识下基层进社区”宣讲活动,组织老年人学习《老年法》。审判老年人维权案件4件，调解涉老纠纷19件，办理涉及老年人权益的政协提案9件。

【消费者合法权益保护】锦江区开展“新《消费者权益保护法》进学校、进社区、进企业”宣传活动12场次。针对春熙路周边存在的揽客美容陷阱等情况，对消费者进行维权教育。设立12315维权服务站5个，锦江区法院设立消费者权益纠纷巡回法庭。截至10月31日，“12315”投诉举报中心共受理投诉案件2 304件，受理举报案件273件，投诉办结率达98.8%，为消费者挽回经济损失389.15万元。

人民健康

【人民健康管理】锦江区为7 684名儿童办理“预防接种卡”，建卡率达100%。为11 174名65周岁以上老年人免费体检，将26 282名老年人纳入中医药健康管理范畴，在管的65周岁以上老年人共73 914人。登记高血压患者47 881人，参加规范化管理的高血压患者达44 079人，健康管理率达47.79%，规范化管理率达92.06%。登记糖尿病患者21 033人，规范化管理18 969人，健康管理率达40.69%，规范化管理率达90.19%。

【健康档案】锦江区按每人一份的标准为城乡居民建立健康档案，共674 001份，建档率达97.06%。

【方便就医新模式】锦江区从人民方便就医的角度创新工作思路，建立社区卫生服务机构与医院的双向转诊工作模式，16家社区卫生服务机构与15家医院签订双向转诊协议，已双向转诊265人。与四川大学华西医院签订日间手术协议，为到社区卫生服务机构康复治疗的华西医院日间手术患者提供优先转诊服务。已转入转出患者50余人次。

【“家庭医生”服务】锦江区继续在各社区卫生服务机构中推进“家庭医生”服务工作，签约的家庭达到64 387个，签约率28.27%。

锦江荣誉榜

>>> HONOR LIST IN JINJIANG

国家级荣誉获得者

（个人简介）

1. 邹相英　女，成都绿道景观工程实业有限公司经理。2005年4月，获得“全国劳动模范”称号。

2. 郑小华　男，成都市公安局锦江分局正处级侦察员。1988年，获得“全军优秀政工干部”称号。

3. 胡应良　男，锦江区牛市口街道办事处清扫队职工。1989年9月，获得“全国先进工作者”称号。

4. 李德忠　男，锦江区城市管理局主任科员，1995年4月，获得“全国先进工作者”称号。

5. 付蜀光　女，成都市天涯石小学党支部书记、校长。1960年6月，获得“全国群英会先进个人”称号。

6. 姚嗣芳　女，成都师范学院附属小学教师。2008年，获得“全国五一劳动奖章”。

7. 李观清　男，锦江区城市管理局环卫清运中心业务科科长。2004年6月，获得“全国建设系统劳动模范”称号。

8. 杨清海　男，锦江区城市管理局环卫清运中心驾驶员。1993年，获得“全国五一劳动奖章”。

9. 王光森　男，锦江区地方志编纂委员会办公室调研员。2001年5月，获得“全国模范军转干部”称号。

10. 李仁厚　女，锦江区教师进修学校教师。1984年4月，获得“全国优秀班主任”称号。

11. 敖锡蓉　女，成都市盐道街中学教师。1988年，获得“全国中小学德育先进工作者”称号。

12. 贺秋林　男，成都市盐道街中学(原南江中学)教师。1985年4月，获得“全国五一劳动奖章”。

13. 陈英俊　女，锦江区教师进修学校教师。1986年，获得“全国教育系统劳动模范”称号。

14. 胡　兰　女，成都市第七中学育才学校三圣分校教师。2007年，获得“全国模范教师”“教育系统巾帼建功标兵”称号。

部省级荣誉获得者

（个人简介）

1. 陈德智　女，成都市公安局锦江分局刑警大队民警。2010年，获得“四川省劳动模范”称号。

2. 张　拓　男，成都新元素兴业汽车服务有限公司职工。2010年4月，获得“四川省劳动模范”称号。

3. 何晓东　男，锦江区国土局副调研员。2008年11月，获中国人民解放军兰州军区批准，立一等功。

4. 丁世明　女，成都市第七中学育才学校教务主任。2010年，获得“四川省劳动模范”称号。

5. 卢雪梅　女，锦江区民政局副局长。2000年，获得“四川省人民政府先进工作者”称号。

6. 唐小波　男，成都骨科医院党支部书记。2010年，获得“四川省劳动模范”称号。

7. 李阳惠　女，成都市公安局锦江分局民警。2004年，获得“四川省人民满意公务员”称号。

8. 夏　勇　男，中共锦江区委员会办公室主任。2011年6月，获得“四川省优秀基层党组织书记”称号。

9. 罗惠玲　女，锦江区民政局副局长。2010年，获得“四川省爱国拥军模范”称号。

10. 王　文　女，锦江区春熙路街道辖区华兴街社区党委书记。2011年6月，获得“四川省优秀共产党员”称号。

11. 姚艳洪　女，锦江区双桂路街道办事处副主任。2011年6月，获得“四川省优秀党务工作者”称号。

12. 许迎春　女，中共锦江区委员会统一战线工作部副部长。2005年，被人事部、中华全国总工会授予先进工作者称号。

13. 陈立仁　男，成都仁和实业（集团）有限公司董事长，2010年，获得“四川省劳动模范”称号。

14. 肖文忠　男，锦江区东光街道辖区永兴社区党委书记。2012年9月，获得“四川省创先争优优秀共产党员”称号。

15. 郑素强　男，成都市公安局锦江分局正处级侦察员。2001年7月，获得“四川省模范军队转业干部”称号。

16. 彭万忠　男，锦江区房地局前卫房管所职工。1995年4月，获得“四川省先进工作者”称号。

17. 巫忠华　男，成都骨科医院门诊部主任。2005年4月，获得“四川省劳动模范”称号。

18. 曾德明　男，锦江区三圣街道办事处职工。2005年4月，获得“四川省劳动模范”称号。

19. 徐广东　男，锦江区人民代表大会常务委员会副主任。2005年4月，获得“四川省劳动模范”称号。

20. 文克难　女，中共锦江区委员会宣传部调研员。1984年4月，获得“四川省职工劳动模范”称号。

21. 杨长俊　女，锦江区教师进修学校教师。1985年，获得“四川省优秀教师”称号。

22. 毛顺仁　男，成都银杏窗帘装饰成套公司总经理。1978年3月，获得“四川省先进科技工作者”称号。

23. 蒋宣惠　女，锦江区教师进修学校附属小学党支部书记、副校长。1985年，获得“四川省劳动模范”称号。

24. 赵其光　男，锦江区房地局芷泉房管所副所长。1984年4月，获得“四川省职工劳动模范”称号。

25. 傅先蓉　女，成都师范学院附属小学教师。1985年，获得“四川省劳动模范”称号。

26. 庞兴建　男，锦江区检察院法警。1985年，获得“四川省政法先进工作者”称号。

27. 向长明　男，锦江区汽车运输有限责任公司退休干部。1984年4月，获得“四川省职工劳动模范”称号。

28. 韩忠惠　女，锦江区和平街小学特级教师。1984年4月，获得“四川省职工劳动模范”称号。

29. 汪平川　男，成都君印有限公司董事长。1981年，获得“四川省抗洪救灾模范”称号。

30. 黄万华　男，成都市公安局锦江分局副处级侦察员。1985年1月，获得“四川省政法战线先进工作者”称号。

31. 刘世安　女，成都师范学院附属小学教师。1989年4月，获得“四川省职工劳动模范”称号。

32. 苏光美　女，成都市第四十六中学校教务主任。1985年，获得“四川省优秀教师”称号。

33. 贺洪礼　男，成都织巾厂职工。1962年2月，获得“四川省工农业劳动模范”称号。

34. 黄永年　男，成都久强实业有限公司副经理。1956年，获得“四川省劳动模范”称号。

35. 赵义云　男，锦江区食品公司职工。1958年，获得“四川省财贸先进工作者”称号。

36. 任淑芳　女，锦江区司法局科长。1985年，获得“四川省政法先进工作者”称号。

37. 张国清　男，成都市新华包装厂车间主任。1962年2月，获得“四川省工农业劳动模范”称号。

38. 刘学明　男，六一童装厂副厂长、服装设计师。1962年2月，获得“四川省工农业劳动模范”称号。

39. 谭平安　男，成都市门锁厂厂长。1962年2月，获得“四川省工农业劳动模范”称号。

40. 龙德昌　男，成都市塑料十一厂副厂长。1958年，获得“四川省手工业劳动模范”称号。

41. 候再银　男，锦江区城市管理局职工。1984年4月，获得“四川省职工劳动模范”称号。

42. 周海先　男，锦江区法院副局级审判员。1959年5月，获得“四川省劳动模范”称号。

成都市级荣誉获得者

（个人简介）

1. 万　科　男，锦江区卫生局局长。2012年，获得“成都市创先争优优秀党员”称号。

2. 徐　莉　女，成都师范学院附属小学华润分校教师。2012年，获得“成都市创先争优优秀党员”称号。

3. 胡　杨　男，锦江区三圣街道办事处副调研员。2008年，获得“成都市抗震救灾优秀共产党员”称号。

4. 林华云　男，锦江区三圣街道办事处江家堰社区党委书记。2010年，获得“成都市劳动模范”称号。

5. 王曼如　女，春熙路街道总工会专职工作者。2010年，获得“成都市劳动模范”称号。

6. 李　毅　男，成都市锦江区中央商务区管理委员会党组书记、主任。2011年，获得“成都市优秀共产党员”称号。

7. 淳　茂　女，锦江区文化广播和新闻出版局党委书记。2011年，获得“成都市优秀党务工作者”称号。

8. 徐海波　男，成都市公安局锦江分局东光派出所所长。2011年，获得“成都市优秀共产党员”称号。

9. 唐　勇　男，锦江区莲新街道党工委书记。2011年，获得“成都市优秀党务工作者”称号。

10. 喻甫焱　男，成都市公安局锦江分局刑警大队副处级侦察员。2010年，获得“成都市劳动模范”称号。

11. 钟康水　男，华润置地(成都)有限公司助理经理。2010年，获得“成都市劳动模范”称号。

12. 何　斌　男，锦江区三圣街道辖区红砂社区联合三组农民。2004年，获得“成都市劳动模范”称号。

13. 伍　勇　男，锦江区牛市口街道党工委书记。2008年，获得“成都市抗震救灾先进个人”称号。

14. 黎焰飚　男，锦江区城市管理局局长。2011年7月，获得“成都市优秀共产党员”称号。

15. 何　锐　男，锦江区牛市口街道武装部部长。2008年，获得“成都市抗震救灾先进个人”称号。

16. 吴文辉　男，锦江区政府副区长。2011年，获得“成都市优秀共产党员”称号。

17. 陈雪松　男，锦江区柳江街道党工委书记。2010年，获得“成都市灾后重建先进个人”称号。

18. 朱　军　男，锦江区三圣街道武装部部长。2011年，获得“成都市优秀共产党员”称号。

19. 李贤奎　男，锦江区机关事务管理局服务中心职工。2008年，获得“成都市抗震救灾先进个人”称号。

20. 刘　音　女，成都鑫泰阳园艺有限公司总经理。2004年，获得“成都市劳动模范”称号。

21. 陈　龙　男，成都美美力诚百货有限公司执行董事。2004年，获得“成都市劳动模范”称号。

22. 周劲松　男，锦江区财政局局长。2010年，获得“成都市灾后重建先进个人”称号。

23. 刘　娟　女，成都师范学院附属小学校长、党支部书记。2011年7月，获得“成都市优秀共产党员”称号。

24. 陈爱梅　女，锦江区国土局党组书记、局长。2011年7月，获得“成都市优秀共产党员”称号。

25. 李家虎　男，成都市东郊殡仪馆副馆长。2008年，获得“成都市抗震救灾先进个人”称号。

26. 李光华　男，成都市公安局锦江分局维稳大队民警。2008年，获得“成都市抗震救灾先进个人”称号。

27. 陈开文　男，成都市第七中学育才学校教务主任。2011年7月，获得“成都市优秀共产党员”称号。

28. 陈玉金　男，四川林坤建设有限责任公司董事长。1999年，获得“成都市劳动模范”称号。

29. 何伦忠　男，成都市盐道街中学校长。1994年，获得“成都市劳动模范”称号。

30. 赵皖宁　男，锦江区书院街街道辖区东较场社区党委书记。2012年，获得“成都市创先争优优秀党员”称号。

31. 褚火德　男，锦江区莲新街道辖区九眼桥社区党委书记。2012年，获得“成都市创先争优优秀党员”称号。

32. 黄伟东　男，锦江区建设局副局长。2008年，获得“成都市抗震救灾先进个人”称号。

33. 钟　明　男，成都市东郊殡仪馆职工。2004年，获得“成都市劳动模范”称号。

34. 杨向东　男，成都肛肠专科医院院长。2011年，获得“成都市优秀共产党员”称号。

35. 张永平　男，锦江区成龙路街道党工委书记。2011年，获得“成都市优秀共产党员”称号。

36. 周奉皋　男，成都骨科医院院长。2008年，获得“成都市抗震救灾先进个人”称号。

37. 陈世忠　男，锦江区市政设施养护处技师。2010年，获得“成都市劳动模范”称号。

38. 李　毅　女，成都市第七中学育才学校教师。2010年，获得“成都市劳动模范”称号。

39. 刘忠根　男，锦江区成龙路街道辖区棬子树社区党委书记。2010年，获得“成都市劳动模范”称号。2011年，获得“成都市优秀社区党组织书记”称号。

40. 夏　放　男，中国生物技术集团公司成都生物制品研究所实验动物室主任、医学生物研究员。2010年，获得“成都市劳动模范”称号。

41. 周碧礼　男，成都市东郊殡仪馆职工。1999年5月，获得“成都市劳动模范”称号。

42. 黄志强　男，成都摩尔百盛实业有限公司总经理。2010年，获得“成都市劳动模范”称号。

43. 王素芳　女，成都市昭忠祠小学教师。1956年，获得“成都市先进工作者”称号。

44. 卓　学　男，锦江区装卸运输厂（成都四强化工厂）法人。1999年，获得“成都市劳动模范”称号。

45. 朱　丹　女，四川师范大学附属中学教师。2010年，获得“成都市劳动模范”称号。

46. 周继国　女，锦江区龙舟路街道辖区河滨社区党委书记。2010年，获得“成都市劳动模范”称号。

47. 范玉兰　女，锦江区妇幼保健院医疗管理集团董事长。2012年，获得“成都市创先争优优秀党员”称号。

48. 肖富全　男，成都九环实业有限公司副总经理。1984年，获得“成都市劳动模范”称号。

49. 李安刚　男，成都锦江房地产（集团）有限公司董事长。2004年，获得“成都市劳动模范”称号。

50. 左惠英　女，锦江区盐市口街道办事处清扫队职工。1994年，获得“成都市劳动模范”称号。

51. 熊建基　男，社区工作者。1991年，获得“成都市劳动模范”称号。

52. 王永华　男，成都九远饮食有限公司韩包子店职工。1999年，获得“成都市劳动模范”称号。

53. 胡道仲　男，锦江区三圣中学校长。2004年，获得“成都市劳动模范”称号。

54. 张树君　男，锦江区运输协会秘书长。2010年，获得“成都市劳动模范”称号。

55. 黄宗富　男，锦江区南大街社区服务站职工。2004年，获得“成都市劳动模范”称号。

56. 胡德芳　女，成都仪表厂职工。1979年，获得“成都市先进个人”称号。

57. 蒋绍锦　男，锦江区商务局干部。1984年，获得“成都市劳动模范”称号。

58. 王家诚　男，成都市霓虹实业有限责任公司董事长。1994年，获得“成都市劳动模范”称号。

59. 江问鱼　男，锦江区建筑工程公司第四公司职工。1994年，获得“成都市劳动模范”称号。

60. 胥昌俊　女，成都猪鬃厂职工。1984年，获得“成都市劳动模范”称号。

61. 凌婉姣　女，成都师范学院附属小学万科分校教务主任。1985年，获得“成都市劳动模范”称号。

62. 张伟民　男，成都起重电器厂副厂长。1986年，获得“成都市劳动模范”称号。

63. 杨俐娟　女，成都墨水厂职工。1975年，获得“成都市先进工作者”称号。

64. 赖国华　男，锦江区教师进修学校教师。1988年，获得“成都市劳动模范”称号。

65. 刘德蓉　女，成都市公安局锦江分局正科级侦察员。1963年，获得“成都市先进工作者”称号。

66. 吴天君　女，成都市第三幼儿园园长、党支部书记。1963年，获得“成都市先进工作者”称号。

67. 吴家琪　男，成都滤清器厂副厂长。1979年，获得“成都市先进个人”称号。

68. 彭文贵　男，成都市公安局锦江分局副处级侦察员。1963年，获得“成都市先进工作者”称号。

69. 蒋梅君　女，成都建新服装厂和成都建新汽配厂党支部书记、厂长。1984年，获得“成都市劳动模范”称号。

70. 张宽惠　女，锦江区疾控中心副科长。1994年，获得“成都市劳动模范”称号。

71. 李俊秀　女，成都市第三幼儿园教师。1984年，获得“成都市劳动模范”称号。

72. 邹邦儒　男，锦江区教师进修学校教师。1988年，获得“成都市劳动模范”称号。

73. 张良源　男，锦江区人民代表大会常务委员会主任。1959年，获得“成都市先进工作者”称号。

74. 郭开玉　女，成都市公安局锦江分局副处级侦察员。1963年，获得“成都市先进工作者”称号。

75. 李秀军　女，成都市公安局锦江分局副处级侦察员。1959年，获得“成都市先进工作者”称号。

76. 钟兴全　男，成都市公安局锦江分局副处级侦察员。1963年，获得“成都市先进工作者”称号。

77. 白代昌　男，成都市公安局锦江分局副处级侦察员。1959年，获得“成都市先进工作者”称号。

78. 江松柏　男，成都市公安局锦江分局正处级侦察员。1959年，获得“成都市先进工作者”称号。

79. 李　植　男，成都市化学试剂厂职工。1985年，获得“成都市劳动模范”称号。

80. 易开勤　女，成都市织巾厂职工。1953年，获得“成都市首届工厂企业劳动模范”称号。

81. 何光强　男，锦江区检察院干部。1963年，获得“成都市先进工作者”称号。

82. 吴明谦　男，成都市塑料十一厂政工干部。1959年，获得“成都市先进工作者”称号。

83. 张帼英　女，锦江区春熙路幼儿园园长。1984年，获得“成都市劳动模范”称号。

84. 赵友志　男，锦江区劳动和社会保障局调研员。1956年，获得“成都市先进工作者”称号。

工作报告摘选

中共锦江区委员会工作报告

——2015年1月12日在中共锦江区委员会六届十四次全体会议上

中共锦江区委员会书记　周思源

会议的主要任务是学习贯彻中共中央、中共四川省委员会、中共成都市委员会经济工作会议精神，回顾总结2014年工作，安排部署2015年任务，团结动员锦江区干部群众，一心一意谋发展、聚精会神抓党建，推动锦江发展转型升级，加快建设国内一流的“现代化国际性生态型精品城区”。

一、2014年工作回顾

2014年，面对艰巨繁重的改革发展任务，锦江区贯彻中共成都市委员会、成都市政府决策部署，紧扣“转型升级、提质增效”主题，稳增长、抓改革、惠民生，实现经济社会健康发展目标，各项事业在已有基础上又有新的进步。

（一）经济发展稳中有升

实现地区生产总值714亿元，同比增长6.5%，地区人均产出在成都市各区县中最高；社会消费品零售总额704.4亿元，同比增长12.2%；全口径财政收入120.4亿元，同比增长8.9%；地方公共财政收入47.6亿元，同比增长8.1%；服务业增加值618亿元，同比增长8%；固定资产投资370亿元，同比增长1.9%；城镇居民人均可支配收入33 601元，同比增长8.8%。三次产业优化为0.1 ∶ 13.3 ∶ 86.6。

（二）产业发展转型升级

围绕产业链发展思路，发展现代服务业，质量型增长形势更加鲜明。重大项目加快推进，万达瑞华中心等7个重大项目开工，新鸿基环球贸易广场等83个重大项目加快建设；成都远洋太古里、成都IFS国际金融中心等一批重大项目建成投用，巩固了主导产业的优势地位，提升了成都的现代化、国际化水平。大型文化创意项目“528艺术东村”开工建设，建成中西部首个国际性艺术品保税仓库，被评为成都市唯一的国家广告产业园。成立北大成都环保研究院，建成四川省首个现代节能环保服务业园区。培育税收亿元楼宇14幢，培育5 000万元楼宇14幢。招商引资继续在成都市各区市县中保持第一，实际利用外资超16亿美元，引进省外资金272亿元，引进瑞士再保险集团等“世界500强”企业7家，引进特斯拉等国际知名品牌60个，成为中西部国际品牌最高聚集区。

（三）改革创新主动有为

围绕建设“创新型城区”建设，用改革精神统揽各项工作。出台关于深化改革的实施意见，对深化改革进行了部署。深化行政审批制度改革，调整下放68项行政审批事项，实现群众办理民生类事项不出街道；深化经济体制改革，放宽企业登记管理限制，新登记市场主体4 577个，同比增长70%；深化农村产权制度改革，探索建立农业设施确权颁证和抵押融资新机制，打开了农业融资的新窗口；深化干部人事制度改革，完善了领导干部选拔任用办法，激发了干部群众干事创业积极性，被评为“2014中国十大改革创新示范区”。

（四）改善民生倾心尽力

围绕“幸福锦江”建设，财政投入10.5亿元，完成190余个为民办实事项目，保障和改善了民生。着力解决大学生就业问题，建成四川高校大学生创业基地，被共青团中央委员会命名“全国青年创业示范园区”；探索困难群众“1+N”社会帮扶机制，率先建成“社会关爱援助中心”。锦江区文图新馆、李劼人纪念馆等免费开放，打造了水锦界、春熙坊等一批历史文化街区，被评为“全国文化先进区”；发展养老助残事业，完善“长者通呼援中心”功能，服务范围覆盖中心城区；新增养老床位500个，新建社区居家养老服务中心35个，成为“全国智能化养老实验区”，公共服务满意度测评在成都市5个中心城区中列第一。

（五）社会治理深入推进

围绕“法治、自治、共治和信息化”目标，推进社会治理创新工作。持续推进依法治区工作，出台依法治区的实施意见，加快建设“法治锦江”。加大反恐维稳力度，在成都市率先组建反恐突击队，新增改建高清“天网”点位600个，社会治安满意度测评在成都市5个中心城区中列第一。高度重视安全工作，成为西部首个整区建成的“全国安全社区”。发展社会组织，成立成都社会组织学院，成为“全国社会组织创新示范区”“全国社会工作服务示范区”。启动WIFI全覆盖工程，高标准建成网格化管理服务信息系统。再次获得“全国和谐社区建设示范城区”称号，入选“全国创新社会治理十大最佳案例”。

（六）环境面貌持续改善

围绕“美丽锦江”建设，推进水环境治理，完成辖区小流域的整治任务。加大旧城改造力度，改造面积10万平方米，惠及群众近1 000户。道路全天候保洁，餐厨垃圾统一收运。完成“江东民居”等7个老旧院落改造任务。发展都市现代农业，建成高威花卉产业园和采蝶园花卉博览园。新增和改造绿地13万平方米，成功在中西部特大城市主城区创建“国家级生态区”，获“全国创建生态文明典范城市”称号。

（七）“群教”活动扎实有效

围绕“为民、务实、清廉”主题，开展“走基层”活动，清查“四风”问题，征求群众意见建议，推广“五全”“五办”等群众工作方法，帮助群众解决实际困难。精心准备对照检查材料，召开高质量民主生活会，开展批评和自我批评，增强了班子凝聚力和战斗力。抓好整改落实，加强建章立制，开展“听党话、跟党走”主题活动，开展“庸、懒、散、浮、拖”治理等专项整治工作，党的群众路线教育实践活动取得明显成效。

（八）党的建设加强

围绕“党要管党、从严治党”主题，聚精会神抓好党的建设。提升干部能力素质，加大干部培训力度，举办形式多样、内容丰富专题培训，选派了一批干部赴美国参加专题培训，拓展了干部的思维和视野。加强基层党建工作，深入推进区域化党建工作，针对基层组织建设薄弱环节，促进软弱涣散党组织转化升级。从严干部教育管理，出台加强干部管理的若干意见，特别是简洁管用的“七条严禁规定”。认真落实“两个责任”，加强正风肃纪力度，旗帜鲜明地推进党风廉政建设，高度重视中共四川省委员会巡视组巡视锦江区时提出的整改意见。2014年，共立案62件，给予55人党纪政纪处分，保持了惩治腐败的高压态势。此外，锦江区人民代表大会常务委员会、政协锦江区委员会依法依章履行职责，统战、武装、群团、对口援建等各项工作也有新进展。

（九）成绩来之不易

2014年的发展和变化得益于中共成都市委员会、成都市政府的领导，归功于锦江区上下的共同努力，值得充分肯定。同时，锦江区的工作中还存在一些问题和不足。一是对照年初确定的目标任务，有的完成标准不高，有的没有完成。二是经济下行压力很大，创新驱动能力不足，新的经济增长点还不多。三是民生事业与市民需求还有差距，安全稳定形势不容乐观，城市管理还有薄弱环节。四是有的干部不敢担当、躲事怕事、为官不为，工作激情不高、工作质量不高。形势发展对党建工作提出了更高要求，从严管党治党任务更加艰巨，党风廉政建设任务更加繁重。面对问题要引起高度重视，采取有效措施解决。

二、2015年工作安排

2015年是完成“十二五”规划的收官之年，是深化改革的关键之年，是推进依法治区工作的开局之年，也是实现“精品城区”第一阶段目标的重要一年。按照“精品城区”发展规划（锦委发【2011】1号），锦江区“精品城区”建设分两步走。到2016年，经济社会主要指标达到国内二线城市中心城区领先水平；到2020年，进入国内一线城市中心城区的第一方阵，最终建成国内一流的“现代化国际性生态型精品城区”，成为展示四川省、成都市现代化和国际化水平的重要窗口。

面对新的形势、新的任务，需要锦江区转变工作思路和方法。从经济增速看，以前的高速增长难以为继，中高速增长将成为新常态；从增长动力看，仅靠投资和要素投入拉动远远不够，投资和消费并重、新兴产业为增长点的多元拉动将成为新常态；从产业结构看，传统产业格局正在加快打破，产业融合、高端发展将成为新常态；从发展方式看，粗放型、外延式增长之路已走不通，集约型、内涵式发展将成为新常态。这就要求锦江区必须深刻认识新常态，主动适应新常态，积极引领新常态，奋力打造新优势。逆水行舟，不进则退。新常态不是无所作为，而是大有可为；新常态不是不要速度，而是要有合理的发展速度，实现有质量、有效益、可持续的发展目标。引领新常态、打造新优势的关键在于“五个突出”。一是突出“对标一流”的作用。发挥中心城区的带头示范作用，无论是发展速度、发展质量还是工作状态都要对标发达城区，干出与特大城市中心城区相匹配的业绩。二是突出“攻坚克难”的作用。坚持把改革作为解决问题的总钥匙，把握“破立并举”改革总导向，永葆百折不挠的进取精神，以改革推动转型、促进发展、改善民生。三是突出“依法治区”的作用。发挥法治的引领和规范作用，让法治精神在锦江区开花结果，让法治理念融入锦江区。四是突出“以民为本”的作用。牢记人民对美好生活的向往始终是锦江区的价值追求和奋斗目标。要把一切工作的出发点和落脚点都放在回应群众期盼、解决群众诉求、提升群众幸福感上来。五是突出“从严治党”的作用。从严干部教育管理，以“抓铁有痕、踏石留印”的作风完成各项工作，以抓落实的成效来检验干部和工作。

2015年的工作总体要求是：落实中共中央、中共四川省委员会、中共成都市委员会决策部署，学习贯彻习近平重要讲话精神，围绕“转型升级、提质增效”主题，从严管党治党，着力提高经济效益，深化改革，依法治区，改善民生，优化环境，引领新常态，打造新优势，为实现“精品城区”第一阶段目标奋力冲刺。2015年，经济社会发展主要目标为：地区生产总值增长6%，力争7%；地方公共财政收入增长5%左右；服务业增加值增长7%；社会消费品零售总额增长11%；固定资产投资达到300亿元；城镇居民人均可支配收入增长8%；万元地区生产总值能耗进一步下降，主要污染物排放量进一步减少。在经济下行压力较大情况下，锦江区要坚定信心、抢抓机遇、狠抓落实，制订实施可操作的行动计划。

（一）着力从严治党，加强和改进党的建设，做好2015年各项工作的关键在党，关键在干部

在从严治党的新常态下，锦江区要增强管党治党意识、落实管党治党责任，落实中共锦江区委员会为从严治党制订的18条意见，把抓好党建作为最大的政绩。

一是落实党建责任。树立正确政绩观，坚持从巩固党执政地位的大局看问题，坚持党建工作和中心工作一起谋划、一起部署、一起考核，坚决防止“一手硬、一手软”现象。要经常问一问是不是真正做到了聚精会神抓党建？党委（党组）书记是不是真正成了从严治党的书记？班子成员是不是真正履行了分管领域从严治党的责任？特别要开展好党建述职评议工作，迫使各级党组织负责人落实责任，并把评议考核结果作为评价领导班子和党委书记工作的重要标准。

二是加强思想政治教育。用中国特色社会主义思想凝聚认识，深入学习贯彻习近平重要讲话精神。锦江区干部特别是党员领导干部要增强党的意识，做到“在党言党、在党忧党、在党为党、在党兴党”。要坚定理想信念，坚守共产党人精神追求，把握好世界观、人生观、价值观；要增强政治意识、大局意识，坚决贯彻中共中央、中共四川省委员会、中共成都市委员会决策部署，坚决纠正“有令不行、有禁不止”的行为。

三是加强班子队伍建设。按照“好干部”标准，选准用好干部；党委（党组）书记要履行好第一责任人职责，从严履行干部日常监督管理职责。有针对性开展干部培训，采取到发达城区挂职等多种方式拓展干部的思维视野。要树立强烈的人才意识，寻觅人才求贤若渴，举荐人才不拘一格，让人才各尽其能。各级领导班子要认真执行民主集中制，严肃党内政治生活，增强领导班子的凝聚力战斗力。

四是加强干部作风建设。始终把作风建设紧紧抓在手上，全面落实中央、省、市关于作风建设的系列规定，推进正风肃纪常态化建设，坚决防止“四风”问题反弹。要按照“三严三实”要求，紧盯“庸、懒、散、浮、拖”问题，抓苗头抓预防，动真格敢碰硬，坚决处理违纪违法干部。

五是加强基层基础工作。推进服务型党组织建设，始终把联系服务群众、深化群众工作作为主要任务，把扩大组织覆盖作为基础性工作，选优配强基层党组织带头人。要巩固和扩大整顿软弱涣散基层党组织成果，坚持分类指导、综合施策，健全经常性整顿和常态化帮扶工作机制。要强化基层基础投入保障力度，在逐步解决社区党组织办公用房的基础上，促进社区活动场所提档升级。要持续推进“两新组织”党建工作，扩大“两新组织”党建覆盖面，注重发展党员的数量和质量，激发“两新组织”创新活力。

六是坚定不移惩治腐败。把党的纪律建设摆在更加突出的位置，强化纪律刚性约束，严明政治纪律和政治规矩，决不容忍结党营私、拉帮结派行为。要落实党风廉政建设责任、党委主体责任和纪委监督责任，保持高压态势，以零容忍的态度坚决遏制腐败现象蔓延势头。锦江区纪检监察机关要聚焦主业主责，敢于负责、敢于监督，努力建设一支忠诚、担当、干净的纪检监察干部队伍。

（二）着力经济增长，促进发展转型升级发展是第一要务

中共锦江区委员会要围绕“转型升级，提质增效”主题，以提高经济效益为中心，组织经济工作，提升发展现代服务业，带领锦江区继续当好成都市科学发展的先行者。

一是完善“1+4+N”产业体系。“1”即以总部经济为龙头；“4”即以现代商贸为基础，以文化创意业、金融服务业、旅游休闲业为支撑；“N”即以网络经济、节能环保、养老健康等新兴服务业为新增长点。与以前提出的“1+4”产业体系相比，产业支撑和新增长点的内容有所调整。主要基于以下考虑：其一，几年来的实践证明，发展总部经济和楼宇经济是破解资源瓶颈的重要抓手，也是提高经济效益的关键，总部经济的龙头地位不能改变；现代商贸依然是锦江区最重要的优势产业，基础地位不可动摇。其二，这些年文化创意业、金融服务业和旅游休闲业已经成为锦江区的产业支撑。其三，要

巩固锦江发展优势，增强锦江发展后劲必须培育区域经济新的增长点，就是要发展网络经济、节能环保、健康养老等新兴服务业。

二是突出商业模式创新。巩固提升锦江区商贸的优势地位离不开创新驱动，特别是创新商业模式。首先要推广体验式消费模式。随着网络经济的发展，传统的营销模式和消费方式已难以为继。以人为本的消费模式已成为一种新的商业方式，这就是体验式消费。锦江区要不断深化对这种消费模式的研究和探索，加大力度创新和推广这种商业模式。其次要推进产业之间跨界融合。当前，产业发展呈现出一个重大趋势，就是产业之间的内在联系越来越紧密，外在边界越来越模糊，产业之间的融合越来越明显。所以要认清产业发展的规律和趋势，自觉推动产业之间的深度融合，发展网络经济、文化金融等新兴业态。第三，要打造线上线下相结合的产业发展新模式。当前的商业发展一大趋势就是把实体店和网店结合起来。要推动没有实体店的企业布局实体店，还没有“触网”的企业要尽快“触网”，形成实体经济与虚拟经济互补的态势。

三是发展新兴产业。要抢抓新兴产业发展机遇，当前最主要的是发展网络经济、健康养老、节能环保、信息安全等新兴服务业，培育区域经济新增长点。在网络经济方面，要用互联网对传统产业进行重构，用互联网思维撬动产业转型升级，发展电子商务产业。在养老健康方面，要以建设“中国智能化养老实验区”为契机，探索医养融合模式，发展远程诊疗、家庭医生、电子保姆等养老产业。在节能环保方面，要以建设“全省现代节能环保服务业园区”为契机，办好北大成都环保研究院，引进更多节能环保龙头科研机构和企业。在信息服务方面，要抢抓信息安全产业发展机遇，建好“四川省信息安全产业园”，推进相关重大项目建设。

四是加大品牌营销力度。一座城市的美誉度与知名度是这座城市的宝贵资源。美誉度越高，城市形象就越好，就越有吸引力，这已被世界上大多发达城市的实践证明。经过这些年的发展，锦江的美誉度与知名度明显提高，已成为投资发展首选之地、旅游消费必到之地。锦江区要巩固提升这个优势，打造西部购物天堂，尤须加大品牌营销力度。要制订区域总体营销规划，使营销工作更有针对性；要加大环境营销力度，包括生态、人文、政务环境，吸引更多人到锦江安居兴业；要加大产业营销力度，特别是主导产业的营销力度，高水平办好“百亿商圈全球发布”活动，高水平办好“国际时装周”活动，高水平办好文化创意系列活动。要通过权威的媒体、多样的渠道、强有力的宣传，大幅提升锦江区的影响力和美誉度。

（三）着力攻坚克难，推进改革创新

改革是破解发展难题的关键，也是锦江当前发展的最大红利。锦江区要围绕建设“创新型城区”，保持改革良好势头，推动改革深化，取得新成效。

一要推进十大攻坚战役。改革创新的过程就是攻坚克难的过程。2015年，要着力打好十大攻坚战。一是加快城中村改造，推进琉璃场片区改造，完成金融城片区征地拆迁任务，推进“1680”片区土地整理工作。二是加快旧城改造步伐，完成指挥街、东大街灯饰城等项目拆迁改造任务。特别对居民意愿一致的零星低洼棚户地块更要加快改造步伐。三是加快老旧院落改造步伐，完善配套设施，缓解停车难题。四是加快环城生态区建设步伐，理顺体制机制，使其走上良性发展道路。五是加快土地上市步伐，做细做实有关工作，为产业发展做好服务。六是抓好重大项目建设工作，促使项目尽快开工、加快建设和建成使用。七是拓展“互联网+”新兴商业模式，催生出新的消费热点和商业形态。八是加快“锦江国际新城”建设，力争取得实质性进展。九是深化社会治理创新工作，“三治一化”体系要在所有街道建成。十是文化创意产业再添一把火，特别是加快狮子山坡地艺术区、“528艺术东村”、锦江文化创意产业园等重大项目建设，争取艺术品保税园区和国家对外文化贸易基地落户，办好成都文化产权交易所，争当成都市文化产业领军城区。

二要发挥市场作用。更多依靠市场力量和运用市场手段推动发展。凡是市场发挥作用的领域都要放手给市场，切实减少政府干预。要深化经济体制改革，发挥市场在资源配置中的决定性作用，激发市场和企业的活力。要创新投融资方式，拓宽投资渠道，探索推广PPP等模式，发挥政府投资的引导带动作用。抓住国家实施“一路一带”、长江经济带、天府新区建设等战略机遇，坚持“引进来”和“走出去”的思路，围绕产业链发展，瞄准目标企业，加大招商引资力度，多引进税收贡献大、产业带动强的企业。

三要激发社会活力。深化改革既要向市场要动力，也要向社会要活力。要加大政府购买公共服务力度，凡是能让社会做的尽可能让社会去做。要培育发展社会组织，发挥社会组织在社会治理中的重要作用，运用政治、经济等手段规范社会组织发展，办好成都社会组织学院。要推进社会治理信息化建设进程，发挥“网格化管理服务信息系统”作用。要发动群众参与改革，引导社会支持改革，引导社会舆论，汇聚支持改革的所有正能量。2015年，要取消街道经济职能。这印证了锦江区社会治理创新的前瞻性。

四要继续简政放权。要加快政府职能转变，推进行政机构和管理体制改革，简政放权，充分发挥好政府的职能作用；要探索推行权力清单、责任清单，深化行政服务中心和网上行政服务中心建设，优化流程，提高行政效能；要探索“宽进严管”的管理办法，以事前审批为主转到以事中事后监管为主，减少审批事项，简化办事手续，切实为基层减压松绑，做到多关心、多支持、多服务，少检查、少评比、少添乱。强化部门的责任担当意识，增强大局意识、紧迫意识，以政府自身改革带动重要领域、关键环节改革。要高起点、高水平编制“十三五”规划，用科学的规划引领发展。

（四）着力依法治区，加快建设法治锦江

上次召开的中共成都市锦江区委员会第六届第十三次全会专题部署了依法治区工作，出台了依法治区25条意见。各单位要抓好落实，推进依法治区进程，争当“法治成都建设样板区”。

一是提高依法执政水平。法治是治国理政的基本方式，党的领导是法治最根本的保证。中共锦江区委员会要加强对依法治区工作的领导，中共锦江区委员会政法委员会要加强统筹协调。领导干部在推进依法治区方面肩负着重要责任，各单位主要负责人要履行第一责任人职责，提高运用法治思维和法治方式的能力。要形成崇尚法治的用人导向，把能否遵守法律、能否依法办事作为考察干部的重要依据。同时也要严格法律职业准入，重视对律师队伍的教育和管理。

二是加快建设法治政府。依法履行政府职能，做到法定职责必须为、法无授权不可为。要公正文明执法，完善执法程序，整合执法主体，实行多部门联动执法，不断提高行政效能和服务水平。要强化权力制约力度，完善监督制度体系，推进政务公开工作，健全纠错问责机制，做到用权必须受监督，违法必须追责任。

三是推进公正司法进程。司法是维护社会公平正义的最后一道防线。要保障司法机关依法独立公正行使职权，完善司法运行机制，建立领导干部干预司法活动的记录档案，建立通报和责任追究制度，坚决杜绝关系案、人情案、金钱案，让群众在每个司法案件中感受到公平正义。

四是推进全民守法进程。法治是人类文明的重要成果。要以群众喜闻乐见的方式推动“7+3”法治宣传体系建设，开展普法宣传活动。坚持领导带头、以上率下，推动领导干部学法经常化、制度化进程，推动社会各界学法遵法守法用法进程。要健全公民和组织守法信用记录档案，形成守法光荣、违法可耻的社会氛围，使遵法守法成为全社会的共同追求和自觉行动。

五是维护社会安全稳定。安全重于泰山，任何时候都不能放松。必须时刻把安全写在心里，落实到行动中。要严格落实安全责任，细化安全措施。要防患于未然，开展安全大检查，消除隐患，坚决防范和遏制重特大安全事故。要高度重视物业管理工作，积极化解物管矛盾。要切实搞好“走基层”活动，加大社会稳定风险评估力度，有效预防和化解社会矛盾，确保社会大局和谐稳定。

（五）着力改善民生，回应群众

关切民生是人民幸福之基。锦江区要坚持以人为本，扎实做好民生工作，深化就业创业、养老助残、帮扶救助、便民利民、文化教育、健康医疗、社会保障“七大体系”建设，以实际行动改善民生，解决群众利益问题，让改革发展成果惠及群众。

一是促进就业创业。就业是民生之本，要实施更加积极的就业政策，创造更多的就业机会，确保就业质量更高。要提升就业服务管理和服务质量，优化提升锦江区大就业形势。要依托锦江·四川高校大学生创业基地，促进大学生就业创业。要鼓励引导涉农社区和就业困难人员就业，提高困难群体就业率。要积极开辟就业岗位，落实好促进民营经济和小、微企业发展的政策措施，以创业带动就业、以培训促进就业、以项目拉动就业。

二是深化养老助残。围绕“智能化养老实验区”建设，加大老龄群体服务保障力度，鼓励和吸引社会力量参与，推动医养护一体化养老机构建设；充分整合区内外资源，加强日托照料机构、老年食堂、老年活动场地设施建设力度，打造“15分钟养老服务圈”；完善智慧养老服务体系，不断提高养老服务质量和水平。推进残疾人保障和服务体系建设，提供更高层次的个性化服务。

三是帮扶困难群众。完善“1+N”社会帮扶机制，发挥锦江区社会关爱援助中心平台作用，加大对重点困难群体的帮扶力度，切实解决群众实际生活困难。加大财政投入力度，推进住房保障全覆盖工作，切实解决中低收入家庭住房困难。加大困难和弱势群体救助保障力度，推进“救急难”工作，健全完善救助政策与工作机制，建立儿童福利保障兜底机制，加强外来务工群体的帮扶救助工作，扩大帮扶救助的覆盖面。

四是搞好便民服务。围绕加大居民群众生活服务保障力度，加强街道、社区服务中心标准化、智慧化建设，让“网上便民服务大厅”的各项功能更加完善。发展社区服务业，提供精细化服务，使居民群众日常生活更加便利。加强窗口单位服务能力建设，推动网上业务办理工作，扩大网上经办业务覆盖面，确保便民服务尽快惠及群众。

五是办好文化教育。加大文化惠民力度，升级改造街道综合文化中心，新建一批“社区书屋”；依托和提升“春熙放歌”等锦江文化活动品牌，不断充实群众精神文化生活。加大对外文化交流活动，积极筹办第十三届中国合唱节，做好“中国书法之乡”申报验收工作。坚持教育优先发展理念，深入推进教育均衡化、现代化、国际化、信息化建设。关注学生心理健康，注重学生思想品德和人格精神培养。加强教育队伍建设，锻造一支德才兼备的教育工作者队伍。

六是发展健康医疗事业。加快体育设施建设步伐，建成锦江森林体育公园，打造“社区10分钟健身圈”，开展全民健身活动，增强市民身体素质。围绕“健康城区”建设，深化医药卫生服务体制改革，整合区域医疗卫生资源，推进“智慧社区，智慧医疗”建设，不断提升卫生服务能力。依托成都市医疗机构，用政府购买服务等方式解决“看病难”、“看病贵”问题。引进涉外医院，让居民享受更加优质的医疗服务。

七是完善社会保障。社保是民生之基。要按照“保基本、兜底线、促公平”的要求，提高保障水平，织密织牢社会保障安全网。要优化社会保险扩面征缴工作，扩大社会保险覆盖面，提高社会保险统筹层次和待遇水平。要完善医保服务体系，推进医保信息系统整改升级工作，完善应急救助工作流程。加大社保基金监管力度，打击侵害参保群众合法权益等违规违法行为，筑牢基金管理防火墙。

（六）着力环境治理，加强生态文明建设力度

改善环境就是发展生产力。要围绕“美丽锦江”建设目标，推动绿色发展、循环发展、低碳发展进程，以“四改六治理”为抓手，提升城市品位品质，打造一流人居环境，使锦江区的天更蓝、地更绿、水更清。

一是节约集约利用资源。优化资源利用方式，加强全过程节约管理，降低土地、水消耗强度，提高资源利用效率和效益。强化亩产意识，科学配置各类用地资源，清理查处闲置用地，推进低效建设用地二次开发利用，提高土地集约利用水平。推动节水型社会建设，控制用水总量、用水效率，加快

企业节水改造进程。

二是做好节能减排工作。在生产、流通、消费各环节发展循环经济。开展节能低碳行动，对重点用能企业和建筑能耗进行在线监测。实施绿色建筑行动，促进建筑节能改造工作。推动分布式能源建设进程，推广天然气等清洁能源。

三是美化、净化、绿化城市。在美化方面要实施“四改六治理”工作，用文化促进“三圣花乡”提档升级，增强工作的积极性和主动性，举锦江之力抓紧抓实、抓出实效，提高城市现代化、国际化水平。在净化方面要树立“大城市、细管理”理念，运用“一步一回头”工作方法，提升城市管理精细化水平。在绿化方面要多建城市公园和街头绿地，加快建设高威森林公园和金像寺森林公园，继续提升白鹭湾湿地管理水平，推进湿地二期项目建设，争创“国家生态文明建设示范区”。

四是加大城市更新力度。发挥市场作用，引进更多社会资本参与旧城改造，提前做好土地上市前期工作。推广模拟整治办法，加大老旧院落改造力度。优化城市空间格局，注重地下空间利用。着力完善基础设施的配套设施，特别是城市电力、通信、生活设施。注重留住城市文化根脉，制订老旧建筑保护改造规划，让锦江区的繁荣时尚和厚重历史交相辉映。

众人拾柴火焰高。要圆满完成2015年各项工作任务需要大家各司其职、相互支持。要加强中共锦江区委员会的集中统一领导，发挥总揽全局、协调各方的领导核心作用，充分调动各方面的积极性；要支持锦江区人民代表大会常务委员会、政协锦江区委员会履行职能，加强协商民主建设力度，更好发挥群团组织作用，凝聚各方面力量。新的一年任务艰巨，锦江区要在中共成都市委员会、成都市政府领导下保持奋发有为、只争朝夕的精神状态，一心一意谋发展，聚精会神抓党建，加快建设国内一流的“现代化国际性生态型精品城区”，在新常态下交出一份更加优秀的答卷。

锦江区政府工作报告

2015年1月在锦江区第六届人民代表大会第四次会议上

锦江区政府区长　陈历章

2014年工作回顾

2014年是全面深化改革的开局之年。在中共成都市委员会、成都市政府和中共锦江区委员会的领导下，在锦江区人民代表大会常务委员会、政协锦江区委员会的监督支持下，锦江区政府主动适应经济发展新常态，始终保持专注发展定力，践行中共成都市委员会、成都市政府“改革创新、转型升级”总体战略和五大兴市战略，突出“转型升级、提质增效”主题，实施“十大行动计划”，稳增长、抓改革、惠民生，取得新成绩，继续保持经济社会健康发展态势。2014年的地区生产总值714亿元，增长6.5%；固定资产投资370亿元，增长1.8%；全口径财政收入120.4亿元，增长8.9%；地方公共财政收入47.6亿元，增长8.1%；服务业增加值618亿元，增长8%；社会消费品零售总额704.4亿元，增长12.2%；城镇居民人均可支配收入33 601元，增长8.8%。三次产业结构由0.1 ∶ 14.7 ∶ 85.2调整为0.1 ∶ 13.3 ∶ 86.6。

一、改革创新，转型发展动力增强

围绕建设“创新型城区”，出台全面深化改革实施意见，设立“改革创新奖”，稳步推进重点领域和关键环节改革，增强区域经济社会发展动力，被评为“2014中国十大改革创新示范区”。

（一）经济体制改革推进

深化投融资体制改革，加强金融主体建设，搭建金融机构与企业对接平台，支持社会资本参与旧城改造、公共事业等民生领域投资，社会投资占固定资产投资总额比重提升。支持民营经济发展，推进“营改增”试点工作，落实小微企业税收优惠政策，鼓励金融机构增加小微企业贷款，民营经济发展活力持续增强。启动工商登记制度改革，实行注册资本认缴登记制和企业年度报告公示制，推行电子营业执照和全程电子化登记管理，激发各类市场主体活力，新登记市场主体数量同比增长61.1%。

（二）行政体制改革稳步推进

扎实推动政府职能转变工作，启动政府机构改革，深化街道管理体制改革，在街道增设环境保护科、食药监所，持续强化街道社会服务管理职能。创新公共服务供给方式，加大政府购买公共服务力度，向社会力量购买服务100余项，涉及金额约1.8亿元。深化行政审批制度改革，完善行政审批事项目录清单公开制度和动态清理机制，调整行政审批事项68项，行政审批整体授权率90%，审批服务事项按时办结率100%。

（三）社会治理改革持续深化

创新社会治理方式，深入推进法治、自治、共治和信息化“三治一化”社会治理工作体系建设，入选“全国创新社会治理十大最佳案例”。推进居民自治机制改革，将68个社区细划为117个，建设300个综合服务平台，建成1 065个院落自治组织体系，被评为“全国和谐社区建设示范城区”。推进社会协同共治，成立全国首家社会组织学院，新增社会组织128个，社会组织管理体制改革入选“中国社会治理创新范例50佳”，成为“全国社会组织建设创新示范区”。推进社会治理信息化进程，率先成立社会管理信息服务中心，建成网格化服务管理信息平台，划分1 077个社区网格，构建了区、街道、社区和网格前端四级服务管理体系。

（四）城乡统筹改革持续深入

深化农村产权制度改革，探索建立农业设施所有权登记管理制度和抵押登记制度。加快农业经营体制创新工作，发展都市现代农业，建成高威花卉设施三期项目和采蝶园花卉博览园。加大农村公共服务力度，推进涉农社区户籍和居住一元化管理工作，统一城市、涉农社区公共服务和社会管理专项资金标准，6个涉农社区、两个新型社区公共服务和社会管理设施配置分别达到“1+23”和“1+21”标准。

二、提质增效，经济运行稳中向好

围绕“产业锦江”建设，坚持高端引领原则，促进主导产业转型升级，发展新兴产业，出台促进经济平稳增长59条措施，经济运行质效稳步提升。

（一）主导产业强链发展

实施“消费促进行动计划”。现代商贸业高端发展，成都IFS国际金融中心、成都远洋太古里等高端商业载体建成投运，环球贸易广场等10个商业项目建设速度加快，新培育锦江汽车商贸园百亿商圈，新增现代商贸企业363家、国际知名品牌60个，社会消费品零售总额继续在成都市各区县中保持第一。文化创意产业领先发展，建成中西部首个艺术品保税仓库，成都广告产业园升级为国家级广告产业园区，成功举办“2014成都创意设计周”活动，被评为首批省级文化产业实验园区。金融服务业提速发展，深化成都民间金融街建设，聚集澳新银行、恒生银行等金融服务机构356家，实现产值172亿元，增速在成都市区县中居前列。旅游休闲产业多元发展，新增旅游休闲企业157家，水锦界文化商业街区建成开街，东大街、滨江路两条“五星级酒店产业带”基本形成，获得“最美中国·生态旅游投资价值目的地城区”称号。

（二）新兴产业加速聚集

节能环保服务业快速发展，编制节能环保现代服务业园区发展规划，打造环保产业专业楼宇两幢，引进“北京首创”“香港怡丰”等知名环保企业13

家，联合北京大学成都环保研究院打造了四川省首个现代节能环保服务业园区。电子商务产业加速发展，推广传统商贸O2O模式，建成4条移动电子商务示范街，电子商务网络交易额826亿元，创建为四川省电子商务示范基地。信息服务产业提升发展，“天涯移动互联网国际智慧村”建设顺利，引进全球最大传播集团WPP旗下黑弧奥美西南总部等领军企业，创建为国家级数字出版传媒产业示范基地。

（三）楼宇经济量质齐升

实施“楼宇发展行动计划”。楼宇集聚效应持续增强，“阳光新业”等6幢高端楼宇投入使用，新增商业商务面积88.6万平方米，新引进楼宇企业1 135家、总部企业26家，楼宇企业注册率88%。楼宇经济效益持续提升，建成春熙路、合江亭两个楼宇社区，新打造“银海芯座”等特色专业楼宇3幢，培育亿元楼宇14幢，培育5 000万元楼宇14幢，楼宇经济全口径税收48.3亿元，对地方税收贡献率达48.2%。

（四）投资促进成效明显

实施“重点项目推进行动计划”。阳光保险大厦等16个项目顺利竣工，香港置地环球汇等83个项目加快建设速度，中国西部首家七星级酒店万达瑞华中心等7个项目开工建设，华侨凤凰国际创意产业基地等17个项目纳入市级储备，132个重点项目累计完成投资170亿元，投资总量在成都市5个中心城区中居于前列。“招大引强”成效显著，实际到位内资272亿元，实际利用外资16亿美元，新引进四川发展省级投融资中心等重大产业项目34个，新引进“世界500强”企业7家，“世界500强”企业总数达116家，获得“中国最具外资吸引力十强区”称号。

三、品质优先，城市魅力持续提升

围绕建设“美丽锦江”，深入实施城乡环境综合治理，开展生态文明建设，被评为“2014年中国十大生态文明建设示范区”。

（一）城市形态更加现代

实施“城市更新行动计划”。优化城市规划设计，完成“天府之心”高端服务业集聚区和潘家沟片区城市规划，完善“锦江国际新城”立体交通和地面景观规划，城市空间布局更合理。加大旧城改造力度，争取国家开发银行5.5亿元资金支持。引进社会资金22.5亿元，实施二环路东四段38号地块、东大灯饰城等棚户区和旧城改造项目17个；基本完成东丁字街片区、红照壁延伸地块等改造项目9个，面积10.9万平方米，惠及群众912户。加快城市风貌塑造，“绿地468”等城市地标建设进展顺利，大慈寺水井坊历史文化特色街区建成，城市形象得到提升。

（二）城市功能更加完善

基础设施建设推进，配合做好成渝客专、地铁4号线等省市重点交通综合枢纽建设，完成16.7公里环城生态区道路和城东客运站跨三环路人行天桥建设，打通大安园、通源街等3条断头路，启动三圣花卉产业园区内4条道路建设，新建社会配套停车场12处，新增停车位4 760个；曾家坡和糠市街110千伏变电站建成投运，完成宾隆街南段电力迁改和加油站建设任务。公共服务设施建设加快推进，“锦江国际新城”和“成都东村”的公建配套建设进展顺利，新建中小学和幼儿园5所，建成农贸市场两个，提升改造17座垃圾中转站和15座公厕，城乡物业管理全覆盖工作纵深推进，完成7个老旧院落改造示范点建设任务。“智慧锦江”建设有序推进，三圣景区和白鹭湾湿地通信设施建成；“光网智慧小区”加快建设速度，家庭光纤用户带宽提升至100兆；住宅小区光纤到户25.8万户，到户率达92%。

（三）城市管理更加精细

实施“环境提升行动计划”。市容环境得到改善，道路全天候清扫保洁，餐厨垃圾统一收运，生活垃圾分类处置，对一环路内生活垃圾实行直运管理，收运各类垃圾2.4亿公斤。加强市政设施维护，修补路面4 800平方米，更换井盖900余个、垃圾桶1 600余个。综合执法深入开展，加大重点区域、城郊结合部和背街小巷的整治力度，查处车辆乱停放等违法行为12万件，依法拆除各类广告牌3 900余个、违建3.7万平方米。数字城管平台升级，建成城市管理网格化信息平台，实施综合指挥分中心建设，全域覆盖、标准统一的数字化城市管理运行体系逐步建立，成功打造合江亭、水井坊两个城市建设管理转型升级示范片区。

（四）城市生态环境更加宜人

实施“生态建设行动计划”。大气环境治理深入推进。坚持对扬尘、燃煤、餐饮油烟污染进行整治，区域空气环境质量持续改善。水环境治理成效明显。完成洗瓦堰、南支三渠等9条小流域治理，整治33个院落的黑臭水沟、19处下河排污口和175家违法排污源，城市生活污水集中处理率达95%。生态文明建设成效显著。白鹭湾湿地生态品质提升，东部副中心绿轴公园建设进展顺利，新增、改造绿地面积13万平方米，绿化覆盖率达44.4%，通过“国家级生态区”考核验收，获“全国首批创建生态文明典范城区”称号。

四、民生至上，居民福祉不断改善

围绕建设“幸福锦江”，保障和改善民生，实施民生工程190项；民生支出33亿元，占地方公共财政预算支出70.6%。

（一）社会保障事业持续增力

实施“民生改善行动计划”。就业帮扶力度加大，落实促进就业专项资金420万元，新增就业1.48万人。完成自建农村养老保险并轨工作，惠及1.34万人。“锦江·四川高校大学生创业基地”被命名为“全国青年创业示范园区”。救助帮扶力度加大，建立特殊困难群众“1+N”社会帮扶机制，建成社会关爱援助中心，经济区财政安排300万元专项资金用于特殊困难群众帮扶，累计发放低保、残保和大病救助等各类补助3 700万元。助残养老工作力度加大，全额资助重度残疾人参加养老保险，实施残疾人家庭无障碍改造工程，新建两个残疾人群众文化活动示范点。建成35个社区日间照料中心和10个小区院落养老中心，新增养老床位500张，发放“居家养服务券”2 800万元、长寿金459万元，惠及6.6万人。“长者通”服务范围覆盖中心城区，成为中国唯一“智能化养老实验区”。住房保障力度加大，“华兴新居”“锦馨家园”等新居工程项目顺利推进，锦城逸景新型社区、“花果新居”一期安置入住1.2万人，7 757户家庭享受住房保障政策，基本实现低收入住房困难家庭“应保尽保”目标。

（二）社会治理力度切实加强

实施“社会治理行动计划”。社区服务能力提升，投入社区公共服务资金2 442万元，落实51个社区办公用房，锦城逸景新型社区公共服务站建成投用，顺利完成第九届社区换届选举工作。社会服务水平提高，深入开展公益志愿服务工作，建成113个标准化社区志愿服务站，注册志愿者8.86万人，志愿服务全覆盖。新增社工服务机构7家、专业社工人才106人，成功创建为“全国社会工作服务示范区”。矛盾纠纷有效化解，推进社会稳定风险评估工作全覆盖工作，健全“大调解”工作体系，开展司法救助和法律援助工作，化解积案26件，信访总量同比下降5%，初信初访办结率100%。“平安锦江”建设顺利推进，依法打击各类刑事犯罪，组建反恐突击队，新增、改建“天网”点位600个，治安满意度测评连续两年在成都市5个中心城区中排名第一。深化“全国安全社区”建设，开展交通、消防、特种设备等重点领域专项整治，成龙路消防站建成投用，群众安全感和满意度进一步提升。

（三）公共文化事业蓬勃发展

实施“文化提升行动计划”。公共文化服务体系不断完善，塔子山当代艺术馆群落、狮子山坡地艺术区建设进展顺利，锦江区图书馆、文化馆免费开放，建成3个标准化村级公共文化服务平台，创建“中国书法之乡”进展顺利。惠民文体活动扎实开展，成功申办“第十三届中国合唱节”，成功举办“2014白鹭湾国际家庭旅游节”、首届全民健身运动会，开展“社区文化节”等文化惠民活动500余场，放映社区电影550场，建成锦江区国民体质监测中心和39个社区群众健身场所，新增体育场地4 500平方米。文化遗产保护力度切实加强，李劼人故居纪念馆修缮后对外开放，实施江南馆街唐宋街坊遗址保护工程，完成水井坊酒坊遗址等9处文化地标建设任务，积极申报“四川省民间文化艺术之乡”，成功创建为“全国文化先进区”。

（四）社会事业进步

义务教育均衡发展，深入推进“教育现代化改革示范实验区”建设，落实义务教育就近入学政策，开展“学区制”试点工作，新增公办和公益性幼儿园4所，教育信息化工作经验在四川省推广，被认定为“全国义务教育发展基本均衡区”。社区教育持续领先，积极打造社区教育“8分钟学习圈”，创建6个市级规范化社区教育学校，被教育部评为“全国社区教育示范区”。启动“社区智慧医疗”项目建设，推进疾控中心标准化建设，新建3家社区卫生服务中心，改造9家社区卫生服务机构，成功创建为“四川省免疫规划示范区”。对口援建工作深入开展，投入资金2 255万元，支持炉霍县基础设施建设、特色产业发展和民生改善。出台《政府质量奖评定管理办法》，深入开展质量强区工作。认真做好国防动员、民兵预备役建设、征兵、“双拥”、人民防空等工作，被评为“成都市征兵工作先进单位”。地方志、档案、保密、统计、审计、人口和计划生育、民族宗教、侨台、粮食等工作不断进步。

五、依法行政，政府自身建设切实增强

围绕法治政府和服务型政府建设，坚持依法行政、科学行政、廉洁行政，切实转变职能、改进作风，政府公信力和执行力持续增强。

（一）依法行政深入推进

自觉接受锦江区人民代表大会及常务委员会的法律监督、工作监督和政协锦江区委员会的民主监督，坚持定期向锦江区人民代表大会报告、向政协锦江区委员会通报工作，认真执行锦江区人民代表大会议案决议，高度重视人大代表建议和政协提案办理工作，办理议案、提案204件，办复率100%，满意率100%。完善机关内部运行规则，健全法律顾问制度，对5项重大项目决策进行风险评估，对4项公共民生项目进行开放式决策，公众对锦江区政府决策的参与面不断扩大。开展“六五”普法工作，打造“半小时法律援助服务圈”，公共法律服务体系进一步完善。

（二）行政效能不断提升

深入推进行政权力公开透明运行工作，加快政务服务标准化建设，通过各类公开渠道公开政务信息30 000条，面向社会公布街道行政事项191项。加强电子政务建设力度，开通“锦江服务”政务微博网上办事平台和微信平台，网上预审批实现率达100%，政务服务更加规范高效。强化政务服务监督力度，开展社区公共服务站行风政风专项检查，新增55个社区监管平台，基层公开综合服务监管平台全覆盖。

（三）廉政力度持续加强

落实“中央八项规定”“四川省十项规定”以及中共成都市委员会、成都市政府制订的实施办法，中共锦江区委员会制订贯彻落实意见，健全惩治和预防腐败体系，认真履行党风廉政建设主体责任，落实“一岗双责”制度。扎实开展“正风肃纪”专项整治，加强领导干部任期经济责任审计力度，加强锦江区属国有企业和政府采购、项目招标、工程建设等重点领域监管力度，加大案件查处力度，持续保持惩治腐败的高压态势。

（四）作风建设成效明显

扎实开展党的群众路线教育实践活动，深入清查整改“四风”问题，“三公经费”下降31%，锦江区政府制发文件减少40%，各类会议减少9.1%。认真回应群众诉求，受理市民来信、网上留言和公开电话8 100余件，办结率100 %。扎实开展“慵、懒、散、浮、拖”专项整治工作，推动正风肃纪长效化、常态化建设，公务员队伍作风明显转变。

2014年，面对错综复杂的经济形势和下行压力，锦江区主动应对各种风险挑战，改革创新、转型升级的积极效应持续显现，成绩确实来之不易。这些成绩得力于中共成都市委员会、成都市政府和中共锦江区委员会的领导，得益于锦江区人民代表大会、政协锦江区委员会的监督支持，归功于锦江人民的共同奋斗。

锦江区经济社会发展中仍然存在一些矛盾和问题。主要表现在：一是对照年初确定的目标任务，有的完成标准不高，有的没有完成。二是经济下行压力很大，创新驱动能力不强，新的经济增长点还不多。三是民生事业与市民需求还有差距，安全稳定形势不容乐观，城市管理还有薄弱环节。四是公务员能力素质还需提高，精神状态仍需提振。对于问题，锦江区政府一定加倍努力，采取举措，加以解决。

2015年工作安排

2015年是深化改革的关键之年，是推进依法治国的开局之年，是“十二五”规划收官之年。按照中共锦江区委员会统一部署，锦江区政府工作的总体要求是：落实中共中央、中共四川省委员会、中共成都市委员会决策部署，贯彻习近平重要讲话精神，坚持“转型升级、提质增效”主题，着力提高经济效益，着力深化改革，着力依法行政，着力改善民生，着力环境提升，着力从严管理，引领新常态，打造新优势，为实现“精品城区”第一阶段目标奋力冲刺。

2015年，锦江区经济社会发展主要目标是：地区生产总值增长6%左右，固定资产投资总额280亿元，地方公共财政收入增长4%，服务业增加值增长6.5%，社会消费品零售总额增长11%，城镇居民可支配收入增长8%，万元地区生产总值能耗进一步降低，主要污染物排放量进一步减少。为实现上述目标，要重点抓好五个方面工作。

一、以改革攻坚为重点，着力激发区域发展活力

坚持市场在资源配置中起决定性作用，更好地发挥政府作用，围绕破解经济社会发展中的体制性、机制性矛盾，推动十大攻坚战役进程，促使改革与发展良性互动，不断增强精品城区发展活力。

（一）深化行政体制改革

加快政府职能转变，向市场放权、向基层放权、向社会放权，着力消除各种隐性壁垒，推进行政管理从事前审批为主到事中事后监管为主转变；建立权力清单、责任清单和负面清单制度，做到“法定职责必须为，法无授权不可为”。深化政府机构改革，按照精简统一效能和与四川省、成都市机构改革衔接的原则，优化机构设置，理顺权责关系，严控人员编制，加快形成科学、精干、高效的政府组织体系。推动事业单位分类改革，理顺政府与事业单位的关系，强化事业单位的公益属性，促进公益事业发展；推进事业单位法人治理结构建设试点工作，逐步建立功能明确、治理完善、运行高效、监管有力的事业单位管理机制和运行机制。

（二）深化经济体制改革

促进民营经济发展，设立“中小企业应急周转金”和财政资金引导、民间资本参与的锦江产业投资基金，培育行业领军和骨干企业，扶持中型、小型、微型企业发展，支持鼓励民营企业优化法人治理结构，通过资本市场上市融资，促进民营企业做大做强。加强国有企业管理，完善区属国有企业资产管理体制，优化资源配置，剥离融资平台公司政府融资职能，推进区属国有企业上市融资工作，增强企业活力和市场竞争力。深化财政体制改革，完善锦江区政府预算体系，建立事权与支出责任相适应的预算制度；加强政府债务管理，严控举债规模和用途，建立健全风险预警和应急处置机制，切实防控政府债务风险。深化投融资体制改革，发挥锦江区政府投资引导带动作用，积极推行政府与社会资本合作等方式，鼓励社会资本参与旧城改造、基础设施建设等公益性事业投资和运营，建成投资主体自主决策、政府调控有力有效、融资方式丰富多元、投资服务高质高效、市场环境公平开放的投融资体制机制。推动科技创新体制改革，强化企业技术创新主体地位，创新财政科技资金投入管理模式，鼓励企业加大研发投入，引导社会资本投建产业研究院、企业孵化器等创新平台；建设校地协同创新中心，加强产学研多方协同创新和校院地合作创新力度，提高科技成果转化能力，提升产业整体竞争力。

（三）深化社会治理改革

推进公共服务体制改革，整合锦江区公共服务资源，完善公共服务准入制度和指导目录，加大政府购买公共服务力度，健全公共服务协调推进工作机制，提升公共服务水平。深化社区治理机制改革，扎实推进依法治区工作，进一步理清部门、街道与社区的职能边界，编制《社区法定职责目录》，健全社区自治评估体系。深化社会组织管理改革，加大社会组织培育发展力度，加强社工人才和志愿者队伍建设，发挥社会组织在公共服务和社会治理中的作用。

（四）深化统筹城乡改革

深化农村产权制度改革，扩大农业设施确权颁证范围，探索建立农村产权与金融资金链接机制。深化农业经营体系改革，倡导农村土地适度规模经营，加强农业科技创新与成果推广应用力度，打造电子商务交易平台，促进都市现代农业升级发展；引导集体经济组织发展经营性项目，做好新型社区配套营业用房招商、经营和利益分配管理工作，增加农民财产性收入。深化户籍制度改革，探索建立涉农社区户籍管理新机制，推进城乡基本公共服务均等化工作，推动涉农社区居民市民化进程。

二、以转型升级为主线，提升服务业发展质效

坚持“转型升级、提质增效”主题，围绕高端发展、集聚发展方向，完善“1+4+N”产业体系，加快产业转型升级，推进产业跨界融合，不断夯实“精品城区”产业基础。

（一）增强主导产业领先优势

高端发展现代商贸业，依托“春熙路盐市口”“红星路大慈寺”和“锦江国际新城”三个商圈的高端资源聚集优势，发展“互联网+”和“体验式消费”经济，不断创新商业模式，加大营销力度，开展商圈品牌全球发布活动，切实提升商圈国际影响力和消费吸附力，打造“购物天堂”。积极发展金融服务业，规范民间金融秩序，稳健发展互联网金融、文化金融等产业，扎实推进民间金融服务中心、民间借贷登记服务中心建设，积极促进实体经济与民间资本的有效对接，不断提高民间金融机构的专业化、规范化发展水平，持续增强成都民间金融街产业集聚力。集群发展文化创意产业，做大做强成都广告产业园区，加快狮子山坡地艺术区、锦江文化创意产业园、“528艺术东村”等文化项目建设，积极打造三圣文化创意产业聚集区，建设文化艺术保税园区和国家对外文化贸易基地。提升发展旅游休闲产业，引进旅游休闲龙头企业，创新旅游休闲营销模式，加快推进旅游与商贸、文化、创意等产业融合发展，推动春熙路—大慈寺片区、水井坊遗址历史博物馆—合江亭片区的连片申报工作，申报国家5A级景区，切实提升旅游休闲产业发展质效。2015年，力争新增现代商贸企业300家、金融服务企业30家、文化创意企业200家、旅游休闲企业120家。

（二）努力构建新兴产业比较优势

发展节能环保产业，加快现代节能环保服务业园区建设，加速聚集一批业内领军企业，推进北京大学成都环保研究院、香港怡丰亚太水环境成都研究院建设，积极争创国家环保服务业园区。发展信息服务业，积极推进“天涯移动互联网国际智慧村”和信息安全产业园建设，发展与信息安全相关的软件与信息服务业，拓展自主安全可控的信息服务市场。发展电子商务业，围绕网络经济，支持传统商贸企业以电商化改革扩展销售渠道，推动锦江电子商务产业园建设，引导聚合仓储物流、方案解决、人才培训等上下游产业，力争培育服务收入超过100万元的企业10家，培育网络零售额超过1 000万元的企业5家。发展健康养老产业，加快形成以老年生活照料、老年产品用品、老年健康服务、老年文化娱乐等为主的健康养老产业体系，推动健康养老产业规模化、连锁化、网络化发展。

（三）着力突出楼宇经济特色优势

提高专业楼宇建设品质，按照“集聚集群、错位发展”和楼宇园区思路，围绕楼宇产业定位和市场需求，增强楼宇配套服务功能，完善楼宇社区服务体系，打造“企业综合服务平台”，拓展楼宇社区覆盖面，力争新建楼宇社区3个、新打造专业楼宇两幢；力争打造税收3亿元楼宇1幢、两亿元楼宇3幢、1亿元楼宇11幢，楼宇企业入驻率达到90%，属地注册率达到85%，楼宇经济对地方税收贡献率提高到49%。

（四）不断增强项目推进效能优势

增强项目建设合力，完善重点项目联动推进机制、目标责任机制和跟踪促建机制，形成齐心促建合力。2015年，计划实施重点项目150个，完成投资100亿元。加快推动项目建设，着力推进西部国际金融中心等87个项目投产，环球贸易广场、韩国乐天广场等35个续建项目加快建设，“晟丰锦城锦品汇”等11个重大项目尽快开工，力争新增产业楼宇面积75万平方米以上。加大土地上市力度，推进红星路157号、东大街D10号等旧城改造地块和环城生态区、东部副中心、金融城片区的土地上市。强化重大项目引进工作，加强与国际国内友好城市、先进地区合作，瞄准国内外顶尖企业和行业龙头企业，引进和储备更多投资强度高、核心竞争力强、产业带动作用大的龙头企业和配套项目。

三、以建管转型为抓手，提升精品城区品质

坚持高起点规划、高标准建设、高效能管理，以“四改六治理”为重点，推进城市建设管理转型升级，努力营造宜人宜居的城市环境，不断提升精品城区品质。

（一）改善人居环境

推进棚户区改造，充分尊重民意，采取拆旧建新、改建、综合整治等多种方式，力争启动实施老半边街片区、暑袜北一街片区等8个棚户区改造项目。推进旧城改造工作，加快琉璃场城中村改造步伐，力争启动7436厂宿舍片区等11个旧城改造项目建设，完成指挥街片区、东大街灯饰城等项目拆迁改造任务。推进老旧院落改造工作，一院一策，完善安防、绿化、照明、停车位等设施，力争改造80个老旧院落。梯次推进老旧市场改造工作，加快老旧市场转型发展，力争完成“泰华”“尚都”“九龙”3家商贸市场改造升级任务。

（二）综合治理城乡环境

深化大气雾霾治理，综合运用法律、经济、行政等手段，以颗粒物（PM10、PM2.5）治理为重点，加强废气排放企业监管，强化扬尘、油烟、露天焚烧等污染防治工作，持续改善区域空气质量。深化水环境综合治理，深入开展河渠综合治理、污水管网建设（改造），营造水清岸绿、人水和谐的水生态环境。深化交通秩序治理，推进城市道路“黑化”工作，开展交通秩序专项整治，倡导文明交通全民共建。深化市容市貌治理，坚持大城市细管理，加快垃圾压缩中转站建设，扩大生活垃圾分类试点范围，加强户外广告招牌清理力度，完成纱帽街、糠市街等街道的风貌整治任务，持续提升城市环境面貌。深化违法建设治理，强化主要道路、河道两侧和城市公园、历史文化建筑等开敞空间违法建设整治工作，着力整治危害公共安全、破坏城市景观、侵占公共资源、群众反映强烈的违法建设行为。深化涉农社区环境治理，按照“五个示范”要求，抓好涉农区域环境卫生管理、公共设施管护、风貌景观打造、文明素质提升等工作，营造优美舒适的城乡居住环境。

（三）优化城市功能

完善交通网络，推动新机场高速、地铁7号线、6号线等重点交通枢纽工程建设进程，统筹促进地铁沿线城市综合体与地铁站点互联互通，推进专汽厂断头路等8条道路建设，加快东光公共停车场及9个社会配套停车场建设，新增停车位3 200个以上。提高能源保障水平，实施规划变电站、加油加气站等能源设施建设，促进琉璃电力隧道开工，协调推进芷泉110千伏变电站等3座变电站建设。加快建设“智慧锦江”，构建统一的基础数据平台、电子政务平台、管理指挥平台，推动信息资源、信息基础设施、信息安全体系与城市智慧化应用协调发展。加快环城生态区建设和东部副中心绿轴公园、高威森林公园、金像寺森林公园、街头绿地建设，绿化覆盖率达到44.6%，争创“国家生态文明建设示范区”。

四、以民生需求为导向，竭力提高群众幸福指数

坚持以人为本，创新社会治理，以“七大体系”建设为重点，保障和改善民生，提高群众幸福指数。把发展成果更多转化为惠民实效，不断稳固“精品城区”的社会基础。

（一）做好民生保障工作

促进就业创业，加强就业培训，拓宽就业渠道，发挥锦江·四川高校大学生创业基地作用，鼓励青年群体创业，动态消除零就业家庭。2015年，新增就业创业10 000人，城镇登记失业率控制在4%以内。加大社会保障力度，扩大社会保险覆盖面，落实最低工资、低保标准增长政策；完善医保服务体系，加大医疗救助和临时救助力度；加大困难群众帮扶力度，落实“1+N”社会帮扶制度，发挥社会关爱中心平台作用，建立儿童福利保障兜底机制，切实解决困难群众的实际问题。加大养老助残力度，拓展“长者通”服务市场，推动社区日间照料中心建设，打造“15分钟养老服务圈”；推动残疾人保障和服务

体系建设，扎实做好全国第九届残疾人运动会锦江赛区工作。加大住房保障力度，加快推进“华兴新居”二期项目和锦城逸景新型社区二期项目建设，扎实做好廉租房、经济适用房、限价商品房、公共租赁房的申请、登记、审核、配置工作，解决中低收入家庭的住房困难。

（二）提升公共服务质量

深入推进教育教学优质均衡发展，探索教育集群化、学区制发展模式，实施四年制初中学制改革试点工作，推动学前教育特色化发展，促进社区教育多元特色发展，新开工建设5所幼儿园、两所中学和小学，创建“四川省学校艺术区域整体推进改革试点区”。加强医疗服务体系建设，整合优质医疗资源，推进“智慧社区、智慧医疗”建设，争创“四川省卫生应急综合示范区”。推进社区公共文化服务体系标准化建设，加快锦江区档案馆建设，升级改造街道综合文化中心，新建一批“社区书屋”，完成“中国书法之乡”申报验收工作，筹办“第十三届中国合唱节”，开展“锦江之夜”“春熙放歌”“社区文化节”等社区文化品牌活动，不断丰富公共文化服务供给内容；加快推进锦江森林体育公园建设，扎实推进“社区10分钟健身圈”建设，组织开展丰富多彩的全民健身活动，办好第十四届国际市民奥林匹克运动会。加强街道、社区服务中心标准化、智慧化建设，完善“网上便民服务大厅”各项功能，发展社区服务业，不断提升便民服务能力。

（三）深化社会治理创新

增强社会法治意识，落实依法治区意见，加强法治文化阵地、法律服务体系建设，充分发挥法制宣传、法律服务、法律保障的作用，积极营造“办事依法、遇事找法、解决问题用法、化解矛盾靠法”的社会氛围，努力建设“法治城市样板区”。提升社区自治能力，加大社区组织活动场所建设力度，完善群众议事、社区听证等自治制度，争创“全国社区治理和服务创新示范区”。增强社会共治合力，发挥成都社会组织学院作用，加大社会组织培育发展力度，加强社工人才和志愿者队伍建设，整合社会资源，探索建立以社区为平台，社会各方共同参与的社会治理机制，形成政府和社会多元主体协同共治的格局。加快社会治理信息化建设，按照“一窗受理、全区通办”的思路，加快公共服务信息体系建设，健全社会治理网格基础数据库，完善网格化服务管理运行机制，提高社会治理信息化水平。

（四）深化“平安锦江”建设

依法打击各类违法犯罪活动，健全立体化社会治安综合防控体系，完善反恐防暴预警应急机制，不断提高人民群众安全感。探索建立“政府领导、部门监管、企业首责、行业自律、社会参与”的食品药品共治模式，加大违法行为查处力度，争创“四川省食品安全示范区”。健全安全生产监管机制，落实“党政同责、一岗双责、齐抓共管”安全生产责任，强化企业主体责任，加大安全隐患排查整治力度，开展安全生产重点领域“打非治违”专项行动，严防重特大事故发生。落实信访维稳工作责任，坚持用法治思维和法治方式化解社会矛盾，畅通群众诉求表达、利益协调、权益保障渠道，提升矛盾纠纷调处水平，化解信访积案，切实维护社会和谐稳定。同时做好对口援藏、质量强区、地方志、保密、国防动员、民兵预备役建设、征兵、“双拥”、人民防空、消防、统计、审计、人口和计划生育、民族宗教、侨台、粮食等各项工作。

五、遵循依法行政，努力推进法治政府建设

坚持依法行政，履行政府职能，创新行政管理方式，着力提高行政效能，加强作风建设，推动政府治理能力现代化建设进程，不断优化“精品城区”的政务环境。

（一）深化依法行政

严格依照《中华人民共和国宪法》和法律规定的权限以及程序行使权力，执行锦江区人民代表大会的决议决定，自觉接受锦江区人民代表大会及其常务委员会的法律监督、工作监督和政协锦江区委员会的民主监督，认真办理人大代表建议和政协委员提案。主动接受社会监督和舆论监督，切实增强政府公信力。健全重大行政决策公众参与、专家论证、风险评估、合法性审查等机制，建立重大决策终身责任追究制及责任倒查机制。规范行政执法行

为，完善执法程序，整合执法主体，实行多部门联动执法，加强行政执法与刑事司法衔接，提高政府依法行政能力和水平。

（二）提升行政效能

按照"分工负责、分级负责、各负其责"的要求，做到权责相符、运转高效。推进简政放权，加大审批权限向街道下放力度，完善行政审批清单制度和行政审批动态清理机制，简政放权放责同步实施。加强政务公开，公开财政预算、公共资源配置、重大项目建设审批和实施、社会公益事业建设等重点领域的信息。加强电子政务建设，推行网上审批和电子监察，不断提高政府服务效率和水平。

（三）强化勤政廉政

坚持开展党的群众路线教育实践活动，巩固"庸、懒、散、浮、拖"问题专项整治成果，整改突出问题，严防"四风"问题反弹，形成作风建设的新常态。认真落实党风廉政建设责任制，强化财政专项资金、重大项目、民生工程等重点领域审计，加强公共资源交易监管力度，加强区属国有企业日常监督和资产管理力度。加强节约型机关建设力度，强化"三公经费"、会议活动、办公用房的管理，进一步压缩行政开支，降低公务运行成本，不断提高财政资金使用绩效。

2015年的任务艰巨，责任重大。锦江区政府将在中共成都市委员会、成都市政府和中共锦江区委员会的领导下，团结一心、锐意进取、攻坚克难、扎实工作，为成都打造西部经济核心增长极、建设现代化国际化大都市和锦江建设国内一流的"现代化国际性生态型精品城区"作出新的更大贡献。

名词解释

1. 五大兴市战略：交通先行战略、产业升级战略、立城优城战略、统筹城乡战略、全域开放战略。

2. 十大行动计划：重点项目推进计划、消费促进行动计划、楼宇发展行动计划、民生改善行动计划、文化提升行动计划、社会治理行动计划、环境提升行动计划、城市更新行动计划、生态建设行动计划、人才培养行动计划。

3. 十大攻坚：加快城中村改造步伐，加快旧城改造步伐，加快老旧院落改造步伐，加快环城生态区建设，加快土地上市步伐，抓好重大项目建设，拓展"互联网+"新兴商业模式，加快文化创意产业发展，深化社会治理创新，加快"锦江国际新城"建设。

4. "1+4+N"产业体系："1"即以总部经济为龙头；"4"即以现代商贸为基础，以文化创意业、金融服务业、旅游休闲业为支撑；"N"即以网络经济、节能环保、健康养老等新兴服务业为增长点。

5. 营改增：以前缴纳营业税的应税项目改成缴纳增值税。增值税是对产品或者服务的增值部分纳税，减少了重复纳税环节。

6. 三治一化：社会治理法治、自治、共治和信息化。

7. O2O模式：即Online To Offline，是将线下商务机会与互联网结合在一起，让互联网成为线下交易的前台，线下服务，线上揽客，消费者可在线筛选服务，在线结算。

8. 光网智慧小区：高速WIFI无线宽带网络全面覆盖，支持室内有线无线立体上网，能接入客厅娱乐电脑、机顶盒等数码设备，拥有高清影视、家庭视频监控等技术服务的小区。

9. 城市管理网格化信息平台：将城市管理辖区按照一定的标准划分成为单元网格，依托统一的城市管理以及数字化的平台，通过加强对单元网格的部件和事件巡查，建立一种监督和处置互相分离的形式，能够加强政府对城市的管理能力和处理速度，将问题解决在居民投诉之前。

10. 学区制：义务教育均衡发展体制和机制创新的实践模式之一，是中小学实行分片划区管理的制度。这是一种中心拉动、以强带弱、共同发展、整体推进的均衡发展策略。

11. 8分钟学习圈：指社区居民仅需要步行8分钟就可享受社区教育服务。

12. 五个专项整治：领导干部收受红包礼金、滥发奖金工资补贴、违规购置使用车辆以及"庸、懒、散、浮、拖"现象和选人用人问题的专项整治。

13. 社区智慧医疗：将云计算、移动互联网技术融入社区医疗服务的各环节，共享医疗信息资源，平衡不同医疗需求、优化配置医疗资源、并持续服务创新的高效生态系统。居民无需出社区就可享受到优质医疗服务。

14. 半小时法律援助服务圈：每一个符合法律援助条件的困难群众都能够在半小时内到法律援助机构，申请法律援助的服务圈。

15. 四改六治理："四改"指棚户区、城中村、老旧院落、老旧市场改造，"六治理"指大气雾霾、河渠污染、交通秩序、市容市貌、违法建设、农村环境的治理。

16. PM10：指环境空气动力学当量直径小于或等于10微米的可吸入颗粒物。

17. PM2.5：指环境空气中空气动力学当量直径小于或等于2.5微米的可吸入肺颗粒物。

18. 道路"黑化"：在路面铺设沥青砼，有效降低城市道路交通噪声，避免出现油石剥离现象，增加路面的耐磨性，提高道路行车的安全性和舒适度。

19. 10分钟健身圈：指社区居民以正常速度步行10分钟左右（800~1 000米的距离）就能找到可供健身的设施、场馆或场地，享受公共健身设施、基层健身组织、全民健身活动、科学健身指导等基本公共服务。

20. "七大体系"建设：建成"就业创业、养老助残、帮扶救助、文化教育、便民利民、健康医疗、社会保障"七大体系。

锦江区人民代表大会常务委员会工作报告

——2015年1月在锦江区第六届人民代表大会第四次会议上

锦江区人民代表大会常务委员会主任　董　逊

2014年主要工作

2014年，在中共锦江区委员会的领导下，锦江区人民代表大会常务委员会贯彻党的十八大和十八届三中、四中全会精神，落实中共锦江区委员会决策部署和锦江区人民代表大会会议决议，围绕中共锦江区委员会"转型升级、提质增效"工作主题，科学统筹安排2014年工作，履行宪法和法律赋予的职责，为推进国内一流的"现代化国际性生态型精品城区"建设作出了努力。

一、坚持服务大局，贯彻中共锦江区委员会决策，依法决定重大事项

2014年，国内经济增长速度总体放缓，锦江区经济下行压力加大。锦江区人民代表大会常务委员会立足锦江区工作大局，审议决定事关锦江区经济社会发展全局性、战略性、关键性的重大问题。听取和审议了《锦江区政府关于国民经济和社会发展计划执行情况的报告》，提出"年度计划执行要围绕锦江区十二五规划，强化产业发展规划调控指导，加大经济结构调整力度，加快转变经济发展方式，增强可持续发展能力"的审议意见。把握稳中求进工作总基调，运用财政预算手段，先后作出6项决定，促进政府融资能力，推动锦江区重大项目建设。加强对锦江区国有资产运行的监督管理，调研和审议了锦江区国有资产管理工作情况，要求对公共资金、

国有资产、国有资源和领导干部履行经济责任情况实行审计全覆盖，促进中共锦江区委员会重大决策部署的落实。

二、坚持科学发展，改进监督方式，不断提高监督实效

围绕中共锦江区委员会中心工作和2014年目标任务，以第六届人民代表大会第三次会议提出的“监督制度落实年”工作为抓手，加大监督力度，改进监督方式，努力发挥监督作用。2014年，共听取和审议专项工作报告15次，开展执法检查6次，专项评议4次，专项视察9次，专题调研22次。

（一）围绕促进经济平稳健康运行开展监督

根据中共锦江区委员会关于“人民代表大会要加强经济发展工作监督力度”的要求，建立经济工作季度研判机制，组织驻锦江区的四川省和成都市人大代表，分析锦江区经济发展中存在的主要问题，提出建设性的意见和建议。2014年，组织开展了“锦江区楼宇经济发展”等4次经济分析活动，形成了《加强锦江区楼宇经济建设、完善管理机制增强经济实力》等4篇经济类调研报告，提出“锦江区政府及职能部门要应对经济下行压力，保持专注发展定力，激发民间资本投资活力”等意见建议。听取和审议了财政预算执行、调整情况和审计工作报告，审查批准了《锦江区2013年财政决算和2014年财政收支预算调整方案》，督促锦江区政府及财政部门调整优化财政支出结构，清理、整合、规范专项转移支付项目，确保资金使用安全和效益最大化。

（二）围绕保障和改善民生开展监督

坚持民生至上原则，围绕群众需求导向，适时组织人大代表对就业与社会保障、旧城改造等“十大民生工程”的项目建设开展监督工作。

提升社会保障水平。组织驻锦江区的四川省和成都市人大代表成立专题调研组，开展锦江区社会保险基金收支管理情况专题调研，了解贯彻实施《社会保险法》情况以及养老、医疗、失业、工伤、生育等社会保险基金的征收、支付和管理运营情况，对“规范社会保险基金收支行为，加强锦江区社会保险基金监督管理，提高社会保障水平”等方面工作提出意见和建议。

助推城市环境生态建设。按照中共锦江区委员会关于开展新形势下城乡环境综合治理机制创新和特大城市主城区生态文明建设调研及战略规划工作的要求，组织驻锦江区的四川省和成都市人大代表视察白鹭湾湿地等生态项目，提出意见和建议，为锦江区通过“国家级生态区”考核验收，获得“全国生态文明典范城市”称号作出了努力。

助推旧城改造工作。按照中共锦江区委员会“城市更新行动计划”的部署，两次组织驻锦江区的四川省和成都市人大代表视察南光厂宿舍、专汽厂宿舍等旧城改造片区，提出“集中民意、群策群力加速旧城改造步伐，加快城市风貌塑造步伐，提升城市品质，完善城市功能”等意见和建议。

促进社会事业进步。成立教育专业代表小组，组建课题调研组，组织人员与四川省0～3周岁儿童早期发展与教育研究中心合作，开展调研，促进学前教育事业发展。成立医疗卫生专业代表小组，组织代表和相关工作委员会委员视察社区卫生服务机构，走访卫生、医保等职能部门，形成公共医疗卫生服务体系建设调研报告及审议意见，促进锦江区公共医疗卫生服务体系进一步完善。组织驻锦江区各级人大代表调研视察旅游、体育、科技与信息化、人口与计划生育等工作，提出意见和建议。成立社区治理专业代表小组，讨论、研究落实社区自治以及改变服务方式、提升服务水平的举措，促进社区治理改革与发展。

（三）围绕公正司法开展监督

选择重点问题，依法开展法律监督工作。支持司法机关依法独立公正行使审判权和检察权，切实保障法律法规在锦江区的贯彻和执行。

依法开展执法检查。在对《食品安全法》实施情况的执法检查中，将“落实法律规定，改进监管措施，履行监管职责”等因素统筹考虑，听取锦江区食品安全委员会各成员单位报告，对群众关注度较高的餐饮、农贸市场、乳业公司进行了重点检查，向成都龙抄手总店、翡翠城农贸市

场和四川新希望乳业华西分公司提出工作要求和整改建议。在对《成都市环城生态区保护条例》实施情况的执法检查中，组织城乡环境保护专业代表小组成员，会同锦江区统筹、国土、规划等部门及三圣街道办事处，视察三圣环城生态带、白鹭湾湿地的水环境，提出“加强科学规划、精细管理”等意见和建议。在对《安全生产法》实施情况的执法检查中，组织驻锦江区各级人大代表，对合江亭锐钯街老旧院落改造工程、成都太古里建筑施工工地、成都IFS国际金融中心的安全生产情况进行检查，提出意见和建议。

促进司法公正。注重发挥司法对社会公正的防线意义和导向意义，成立法律专业代表小组和规范性文件备案审查小组，调整内务司法工作委员会委员，充实法律专业工作力量。组织人大代表对锦江区“六五”普法、法院庭审、检务公开、人民监督员工作、吸毒人员心理矫正以及“法治大讲堂”“法治宣传广场”等司法工作场所和工作情况进行调研视察。对锦江区法院庭审程序、法官庭审能力进行现场测评。依法任命74名人民陪审员。

认真受理群众来信来访。坚持把信访工作作为密切联系群众、促进社会和谐稳定的重要窗口，重视并妥善处理群众来信来访事件，认真督促“一府两院”及时解决合理诉求，有效化解社会矛盾。2014年，受理群众来信 49 件；接待群众来访186次229人。其中集体访6次49人。领导签批来信率和信访件按期办结率均达100%。为维护社会和谐稳定发挥了作用。

（四）增强监督实效，创新监督方式

按照“抓大事、求实效”的原则，把事关锦江区经济社会发展、民主法治建设和群众反映的热点问题作为监督工作的主要内容。年初，科学选题，列入《2014年工作要点》和《月工作计划》。在此基础上，成立专业代表小组，开展专题对接活动。2014年，组建法律、财经、社区治理等7个专业代表小组。对纳入年度计划的“宪法法律实施情况、政府重点推进项目、民生大事助推行动”等重要内容进行专题对接。锦江区人民代表大会常务委员会改进监督方式，增强监督实效的工作经验在成都市人民代表大会工作会上交流。

三、坚持规范程序，注重任后监督，深化人事任免工作

坚持党管干部与人民代表大会常务委员会依法任免干部相统一的原则，依法做好人事任免工作。一是规范任命程序。制订出台《人事任免条例和任前陈述办法》；坚持任前法律知识考试、任职表态发言、现场电子票决、就职宣誓等制度，不断规范任命程序，确保人事任免工作组织严谨、程序合法。2014年，对拟任命为国家机关公职人员的33人进行了任前法律知识考试。二是加强任后监督。坚持把依法任命与任后监督有机结合，综合运用调研视察、执法检查、听取报告、工作评议等手段，强化日常监督，对4人的述职情况进行评议。2014年，依法任免国家机关公职人员38人，依法接受4名人大代表的辞职申请，依法免去锦江区政府副区长1人，任命锦江区政府副区长两人。

四、坚持服务保障，发挥主体作用，不断活跃代表工作

人大代表是人民代表大会及常务委员会依法行使职权的群众基础。2014年，锦江区人民代表大会常务委员会结合党的群众路线教育实践活动，强化代表活动及服务平台建设。通过发挥代表作用，密切党和政府与人民群众的联系，为人民代表大会依法行使重大事项决定权、监督权和人事任免权增添了生机和活力。

（一）营造氛围，激发代表履职热情

坚持“尊重代表、依靠代表、服务代表”的原则，完善“一府两院”及政府职能部门向人大代表通报工作情况的工作机制。邀请代表100余人次，参加市、区两级党委和政府组织的重大事项通报会、听证会；邀请基层人大代表30余人次，列席锦江区人民代表大会常务委员会会议；聘请专业代表50余人次，担任锦江区事业单位的监督员、评议员。建立完善重点议案、建议重点跟踪督办机制，加强对议案、建议办理情况的督促、检查与协调力度。锦江区第六届人民代表大会第三次会议以来，收到人大代表建议64件，办结64件，办结率100%。

（二）创新举措，增强闭会期间代表的常态履职意识

深化“人大代表之家”常态活动平台建设，制订锦江区人民代表大会常务委员会主任、副主任定期指导检查和调研视察基层人大工作室制度，对春熙路、水井坊等多家街道人大代表工作室进行检查指导。建立以各专门工作委员会为依托，人大代表、有关专业人士和部门共同参与的调研机制。组织代表120余人次，参加视察调研活动30余次。出台《锦江区人民代表大会常务委员会组成人员联系代表办法》，进一步加强了与代表的联系。开展“驻区人大代表进社区进院落”活动，听取社区工作汇报，收集社区群众的意见和建议。组织39名锦江区人大代表开展了向所在选区选民述职的工作。

（三）加强代表培训，提升代表履职能力

结合代表任期制、兼职性特点，组织锦江区人大代表开展了两次专题学习培训；组织驻锦江区的成都市人大代表参加成都市人民代表大会常务委员会组织的集中专题培训，组织部分驻锦江区的成都市人大代表赴外地学习考察；分两批组织街道人民代表工作室的主任、联络员30余人到温江区、双流县学习“代表之家”建设经验。坚持会前学法制度，强化锦江区人民代表大会常务委员会组成人员对宪法法律知识的系统掌握能力。坚持为锦江区人大代表订送《民主与法制建设》《人民权力报》《成都锦江》等刊物；坚持为驻区各级人大代表每月编送《人大工作简报》，每月通报锦江区重大事项及锦江区人民代表大会常务委员会工作情况。

五、坚持从严管理，适应发展要求，提高人大工作水平

学习贯彻习近平“从严治党八项要求”，落实中共锦江区委员会“从严治党18条意见”，坚持在从严管理干部的新常态下推动锦江区人民代表大会常务委员会党组建设、机关建设，不断适应新形势新任务的要求。一是党的群众路线教育实践活动开展扎实有效。按照中共锦江区委员会部署，在不同层面召开了3次动员大会、7次集中学习会，举办了9次专题辅导讨论活动，制作宣传板报8期，清查领导班子和党员干部的突出问题180余条，建立完善24项规章制度。二是“走基层”对口联系工作深入开展。党组成员带头开展“双报到”、认领志愿服务岗位、讲党课等活动；带头深入社区、院落，走访慰问基层群众，协调解决群众反映的突出问题；机关党支部开展党内捐助活动，多次到狮子山街道辖区及所属菱窠社区、四川师范大学社区，帮助改善社区办公条件，帮扶困难群众。三是落实从严治党要求。制订《关于进一步加强学习的意见》，以各办公室为单位轮值讲课，开展“学习型廉洁型人大机关”创建活动。严格内部管理，建立机关工作纪律督查督办、会风督查通报等制度，确保中共锦江区委员会从严治党、从严管理干部的要求得到贯彻落实。

上述工作成绩和进展是中共锦江区委员会正确领导的结果，是锦江区人民代表大会常务委员会组成人员、专门工作委员会组成人员和锦江区人大代表辛勤工作的结果，是锦江区政府、锦江区法院、锦江区检察院协同配合和19个基层人大代表工作室支持的结果。

锦江区人民代表大会常务委员会的工作与人民的期望、代表的要求还有差距。主要是法律法规的学习运用与推动全局工作、解决民生问题更好结合方面还有待深化；人民代表大会及常务委员会监督制度的落实、监督方式的改进、监督手段的综合性运用还有待强化；代表工作的方法、力度和实效还有待加强。上述问题将在工作中认真研究、加强探索，自觉接受人民监督，虚心听取代表意见，加以改进，更好发挥地方国家权力机关和依法履职的工作机关以及密切联系人民群众的代表机关的作用。

2015年工作建议

2015年是锦江区深化改革的关键之年，也是推进依法治区工作的开局之年。锦江区人民代表大会

常务委员会工作的总体要求是：贯彻落实党的十八大精神和党的十八届三中、四中全会精神，贯彻落实习近平重要讲话精神，围绕中共锦江区委员会第六届第十四次全体会议精神，把握“转型升级、提质增效”工作主线，以“深化学法用法年”人大工作主题为抓手，履行人民代表大会的各项工作职责，为加快建设国内一流的“现代化国际性生态型精品城区”，促进经济健康发展和社会和谐稳定作出新的更大贡献。

一、着眼促进社会和谐稳定，加强和改进法律法规实施工作

（一）积极维护宪法法律权威

把维护宪法法律权威作为锦江区人民代表大会及其常务委员会的重要任务，坚持按照推进人大工作与时俱进的要求，修改完善向宪法宣誓的誓词，落实宪法宣誓制度，增强经锦江区人民代表大会及其常务委员会选举或任命公职人员的宪法观念。把每年12月定为“锦江区人大代表学习宣传宪法月”，依法开展“国家宪法日”宣传教育活动，促进全社会宪法意识。按照“中共锦江区委员会推进依法治区25条意见”的要求和争创“法治成都建设样板区”的要求，以“深化学法用法年”人大工作主题为抓手，研究细化工作举措，推进“精品城区”建设各项事业的法治化进程。

（二）加强对法律法规实施主体的监督

围绕锦江区改革发展“十大攻坚”行动、转型升级“1+4+N”产业体系建设和城市建设管理“四改六治理”专项工作，适时开展对法律法规实施主体的法律监督工作。加强对依法行政重点问题的调研和监督，听取审议政府及其专项职能工作报告，促进行政机关依法全面履行政府职能。加强对司法工作重点领域和关键环节的监督，采取听取审议法院和检察院工作报告、组织人大代表调研视察等方式，支持、监督锦江区法院、锦江区检察院推动司法公正建设，努力让人民群众在每一个司法案件中感受到公平正义。

（三）加大执法检查力度

选择关系发展大局和群众切身利益的法律法规实施情况开展监督检查，加大执法检查力度。围绕锦江区重点项目、重要工作，精心选题，加大检查频率，增加检查次数。发挥现有各专业人大代表小组、各专门工作委员会的资源优势，组织开展调研、视察、检查活动。加强对突出问题的追踪监督，综合运用多种监督检查手段，提高监督整改落实实效。坚持把开展执法检查同加强法治宣传教育结合起来，推动全社会树立法治意识，形成良好法治环境。

二、着眼促进发展转型升级，加强和改进监督工作

（一）加强对经济社会发展重大问题的监督

围绕《锦江区“十三五”规划纲要》编制工作，按照中共锦江区委员会统一部署，对接成都市和锦江区未来发展的重要领域，对应区、县地方人大机关的职能职责，开展专题调研，汇集人民群众的意见和智慧，提出有针对性和可行性的建议，为科学决策和研究编制规划纲要提供参考。围绕锦江区改革发展十大攻坚行动计划、转型升级“1+4+N”产业体系建设和城市建设管理“四改六治理”专项工作，突出重点，深入调研，组织召开季度经济工作座谈会，助推锦江区经济在新常态下谋求新成效。严格贯彻执行新修改的预算法，依法加强和改进财经监督工作，切实提高财政资金使用效益。依法认真审查和批准财政决算，审查计划和预算执行情况报告，审查和批准预算部分调整方案，审查决算和预算执行情况、听取和审议审计工作报告，更好地发挥计划和预算在促进经济社会发展方面的职能作用。

（二）加强对民生问题的监督

针对社会广为关注的重大民生问题开展监督工作。尤其是围绕就业创业、养老助残、帮扶救助、便民利民、文化教育、健康医疗、社会保障“七大体系”建设开展监督工作，以实际行动促进民生改善。发挥人大代表的专业优势，组织驻锦江区各级各专业人大代表，针对水环境治理、中小河道治理、大气污染防治、区域绿化、征地拆迁、防震减灾、社区治理、垃圾分类处置、居家养老等民生工作进行

专题视察调研和审议，解决群众最关心的问题。

（三）改进和完善监督工作方式方法

完善锦江区人民代表大会监督工作的方式方法，确保监督工作在法定范围内依照法定程序推进。围绕中共锦江区委员会中心工作、锦江区重大建设项目、人民群众关心的热点难点问题开展满意度测评工作。完善组织方式和操作程序，增强针对性和实效性。加强备案审查制度和能力建设力度，完善规范性文件的备案审查机制，认真开展规范性文件备案审查工作。

三、着眼发挥代表主体作用，加强和改进代表工作

（一）加强培训引导，提升代表履职能力

继续坚持代表履职学习培训制度，改进和创新培训方法，丰富培训方式，提高代表履职水平。健全向代表通报重大事项和重要情况制度，拓宽代表知情、知政渠道。建立和完善代表履职情况的监督制度，落实代表述职工作，增强代表依法履职、依法接受监督的意识，强化遵纪守法，树立良好的代表形象。

（二）深化人大常委会组成人员联系代表工作

在联系人大代表工作已有格局的基础上推动锦江区人民代表大会常务委员会组成人员联系人大代表制度常态化建设。完善人大代表参与锦江区人民代表大会常务委员会工作和各专门工作委员会工作的机制，邀请更多人大代表参加执法检查、专项监督等活动。

（三）加强代表联系群众制度建设

开展“驻辖区人大代表进社区、进院落”活动，健全人大代表联系群众的工作机制和工作网络，推动人大代表联系群众工作广泛化、深入化、制度化建设。推广、深化《代表履职日记》填写工作，更好地发挥人大代表深入了解民情、充分反映民意、广泛汇集民智的桥梁纽带作用。拓展“代表之家”平台建设，开展两年一度的“优秀代表之家”检查评比活动，发挥“代表之家”的作用。

四、着眼提高依法履职能力，坚持不懈抓好自身建设

加强自身建设是履行职责、发挥作用的重要保证。一要牢牢把握正确的政治方向。始终坚持党对人民代表大会工作的领导，充分发挥锦江区人民代表大会党组的领导带动作用，履行管党治党责任，召开锦江区人民代表大会会议及锦江区人民代表大会常务委员会会议、锦江区人民代表大会常务委员会主任会议等重要会议，推动锦江区人民代表大会常务委员会机关各项工作，把自觉接受中共锦江区委员会领导贯穿于依法履职的全过程中，听党话、跟党走，坚定不移维护党的领导。二要提升锦江区人民代表大会常务委员会的工作水平。继续实施会前学法制度，并结合议题审议，开展会前调研视察等工作，提升锦江区人民代表大会常务委员会组成人员的综合素质和审议水平。落实机关学习制度，加强政策、法律、业务等知识的学习力度，提升工作执行力和整体工作水平。三要形成作风建设新常态。适应党的作风建设的新常态、新要求，自觉巩固党的群众路线教育实践活动成果和“庸、懒、散、浮、拖”问题专项整治成果，严防“四风”问题反弹，形成作风建设新常态。

新的一年，在中共锦江区委员会的领导下，锦江区人民代表大会常务委员会将以更加饱满的政治热情、更加积极主动的工作态度、更加扎实肯干的工作作风开创各项工作新局面，为加快推进国内一流的“现代化国际性生态型精品城区”建设作出新的更大贡献。

政协第六届锦江区委员会常务委员会工作报告

——2015年1月4日在政协第六届锦江区委员会第四次会议上

政协成都市锦江区委员会主席　张　松

2014年工作回顾

2014年，在中共锦江区委员会领导下，政协锦江区委员会贯彻落实党的十八届三中、四中全会精神以及中共中央、中共四川省委员会、中共成都市委员会、中共锦江区委员会的重大决策部署，围绕锦江区“转型升级、提质增效”发展主线，发挥协商民主的重要作用，履行政治协商、民主监督、参政议政职能，各项工作取得了新的成绩。

一、深化学习，凝聚共识，打牢团结奋进的思想基础

政协锦江区委员会把深入学习贯彻十八届三中、四中全会精神以及习近平重要讲话精神作为年度首要政治任务，紧密结合政协工作实际，认真安排部署，着力统一思想、凝聚共识，打牢委员队伍团结奋进、共促发展的思想基础。以政协第六届锦江区委员会第三次全体会议为契机，组织全体政协委员学习党的十八届三中全会精神。结合锦江区发展转型升级，开展分组座谈讨论，提高对深化改革的认识。召开专题学习会，组织政协锦江区委员会常务委员和委员学习党的十八届四中全会精神和习近平在庆祝人民政协成立六十五周年大会上的重要讲话精神，及时传达中共中央依法治国的战略部署和对新时期人民政协工作的新要求。

继续开展以“锦江政协讲坛”为重要形式的政协委员培训工作。举办“锦江政协讲坛——法治讲座”，邀请法学专家专题授课，向全体政协委员和部分社会人士讲解法治知识，强化委员依法履职的意识和能力；举办“锦江政协讲坛——宗教文化与和谐社会”专题讲座，邀请原中共四川省委员会有关部门负责人讲解党的民族宗教政策，了解宗教文化，促进社会和谐。落实《锦江区依法治区实施意见》，坚持政协锦江区委员会常务委员会议学法制度，主席会议成员带头讲读《宪法》等法律法规，组织政协委员中的法律专业人士讲授法律知识，在政协委员中开展法律宣讲活动。

利用会议、活动以及网络、信函等载体，及时向政协委员传达中共中央和中共四川省委员会、中共成都市委员会、中共锦江区委员会的重大决策部署以及中国人民政治协商会议和政协四川省委员会、政协成都市委员会的最新要求，帮助政协委员及时了解党委、政府最新工作举措和人民政协工作动态，为委员知情明政服务，引导委员把握履职的正确政治方向。2014年，政协锦江区委员会通过各种形式培训政协委员300余人次，收到了较好的培训效果。

二、紧扣主线，提升质量，多层次开展协商议政活动

政协锦江区委员会围绕中共锦江区委员会、锦江区政府的中心工作，聚焦锦江区改革发展和民生改善，着力于提升建言质量，精心组织多层面、多形式的协商议政活动。并在调查了解情况、分析研究判断的基础上提出意见和建议。做到言之有据，不道听途说；言之有理，不主观臆断；言之有度，不偏激偏执；言之有物，不大而化之。具有前瞻性、

操作性。

在政协第六届锦江区委员会第三次全体会议上，围绕锦江区经济社会发展和关系人民群众切身利益的若干重大问题开展协商。政协委员为金融产业发展、文化创意产业发展、环保生态建设、经济社会转型升级、教育卫生事业发展、城市建设管理等方面的工作提出“围绕转型升级中引进新型商业形态，打造文化性和体验性相结合的商业模式”“做好金融街的发展规划，明确楼宇功能定位”“探索推行居家养老集团化经营模式，不断提升完善相关企业的管理服务水平和自我造血功能”等有价值的建议和意见。根据政协委员发言整理的《锦江区政协六届三次会议委员小组发言记录摘要》得到中共锦江区委员会、锦江区政府主要领导重视，并批转有关单位研究落实。

政协第六届锦江区委员会第十一次常务委员会议紧扣中共锦江区委员会确定的“转型升级、提质增效”主线，组织专题协商锦江区产业发展转型升级工作。围绕金融业、现代服务业、现代农业、文化与旅游产业的转型升级提出“抢先升级金融业，抢占转型发展先机”“加快传统商贸业转型，扶持现代服务业发展”“突出三产业发展的生态功能，做精锦江生态名片”“开展锦江历史文化宣传教育实践活动，包装推介锦江文化品牌”等意见和建议。政协锦江区委员会第六届第十二次常务委员会议围绕锦江区公共服务均衡化发展目标，专题协商锦江区社区公共卫生服务均衡化工作，提出“保障公共卫生服务经费投入，打造智慧医疗，整合医疗资源，发挥社会组织在公共卫生服务中的作用，规范民营医疗机构发展，完善公立医疗机构建设，绘制《锦江疾病谱》”等意见和建议。专题协商中提出的许多意见建议被中共锦江区委员会和锦江区政府的有关单位采纳。在政协第六届锦江区委员会第十三次常务委员会议上，锦江区政府区长和中共锦江区纪律检查委员会书记分别向政协锦江区委员会的常务委员通报锦江区经济社会发展情况和党风廉政建设情况。与会人员就传统商贸业转型升级、民间金融业发展和现代服务业发展等问题进行了交流，取得更加直接的协商效果。

政协锦江区委员会召开了3次主席会议协商会，分别对锦江区养老服务、群众体育、特种设备安全等工作进行了协商，提出“突出发展多元化养老服务”“加强社区群众性体育人才和学校专业体育教育人才的培养和引进”“提升特种设备的安全水准”等意见和建议。围绕锦江区现代商贸服务业重点项目建设、重点工作推进，主席会议还重点协商了“锦江国际新城”建设和“体验式消费”工作。提出了“加强项目促建”“加强宣传引导”等意见和建议。

政协锦江区委员会各专门委员会组织政协委员和专家、学者，针对锦江区改革发展的各个专业领域开展对口协商工作。围绕食品药品安全领域和老旧院落物业管理中存在的突出问题，组织政协委员与相关职能部门、街道办事处开展视察活动，共同协商推进相关工作的对策。组织政协委员走访盐道街中学、锦江区特殊教育中心、牛市口社区卫生服务中心、梵木艺术馆等单位，围绕学校教育管理、特殊教育工作、社区卫生服务、文化事业发展等方面问题与相关职能部门协商，就推进社会事业发展提出了意见和建议。

三、协同互动，共促发展，多方式实施政协民主监督

政协锦江区委员会发挥民主监督在助推发展中的作用，从监督的实效着力，真正做到“监”到点子上，“督”到关键处。组织政协委员视察锦江区重大项目建设和重点工作。对成都艺术品保税仓库、爱盒子创意设计基地、白鹭湾湿地一期项目、高威设施花卉基地、耿家巷改造项目、崇德里打造项目、“88号青年空间”等项目的建设和营运情况进行了视察，对锦江区公立幼儿园建设、锦江区检察院检务公开工作、关心下一代工作、双桂路街道辖区“儿童之家”建设等工作进行了视察，促进工作开展。

紧抓区域经济社会发展中的重点、难点问题，利用政协组织协同互动的有利条件，组织开展多级民主监督工作，为党委、政府解决难点问题助力。与政协成都市委员会协调，组织成都市政协委员和锦江区政协委员对群众反映强烈的陡沟河污染问题进行视察。

在此基础上与市、区两级环保和水务部门、相关专家进行专题协商，得到市级职能部门的支持。

发挥政协委员中特邀监察员、审计员、监督员的作用，切实加强行风政风监督力度，对部门工作中存在的问题提出意见和建议，促进作风转变；组织政协委员开展有针对性的专题监督活动，参与党风廉政建设、街道和政府部门行风政风建设的民主评议，履行政协委员监督职责。

四、深入调研，建言献策，全方位做好政协经常性工作

政协锦江区委员会切实加强对区域经济社会发展各领域调查研究的力度，凝心聚力，为促进发展建言献策。围绕年度发展主题和中共锦江区委员会、锦江区政府的重点工作，确定“锦江区金融产业发展的几点思考”等6个重点调研课题。各课题的调研和成果形成均由专门委员会负责，政协委员、有关专业机构和部门共同参与。调研成果《关于锦城逸景新型社区创新基层治理机制的建议》对涉农社区群众反映强烈的问题进行了分析和研判，所反映的问题和提出的建议意见受到中共锦江区委员会主要领导的重视，批转区级有关部门处理。调研成果《以“百年华兴，地道川腔”为主题打造华兴街为成都川剧文化特色街区》为特色街区打造提出了操作性建议。调研成果《关于深化社区卫生服务功能的思考与建议》针对推行分级诊疗制度开展“社区首诊”工作提出了“调整药品医保报销范围”的建议，在社区养老和居家养老方面提出了“医养结合”的建议。调研成果《社会组织协同参与城市社区治理的实践与创新调研报告——以水井坊街道为例》由政协锦江区委员会与四川省社会科学院社区治理课题组、水井坊街道党工委协作完成，剖析了水井坊街道辖区借力社会组织培育发展，推进社区治理的实践案例，针对社区治理工作中存在的问题提出建议。为了调动政协委员积极性，发挥政协委员在调查研究中的资源优势和智力优势，印发了《政协委员和社会人士参加课题调研工作办法》《政协调研工作表彰奖励暂行办法》，激励、引导政协委员及社会人士参与政协调研工作。政协委员自主选题组织撰写的《青少年社区教育需求的调查报告及建议》等调研文章从更加独立的视角建言“精品城区”建设。

政协锦江区委员会重视提案和社情民意工作在政协委员履职中的载体作用，对有针对性的提案和社情民意进行撰写指导，落实办理。认真做好政协第六届锦江区委员会第三次全体会议以来征集的193件提案的梳理分类、审查立案、交办、督办和重点提案推荐、筛选、审核、呈批、督办等工作。立案158件提案全部交办，其余35件未立案提案也作为建议和意见转交相关单位处理。确定12件提案为2014年度重点督办提案。其中《抓住机遇，促进锦江区民间金融发展更上一层楼》《关于在锦江大道商圈建设汽车后市场的建议》等10件重点提案报送中共锦江区委员会、锦江区政府主要领导阅批，由中共锦江区委员会目标督查办公室、锦江区政府目标督查办公室跟踪督办。其余两件重点提案作为政协锦江区委员会主席会议重点督办提案，由相关专门委员会跟踪办理。2014年，立案提案全部办结，政协委员对提案办理的满意率达到100%。加强反映社情民意工作力度，收集、整理、报送了《建议锦江区在成都市率先实行全区垃圾分类》《城市公共自行车管理有待加强》《全面加强学校消防安全工作刻不容缓》等社情民意信息，及时向中共锦江区委员会、锦江区政府及相关单位反映群众呼声，发挥“信息直通车”作用，促进了有关工作的落实与改进。

政协锦江区委员会注重发挥好政协文史资料“存史、资政、团结、育人”功能，做好政协文史资料的收集与编撰工作，为锦江区经济、社会、文化发展服务。与相关出版单位合作完成了文史图书《八年——成都知青云南支边纪实》再版工作，完成《四川知青》系列文史资料《青春印记》的资料采集、出版委托、审批等前期工作，完成《当代四川史——知青卷》的征稿和编辑工作。探索新时期政协文史资料工作的新途径，《锦江文史》可翻页电子书1 ~ 7辑登载在政协四川省委员会文史资料网上。锦江文史资料网上运行工作稳步推进，为宣传锦江区历史文化和发展成果提供了更加便捷的渠道。

五、深入实践，勇于创新，积极推进基层协商民主

政协街道工作委员会是锦江区推进基层协商民主工作的重大创新和载体。政协锦江区委员会将中共中央和中共四川省委员会、中共成都市委员会、中共锦江区委员深化改革的意见中对推进协商民主的新要求贯穿于政协街道工作委员会建设的各个方面。锦江区16个政协街道工作委员会勇于探索实践，开展各具形式、各有特色的街道政协工作，为深入推进基层协商民主创造经验，取得初步成效。着力打造“三个平台”。一是“聚智聚力、共促发展”的平台。水井坊等政协街道工作委员会把政协委员联系面广、代表性强、包容性大的优势发挥出来，把政协委员自身和身后强大的社会资源调动起来，参与到“智慧社区”建设等街道中心工作中，为辖区改革发展聚智助力。二是“联系群众、知情明政”的平台。莲新等政协街道工作委员会协助政协委员在基层一线了解情况，使政协委员收集民意的渠道更加畅通，反映的情况和提出的建议更贴近群众、更接地气。三是“服务民生、促进和谐”的平台。龙舟路等政协街道工作委员会主动搭建委员与群众之间的民生桥梁，有效利用委员力量，在解决困难群众医疗保险、改善辖区群众居住环境等方面办实事、办好事。为加快推进政协街道工作委员会建设，政协锦江区委员会在2013年年底召开政协街道工作委员会工作交流会，总结各街道的工作经验，对深化街道政协工作和探索基层政协协商民主工作进行了部署。

锦江区推进政协街道工作委员会工作的经验在政协市（区）、县委员会主席座谈会和政协成都市委员会理论研究会上进行了专题交流。政协成都市委员会领导到锦江区调研时，对锦江区以政协街道工作委员会建设为载体，在基层协商民主方面的探索给予肯定。认为这一创新实践适应街道工作、政协特点和政协委员履职的要求，值得总结和推广。2014年年底，中共锦江区委员会主要领导对《政协锦江区委员会关于街道工作委员会工作的情况专报》进行了批示，对政协锦江区委员会街道工作委员会工作给予肯定，认为“取得的成效是明显的”。还提出了“再接再厉，不断开创政协街道工作新局面”的要求。

六、完善机制，转变作风，不断加强政协机关建设

按照中共中央和中共四川省委员会、中共成都市委员会、中共锦江区委员会的部署，政协锦江区委员会机关深入开展党的群众路线教育实践活动，针对形式主义、官僚主义、享乐主义和奢靡之风清查突出问题，狠抓整改落实。通过开展党的群众路线教育实践活动，政协锦江区委员会的机关干部作风得到明显转变。政协成都市委员会主席到锦江区调研时，对政协锦江区委员会“查找问题真批评，帮助干部改进真关心，改进作风推动工作真促进”的做法给予肯定。政协锦江区委员会党组班子还接受了中共四川省委员会督导组、中共成都市委员会督导组的督导。

加强政协制度建设，深入推进政协工作规范化、制度化、程序化建设。坚持主席会议成员联系政协锦江区委员会常务委员和常务委员联系政协委员制度，政协锦江区委员会领导带头联系走访政协委员，倾听政协委员的意见和建议，及时掌握政协委员的思想动态，帮助解决政协委员在履行职能中遇到的困难和问题，增强政协组织的向心力和凝聚力。继续探索政协委员述职机制和政协委员履职登记报送制度，不断强化政协委员履职意识，增强政协委员的履职荣誉感和责任感。健全政协委员履职服务考核管理机制，制发《关于加强委员履职服务与管理的暂行办法》，规范政协委员服务管理工作。落实“两个责任”，建立健全工作机制，将党风廉政建设贯穿于政协机关履职服务的全过程。2014年，政协锦江区委员会机关推进制度“废、改、立”工作，新建制度10项，完善制度17项。

政协锦江区委员会机关还积极参与中心工作，主动融入锦江区发展大局。按照锦江区旧城改造工作的统一部署，继续协同实施旧城改造工作。牵头春熙路、盐市口片区旧城改造工作，为旧城改造机制创新献智出力。引进社会资金，推进片区旧城改造工作，完成改造面积36 086平方米。按照中共锦江区委员会统一安排，政协锦江区委员会领导带头深入街道督促指导敏感期维稳工作，政协锦江区委员会机关党员干部也积极参与对口联系街道的应急维稳、防汛抗洪等工作，充实基层应急力量。

加强政协组织间的上下互动、对外联谊和工作交流力度，切实做好政协成都市港澳委员会、致公党成都市委员会、中国民主促进会长沙市委员会、四川省社科院基层协商民主课题组、成都大学协商民主课题组、政协上海市普陀区委员会、政协遂宁市委员会、政协成都市青羊区委员会等单位到锦江区视察、考察、学习、交流、调研的接待工作。政协锦江区委员会也走出去向友好城区及外地先进地区取经。先后到南京市鼓楼区、成都市高新区等地考察，学习政协委员联络、社区卫生服务等方面的工作经验。通过政协组织的友好往来，宣传锦江区发展成就，助推区域发展。

总结一年来履职实践和创新探索，政协锦江区委员会深刻认识到做好新形势下的政协工作必须始终坚持正确的政治方向，必须坚持求真务实的工作态度，必须坚持大胆探索的创新精神，必须牢记履职为民的服务理念，才能发挥好人民政协的政治优势、组织优势、人才优势，最广泛地团结动员社会各界力量，把各项工作不断推向前进。

政协锦江区委员会也清醒地认识到，当前工作与新形势、新任务、新要求和广大政协委员、人民群众的期望相比还存在不足，需要加以改进。例如在发挥基层人民政协协商民主重要渠道作用方面还不够，协商议政活动实效性还不够强，开展政协民主监督的形式和方法还比较单一，政协委员联络服务工作也还有待加强等等。

2015年工作思路

2015年，政协锦江区委员会工作的总体要求是：在中共锦江区委员会的领导下，贯彻落实党的十八大和十八届三中、四中全会精神，学习贯彻习近平总重要讲话精神，高举爱国主义和社会主义旗帜，坚持团结和民主两大主题，围绕“转型升级、提质增效”主线，聚焦深化改革，聚焦依法治区，聚焦改善民生，聚焦环境提升，履行政治协商、民主监督、参政议政职能，组织引导各界人士、团结动员各方力量，为建设国内一流的“现代化国际性生态型精品城区”作出新贡献。

重点做好以下四个方面工作。

一、突出政协主题，提升协商互动的凝聚力

团结和民主是人民政协的两大主题。要发挥政协联系广泛的政治优势，促进锦江区社会各界的大团结、大联合，调动一切积极因素，营造团结奋进、和谐稳定的发展环境。加强政协委员联络力度，建设“政协委员之家”，增强政协组织的凝聚力和号召力，更加充分地发挥好政协委员在助力发展中的主体作用。加强与工商联、各民主党派、无党派人士以及社会各界的联系力度，建立联谊机制，调动各方积极因素，动员各界力量支持、参与、融入锦江区改革发展事业。促进政协组织间的协同互动，主动争取政协四川省委员会和政协成都市委员会的工作支持，借力推动区域发展。加强与先进地区和兄弟区（市）县政协的工作交流,学习先进理念和经验，宣传锦江区发展成果，增进政协组织间的了解与合作，不断提升政协锦江区委员会聚智聚力的能力和水平。

二、认真履行职能，提升助推发展的服务力

围绕中心、服务大局，紧扣2015年中共锦江区委员会提出的工作总要求，关注锦江区改革、发展、稳定的重点领域和关键环节，履行政治协商、民主监督、参政议政三大职能，为“精品城区”建设献计助力。要围绕经济运行与产业升级，就完善“1+4+N”产业体系、发展新兴产业协商建言，助力转型发展；围绕深化改革与民生改善，就推进“十大攻坚”工作、深化“七大体系”建设等方面开展多形式民主监督工作，推动务实发展；围绕依法治区与生态文明，就建设“法治锦江”，打造“美丽锦江”等方面多渠道发挥作用，促进和谐发展。

三、强化开拓意识，提升协商民主的实践力

党的十八届三中全会制订“推进协商民主广泛、多层、制度化发展”的改革任务。2015年，将按照

《锦江区全面深化改革的实施意见》要求，发挥人民政协协商民主的重要渠道作用。围绕中共锦江区委员会、锦江区政府中心工作，制订年度协商计划，组织经常性协商活动，搭建好互动协商的议政建言平台；加强对政协街道工作委员会的工作指导力度，完善政协基层工作，搭建政协委员参与社区事务的基层协商平台；加快政协工作信息化建设，搭建协商民主的便捷高效网络服务平台。要在中共锦江区委员会的领导下，加强协商民主探索实践，推进协商民主的制度化、规范化、程序化建设。

四、强化自身建设，提升政协队伍的履职力

"提高政治把握能力、调查研究能力、联系群众能力、合作共事能力"是习近平在庆祝人民政协成立六十五周年大会上对政协工作提出的希望。要坚持推进政协履职能力建设，适应中共中央和中共四川省委员会、中共成都市委员会、中共锦江区委员会对人民政协工作的新要求。要以学习贯彻党的十八大和十八届三、四中全会精神为重点，在政协委员队伍和政协机关干部中开展形式多样的思想教育活动，着力提高政协干部的政治把握能力；要加强政协委员履职能力的培训指导力度，落实政协专门委员会与党政部门、街道办事处间的联系协调制度，为政协委员深入实际了解情况提供支持，着力提高政协干部的调查研究能力；要强化政协街道工作委员会联系群众的平台作用，发挥好政协基层工作的独特优势，做到知民情、解民忧、纾民怨、暖民心。加强政协委员与各界群众的联系，着力提高政协干部的联系群众的能力；要贯彻落实民主协商、平等议事的工作原则，尊重政协委员的知情权，尊重政协委员的意见，尊重政协委员的履职热情，提高政协委员合作共事能力。坚持推进政协委员队伍素质建设，完善政协委员履职服务管理机制。

新的一年，锦江区处于深化改革、加快推进依法治区工作的关键时期。面对新形势、新任务、新要求，政协组织肩负光荣使命，担当重要责任。政协锦江区委员会紧密团结在以习近平为总书记的党中央周围，高举中国特色社会主义伟大旗帜，在中共锦江区委员会的领导下，同心同德、扎实工作，为建设国内一流的"现代化国际性生态型精品城区"作出新的贡献。

名词解释

1. "1+4+N"产业体系："1"即以总部经济为龙头；"4"即以现代商贸业为基础，以文化创意业、金融服务业、旅游休闲业为支撑；"N"即以网络经济、节能环保、健康养老等新兴服务业为新增长点。

2. 十大攻坚工作：一是加快城中村改造步伐，推进琉璃场片区改造工作，完成金融城片区征地拆迁工作，推进"1680"片区土地整理工作。二是加快旧城改造工作，完成指挥街、东大街灯饰城等项目拆迁改造任务。对居民意愿一致的零星低洼棚户地块更要实施改造。三是加快老旧院落改造步伐，完善配套设施建设，解决停车难题。四是加快环城生态区建设步伐，进一步理顺体制机制，使其走上良性发展道路。五是加快土地上市步伐，做细做实有关工作，积极为产业发展服好务。六是抓好重大项目建设，促进项目尽快开工、加快建设和建成使用。七是拓展"互联网+"新兴商业模式，催生出新的消费热点和商业形态。八是加快"锦江国际新城"建设，力争取得实质性进展。九是深化社会治理创新，"三治一化"体系要在所有街道建成。十是文化创意产业发展再添一把火，争取艺术品保税园区、国家对外文化贸易基地落户锦江区。加快狮子山坡地艺术区、锦江文化创意产业园、"528艺术东村"等项目建设步伐，办好成都文化产权交易所，争当成都市文化产业领军城区。

3. "七大体系"建设：建成"就业创业、养老助残、帮扶救助、便民利民、文化教育、健康医疗、社会保障"七大体系。

文件目录汇总

2014年中共锦江区委员会发文目录

序号	发文字号	文件标题
1	锦委发［2014］1号	关于深化改革创新推动经济社会转型审计的意见
2	锦委发［2014］2号	转发《关于深入推进城市建设管理转型升级的意见》的通知
3	锦委发［2014］3号	转发《中共成都市委关于〈成都市建立健全惩治和预防腐败体系暨建设廉洁成都2013—2017年实施意见〉的通知》的通知
4	锦委发［2014］4号	关于印发《中共成都市锦江区委常委会2014年工作要点》的通知
5	锦委发［2014］5号	转发《关于贯彻落实党的十八届三中全会精神全面深化改革的决定》的通知
6	锦委发［2014］6号	关于深入开展党的群众路线教育实践活动的实施意见
7	锦委发［2014］7号	关于转发《中共成都市委关于贯彻落实党的十八届三中全会精神全面深化改革的决定》的通知
8	锦委发［2014］8号	关于转发《中共四川省委、四川省人民政府关于2014年党风廉政建设和反腐败工作的意见》的通知
9	锦委发［2014］9号	中共成都市锦江区委、成都市锦江区人民政府关于推进社区网格化服务管理工作的实施意见
10	锦委发［2014］10号	关于印发《锦江区建立健全惩治和预防腐败体系暨建设廉洁锦江2013—2017年实施方案》的通知
11	锦委发［2014］11号	关于锦江区全面深化改革的实施意见
12	锦委发［2014］12号	锦江区依法治区实施意见
13	锦委发［2014］13号	关于印发《关于进一步加强和改进我区城乡环境综合治理工作的实施意见》的通知
14	锦委发［2014］14号	关于印发《成都市锦江区鼓励高层次人才创业暂行办法》的通知
15	锦委发［2014］16号	关于贯彻落实“三严三实”要求进一步加强党员干部教育管理监督的实施意见
16	锦委发［2014］20号	关于全面深入推进依法治区的二十五条意见

2014年锦江区政府发文目录

序号	文　号	文件标题
1	锦府发［2014］6号	关于授予赵锡军魏留兵同志“见义勇为公民”荣誉称号的通知
2	锦府发［2014］10号	关于做好2014年民兵组织整顿工作的通知
3	锦府发［2014］11号	印发《锦江区小额担保贷款工作实施办法》的通知
4	锦府发［2014］12号	关于同意启动实施指挥街（人南二段东侧）片区市政设施综合改造项目的批复
5	锦府发［2014］14号	印发《锦江区大气污染防治行动方案（2014—2017年）》的通知
6	锦府发［2014］15号	关于同意启动实施点将台东二巷棚户区改造项目的批复
7	锦府发［2014］16号	关于同意启动实施老半边街棚户区改造项目的批复
8	锦府发［2014］17号	印发《成都市锦江区国民经济和社会发展第十二个五年规划纲要（修编）》的通知
9	锦府发［2014］18号	关于同意将“东方阳光城”安置房调拨区危旧房改造中心用于拆迁安置的批复
10	锦府发［2014］21号	关于同意成都恒锦旧城改造投资建设有限责任公司向成都银行锦江支行融资的批复
11	锦府发［2014］22号	关于同意启动实施东南糠市街片区改造项目的批复
12	锦府发［2014］23号	关于同意启动实施四圣祠北街棚户区改造项目的批复
13	锦府发［2014］25号	关于印发《成都市锦江区鼓励自有知识产权创新实施办法（修订稿）》的通知
14	锦府发［2014］26号	关于同意启动实施暑袜北一街片区等6个棚户区改造项目的批复
15	锦府发［2014］27号	印发《锦江区政府投资工程建设项目管理办法》的通知

文摘

引领新常态 打造新优势 深入推进“精品城区”建设

中共锦江区委员会书记 周思源

作为特大城市中心城区，锦江区如何在新常态下打造新优势，加快建设“精品城区”是需要研究的重大战略课题。

一、如何认识新常态

（一）新常态是中央的战略判断

2013年以来，中国经济呈现速度变化、结构优化、动力转换三大特点，是经济发展阶段性特征的必然反映。2013年5月，习近平在河南考察工作时第一次提出“新常态”这一概念。指出：“中国发展仍处于重要战略机遇期。要增强信心，从经济发展的阶段性特征出发，适应新常态，保持战略上的平常心态”。2013年12月，中央经济工作会议强调“要坚持稳中求进工作总基调，坚持以提高经济发展质量和效益为中心，主动适应经济发展新常态，保持经济运行在合理区间，把转方式调结构放到更加重要位置”。会议指出“认识新常态，适应新常态，引领新常态是当前和今后一个时期中国经济发展的大逻辑”。锦江区首位的政治任务就是把思想行动统一到中央和省、市的要求上来，认识新常态、把握新常态、适应新常态。

（二）新常态的主要内涵特征

从字面上看，“新”就是有异于旧质；“常态”就是时常发生的状态。新常态就是不同以往的、相对稳定的状态。这就意味着中国经济已进入与过去三十多年高速增长期不同的新阶段。新常态的主要特征有三。一是中高速特征。从速度层面看，中国经济增速换挡回落，从过去10%左右的高速增长转为7% ~ 8%的中高速增长。就锦江区而言，GDP增速从10%以上下降至2013年的6.5%。2014年，锦江区提出GDP增速7%左右。二是优结构特征。从结构层面看，新常态下经济结构不断优化升级。产业结构方面，第三产业逐步成为产业的主体；需求结构方面，消费需求逐步成为需求主体；城乡区域结构方面，城乡区域差距将逐步缩小；收入分配结构方面，居民收入占比上升。三是新动力特征。从动力层面看，新常态下，中国经济将从要素驱动、投资驱动转向创新驱动。就锦江区而言，投资和消费并重，网络经济、健康养老、节能环保、信息安全等新兴产业为增长点，多元拉动将成为常态。

（三）新常态下要有更大作为

认为新常态就是可以不要发展速度、可以无所作为是一种不正确的认识。在新常态下发展仍是第一要务。新常态是发展水平的提升，新常态下的发展必须是有质量、有效益、可持续的发展。应该说进入新常态对发展的标准更严，对工作的要求更高，在新常态下应该更加奋发有为。

二、为什么引领新常态

（一）中心城区肩负责任使然

2009年，锦江区提出建设国内一流的“现代化国际性生态型精品城区”奋斗目标，确定“精品城区”建设分两步走。到2016年，锦江区经济社会主要指标达到国内二线城市中心城区领先水平；到2020年，进入国内一线城市中心城区的第一方阵，最终建成国内一流的“现代化国际性生态型精品城区”，成为展示成都市和四川省现代化国际化水平的重要窗口。从2014年锦江区主要经济指标来看，锦江区与二线城市中心城区还存在一定差距。2015年是“精品城区”建设的关键之年。作为中心城区，锦江区肩负着领先发展的特殊使命，当好四川省和成都市新常态发展的排头兵。

（二）锦江发展已有良好基础

锦江区着眼长远，坚持走内涵式、可持续发展道路，基本形成可持续发展良性机制。一是形成了以现代服务业为主的产业体系。三次产业结构优化为0.1 ∶ 13.3 ∶ 86.6，第三产业比重在成都市各区、市、县中最高，形成了服务业经济格局。二是现代化国际化水平显著提升。九龙仓等香港知名地产商齐聚锦江区，聚集成都市73%的外资银行和80%的外资保险机构，是成都市“世界500强”企业和跨国公司集聚度最高城区。特别是2014年投用的成都远洋太古里、成都IFS国际金融中心等重大项目提升了成都的现代化国际化水平。三是社会治理创新受到各方好评。推进街道管理体制、社区治理体制、社会组织管理体制三大体制改革，形成法治、自治、共治和信息化“三治一化”的社会治理体系。四是文化事业产业繁荣发展。“红星路35号”成为中国西部唯一的国家广告创意产业园。成立中国西部首家综合性文化产权交易所，建成中国西部首个文化艺术品保税仓库。五是有一支能打硬仗的干部队伍。重视干部教育管理。2014年，选送13名干部赴美国开展现代服务业发展与区域经济专题培训，提升了干部的现代化国际化视野。

（三）“五个突出”引领新常态

一是突出“对标一流”。发挥中心城区的带头示范作用，无论是发展速度、发展质量还是工作状态都要对标发达城区，干出与特大城市中心城区相匹配的业绩。二是突出“攻坚克难”。坚持把改革作为解决问题的钥匙，把握“破立并举”的改革总导向，永葆百折不挠的进取精神，以改革推动转型、促进发展、改善民生。三是突出“依法治区”。发挥法治的引领和规范作用，让法治精神在锦江区开花结果。四是突出“以民为本”。牢记人民对美好生活的向往是中共锦江区委员会、锦江区政府的价值追求和奋斗目标。一切工作的出发点和落脚点都放在回应群众期盼、解决群众诉求、提升群众幸福感上。五是突出“从严治党”。从严教育管理干部，以“抓铁有痕、踏石留印”的作风高标准完成各项工作，创造性抓好落实，以抓落实的成效来检验工作和干部。

三、怎样打造新优势

2015年，锦江区将落实中共中央和中共四川省委员会、中共成都市委员会的决策部署，学习贯彻习近平的重要讲话精神，把握“转型升级、提质增效”的工作主题，着力从严管党治党，着力提高经济效益，着力深化改革，着力依法治区，着力改善民生，着力环境提升，引领新常态，打造新优势，为实现“精品城区”第一阶段目标奋力冲刺。

（一）加强和改进党的建设

在从严治党的新常态下要增强管党治党意识、落实管党治党责任，落实中共锦江区委员会制订的“从严治党18条意见”，把抓好党建工作作为最大的政绩。一是落实党建责任。树立正确政绩观，坚持党建工作和中心工作一起谋划、一起部署、一起考核，防止“一手硬、一手软”。二是加强思想政治教育。学习贯彻习近平重要讲话精神，贯彻中共中央、中共四川省委员会、中共成都市委员会决策部署，纠正“有令不行、有禁不止”的行为。三是加强班子队伍建设。按照“好干部”标准，选准用好干部，采取到发达城区挂职等方式有针对性开展干部培训，拓展干部的思维视野。四是加强干部作风建设。落实中共中央、中共四川省委员会、中共成都市委员会开展作风建设的规定，推进正风肃纪常态化建设，防止“四风”问题反弹，解决“为官不为”问题。五是加强基层基础工作。推进服务型党组织建设，巩固扩大整顿软弱涣散基层党组织的成果,保障基层基础投入,推进“两新组织”党建工作。六是坚定不移惩治腐败。严明政治纪律，落实党风廉政建设党委主体责任和纪委监督责任，保持高压态势，以零容忍的态度遏制腐败现象。

（二）加快发展转型升级

以提高经济效益为中心开展经济工作。在经济新常态下谋求新成效。一是完善“1+4+N”产业体系。“1”即以总部经济为龙头；“4”即以现代商贸业为基础，以文化创意业、金融服务业、旅游休闲业为支撑；“N”即以网络经济、节能环保、养老健康等新兴服务业为新增长点。二是突出商业模式创新。探索推广体验式消费模式，推进产业跨界融合，发展互联网金融、网络经济、文化金融等新业态，线上线下结合，形成实体经济与虚拟经济互补态势。三是加大品牌营销力度。依托成都IFS国际金融中心、成都远洋太古里等高端项目召开百亿商圈全球发布会，举办“国际时装周”活动，打造国际化购物天堂，塑造锦江区商贸品牌。四是大力发展新兴产业。抢抓产业新机遇，发展网络经济、健康养老、节能环保等新兴服务业，培育区域经济新增长点。

（三）推进改革创新

围绕建设“创新型城区”，打好十大攻坚战。一是加快城中村改造步伐，推动琉璃场片区改造工作，完成金融城片区征地拆迁任务，推进“1680”片区土地整理工作。二是加快旧城改造步伐,完成指挥街、东大街灯饰城等项目拆迁改造任务。三是加快老旧院落改造步伐，完善配套设施建设，缓解停车难题。四是加快环城生态区建设，顺体制机制，走上良性发展道路。五是加快土地上市步伐,为产业发展服务。六是抓好重大项目建设，促进项目建设。七是拓展“互联网+”新兴商业模式，催生新的消费热点和商业形态。八是加快文化创意产业发展，加快狮子山坡地艺术区等重大项目建设。九是深化社会治理创新，“三治一化”体系要在所有街道建成。十是加快“锦江国际新城”建设，力争取得实质性进展。

（四）做好民生工作

持续深化“就业创业、养老助残、帮扶救助、便民利民、文化教育、健康医疗、社会保障”七大体系建设，解决群众最期盼最直接最现实的问题。一是办好锦江·四川高校大学生创业基地，加大民营经济和小微企业扶持力度，创造更多就业机会。二是提升“长者通”服务水平，加快“智能化养老实验区”建设，鼓励和吸引社会力量参与，推动医养护一体化养老机构建设进程。三是完善困难群众“1+N”社会帮扶机制，依托区社会关爱援助中心平台，扎实推进“救急难”工作，进一步扩大帮扶救助的覆盖面。四是加强街道、社区服务中心标准化、智慧化建设力度，完善网上便民服务大厅功能，提供更加精细的便民服务。五是升级改造街道综合文化中心，新建一批“社区书屋”，坚持“教育优先发展”理念，推进教育均衡化、现代化、国际化、信息化建设。六是加快各类体育设施建设，建成锦江森林体育公园,深化医药卫生服务体制改革,推进“智慧社区，智慧医疗”建设。七是优化社会保险扩面征缴工作，提高社会保险统筹层次和待遇水平，完善医保服务体系，推进医保信息系统整改升级。

（五）加强生态文明建设

围绕“美丽锦江”建设,加大生态环境保护力度，推动绿色发展、循环发展、低碳发展进程，打造一流人居环境。一是降低土地、水资源消耗强度，强化亩产意识,提高土地集约利用水平,实行绿色发展、循环发展、低碳发展。二是加大老旧院落改造力度，引进更多社会资本参与旧城改造，制订老旧建筑保护改造规划，让锦江区的繁荣时尚和厚重历史交相辉映。三是多建城市公园和街头绿地，建设高威森林公园和金像寺森林公园，提升白鹭湾湿地管理水平，推动湿地二期规划建设，争创“国家级生态文明建设示范区”。四是开展“四改六治理”工作，促进城市建设管理转型升级。

统计资料

》》 STATISTICAL DATA

2014年成都市锦江区国民经济和社会发展统计公报

锦江区统计局

2014年，锦江区应对宏观经济形势，把握“转型升级、提质增效”主题，稳增长、抓改革、惠民生，实现经济社会健康发展的预期目标。

一、综合

2014年，锦江区地区生产总值714.42亿元，较2013年同比增长6.5%。其中第一产业增加值0.64亿元；第二产业增加值94.86亿元，较2013年同比增长-2.0%；第三产业增加值618.92亿元，较2013年同比增长8.1%。三次产业结构调整为0.1 ∶ 13.3 ∶ 86.6。2014年，锦江区一般公共预算收入47.6亿元，较2013年增长8.1%。其中区级税收28.7亿元（不含耕占税），较2013年增长8.1%；非税收入18.4亿元。政府性基金收入0.26亿元，较2013年增长13.0%。

2014年，锦江区非公有制经济增加值达到412.62亿元，较2013年同比增长7.8%。其中第二产业增加值达到55.61亿元，较2013年同比增长0.9 %；第二产业中非公有制工业增加值达到31.04亿元，较2013年同比增长0.2%。第三产业增加值达到357.01亿元，较2013年同比增长 9.1 %。非公有制经济占GDP比重达到57.8 %。

二、农业

2014年，锦江区农业总产值1.09亿元，较2013年同比下降10.3%。其中种植业产值为1.08亿元，较2013年同比下降10.4%。

锦江区耕地面积为702公顷，较2013年减少14公顷；农药施用量约为2 000公斤，化肥施用量约为5 100公斤。2014年，农业增加值为0.65亿元。

三、工业和建筑业

2014年，锦江区工业增加值达到58.29亿元，较2013年同比减少2.8%。规模以上工业企业同比下降10.9%，规模以上工业企业产品产销率110.9 %。

建筑业企业总产值412.83亿元，竣工产值151.6亿元，新开工面积824.13万平方米。房地产施工面积1 042.1万平方米，新开工面积192.7万平方米。

四、固定资产投资

2014年，锦江区固定资产投资370.84亿元，较2013年同比增长1.9 %。

第一产业投资3.25亿元，较2013年同比增长

156%；第二产业投资8.83亿元，较2013年同比下降72.9 %；第三产业投资330.16亿元，较2013年同比增长8.7 %，占固定资产投资总量的89%，占据锦江区固定资产投资的绝对主导地位。其中房地产开发投资231.24亿元，较2013年同比下降2.5%。

锦江区民间投资135.2亿元，较2013年同比下降11.5%，占固定资产投资总量的36.5%，较2013年同期下降5.48个百分点，增幅略有下降。

五、商业

2014年，锦江区社会消费品零售总额达到704.4亿元，较2013年同比增长12.2%。其中批发零售业的零售额达到642.7亿元，较2013年同比增长12.5%，拉动社消总额增长11.4%。锦江区批发、零售、住宿、餐饮企业销售额（营业额）达到1 228.5亿元，较2013年同比增长12.9%。其中批发零售业的销售额达到1 108.1亿元，较2013年同比增长12.7%，拉动销售总额增长11.5%。

六、对外开放

2014年，锦江区实施了“重点项目推进行动计划”。阳光保险大厦等16个项目竣工，香港置地环球汇广场等83个项目加快建设，中国西部首家七星级酒店万达瑞华中心等7个项目开工建设，华侨凤凰国际创意产业基地等17个项目纳入市级储备。132个重点项目累计完成投资170亿元，投资总量居成都市5个中心城区前列。

实际到位内资272亿元，实际利用外资16亿美元；新引进四川发展省级投融资中心等重大产业项目34个，新引进“世界500强”企业7家，锦江区“世界500强”企业总数达116家，获得“中国最具外资吸引力十强区”称号。

七、科学技术和教育

2014年，争取各级各类项目扶持资金3 382.03万元，专利申请2 827件（含发明专利申请1 164件），新增高新技术企业两家，新增企业研发机构1个，新增产学研联合实验室1个，建设市级科普基地1个，建成社区科技信息服务站1个。

锦江区区属小学31所、普通中学12所、职业高中两所。其中国家级示范性高中1所、省级重点中学1所、成都市示范性高中4所。注册等级幼儿园68所。在校学生76 365人。其中幼儿园16 993人、小学31 345人、初中19 851人、高中8 128人、职业高中5 069人。教育经费总额为130 013万元。教育资助343人次，共资助16.12万元。免除义务教育阶段学校就读学生的课本费、作业本费，共免除78 620人次，免费总额达1 089.85万元，实现零缴费入学目标。利用“成都市职业教育券”为锦江区户籍的100名中等职业学校学生抵扣学费，补助金额达12万元。享受中等职业国家助学金生活补贴的学生达7 574人次，共113.61万元；享受普高国家助学金生活补贴的学生达23 750人次，共356.25万元。

八、卫生、文化、体育

锦江区医疗卫生单位共55家。其中医院23家。医疗机构共有床位5 449个，共有各类专业卫生技术人员7 142人。落实全民惠民服务政策，减免医疗费用18.21万元。16个街道辖区常住居民均可享受政府购买公共卫生和基本医疗服务；16家社区卫生服务机构实施了国家基本药物制度，实行零差率销售。开展家庭医生服务工作，建立全科医生团队，团队成员54人，累计签约65 805户19.74万人，签约率达28.9%。

完成原64个社区图书“一卡通”建设，实现公共图书通借通还目标；配送流转图书73 400余册。开展惠民文化活动900余场。开展展览活动14场，参与群众约10 000人。组织“文化直通车”进校园演出活动30场，购买专业演出3场，为群众免费送票1 000余张。开展公益性辅导培训活动3期，辅导培训16 000人次。开设“锦江讲堂”公益讲座82场，组织读者活动107场。向市民赠送期刊、画册、资料2 000余份。创作《后人》《明月几时有》等戏剧、曲艺作品10余件，创作《成都糖画》《中国梦》等作品6件，创作《雪域盟鼓》等舞蹈作品两件，创作糖画、剪纸、摄影等作品30余件。2014年，成功创建为“全国文化先进区”。

安装全民健身路径39条，新建全民健身设施10套。培训三级社会体育指导员280人，举办区级青少年体育赛事10次，指导各社区开展群众性健身活动

150余次，组队参加省、市大型群众体育竞赛活动30余次。成功举办锦江区首届全民健身运动会。

九、城市建设、环境保护

2014年，环卫清扫面积达899万平方米，清运处置生活垃圾2.45亿公斤。发展生活垃圾分类参与用户50 000余户。为主街干道、繁华商业区域安装、更换果屑箱1 256个、垃圾桶400个。综合改造旱厕9座。拆除违法户外广告牌5个，清理道旗、灯杆广告217处，取缔广告布幅115条，拆除违法门楣LED广告屏1 199个、违法标牌183个，拆除违法建设120余处，共37 343平方米。完成二环路沿线4处屋顶绿化和二环路以内零星地块透绿工程任务，改造和新增公共绿地137 697平方米，绿化覆盖率达到44.4%。

加大大气环境综合治理力度。向1 825户居民发放燃煤补贴175.2万元；完成15座加油站的油气回收治理及验收工作；完成秸秆禁烧督查和巡查工作，达到秸秆禁烧零污染的要求。做好水环境综合治理工作。疏通、修复堵塞及破损的污水管道，整改雨污混接点23个，疏通排水管网38 500米。推进"十二五"总量减排工作，完成削减任务。其中化学需氧量1.67%、氨氮3.79%、二氧化硫0.06%、氮氧化物-4.41%。执行环境影响评价制度，审批建设项目98件，审批"三同时"验收项目17件，审批危废转移项目78个，配合省、市环保部门审批项目41个。加大环境信访投诉处理力度，处理环境信访投诉案件366件。6月，通过"国家级生态区"考核验收，成为中国中西部地区首个通过"国家级生态区"考核验收的大城市主城区。8月，锦江区被四川省政府命名为"省级生态区"。

十、人口、人民生活、社会保障

2014年末，锦江区户籍人口49.29万人，常住人口69.53万人，人口自然增长率4.23‰。年末城镇居民人均可支配收入为33 601元，较2013年同比增长8.8%。

城镇新增就业14 756人，农村富余劳动力向非农产业转移新增就业530人，培训城乡劳动者8 889人，城镇登记失业率保持在4%以下，继续保持动态消除零就业家庭态势。

企业职工基本养老保险参保缴费人数达14.22万人，参加城镇职工基本医疗保险人数达19.7万人。实行社会化发放的退休人员达到35 224人，共发放"养老金"65 944.79万元，社会化发放率100%。完成自建农村养老保险并轨工作。

最低生活保障标准由每人每月430元调至每人每月500元。共有"低保人员"2 360户3 126人，累计发放"低保金"1 531.42万元。为"低保对象"解决医疗救助5 099人次，救助金额216.09万元，每年每人平均住院救助额达到1 554.7元。向1 158户重点优抚对象发放"定补金""定抚金"1 000余万元，向296户义务兵家属发放"优待金"500万元。发放"医疗补助金"1 200人次，共200余万元。向5.1万名符合条件的老年人发放40 ~ 60元不等的"居家养老服务券"，金额达到2 813万元。向1.3万名80周岁及以上年龄的老年人发放"长寿金"570余万元。投入老龄事业经费5 387万元。

注释：

1.公报中各项数据为初步统计数据。

2.公报中地区生产总值及增加值指标绝对数按当年价格计算，增长速度按可比价格计算。

3.公报中金融、保险、对外贸易、财政、教育、科技、文化、卫生、体育、城市建设、环境保护、农业生产、人口、社会保障等数据来源于锦江区区级部门。

收　录

APPENDIX

锦江区区级、副区级领导干部任职情况

中共锦江区第六届委员会

书　　记　周思源
副 书 记　陈历章
　　　　　赵　华
常务委员　李大江
　　　　　李永平
　　　　　宋　凯
　　　　　赵万松
　　　　　陈　音
　　　　　诸红举
　　　　　周应铭
　　　　　刘晓博

锦江区第六届人民代表大会常务委员会

主　　任　董　逊
副 主 任　邹　燕
　　　　　张　晶
　　　　　张雪梅（不驻会）
　　　　　郭　辉
　　　　　魏　彬

锦江区第六届政府

区　　长　陈历章（党组书记）
副 区 长　宋　凯
　　　　　诸红举
　　　　　陈　智
　　　　　刘　琳（2014年12月任职）
　　　　　吴文辉
　　　　　林　旭

政协锦江区委员会

主　　席　张　松（党组书记）
副 主 席　杨　鹰
　　　　　刘培新
　　　　　何玉祥
　　　　　赵科峰
　　　　　宋宗铭
　　　　　刘　平

锦江区法院

院　　长　昌荣珍（党组书记）

锦江区检察院

检 察 长　伍　健（党组书记）

锦江区副区级干部、享受副区级待遇干部

副区级干部　何凌云
林　基
副区级待遇干部　王开双
余　平

锦江区各部门、街道、功能区、群众团体、国有公司领导干部任职情况

中共锦江区委员会办公室

主　任　夏　勇（2014年3月任职）
郭　辉（2014年3月离任）
副主任　赵　媛
郑崇高
朱书清
张建明
陆　江（2014年3月任职）
王邦勤（2014年4月任职）
陈雪松（2014年12月离任）
刘卫华（2014年3月离任）
杨　刚（2014年12月离任）

常务委员办公室

主　任　黄　勤

目标督查办公室

主　任　赵　媛
副主任　温常军
魏巍爱（2014年8月离任）

政策研究室

主　任　朱书清
副主任　詹祖建
钟书建（2014年8月离任）

保密委员会、保密办公室、机要局

主　任（局　长）　邓梅君
副主任（副局长）　李江涛
周　波（2014年4月任职）

锦江区人民代表大会常务委员会机关

常务委员办公室

主　　任　王强三
副 主 任　刘宗权
马海山
张　笛
伍文芳

财经办公室

主　　任　魏宇光（2014年12月任职）
王　瑛（2014年12月离任）
副 主 任　付蜀毅
郑　焰

内务司法办公室

主　　任　郑以钢
副 主 任　李成彦

社会事务办公室

主　　任　王　健（2014年5月任职）
副 主 任　陈　文

代表联络办公室

主　　任　张　敏（2014年12月任职）
杨自力（2014年8月离任）
副 主 任　杜远杰
李登杰

信访办公室

主　　任　丁　伟
常务委员　杨小兵

锦江区政府办公室

主　　任　朱　波
副 主 任　赵　媛
郑崇高
龚波龙（2014年3月任职）
杨小明（2014年3月任职）
周方齐
陈雪松（2014年12月离任）
刘卫华（2014年3月离任）

罗仕明（2014年3月离任）

锦江区法制办公室

主　　任　苟旭红

副 主 任　李胜冰

锦江区应急办公室

主　　任　赵红钢

副 主 任　刘家根

锦江区政务服务中心

主　　任　何　灵（2014年11月任职）

曾代寿（2014年11月离任）

副 主 任　曾爱平

锦江区农村土地交易中心

主　　任　罗　文

锦江区地方志编纂委员会办公室

主　　任　朱　烈（2014年12月任职）

张　敏（2014年12月离任）

政协锦江区委员会机关

秘 书 长　黄茂林

副秘书长　黄宏才

常务委员　李小川

办公室

主　　任　黄宏才（2014年3月任职）

副 主 任　高　飞

汪艳菊（2014年4月任职）

向继平（2014年4月离任）

提案委员会

主　　任　诸　明

副 主 任　龚　立

经济委员会

主　　任　高弘明

副 主 任　张晓梅

法治街道委员会

主　　任　彭　琼

财贸和农业委员会

主　　任　向继平

副 主 任　何　蕾

文史和祖国统一联谊委员会

主　　任　高　彦

科教文卫委员会

主　　任　李　青

副 主 任　游丽霞

中共锦江区纪律检查委员会

书　　记　李永平

副 书 记　何江东

魏光和

常务委员　郭　伟

张　进

胡　海

梁　永

办公室

主　　任　赵伯伦

监察综合室

主　　任　左玉兰（2014年11月离任）

案件审理室

主　　任　饶　曦

信访室（案件监督管理室）

主　　任　张　进

党风廉政室

主　　任　吴　杰

干部管理室

主　　任　胡　海

纪检监察室

主　　任　祝　勋

纪 检 员　单　宏

张　林

邝平龙

刘　铁

赖小莉

罗培民（2014年3月任职）

廖　艳（2014年5月任职）

锦江区监察局

局　　长　何江东

副 局 长　张与驰

兰　毅（2014年12月任职）
张治康（2014年12月离任）

锦江区投资软环境投诉和行政效能监督中心

主　　任　朱宏宇（2014年8月离任）

第一纪工委、监察分局

书　记、局　长　沈　汉
副书记、副局长　刘俊梅

第二纪工委、监察分局

书　记、局　长　朱华清
副书记、副局长　刘晓霞

第三纪工委、监察分局

书　记、局　长　李宽军
副书记、副局长　陈代琼

第四纪工委、监察分局

书　记、局　长　张　林
副书记、副局长　郑　蓉

第五纪工委、监察分局

书　记、局　长　邝平龙
副书记、副局长　文　海

派驻锦江区法院纪律检查组

组　长　李春雪

派驻锦江区检察院纪律检查组

组　长　刘　铁

派驻锦江区发改局纪律检查组

组　长　刘晓梅

派驻锦江区教育局纪律检查组

组　长　刘贤莉

派驻锦江区科信局纪律检查组

组　长　龚杨平

派驻锦江区民政局纪律检查组

组　长　赖小莉

派驻锦江区司法局纪律检查组

组　长　梁　英

派驻锦江区人社局纪律检查组

组　长　陈辉先

派驻锦江区建设局纪律检查组

组　长　李文清

派驻锦江区城管局纪律检查组

组　长　雷仁君

派驻锦江区交通局纪律检查组

组　长　况瑞玲

派驻锦江区统筹局纪律检查组

组　长　陈　慧

派驻锦江区商务局纪律检查组

组　长　诸　蕾

派驻锦江区投促局纪律检查组

组　长　赵　怡

派驻锦江区文广新局纪检组

组　长　罗　英

派驻锦江区卫生局纪检组

组　长　罗发全

派驻锦江区旅游局纪律检查组

组　长　何　萍

派驻锦江区危旧房改造中心纪律检查组

组　长　龚仁勇

派驻中央商务区管委会纪律检查组

组　长　李本蓉

派驻创意产业商务区管委会纪律检查组

组　长　何　静

派驻生态商务区管委会纪律检查组

组　长　喻　勇

派驻金融街商务区管委会纪律检查组

组　长　侯　玫

派驻沙河商务区管委会纪律检查组

组　长　黄　勇

派出督院街街道纪律检查工作委员会

书　记　张　鉴

派出盐市口街道纪律检查工作委员会

书　记　刘　华

派出春熙路街道纪律检查工作委员会

书　记　林文莉

派出书院街街道纪律检查工作委员会

书　记　陈　岚

派出合江亭街道纪律检查工作委员会

书　记　徐　敏

派出水井坊街道纪律检查工作委员会

书　记　董小玲

派出牛市口街道纪律检查工作委员会

书　记　杨　萍

派出龙舟路街道纪律检查工作委员会

书　记　周　彬

派出双桂路街道纪律检查工作委员会

书　记　左玉兰（2014年11月任职）

　　　　覃　兵（2014年5月离任）

派出莲新街道纪律检查工作委员会

书　记　张福云

派出沙河街道纪律检查工作委员会

书　记　孟贤凌

派出东光街道纪律检查工作委员会

书　记　黄　利

派出狮子山街道纪律检查工作委员会

书　记　刘建刚

派出成龙路街道纪律检查工作委员会

书　记　罗红云

派出柳江街道纪律检查工作委员会

书　记　贾兴满

派出三圣街道纪律检查工作委员会

书　记　郝　忠

中共锦江区委员会各部、委、室

中共锦江区委员会组织部

部　长　陈　音

副部长　武德箭

　　　　林　红

　　　　王　闯

　　　　周　红（兼）

　　　　温　萍（兼）

　　　　陈　兰（2014年12月离任）

部务委员、组织员　张骁勇（2014年3月任职）

　　　　　　　　　张　萍

　　　　　　　　　罗培民（2014年3月离任）

　　　　　　　　　李光亮（2014年7月离任）

中共锦江区直属机关工作委员会

书　　记　陈　兰（2014年12月离任）

中共锦江区委员会党史研究室

主　　任　李凌云（2014年12月任职）

副 主 任　李凌云（2014年12月离任）

中共锦江区委员会老干部局

局　　长　温　萍

副 局 长　李梓兴

　　　　　邓丽莎

锦江区老干部活动中心

主　　任　方传平

中共锦江区委员会党校

校　　长　陈　音（2014年5月任职）

　　　　　赵　华（2014年5月离任）

锦江区行政学校

校　　长　宋　凯（2014年1月任职）

常务副校长　唐海燕（2014年11月任职）

　　　　　　何　灵（2014年11月离任）

副 校 长　肖光明

　　　　　雷伟春（2014年12月任职）

　　　　　朱　泉（2014年12月离任）

中共锦江区委员会宣传部

部　　长　刘晓博

副 部 长　刘卫华（2014年3月任职）

　　　　　汪　宏

　　　　　文东日（2014年7月离任）

　　　　　蔡承尧（2014年3月离任）

　　　　　张　薇（2014年3月离任）

理论辅导员　马卫东

　　　　　　李于波

锦江区精神文明建设办公室

第一主任　刘卫华（2014年3月任职，

2014年7月离任）

蔡承尧（2014年3月离任）

主　任　刘卫华（2014年7月任职）

文东日（2014年7月离任）

副主任　钟　军

锦江区新闻中心

主　任　汪　宏

副主任　祝　卫（履行职责）

庾　莉

叶　军（2014年7月任职）

锦江区对外宣传办公室

主　任　雷伟春（2014年12月离任）

锦江区网络信息办公室

主　任　张　薇（2014年3月任职）

锦江区互联网宣传中心

主　任　白晓丰

锦江区文化创意产业促进中心

主　任　佟　强

中共锦江区委员会统一战线工作部

部　长　李大江

副部长　许迎春

荣　幸

叶亚东

锦江区民族宗教局

局　长　许迎春（兼）

副局长　刘　燕

锦江区侨台办公室

主　任　段蓓蓓

中共锦江区委员会政法工作委员会

书　记　赵万松

常务副书记　傅德民

副书记　黄晓青

张　力

沙　征

黄忠才（2014年5月任职）

王　健（2014年5月离任）

锦江区社会治安综合治理办公室

（锦江区矛盾纠纷“大调解”协调中心办公室）

主　任　张　力

副主任　卢立新

罗　坤（2014年3月离任）

锦江区防邪办公室

主　任　黄忠才（2014年5月任职）

王　健（2014年5月离任）

副主任　徐樱丹

锦江区维护社会稳定办公室

主　任　黄晓青（兼）

副主任　杨建华

黄忠才（2014年5月离任）

锦江区队伍建设办公室

主　任　李改萍

中共锦江区委员会社会工作委员会

（锦江区社会建设办公室）

书　记（主　任）　刘　彬

副书记（副主任）　文　兵

陈晓阳

锦江区社会管理信息服务中心

主　任　白　桦（挂职）

锦江区信访局

局　长　郑崇高

副局长　程召峰

丁　璐（2014年4月任职）

锦江区信访调处服务中心

主　任　杨　政（2014年4月任职）

丁　璐（2014年4月离任）

中共锦江区委员会机构编制办公室

主　任　周　红

副主任　胡晓宏　吴倚丹

锦江区事业单位登记管理局

局　长　左益民

锦江区法院

院　　长　昌荣珍（党组书记）
副 院 长　杨小琳
　　　　　李　锐
　　　　　周　悦
　　　　　张卫宏

政治处

主　　任　周　路（2014年12月任职）
　　　　　李　可（2014年12月离任）

执行局

局　　长　张卫宏

纪检组

组　　长　李春雪

审判委员会

专职委员　李　娅
　　　　　李　荆

书记官室

主　　任　张冀蓉（2014年12月离任）

锦江区检察院

检 察 长　伍　健（党组书记）
副检察长　余　沙
　　　　　罗　伟
　　　　　魏　明

政治处

主　　任　刘永红（2014年11月任职）
　　　　　何海鹰（2014年11月离任）

反贪局

局　　长　李　直

纪检组

组　　长　刘　铁

检察委员会

专职委员　宣　幢
　　　　　詹　曦（2014年11月任职）
　　　　　申莉萍（2014年4月任职，2014年11月离任）

中国人民解放军锦江区武装部

部　　长　曾祥雕
政治委员　周应铭
副部长　聂小平

锦江区政府工作部门

锦江区发展改革局（锦江区物价局）

局　　长　李　峰（2014年10月挂任遂宁市大英县政府副县长）
党委书记　杨永红（2014年7月任职）
副 局 长　李　忠
　　　　　代红卫
　　　　　吴永红
　　　　　刀　登（挂职，2014年10月离任）
　　　　　常晓鸣（挂职，2014年10月离任）
　　　　　宋林军（挂职，2014年10月离任）

纪检组

组　　长　刘晓梅

锦江区投资项目评审中心

主　　任　王　欣

锦江区教育局

局　　长　吴海乐（2014年3月任职）
　　　　　钟为春（2014年3月离任）
党委书记　苟方文
副 局 长　杨远东（2014年7月任）
　　　　　张　军（2014年4月离任）
　　　　　卢雪梅（2014年12月离任）
　　　　　裴　刚（2014年12月离任）
　　　　　刘麦扎西（挂职，2014年10月离任）

纪检组

组　　长　刘贤莉

督导室

主　　任　张　阳（2014年5月离任）

锦江区科学技术和信息化局（锦江区知识产权局）

局　　长　陈　武

党委书记　洪瑞鹏（2014年5月任职）
副 局 长　周　宇
　　　　　邓庆丽
　　　　　张　斌

纪检组

组　　长　龚杨平

锦江区民政局（锦江区社会组织管理局）

局　　长　贺　涛（2014年12月任职）
　　　　　张　文（2014年3月任职，2014年12月离任）
　　　　　吴海乐（2014年3月离任）
党委书记　任　凯
副 局 长　刘佳丽
　　　　　李静怡
　　　　　罗惠玲

纪检组

组　　长　赖小莉

锦江区老龄办公室

主　　任　杨　帆

成都东郊殡仪馆

馆　　长　谢应生（挂职，2014年12月任职）

锦江区司法局

局　　长　黎仕海
党委书记　邓佳利
副 局 长　张红旗
　　　　　徐建强
纪检组
组　　长　梁　英

锦江区财政局

局　　长　周劲松
副 局 长　张小兵
　　　　　李　瑛
　　　　　郭夏明

锦江区国有资产管理办公室

主　　任　周劲松
副 主 任　常　娟（2014年3月任职）
　　　　　黄宏才（2014年3月离任）
总会计师　郑万喜（2014年7月任职）

锦江区财政局支付中心

主　任　　吴　静

锦江区国有企业监事会

专职监事　王能兴
　　　　　沈定武
　　　　　廖　艳（2014年5月离任）
　　　　　王　凯（2014年5月离任）

锦江区人力资源和社会保障局（锦江区公务员局）

局　　长　武德箭
党委书记　曾代寿（2014年11月任职）
　　　　　文东日（2014年7月任职，2014年11月离任）
副 局 长　杨　芳
　　　　　曾　涛
　　　　　李　平

纪检组

组　　长　陈辉先

锦江区就业局

局　　长　韩兴荣

锦江区社保局

局　　长　杨锦华

锦江区医保局

局　　长　倪雨梅

锦江区军转办公室

主　　任　李　平

锦江区环境保护局

局　　长　朱文飞
副 局 长　周　波
　　　　　邱　蓉
　　　　　徐　洋

锦江区环境监测站

站　　长　胡先云（挂职，2014年7月任职）

锦江区建设局

局　　长　聂　立

党委书记　张才先

副 局 长　张全胜

　　　　　黄伟东

　　　　　纪红艳

　　　　　杨晓松（挂职，2013年10月任职，2014年10月离任）

纪检组

组　　长　李文清

总工程师　侯　嵘（2014年7月任职）

锦江区人民防空办公室

主　　任　张才先（兼）

锦江区房产管理局

局　　长　蔡承尧（2014年3月任职）

　　　　　张　文（2014年3月离任）

党委书记　曹　伟（2014年7月任职）

副 局 长　郑　立（2014年7月任职）

　　　　　左　超

　　　　　曹　伟（2014年7月离任）

锦江区城管局

（锦江区城管执法局、锦江区园林绿化局）

局　　长　黎焰飚

党委书记　覃　兵（2014年5月任职）

　　　　　迟立松（2014年5月离任）

副 局 长　杨　敏

　　　　　曹　江

　　　　　吴成昆

　　　　　刘　虎（兼）

　　　　　易　斌（2014年5月离任）

纪检组

组　　长　雷仁君

锦江区防汛办公室

主　　任　刘　波

锦江区城市管理指挥监督中心

主　　任　龙小玲

锦江区城市管理执法大队

大 队 长　王忠友

锦江区交通局

局　　长　曹代勤

副 局 长　刘　波

　　　　　毕　天

　　　　　吕　侠（2014年7月任职）

　　　　　朱晓川（2014年7月离任）

　　　　　彭康华（挂职，2014年10月离任）

纪检组

组　　长　况瑞玲

锦江区统筹局

局　　长　陈雪松（2014年12月离任）

副 局 长　杨　明

　　　　　李永才

　　　　　荀志强

　　　　　周启忠

纪检组

组　　长　陈　慧

锦江区商务局

局　　长　张卫东

副 局 长　沈　亮

　　　　　丁　旗

　　　　　史　晋

　　　　　李发刚（挂职，2014年12月离任）

纪检组

组　　长　诸　蕾

锦江区供销联社

主　　任　张卫东

副 主 任　沈　亮

　　　　　丁　旗

　　　　　史　晋

　　　　　李发刚（挂职，2014年12月离任）

锦江区金融办公室

主　　任　凌　刚

副主任　刘　昶

锦江区楼宇办公室

主　　任　蔡永瑞

副主任　苟　磊（2014年3月任职）

锦江区投资促进局

局　　长　李　骏

副局长　张建华

　　　　余启敏（2014年6月任职）

纪检组

组　　长　赵　怡

锦江区投资服务中心

主　　任　肖　婷

锦江区投资服务第二中心

主　　任　王　峥

锦江区投资服务第四中心

主　　任　薛　敏

锦江区驻外投资服务中心

主　　任　彭　利

锦江区文化广播电视和新闻出版局

局　　长　王茂林（2014年3月任职）

　　　　陆　江（2014年3月离任）

党委书记　淳　茂

副局长　杨　波

　　　　何　彦

纪检组

组　　长　罗　英

锦江区文化市场综合执法大队

大队长　邱　强

锦江区卫生局

局　　长　谷晓勇

副局长　冯志灵

　　　　冯　涛

　　　　洪瑞鹏（2014年5月离任）

　　　　陈学斌（挂职，2014年10月离任）

纪检组

组　　长　罗发全

锦江区爱国卫生运动办公室

副主任　杨　莉

锦江区疾病控制中心

主　　任　胡文虎

锦江区人口和计划生育局

局　　长　戴雪峰

副局长　杨　晓

　　　　陈　敬

锦江区审计局

局　　长　唐高原（2014年3月任职）

　　　　何凌云（2014年3月离任）

副局长　刘述江

　　　　肖　筠

　　　　李　中

总审计师　李廷斌

锦江区安全生产监督管理局

局　　长　孙　涛

副局长　杜元江

　　　　吴继清

锦江区统计局

局　　长　张官友（2014年3月任职）

　　　　唐高原（2014年3月离任）

副局长　鄢小蓉

　　　　王浩洋

　　　　王　炜

锦江区旅游局

局　　长　许　波

党委书记　何　平

副局长　陈　彤

　　　　成　卓

纪检组

组　　长　何　萍

塔子山公园管理处

主　　任　朱仁和

锦江区食品药品监督管理局

局　　长　万　科（2014年3月任职）

副 局 长　刘晓斌

　　　　　王　磊

锦江区食品药品稽查大队

大队长　　王芝忠

锦江区机关事务管理局

局　　长　潘建华

副 局 长　张　兵

　　　　　陈继志

　　　　　徐　晖（2014年7月任职）

　　　　　李　剑（2014年5月离任）

锦江区采购中心

主　　任　梁淑红

锦江区接待办公室

主　　任　黄　飞

锦江区档案局

局　　长　迟立松（2014年5月任职）

　　　　　廖联清（2014年5月离任）

副 局 长　丁　涛（2014年3月任职）

　　　　　吴彦平

　　　　　杨名凤（2014年3月离任）

锦江区档案馆

馆　　长　迟立松（2014年5月任职）

　　　　　廖联清（2014年5月离任）

副 局 长　丁　涛（2014年3月任职）

　　　　　吴彦平

　　　　　杨名凤（2014年3月离任）

锦江区统一建设办公室

主　　任　鄢　宁

锦江区危旧房改造中心

主　　任　许　亮

党委书记　张　羽

党组副书记　蔡　青

副 主 任　赵　兵

　　　　　梅　静

　　　　　马良红（2014年8月离任）

纪检组

组　　长　龚仁勇

中央商务区管理委员会

主　　任　李　毅

常务副主任　叶时文（2014年3月任职）

　　　　　张官友（2014年3月离任）

副 主 任　袁　刚

　　　　　蒋　利

纪检组

组　　长　李本蓉

中央商务区投资服务中心

主　　任　蒋　熙

创意产业商务区管理委员会

党工委书记　方　宏（2014年12月任职）

　　　　　唐昌明（2014年12月离任）

主　　任　杨　刚（2014年12月任职）

　　　　　方　宏（2014年12月离任）

党工委副书记　杨　刚（2014年12月任职）

　　　　　方　宏（2014年12月离任）

　　　　　段　蓉

副 主 任　宋　英

　　　　　刘静敏

纪检组

组　　长　何　静

生态商务区管理委员会

主　　任　李胜松

常务副主任　肖秀成

副 主 任　吴　畏

彭　超（2014年3月任职）
叶时文（2014年3月离任）

纪检组

组　　长　喻　勇

生态商务区投资服务中心

主　　任　魏荣昌

金融街商务区管理委员会

主　　任　周天伦
常务副主任　张红宇
副 主 任　罗志蓉
汪小林

纪检组

组　　长　侯　玫

金融街商务区投资服务中心

主　　任　杜雪松

国际新城商务区管理委员会

主　　任　朱　俊（2014年8月任职）
常务副主任　刘　毅（2014年8月任职）
副 主 任　黄晓玲（2014年8月任职）
钟书建（2014年8月任职）

纪检组

组　　长　黄　勇（2014年8月任职）

国际新城商务区投资服务中心

主　　任　余　戟（2014年8月任职）

沙河商务商业区管理委员会
（机构更名为国际新城商务区管理委员会）

主　　任　赵　阳（2014年8月离任）
常务副主任　刘　毅（2014年8月离任）
副 主 任　黄晓玲（2014年8月离任）
钟书建（2014年3月任职，2014年8月离任）
张骁勇（2014年3月离任）

纪检组

组　　长　黄　勇（2014年8月离任）

沙河商务区投资服务中心

主　　任　余　戟（2014年8月离任）

街道党工委、办事处

督院街街道辖区

党工委书记　张　竞（2014年5月任职）
王文钢（2014年5月离任）
党工委副书记、办事处主任
侯　滔（2014年6月任职）
张　竞（2014年5月离任）
党工委副书记　张　鉴
徐　波（2014年3月任职）
赵淑芳
刘西荣（2014年3月离任）
纪工委书记　张　鉴
办事处副主任　刘　松（2014年7月任职）
王祥海
侯　滔（2014年6月离任）
街道人武部部长　杨　涛（2014年4月任职）
徐　波（2014年3月离任）
组 织 员　张　泽

盐市口街道辖区

党工委书记　王喜雪（2014年8月任职）
陈永刚（2014年8月离任）
党工委副书记、办事处主任
罗仕明（2014年3月任职）
王茂林（2014年3月离任）
党工委副书记　兰安铭
刘　华
张　璇（2014年3月任职）
赵泽友（2014年3月离任）
纪工委书记　刘　华
办事处副主任　赖　兵
张光勇
街道人武部部长　郭　忠
组 织 员　赵庆华

春熙路街道辖区

党工委书记　张　文（2014年12月任职）
　　　　　　李　争（2014年12月离任）
党工委副书记、办事处主任
　　　　　　付尤宏（2014年3月任职）
　　　　　　龚波龙（2014年3月离任）
党工委副书记　黄　勇（2014年3月任职）
　　　　　　易　斌（2014年5月任职）
　　　　　　林文莉
　　　　　　付尤宏（2014年3月离任）
纪工委书记　林文莉
办事处副主任　段开碧
　　　　　　王　文
　　　　　　杨　书（挂职，2014年12月离任）
街道人武部部长　李志国（2014年4月任职）
　　　　　　黄　勇（2014年3月离任）
组　织　员　陈　磊

书院街街道辖区

党工委书记　辜金山
党工委副书记、办事处主任　张　轶
党工委副书记　陈　岚
　　　　　　刘丽玲
　　　　　　王洪伟
纪工委书记　陈　岚
办事处副主任　冉茂新
　　　　　　向　东
街道人武部部长　朱仁义
组　织　员　张继华

合江亭街道辖区

党工委书记　陈彩云
党工委副书记、办事处主任
　　　　　　李　强（2014年8月任职）
　　　　　　王喜雪（2014年8月离任）
党工委副书记　陶　涛
　　　　　　叶志伟
　　　　　　徐　敏
纪工委书记　徐　敏
办事处副主任　李　琰
　　　　　　胡晓东（2014年7月任职）
　　　　　　郑　立（2014年7月任职）
街道人武部部长　于　健
组　织　员　刘小芳

水井坊街道辖区

党工委书记　张红星（2014年12月任职）
　　　　　　朱　烈（2014年12月离任）
党工委副书记、办事处主任　邱　洪
党工委副书记　苏廷刚
　　　　　　付贤柱
　　　　　　董小玲
纪工委书记　董小玲
办事处副主任　王延松
　　　　　　刘志伟
街道人武部部长　杨云康
组　织　员　李承才

牛市口街道辖区

党工委书记　唐昌明（2014年12月任职）
　　　　　　贺　涛（2014年12月离任）
党工委副书记、办事处主任
　　　　　　魏巍爱（2014年8月任职）
　　　　　　李　勇（2014年8月离任）
党工委副书记　姚　尧（2014年8月任职）
　　　　　　魏鹏飞
　　　　　　杨　萍
　　　　　　周全文（2014年8月离任）
纪工委书记　杨　萍
办事处副主任　欧　萍
　　　　　　杨振英（2014年8月任职）
　　　　　　鲜智凯（2014年8月离任）
街道人武部部长　何　锐
组　织　员　梁益莉（2014年3月任职）
　　　　　　周　兵（2014年3月离任）

龙舟路街道辖区

党工委书记　蒋卫权（2014年3月任职）
荣　海（2014年3月离任）
党工委副书记、办事处主任　钟　伟
党工委副书记　罗传明
张治康（2014年12月任职）
周　彬
陈　霖（2014年12月离任）
纪工委书记　周　彬
办事处副主任　李颜延
黄　明（2014年3月任职）
王　成（2014年3月离任）
街道人武部部长　常建平
组　织　员　谭晓麟

双桂路街道辖区

党工委书记　伍　华
党工委副书记、办事处主任
岳　雄（2014年5月任职）
王邦勤（2014年4月离任）
党工委副书记　陈　霖（2014年12月任职）
左玉兰（2014年11月任职）
李光亮（2014年7月任职）
李　强（2014年8月离任）
岳　雄（2014年5月离任）
覃　兵（2014年5月离任）
纪工委书记　左玉兰（2014年11月任职）
覃　兵（2014年5月离任）
办事处副主任　夏桂荣
姚艳洪
贺文军（挂职，2014年12月离任）
街道人武部部长　王　峰
组　织　员　王艳莉（2014年3月任职）

莲新街道辖区

党工委书记　唐　勇
党工委副书记、办事处主任　伍　勇
党工委副书记　冯　涛
张福云
周　兵（2014年3月任职）
贺　鹏（2014年3月离任）
纪工委书记　张福云
办事处副主任　冯　定
王　敏
刘永国（2014年4月离任）
李　睿（挂职，2014年12月离任）
街道人武部部长　甘泽华（2014年4月任职）
组　织　员　廖秀学

沙河街道辖区

党工委书记　文东日（2014年11月任职）
朱　俊（2014年8月离任）
党工委副书记、办事处主任　文　军
党工委副书记　彭　涛
唐　隽
孟贤凌
纪工委书记　孟贤凌
办事处副主任　张爱萍
陈静萍
街道人武部部长　罗　勇
组　织　员　宋　军

东光街道辖区

党工委书记　李小松（2014年12月任职）
张红星（2014年12月离任）
党工委副书记、办事处主任
李小松（2014年12月离任）
党工委副书记　常　庆
黄　利
王春喜
纪工委书记　黄　利
办事处副主任　黄　丽
张昌文
街道人武部部长　曾　毅
组　织　员　郭　健

狮子山街道辖区

党工委书记　兰华娟

党工委副书记、办事处主任

罗　坤（2014年3月任职）

蒋卫权（2014年3月离任）

党工委副书记　刘建刚

郝　斓

余　姣（2014年3月任职）

丁　涛（2014年3月离任）

纪工委书记　刘建刚

办事处副主任　吴正茂

何婉霞

街道人武部部长　周　俊

组织员　彭珊闽（2014年3月任职）

余　姣（2014年3月离任）

成龙路街道辖区

党工委书记　张永平

党工委副书记、代理党工委书记　叶云虎

党工委副书记、办事处主任　李亚娟

党工委副书记　宋定江

冯　惠（2014年5月任职）

罗红云

纪工委书记　罗红云

办事处副主任　田　东

钟世春

周择林

张旭东

街道人武部部长　冯　惠

组织员　赖文智

柳江街道辖区

党工委书记　陈雪松（2014年12月任职）

董　涛（2014年12月离任）

党工委副书记、办事处主任　周　杰

党工委副书记　林云秀

陈　林

贾兴满

纪工委书记　贾兴满

办事处副主任　文铁毅

王植平

杨　洪

曾文安

街道人武部部长　陈友全

组织员　彭　川

三圣街道辖区

党工委书记　皮红跃（2014年3月任职）

夏　勇（2014年3月离任）

党工委副书记、办事处主任

肖福明（2014年3月任职）

皮红跃（2014年3月离任）

党工委副书记　郝　忠

刘观辉（2013年5月任职）

肖福明（2014年3月离任）

纪工委书记　郝　忠

办事处副主任　包贵云

张龙刚

李华珍

张慧英（2014年5月任职）

梁　恒（挂职，2014年12月离任）

街道人武部部长　朱　军

组织员　张艳玲

三圣花乡景区管理局

局长　肖福明（2014年3月任职）

皮红跃（2014年3月离任）

常务副局长　冉　卫

副局长　王　辉

群团组织

锦江区总工会

主席　陈　音

党组书记、副主席　魏宇光

副主席　李　瑛

李怡菁

共青团锦江区委员会

书　记　彭华苹

副书记　乐兆峰

　　　　陈　莹

　　　　林渠丰（挂职，2014年7月任职）

锦江区妇女联合会

主　席　石　琳

副主席　李婷菡

　　　　董　均

锦江区科学技术协会

党组书记、副主席　刘淑蕙

主　席（不驻会）　宋兴荣

副主席　郭鲜明

锦江区工商业联合会

党组书记、副会长　荣　幸

会　长　文　华

副会长　刘世英

秘书长　毛运涛

锦江区归国华侨联合会

主　席（不驻会）　王司林

党组书记　蒋　芸

副主席　朱　泉（2014年12月任职）

　　　　雷丽萍（2014年12月离任）

锦江区残疾人联合会

理事长　陈　兰（2014年12月任职）

　　　　唐海燕（2014年11月离任）

副理事长　龚晓兰

　　　　　曾　阳

锦江区红十字会

党组书记、常务副会长　倪　克

副会长　王宝玉

锦江区文学艺术界联合会

主　席　蔡承尧（兼，2014年3月离任）

常务副主席　唐　静（2014年12月任职）

　　　　　　张添文（2014年12月离任）

副主席　钱　磊（兼）

锦江区社会科学界联合会

主　席　张添文（2014年12月任职）

　　　　汪　宏（2014年12月离任）

副主席　唐　静（2014年12月离任）

锦江区台湾同胞联谊会

常务副会长　段蓓蓓

国有公司

中锦建设投资有限责任公司

总经理　刘　松（履行职责）

兴锦城市建设投资有限责任公司

董事长　周　忠

兴锦现代农业投资有限责任公司

董事长　廖　宁（挂职）

总经理　李　剑（履行职责）

兴锦教育投资发展有限责任公司

董事长　刘　移

锦都工业建设投资有限责任公司

董事长　黄　安（履行职责）

成都市锦江城乡发展投资有限责任公司

董事长　黄　安（挂职）

总经理　廖　宁（挂职）

恒锦旧城改造投资建设有限责任公司

董事长　叶敬杨

锦江区中小企业信用担保有限责任公司

董事长　居　垠

锦金区域发展投资有限责任公司

董事长　黄　安（履行职责）

百年春熙建设投资有限责任公司

董事长　周　忠

总经理　曾　武

东大街金融建设投资股份有限责任公司

常务副总经理　凌　刚（挂职锻炼）

锦江区2012-2014年政府集中采购目录及采购限额标准

一、政府集中采购机构采购目录

序　号	品目名称	备　注
A、货物类		
A030101	电视机★	
A03010501	摄像机	包括摄录一体机
A03010502	照相机及镜头	单台或批量3 000元以上
A030106	空调	各类空调(包括除湿设备)
A030201	计算机	包括台式机、笔记本电脑、计算机显示屏、工作站
A03020103	服务器	
A030203	打印机	
A030204	复印机	
A030205	速印机	
A030206	多功能一体机	含传真机
A030210	投影仪	含数码实物展台
A030211	扫描仪	
A030213	UPS电源系统★	含电池
A030298	信息化集成及网络建设	10万元以上(含10万元)
A030301	家具	5 000元以上(含5 000元)
A090401	路由器★	
A090402	交换机★	
A090404	防火墙	
A090407	大容量存储设备★	磁带库、磁盘阵列等
A0927	电梯	
A0929	锅炉★	供暖供热锅炉
A1001	汽车	各类轿车、越野车、客车、卡车、专用汽车
A100106	摩托车★	
B、工程类		
B09	房屋修缮和装饰工程	10万元以上200万元以下(含10万元不含200万元)
C、服务类		
C01	印刷	20 000元以上(含20 000元)
C03	通用软件	50 000元以上(含50 000元)
C0301	专用成品软件、本部门或本单位信息管理系统开发与维护(含二次开发)	50 000元以上(含50 000元)
C0701	车辆保险	定点
C0702	车辆加油	定点
C0703	车辆维修	定点
C10	物业管理	50 000元以上(含50 000元)
C11	社区公共卫生服务	50 000元以上(含50 000元)
C12	公共就业服务	50 000元以上(含50 000元)
C13	社会保障服务	50 000元以上(含50 000元)
C14	社区法律服务	50 000元以上(含50 000元)
C15	公共文化服务	50 000元以上(含50 000元)
C16	社区养老服务	50 000元以上(含50 000元)
C17	公共设施维护	50 000元以上(含50 000元)
C18	环境卫生及环境维护	50 000元以上(含50 000元)
C98	其他公共服务	50 000元以上(含50 000元)
D、专用设备类(区级单位采购单项预算50 000元或批量10万元以上)		
D0601	救灾物资	
D0602	防汛物资	
D0603	抗旱物资	
D0604	农用物资	
D0605	储备物资	
D0708	制服	
D0901	通信设备	电话通信设备、其他通信设备
D0902	印刷设备	
D0903	照排设备	
D0906	医疗设备、器械	
D0907	计划生育设备	
D0908	交通管理监控设备	
D0913	消防设备	
D0914	道路清扫设备	
D0915	警用设备和用品	
D0918	档案保密设备	

序　号	品目名称	备　注
D0919	教学设备	
D0920	实验室设备	包括科研仪器、检验检测仪器和设备
D0921	广播电视、影像设备	
D0922	灯光及音响设备	
D0924	体育设备	
D0925	地震设备	
D0938	气象设备	
D1031	环境监测设备	
D1032	质量监测设备	
注：目录中“*”表示区级单位采购单项预算50 000元或批量10万元以上的项目		

二、政府采购限额标准

政府集中采购目录以外，项目预算总额在20万元以上（不含20万元）的货物类和服务类项目以及项目预算总额在50万元以上（不含50万元）的工程类项目，必须实行政府采购，原则上委托政府集中采购机构（区采购中心）采购。

三、政府采购公开招标数额标准

政府采购货物类（交通工具除外）和服务类的项目单项或批量采购预算金额达到50万元以上、工程类项目达到200万元以上的应公开招标。

四、实施要求

（一）凡是使用财政性资金采购集中采购目录以内的或者采购限额标准以上的货物、工程和服务的项目必须由政府集中采购机构（区采购中心）采购。采购项目有特殊规定的应经区采购中心审核后按规定采购。

（二）采购人应根据本目录编制年度政府采购预算，作为政府采购计划申请的编制依据，并严格依照批复的政府采购预算实施。当年未编制政府采购预算的原则上不予采购。因特殊情况确需采购的必须报区政府批准后执行。

（三）政府集中采购机构（区采购中心）原则上按季对通用货物类项目实施集中采购。采购人因特殊情况需紧急采购的项目，采购中心应按政府采购的相关规定从快办理。专用设备类采购项目由区采购中心牵头，会同采购人组织实施。凡达到公开招标数额标准的采购项目应委托代理机构招标。政府集中采购机构（区采购中心）原则上应接受采购人委托的采购项目不得将代理的政府采购业务转社会代理机构进行采购。

（四）凡采购预算金额达到100万元以上（含100万元）的采购项目应在具备声像监控条件和全方位监控系统的场所进行，监督记录的声像资料应予保存备查。

（五）凡达到公开招标数额标准以上的政府采购项目信息必须予以公告。《中国财经报》《中国政府采购》以及中国政府采购网站（http//www.ccgp.gov.cn）是财政部指定的政府采购公告媒体，政府采购信息首先应当在上述媒体或其中之一上予以公告，也可在四川政府采购网（http//www.sczfcg.com）上公告。文字媒体和网络媒体上公告的内容必须一致。

（六）采购人采购纳入政府采购预算的工程建设项目应按照工程建设项目相关规定采购，达到公开招标数额标准的政府采购工程建设项目应委托具有工程招标代理资质的政府采购代理机构代理招标。有关行政监管部门依法在各自的职责范围内对工程建设项目的采购实施监管。

（七）采购人和采购代理机构应认真贯彻落实国家有关购买国货、节能环保产品等方面的政策，在政府采购评审标准和方法等方面充分体现对绿色环保、节能产品的支持。采购进口产品的应按照政府采购进口产品相关规定执行。采购中应按照采购成本与使用成本相结合的原则，充分考虑产品的全寿命使用成本。

（八）采购人应认真贯彻《成都市锦江区人民政府转发市政府关于建立政府购买社会组织服务制度意见》的精神，加快政府购买社会组织服务的推进步伐，依法组织公共服务采购，促进公共资源配置优化，提升政府公共服务水平。

（九）按照《政府采购法》的规定，锦江区区监察局、锦江区财政局、锦江区审计局等监督管理部门依法履行对政府采购行为的监督管理职责，加强对全区政府采购活动及集中采购机构的监督检查。锦江区财政局按月将政府采购信息向社会公布。

锦江区2014年度友好往来的区（市）县名单

序号	名称	电话	传真	备注
1	北京市东城区	（010）64032061	64058466	
2	上海市黄埔区	（021）63215150转12805（12809）	63212407	
3	天津市和平区	（022）27110329	27118062	
4	南京市白下区	（025）84556003	84556004	
5	徐州市鼓楼区	（0516）7636302	7636997	
6	常州市天宁区	（0519）6645414		
7	无锡市崇安区	（0510）2831359	2831739	
8	杭州市上城区	（0571）87823412	87078361	
9	太原市北城区	（0351）3082369	3045665	
10	温州市鹿城区	（0577）88223321	88211644	
11	贵阳市云岩区	（0851）6679351	6679332	
12	武汉市江汉区	（027）85481673	85481667	
13	广州市越秀区	（020）83372300		
14	深圳市罗湖区	（0755）25666151	25666173	
15	福州市鼓楼区	（0591）87550564		
16	福州市台江区	（0591）83286174		
17	厦门市思明区	（0592）2667003	2667000	
18	三明市三元区	（0598）8320231	8318532	
19	西安市长安区	（029）85291784	85292538	
20	西安市碑林区	（029）85350173	85350173	
21	昆明市五华区	（0871）3634753	3626742	
22	哈尔滨市道里区	（0451）84501704	84531263	
23	哈尔滨市道外区	（0451）88985296	88986158	原哈尔滨市太平区
24	长沙市东区	（0731）4683092		
25	衡阳市石鼓区	（0734）8242881	8212324	原衡阳市城北区
26	桂林市象山区	（0773）3834416	3820546	
27	南宁市新城区	（0771）5871130	5872724	
28	柳州市城中区	（0772）2824191	2824191	
29	石家庄市桥西区	（0311）3031131	3051729	
30	邢台市桥西区	（0319）2023591	2052487	
31	南昌市青云谱区	（0791）5231693	5231693	
32	济南市历下区	（0531）8580908	8580908	
33	大连市中山区	（0411）82639746	82639746	
34	沈阳市和平区	（024）22829449	22829434	
35	长春市二道区	（0431）4643181	4643181	
36	合肥市庐阳区	（0551）5699909	5699917	原合肥市市中区
37	西宁市城西区	（0971）6102590	6145235	
38	郑州市二七区	（0371）68988299	68988036	
39	乌鲁木齐市水磨沟区	（0991）4684310	4684307	

续表：锦江区2014年度友好往来的区（市）县名单

序号	名称	电话	传真	备注
40	包头市东河区	(0472) 4366905	4144914	
41	兰州市七里河区	(0931) 2665676	2660977	
42	宁波市海曙区	(0574) 87295459	87295459	
43	重庆市渝中区	(023) 63847265	63841357	
44	自贡市贡井区	(0813) 3301771	3301771	
45	乐山市市中区	(0833) 2133425	2120609	
46	宜宾市翠屏区	(0831) 8223789		
47	德阳市市中区	(0838) 2202750	2201183	
48	绵阳市涪城区	(0816) 2263021	2267709	
49	新津县	82522019	82521174	
50	金堂县	84921655	84921661	
51	崇州市	82272191	82206733	
52	温江区	82722991	82740873	
53	蒲江县	88522340	88522794	
54	邛崃市	88791791	88791791	
55	新都区	83972220	83972614	
56	双流县	85822133	85822811	
57	郫县县	87862062	87862011	
58	大邑县	88222027	88222741	
59	眉山市东坡区	(0833) 8221300	8221155	原眉山县
60	都江堰市	87132494	87121472	
61	龙泉驿区	84853061	84860672	
62	青白江区	83302883	83301305	
63	武侯区	85557466	85567149	
64	成华区	84344909	84318832	
65	金牛区	87705825	87705826	
66	青羊区	86266039	86266039	
67	高新区管委会	85184155	85184066	
68	遂宁市船山区	(0825) 2224737	2222550	
69	宝鸡市金台区			
70	眉山市洪雅县			
71	乐山市金口河区			
72	南京市鼓楼区			
73	沈阳苏家屯区			
74	昆明市呈贡新区			
75	南通市通州区			
76	保山市腾冲县			

备注：共76个友好区县

锦江区2014年街巷名录

序号	道路名称	长度（米）	宽度（米）	起　点	止　点
1	锦兴路	750	18	红星路四段东口	新光华街
2	大塘坎街	200	8	滨江西路南口	锦兴路北口
3	东府街	100	12	大塘坎街东口	南府街西口
4	前卫街	200	7	南起锦兴路	北至单位宿舍楼
5	南府街	200	12	东府街东口	盐道街西口
6	东大街城守东大街段	425	20	红星路四段东口	走马街西口
7	横丁字街	100	9	南府街南口	锦兴路北口
8	新开街	200	12	南府街南口	锦兴路北口
9	中莲池横街	100	4	锦兴路南口	
10	老半边街	70	6	新半边街南口	督院街北口
11	走马街	415	12	督院街南口	城守东大街北口
12	督院街	240	10	红星路四段东口	走马街西口
13	光大巷	350	2	红星路四段东口	向荣桥街西口
14	西龙须巷	60	2	光大巷南口	督院街北口
15	飞龙巷	100	4	南府街南口	拆迁工地
16	盐道街	200	12	西起指挥街街口	东至新开街街口
17	人南二段	430	35	南起滨江中路路口	北至新光华街街口
18	指挥街	230	12	西起盐道街街口	东至烟袋巷巷口
19	新光华街	435	45	西起红照壁街街口	东至大业路
20	烟袋巷	120	18	南起西丁字街街口	北至新光华街街口
21	西丁字街	160	7	西起烟袋巷巷口	东至新开街街口
22	向阳街	150	4.7	西起大业路路口	东至青石桥中街街口
23	青石桥中街	85	12.5	南起新半边街街口	北至卧龙桥街街口
24	古卧龙桥街	160	13.5	西起大业路路口	东至学道街街口
25	学道街	510	13.5	西起青石桥中街街口	东至走马街街口
26	老古巷	165	5.4	北起学道街街口	南至新半边街街口
27	新半边街	270	5.2	西起青石桥中街街口	东至老半边街街口
28	向荣桥街	110	7	东起新半边街街口	西至锦兴路路口
29	青石桥南街	150	15	南起锦兴路路口	北至新半边街街口
30	东丁字街	130	5.6	西起新开街路路口	东至横丁字街街口
31	安居巷	100	6	南起西丁字街路路口	
32	滨江中路	759	24	东起新南门大桥	西至锦江大桥
33	滨江西路	759	24	东起锦江大桥	西至老南门大桥
34	人民南路二段	520	36	北起川信大厦	南至锦江宾馆
35	红照壁街	130	27	东起川信大厦	西至上南大街街口
36	南大街	790	28	北起上南大街27号	南至下南大街39号
37	纯化街				

续表：锦江区2014年街巷名录

序号	道路名称	长度（米）	宽度（米）	起　点	止　点
38	东桂街	50	5	西起南大街	
39	金字街				
40	顺城大街	446.6	39	北起大有巷东口	南至上东大街西口
41	人民东路	150	25	东起总府路西口	西至东华门街
42	总府路	462.4	36.6	东起北新街北口	西至下西顺城街街口
43	青年路	250	20.5	西起顺城大街	东至暑袜中、南街交会口
44	交通路	112.6	9	南起东大街上东大街段	北至青年路
45	东华门街	219	14.1	南起人民东路	北至大有巷西口
46	东华正街	150	9.2	东起顺城大街	西至东华门街
47	暑袜中街	200	12.1	南起暑袜南街	北至总府路
48	暑袜南街	112.6	12.6	北起暑袜中街	南至东大街上东大街段
49	东大街上东大街段	1 014.6	32	西起顺城大街、大业路交会口	东至南新街
50	三圣祠街	100	5.1	东起北、中新街交会口	西至暑袜中街
51	大有巷	150	3.3	东起顺城大街	西至东华门街
52	西沟头巷	129	8	南起总府路	北至提督街
53	横九龙巷	60	7.6	南起青年路	北至总府路
54	南沟头巷	106	5	北起总府路	南折东至暑袜中街
55	青年里	100	7	北起总府路	南至青年路
56	顺城大街	280	39	北起人民东路路口	南至染房街东口
57	大业路	325	31	北起染坊街东口	南至新光华街东口
58	人民东路	295	25	东起顺城大街	西至天府广场东单行道北口
59	人民南路一段	170	48	北起东御街西口	南至梨花街西口
60	梨花街	427	12	东起大业路	西至人民南路一段
61	光华街	220	4	北起梨花街	南至新光华街
62	东御街	427	14	东起顺城大街	西至人民南路一段
63	染房街	427	7	东起大业路	西至人民南路一段
64	宾隆街	167	17	北起人民东路	南至东御街
65	宾隆巷	167	19	北起人民东路西口	南至东御街
66	青石桥北街	175	11	南起学道街西口	北至东大街上东大街段
67	红星路三段	600	50	北起总府路	南至城守东大街
68	春熙路北段	400	25	北起总府路	南至春熙路南段
69	春熙路南段	130	19	北起春熙路北段	南至上东大街
70	春熙路西段	268	20	东起联升巷	西至暑袜街
71	春熙路东段	330	20	东起大科甲巷	西至春熙路北段
72	城守街	300	4.5	南起城守东大街	北至正科甲巷
73	中新横街	90	8	西起中新街	东至新街后巷子
74	北新街	100	11	南起中新街	北至总府路
75	无名巷	30	1.5	西起北新街	东至新街后巷子

续表：锦江区2014年街巷名录

序号	道路名称	长度（米）	宽度（米）	起点	止点
76	中新街	200	11	南起南新街	北至北新街
77	南新街	38	18	南起上东大街	北至中新街
78	联升巷	300	7.5	东起红星路三段	西至春熙路南段
79	大科甲巷	120	10	东起红星路三段	西至春熙路东段
80	小科甲巷	120	8	东起红星路三段	西至正科甲巷
81	正科甲巷	400	8	南起春熙路东段	北至总府路
82	锦华馆	30	5	东起正科甲巷	西至春熙路北段
83	新街后巷子	95	16	西起新街后巷子	东至春熙路北段
84	岳府街	230	20	西起暑袜北一街	东至隆兴街
85	暑袜北一街	300	15	南起华兴上街	北至岳府街
86	三倒拐街	160	5	东起隆兴街	北至岳府街
87	慈惠堂街	150	9	西起隆兴街	东至梓潼桥正街
88	布后街	120	9	东起红星路二段	西至双栅子街
89	梓潼桥西街	150	9	东起梓潼桥正街	西至纯阳观街
90	梓潼桥正街	176	9	北起布后街	南至华兴东街
91	福兴街	150	9	南起总府路	北至华兴东街
92	华兴上街	150	8	东起华兴正街	西至暑袜北二街
93	华兴正街	150	8	东起福兴街	西至华兴上街
94	华兴东街	150	9	东起红星路二段	西至福兴街
95	暑袜北二街	150	15	南起总府路	北至华兴上街
96	纯阳观街	150	10	南起华兴上街	北至慈惠堂街
97	永兴巷	150	15	东起纯阳观街	西至暑袜北二街
98	悦来巷	90	3	南起华兴正街	北至梓潼桥西街
99	新集场	70	2	南起商业场	北至华兴正街
100	红星路二段	790	40	南起布后街	北至玉沙路
101	双栅子街	150	8	南起慈惠堂街	北至和平街
102	隆兴街	100	10	南起慈惠堂街	北至岳府街
103	冻青树街	120	10	南起岳府街	北至东玉龙街
104	岳府街	280	15	东起红星路二段	西至暑袜北一街
105	和平街	150	10	东起桂王桥南街	西至竹林巷
106	燕鲁公所街	120	6	西起双栅子街	东至红星路二段
107	桂王桥南街	100	10	南起和平街	北至桂王桥东街
108	桂王桥东街	120	10	东起红星路二段	北至桂王桥南街
109	桂王桥北街	120	10	南起桂王桥东街	北至玉沙路
110	桂王桥西街	150	10	东起桂王桥南街	西至竹林巷
111	东玉龙街	120	10	东起竹林巷	西至冻青树街
112	竹林巷	150	10	南起岳府街	北至东玉龙街
113	东安北路	540	20	新华桥	武成门桥

续表：锦江区2014年街巷名录

序号	道路名称	长度（米）	宽度（米）	起　点	止　点
114	中道街	770	12	武成大街	东安北路、东较场街街口
115	天涯石北街	380	12	武成大街	中道街
116	四圣祠北街	370	12	武成大街	落虹桥街与中道街街口
117	东较场	140	20	三槐树路	落虹桥街与中道街街口
118	庆云北街	210	20	三槐树路	庆云西街与中道街街口
119	落虹桥	210	20	庆云南街与庆云北街口	庆云西街与落虹桥街街口
120	庆云西街	230	20	红星路二段	东较场街与四圣祠北街街口
121	庆云南街	305	20	武成大街	庆云北街与庆云南街街口
122	东新街	210	12	三槐树路	庆云西街
123	三槐树路	795	32	新华桥	红星路二段
124	武成大街	710	32	武成门桥	红星路二段
125	东安北左街	270	10	东安北路	东安北路
126	红星路一段	747	32	红星桥	红星立交桥
127	华星路	1 200	13	红星桥	新华桥
128	东较场街	1 000	13	三槐树路口	华星路路口
129	东城拐下街	400	10		
130	昭忠祠街	400	10		
131	五昭路	300	7		
132	玉皇观街	260	10		
133	城隍庙街	140	10		
134	五世同堂街	300	11		
135	爵版街	100	5	如是庵街	干槐树街
136	如是庵街	80	10	书院西街	藩库街
137	藩库街	80	10	如是庵街	红星路二段
138	穿巷子	100	5	大慈寺路	如是庵街
139	东安南路	460	20	东安南路1幢	水东门大桥
140	书院南街	152	18	大慈寺路锦江区政府路口	书院西街8号
141	福字街	220	10	望福街	书院西街
142	望福街	50	10	东安南路1幢	福字街
143	东顺城中街	100	8	大慈寺路	福字街
144	书院东街	100	6	福字街	书院南街
145	北顺城街	320	10	福字街口	天涯石东街口
146	东安南路	380	20	望福街口	武成大街街口
147	天涯石南街	195	11	福字街86号附2号	天涯石南街47号
148	天涯石东街	130	9	天涯石北街4号（许博士）	天涯石东街8号附10号
149	天涯石西街	60	10	天涯石西街1号	天涯石西街49号
150	水东门街	86	8	水东门街2号（娇子苑）	水东门街43号（武成大街街口）
151	四圣祠南街	84	9	四圣祠南街8号附1号	四川圣祠南街21号

续表：锦江区2014年街巷名录

序号	道路名称	长度（米）	宽度（米）	起　点	止　点
152	惜字宫南街	185	20	惜字宫南街79号	惜字宫南街5号
153	书院西街	95	20	书院西街8号	书院西街75号
154	干槐树街	175	12	干槐树街2号	干槐树街10号
155	毛家拐街	200	6	书院南街	福字街
156	东大街下东大街段	200	60	下东大街（红星路四段）	三圣街
157	红星路四段	1 200	30	红星路四段（滨江路路口）	王家坝
158	滨江东路	200	30	滨江东路（下莲池街街口）	红星路四段
159	东升街	255	8	东升街口（红星路四段）	三圣街
160	三圣街	225	6	三圣街（下东大街）	三圣街（东升段）
161	王家坝街	260	8	王家坝（耿家巷巷口）	铜井巷
162	龙王庙正街	530	8	红星路四段（龙王庙正街）	龙王庙正街（耿家巷）
163	下莲池街	200	8	王家坝街	滨江东路（下莲池街）
164	耿家巷	130	8	耿家巷（下莲池街街口）	东升街街口（下莲池街街口）
165	王家坝街	16	8	王家坝（下莲池街街口）	铜井巷
166	铜井巷	150	6	龙王庙正街	下莲池街
167	天仙桥南路	600	14.4	东门大桥西	合江亭
168	滨江东路	540	13.2	合江亭	下莲池街南口
169	下莲池街	276	12	滨江东路南口	耿家巷南口
170	三圣街	192	6.6	耿家巷北口	下东大街
171	清安街	230	9	下东大街	青莲上街北口
172	青莲上街	410	10.4	清安街南口	滨江东路
173	红石柱正街	40	6	红石柱横街东口	单位宿舍
174	红石柱横街	33	9.4	红石柱正街北口	镋钯街南口
175	镋钯街	400		红石柱横街东口	天仙桥南路
176	红布正街	160	6.1	义学巷	磨房街
177	磨房街	190	6.2	下东大街	镋钯街
178	大安正街	100	7	天仙桥南路	青莲上街
179	大川巷	110	9.3	天仙桥南路	青莲上街
180	义学巷	240	9	下东大街	镋钯街
181	东南里	200	6.9	滨江东路	成都市第七中学育才学校学道街分校
182	崇德里	85	1.6	镋钯街与红石柱横街交会口	居民院落
183	耿家巷	100	12	下莲池40号	三圣街南口
184	大慈寺路	580	35.2	东风大桥	红星路三段北口
185	天仙桥北路	380	14.2	大慈寺路路口	下东大街街口
186	天仙桥滨河路	420	6	东风大桥	东风大桥
187	东顺城中街	180	2.2	东顺城南街街口	玉成街街口
188	南纱帽街	230	12.2	东大街街口	北糠市街街口
189	北纱帽街	245	12.2	北纱帽街街口	大慈寺路路口

续表：锦江区2014年街巷名录

序号	道路名称	长度（米）	宽度（米）	起 点	止 点
190	油篓街	210	9.6	下东大街	东糠市街街口
191	东糠市街	210	6.5	油篓街街口	南糠市街街口
192	南糠市街	220	6	下东大街	东糠市街街口
193	北糠市街	220	6	南纱帽街街口	南糠市街街口
194	东锦江街	150	9.6	红星路三段	南纱帽街街口
195	玉成街	300		大慈寺路路口	玉成街
196	火巷子	130	6.3	东顺城南街	天仙桥北路
197	马家巷				
198	章华里				
199	江南馆				
200	滨江东路	340	10	东起九眼桥	西至合江桥
201	东大街牛王庙段	230	25	西起紫东楼段	东至一环路路口
202	东大街紫东楼段	120	25	西起芷泉段	东至牛王庙段
203	东大街芷泉段	270	25	西起东门大桥	东至紫东楼段
204	星桥街	80	5	东起水井坊牌坊	西至金泉街
205	金泉街	130	5	东起星桥街	西至双槐树街
206	双槐树街	70	5	东起金泉街	西至水井街
207	水井街	150	5	东起双槐树街	西至水津街
208	水津街	340	5	南起滨江东路	北至东大街东门大桥
209	年丰巷	150	8	北起年丰巷45号	南至年丰巷53号
210	青和里北段	130	5	东起青和里北段1号	西至青和里北段10号
211	青和里南段	200	3	西起青龙横街37号	东至青和里南段98号
212	青龙正街	230	7	南起双槐树街	北至香巷子
213	青龙横街（环形）	150	6	青龙横街37号	青龙横街37号
214	香巷子	200	14	南起水井街	北至东大街
215	锦官驿街（环形）	280	8	滨江东路	滨江东路
216	莲花池街	60	2.5	南起星桥街	北至青和里南段98号
217	存古巷	50	2	北起金泉街街口	南至锦官驿街
218	东风路	700	35	西起东风大桥	东至水碾河
219	均隆滨河路	520	7	南起东门大桥	北至东风大桥
220	均隆街	520	10	北起东风路	南至东大街芷泉段
221	点将台街	158	10	北起东风路路口	南至较场坝街
222	点将台横街	150	6	西起点将台西街	东至点将台街
223	点将台东街	400	7	西起点将台街	东至东风路
224	点将台西街	50	4	南起较场坝街	北至点将台横街
225	点将台东二巷	168	2.5	北起东风路	南至点将台东街
226	较场坝街	165	10	西起点将台西街	东至牛王庙巷
227	较场坝东街	220	10	南起东大街紫东楼段	北至较场坝街

续表：锦江区2014年街巷名录

序号	道路名称	长度（米）	宽度（米）	起　点	止　点
228	较场坝西街	115	6	北起较场坝街	东至较场坝中街
229	较场坝中街	240	6	南起东大街紫东楼段	北至较场坝街
230	牛王庙巷	220	8	南起东大街紫东楼段	西至较场坝东街
231	牛王庙北巷	185	8.5	南起牛王庙巷	北至点将台东街
232	光明路	220	14	东起一环路东四段	西至牛王庙巷
233	牛王庙后街	195	3	东起一环路东四段	西至牛王庙巷
234	二环路	580	25	二环路东四段36号	二环路东四段38号
235	蜀都大道水碾河段	400	27.5	水碾河路6号(34幢)	水碾河路6号（双桥立交桥下）
236	经华南路	420	27.5	经华南路1号	经华南路95号
237	锦东路	410	22.5	锦东路433号	锦东路585号
238	牛市口路	370	20	牛市口路1号	牛市口路62号
239	得胜上街	200	15	得胜上街30号	得胜上街108号
240	大田坎街	80	15	大田坎2号	大田坎26号
241	水碾河南路	361	12	水碾河南路2号	水碾河南路80号
242	一心桥横街	77	12	一心桥横街1号	一心桥横街45号
243	一心桥街	273	10	一心桥街1号	一心桥街148号
244	大田坎街	378	10	大田坎街30号	大田坎街162号
245	经华南路	428	10	经华南路14号	经华南路30号
246	海椒市街	109	10	海椒市街15号附1号	海椒市街15号附15号
247	陈家巷	218	8	陈家巷143号	陈家巷383号
248	席草田巷	45	3	席草田巷1号	席草田巷17号
249	一环路东五段	500	22.5	一环路东五段8号	一环路东五段108号
250	一环路东四段	500	22.5	一环路东四段8号	一环路东四段34号
251	水碾河南路	361	12	水碾河南路1号	水碾河南路85号
252	建设北村 建设南村	300	4	建设北村52号 建设南村55号	建设北村55号 建设南村57号
253	宏济中路	200	6	宏济中路39号	宏济中路47号
254	二环路东五段	1 200	40	二环路东五段龙舟路路口	二环路东五段郭家桥
255	橡树林东路	400	6	二环路东五段成仁加油站	京东商城106号附54号
256	橡树林西路	200	12	橡树林滨河公园牌	橡树林警务亭
257	橡树林路	520	18	二环路东五段琉璃路路口	三官堂街（锦江区妇幼保健院）
258	国信路	720	12	二环路东五段	河滨路（河心半岛茶庄）
259	河心路	544	12	“滨河雅居”1号	河滨路西侧
260	河滨路	920	16	二环路郭家桥底	石牛堰排洪桥头
261	石牛堰路	750	6	摩玛城二环路东五段380号	石牛堰防洪桥头
262	龙舟路	640	35	顺江路与三官堂街交叉路口	二环路东五段路口
263	三官堂街	1 000	40	二环路东五段新成仁路路口	龙舟路与顺江路交叉路口
264	龙舟南街	600	10	三官堂街成仁加气站路路口	龙舟路
265	龙舟东巷	150	10	龙舟东巷6号院1幢路口	龙舟双语幼儿园

续表：锦江区2014年街巷名录

序号	道路名称	长度（米）	宽度（米）	起　点	止　点
266	顺江路	800	25	顺江路301号路口（锦江地税）	龙舟路与三官堂街交叉路口
267	莲桂南路	658	16	龙舟路路口（布克书城）	莲桂西路与莲桂东路交叉路口
268	莲桂西路	950	16	莲桂西路与莲桂东路交叉路口	顺江路301号路口（锦江地税）
269	工农院街	450	14.5	顺江路空军医院	莲桂南路
270	化成寺街	200	6	莲桂西路35号路路口	化成寺街1号5幢
271	莲桂东路	550	16	莲桂南路与莲桂西路交叉路口	二环路东四段
272	二环路东四段	700	40	莲桂东路二环路路口	龙舟路二环路路口
273	龙舟路	640	35	顺江路与三官堂街交叉路口	二环路东五段路口
274	工农院街	900	14.5	莲桂南路	二环路东四段
275	莲花北一巷	500	7	莲桂东路（川师大附中）	莲花新区南一巷
276	莲花北二巷	900	14	莲桂东路	莲花新区南二巷
277	莲花北三巷	790	10	莲桂东路	二环路东四段
278	莲花南一巷	300	8	莲桂南路	莲花新区南二巷
279	莲花南二巷	100	16	莲花新区北二巷	工农院街
280	双桂路	1 025	28.5	西起双桥子立交桥	东至五桂桥桥头
281	净居寺路	96.5	12.2	西起净居寺路路口	东至农科院
282	通宝街	1 200	14	西起二环路	东至牛沙北路
283	通盈街	600	22	西起二环路	东至“澳龙名城”小区
284	汇泉南路	900	18	南起牛沙路	北至东延线
285	汇泉西路	300	13.5	西起二环路	东至汇泉南路
286	汇泉东路	300	14	西起汇泉南路	东至汇源南街
287	通源街	1 250	14	东起古雅坡	西至二环路东四段
288	通汇街	1 250	14	东起古雅坡	西至二环路东四段
289	汇泉北路	800	19	北起双桂路	南至东延线
290	汇源北路	750	25	北起双桂路	南至东延线
291	汇源东街	452	14	东起古雅坡	西至汇泉东街
292	通汇北街（通桂路）	300	14	北起双桂路	南至通汇东街
293	汇源南街	900	23	北起东延线	南至牛沙路
294	汇聚路	750	13.2	北起双桂路	南至东大街
295	汇泉路	170	13.2	北起东延线	南至通宝街
296	牛沙横街	248	6.5	西起净居寺路路口	东至牛沙小区（小院坝）大门
297	牛沙后街	288	6.5	西起二环路东四段路路口	东至牛沙小区大门
298	牛沙后街	300	6.5	西起市政二期	东至废品站后门
299	牛沙路	1 000	8.5	西起二环路东四段路路口	东至牛沙南路
300	汇祥路	270	20	北起通源街	南至通宝街
301	汇宁路	270	20	北起通源街	南至通宝街
302	古雅坡路	600	12	北起双桂路	南至东大路
303	东汇一街	150	14	南起通宝街西头	北至东延线

续表：锦江区2014年街巷名录

序号	道路名称	长度（米）	宽度（米）	起　点	止　点
304	东汇二街	180	14	北起东延线	南至通宝街
305	东汇三街				
306	莲花北路		12	莲花北路1号	莲花北路173号
307	新桂巷		7	新桂巷26号（双号）	新桂巷72号
308	宏济新路		12	宏济新路2号（双号）	宏济新路488号
309	宏济中路		9.25	宏济中路16号	宏济中路198号
310	宏济巷		9.5	宏济巷23号（单号）	宏济巷173号
311	宏顺街		9.5	宏顺街9号	宏顺街171号
312	一心桥南街		14.6	一心桥南街66号	一心桥南街212
313	海椒市街		14	海椒市街4号（双号）	海椒市街60号附22号
314	东四街		7	东四街97号（单号）	东四街141号（单号）
315	东四横街		9	东四横街7号（单号）	东四横街41号
316	宏济上路		9	宏济上路56号	宏济上路140号
317	新桂村西五街		12	单号：7号　双号：4号	67号、80号
318	海椒市横街		7	海椒市横街1号	海椒市横街115号
319	海椒市东街		11	海椒市东街1号	海椒市东街107号
320	莲花中路		6.4	莲花中路4号	莲花中路145号
321	莲花东路		6	莲花东路1号	莲花东路75号
322	莲花南路		6	莲花南路2号	莲花南路113号
323	莲桂街		9	莲桂街1号	莲桂街31号
324	上沙河铺街	450	35	大凉山路路口	静康路路口
325	下沙河铺街	350	35	五福桥头	上沙河铺街口
326	大凉山路	515	32	东大路下沙河路路口	秀水园小区门口
327	岷山路	267	17	东大路上沙河路路口	金沙江路口
328	金沙江路	330	17	岷山路路口	地铁塔子山站
329	静沙北路	500	30	北起马家沟	南至静康路
330	静康路	1 400	25	沙河大桥	静明路
331	静明路	420	25	静康路	静明路77号
332	中沙河铺街	280	6	下沙河铺街	上沙河铺街
333	净居寺南路	90	5	静康路	成空11旅部队
334	静沙路	500	16	静康路	静和路
335	静和路	480	12	静康路	静沙路
336	静秀路	460	12	静和路	静沙路
337	塔子山南街	500	7	沙河东岸，塔子山南大门	下沙河铺街
338	马家沟	1 300	5	静康路	中沙河铺街
339	岷江路	560	20	沙河	锦成交界处
340	锦华路一段	1 100	40	锦华路一段185号	锦华路一段403号（单号）
341	东光街	800	18.4	东光街1号	东光街16号（包括附号）

续表：锦江区2014年街巷名录

序号	道路名称	长度（米）	宽度（米）	起　点	止　点
342	东怡街	700	18.5	东怡街1号	东怡街56号（包括附号）
343	翠锦东路	700	7	翠锦东路600号	翠锦东路660号（双号）
344	东光街南一巷	500	14.5	南一巷1号	南一巷88号（包括附号）
345	东光街南二巷	500	13	南二巷1号	南二巷70号（包括附号）
346	东光街北二巷	200	7.86	东光街	东光街9号
347	华润路	1 200	13	琉璃路655号	锦华路一段260号
348	萃锦西路	2 800	6	翠锦西路凤神台	锦华路一段与沙河大桥交会处
349	琉璃路	2 000	12	琉璃路55号	琉璃路518号
350	东光北顺街	250	10	锦华路一段9号	糍粑店街10号
351	北顺西巷	100	10	二环路东五段7号	东光北顺街6号附40号
352	糍粑店街	100	10	糍粑店街1号	净居寺路97号
353	净居寺南街	500	10	糍粑店街6号	观音桥街41号
354	净居寺西街	400	35	净居寺路177号	锦华路一段169号
355	二环路东五段	1 000	50	龙舟路路口二环路东五段1号	府河大桥
356	净居寺路	1 000	50	龙舟路路口净居寺路1号	净居寺路389号
357	安信路	100	10	净居寺南街106号	观音桥西路9号
358	观音桥西路	220	10	观音桥支路37号	“青房·云上”1期
359	萃锦东路	910	7	萃锦东路342号	萃锦东路550号
360	观音桥	770	8.7	东光街9号	观音桥148号
361	观音桥支路	200	7	北起净居寺南街	南至观音桥西路
362	东光南二巷	183	7	东光南二巷7号	东光南二巷9号
363	琉璃东路	500	16	琉璃路	锦华路一段
364	琉璃西路	310	16	琉璃路	东湖
365	琉璃西巷	260	7	琉璃路	东湖路
366	锦丽路	480	16	华润路	琉璃东路
367	东湖路	700	12	华润路	琉璃西路
368	花园街	660	10	成龙大道花园街街口	菱安路
369	静渝路	420	20	沙河大桥净居寺路路口	驿都大道中石油加油站
370	静远路	750	16	西起静渝路	东至菱安路
371	劼人路	1 790	18	川师北大门	菱窠东路
372	菱窠路	1 400	19	驿都大道	锦绣大道
373	菱安路	1 310	13	德馨苑	菱窠路65号
374	静沙南路	200	6.5	驿都大道	（暂未命名）
375	菱窠东路	400	6	劼人路路口	菱窠东路122号
376	菱窠西路	150	6	劼人路路口	李劼人故居
377	佳宏路	320	10	劼人路路口	锦绣大道
378	佳宏北路	200	6	驿都大道——静明路	佳宏路
379	佳宏南路	200	6	佳宏路	佳宏南横街

续表：锦江区2014年街巷名录

序号	道路名称	长度（米）	宽度（米）	起 点	止 点
380	佳宏南横街	350	6	佳宏南路	锦绣大道
381	琉新路	1 500	7	潘家沟社区一组老八七小学	潘家沟社区七组
382	锦华路三段	2 055	34	琉璃立交桥	祝国寺社区
383	锦江大道	1 800	29	永安桥	锦馨家园社区
384	三色路	1 000	18	锦江大道	南三环路三段
385	金石路	1 100	12	锦江大道	南三环路三段
386	毕升路	1 200	13	锦华路三段	府南河边
387	桦彩路	698	18	三色路	包江桥社区九组
388	墨香路	549	12	三色路	锦盛路
389	锦盛路	334	9	墨香路	桦彩路
390	五冶路	150	6	三色路	府南河边
391	锦江路	143	6	三色路	府南河边
392	科创路	500	18	18路公交车终点站	麻柳湾加油站
393	翠凤路	350	9	科创路、翠凤路路口	翠凤路柳翠路路口
394	翠柳湾支路	740	8	“凯丽香江”后门	力斯特制药厂后门
395	柳翠路	100	6	翠凤路、柳翠路路口	洗瓦堰新桥
396	琉三路	300	6	琉璃路	锦华路
397	洗瓦堰路	200	6	柳翠路	科创路
398	琉璃一街	300	18	锦华路	琉璃路
399	琉璃三街	290	6	琉璃路	锦华路
400	琉璃中街	450	6	琉三路	拆迁区域
401	榕声路	120	3	石胜路路口	楠丰路路口
402	楠丰路	350	3	榕声路路口	柳荫路路口
403	桂馨路	120	3	石胜路路口	楠丰路路口
404	柳荫路	120	3	石胜路路口	楠丰路路口
405	国华街	1 850	16	北起三环路	南至锦江区与双流县交会处
406	国瑞街	470	16	北起锦江大道	南至泰华西路
407	国安街	1 280	16	北起锦江大道	南至国祥街
408	国祥街	2 300	20	北起锦江大道	南折向西至锦华路三段
409	国维街	1 550	25	北起锦江大道	南至泰祥路
410	国兴街	620	12	北起锦江大道	南至泰昌路
411	国丰街	680	20	北起锦江大道	南至泰昌路
412	国盛街	280	16	北起锦江大道	南至泰华东路
413	国缤街	280	16	北起锦江大道	南至泰华东路
414	国恒街	1 550	20	北起锦江大道	南至泰祥路
415	国和街	1 050	20	北起泰华东路	南至泰祥路
416	国宏街	300	10	北起祝国寺东街	南至泰祥路
417	国荟街	520	14	北起泰吉路	南至泰祥路

续表：锦江区2014年街巷名录

序号	道路名称	长度（米）	宽度（米）	起　点	止　点
418	泰丽路	1 750	20	东起锦阳大道	西至锦华路三段
419	泰华东路	1 750	20	东起锦阳大道	西至锦华路三段
420	泰华西路	1 150	20	东起锦华路三段	西至国华街
421	祝国寺西路	1 080	30	东起锦华路三段	西至锦江区与高新区交界处
422	祝国寺东路	1 800	30	东起锦阳大道	西至锦华路三段
423	泰治路	500	16	东起国和街	西至国祥街
424	泰昌路	1 230	20	东起锦阳大道	西至国丰街
425	泰吉路	1 230	20	东起锦阳大道	西至国荟街
426	泰祥路	1 750	20	东起锦阳大道	西至国祥街
427	泰宁一路	1 000	16	锦华路三段	国华街
428	泰宁二路	950	16	锦华路三段	国华街
429	泰宁三路	910	30	锦华路三段	国华街
430	泰宁四路	380	16	国泰街	国华街
431	泰然一路	1 100	20	锦华路三段	国华街
432	泰然二路	650	16	国祥街	国华街
433	国泰街	1 400	16	泰华西路	国华街
434	翠柳湾路	1 000	17	翠凤路	三环路
435	翠影路	80	12	国华街	三色路
436	翠柳湾路	1 000	17	翠凤路	三环路
437	静安路	500	40	沙河大桥净居寺路路口	锦绣大道
438	芙蓉西路	1 100	22	三环路	香樟大道
439	芙蓉中路	700	22	香樟大道	银杏大道
440	百日红西路	1 050	22	三环路	香樟大道
441	百日红中路	700	22	香樟大道	银杏大道
442	海棠路	1 050	22	三环路	银杏大道
443	红豆树街	1 000	13	海棠路	芙蓉西路
444	牡丹街	1 000	13	红豆树街	银杏大道
445	枫树街	1 200	13	驿都大道	成龙路
446	黄葛树街	300	13	茶花街	海棠街
447	茶花街	1 700	13	红豆树街	银杏大道
448	月季街	1 300	13	红豆树街	喜树街
449	喜树街	1 100	13	驿都大道	成龙路
450	椿树街	1 150	13	驿都大道	成龙路
451	银木街	1 200	13	驿都大道	成龙路
452	锦江大道	1 670	33.5	杨家幺店子	金港赛道
453	皇经楼西街	600	13	南三环路二段	皇经楼三街
454	皇经楼一街	284	9.1	皇经楼西街	锦阳大道
455	皇经楼二街	284	18	皇经楼西街	锦阳大道

续表：锦江区2014年街巷名录

序号	道路名称	长度（米）	宽度（米）	起 点	止 点
456	皇经楼三街	300	13.1	皇经楼西街	锦阳大道
457	大观里	330	12	静明路	成华区界
458	合欢树街（大观街）	530	12	大观社区界	海桐街
459	静祥路	260	5	成龙大道静宁路娇子立桥交辅道	华兴保障房
460	南三环路二段	1 828	18	锦江区政府临时办公区	海棠路三环路路口
461	海枣路	200	6	海枣路海棠路路口	华新阜锦城一期
462	国香街	2 000	6	国香街海棠路路口	国香街海棠路路口
463	枫树街	400	8	枫树街海棠路路口	枫树街成龙大道路口
464	锦丰一路	530	20	锦阳大道东路沿	锦逸路西路沿
465	锦丰二路	530	25	锦阳大道东路沿	锦逸路西路沿
466	锦丰三路	531	20	锦阳大道东路沿	锦逸路西路沿
467	锦瑞路	978	16	锦阳大道北路沿	南三环路二段南路沿
468	锦逸路	1 091	25	锦阳大道北路沿	南三环路二段南路沿
469	国槐街	1 900	12.1	成龙大道静宁路	“花香苑”小区
470	黄杨街	350	6	成龙大道静宁路	国槐街
471	水杉街	1 400	12.1	成龙大道静宁路	蝶花街
472	玉兰街	500	12.1	国槐街	合欢树街
473	海桐街	600	23.2	国槐街	三环路
474	蝶花街	300	12.1	国槐街	水杉街
475	经天东路	750		三环路	经天路
476	经天中路	800	9.1	三环路	经天路
477	经天西路	750		三环路	经天路
478	经天路	1 000	9.1	新成仁路	经天东路
479	经天一街	350	8.1	经天中路	经天东路
480	经天二街	550	9.1	经天西路	经天东路
481	经天三街	550	9.1	经天东路	经天西路
482	经天里	130	8.1	经天路	经天一街
483	仁居路	400		新成仁路	经天西路
484	晨辉路	700	12	锦华路二段	狮子山路
485	晨辉东路	600	9	锦华路二段	金像寺界
486	晨辉北路	650	9	晨辉北路	锦绣大道
487	锦沙路	500	6	锦华路二段	晨辉二街
488	狮子山路	850	6	农科院大门口	成龙路
489	晨辉一街	300	6	晨辉北路	锦沙路
490	晨辉二街	300	6	晨辉路	锦沙路
491	锦绣大道	3 700	35	锦华路二段	成龙路
492	千子门巷	300	13	经天路	仁居路
493	荷花堰	180	15	琉三路	“东晶丽苑”小区（断头路）

续表：锦江区2014年街巷名录

序号	道路名称	长度（米）	宽度（米）	起 点	止 点
494	晨光路	250	20	晨辉东路	锦绣大道
495	千子门巷	300	13	经天路	仁居路
496	荷花堰	180	15	琉三路	“东晶丽苑”小区（断头路）
497	晨光路	250	20	晨辉东路	锦绣大道
498	金像寺路	1 900	16	三环路二段	锦阳大道
499	静逸路	320	20	金像寺路	静宁路
500	静嘉路	450	20	静安路	静缘路
501	静平路	990	20	锦绣大道	静缘路
502	静缘路	700	20	静安路	沙河
503	静思东巷	260	12	静安路	静思北巷
504	静思南巷	570	12	锦绣大道	静思东巷
505	静思西巷	440	12	静思北巷	静平路
506	静思北巷	310	12	静思东巷	静缘路
507	耀辉街	490	7	锦华路二段	晨辉西路
508	晨辉西路	390	20	琉璃路	锦华路二段
509	锦沙路	650	9	锦华路	晨辉二街
510	成龙大道	6 300	28	沙河大桥净居寺路路口	蜀仙苑后门
511	锦阳大道	600	80	回龙寺	双流县团结镇
512	银杏大道	1 100	80	成龙路路口	百日红中路路口
513	篑柏路	3 470	8	三圣街道辖区成龙路路口	万福社区八组成昆铁路高架桥
514	白桦林路	500	22	锦江大道“华都美林湾”小区	成龙大道喜树街美林湾小区
515	桅子街	1 300	13	香樟大道和“祥瑞苑”小区	银杏大道
516	驸江路	3 890	9	驸江路篑柏路路口	高威公园
517	东篱路	690	7	东篱路篑柏路路口	赏菊路路口
518	茶花街	1 300	20	翠柳街	
519	榕树街	217	16	茶花街	牡丹街
520	丹桂街	2 400	40	驿都大道	成龙大道
521	迎春巷	420	12	喜树街	银木街
522	木棉巷	430	12	喜树街	银木街
523	雨树巷	740	12	迎春巷	木棉巷
524	月季街	700	20		
525	喜树街		20		
526	牡丹街				
527	椿树街				
528	海棠路				
529	银木街				
530	杨树街				
531	百日红中路				
532	百日红东路				

索 引

››› INDIX

说 明

一、本索引采用分析索引法，按拼音首字母（同音字按声调）顺序排列。

二、索引词条用宋体字表明。数字表示内容所在的页码，数字后面字母（a、b）表示栏别（从左到右），未标注的为居中排列。

A

艾滋病发展情况　130b
艾滋病患者救助　130b
艾滋病患者维持治疗　130b
艾滋病检查　130b
艾滋病预防　130a
“爱婴医院”申报　112b
安保警务　96a
安全生产管理　116a　148b　139b　141a　146a　151a　154a　155a　157a　164b
安全生产管理员培训　116b
安全生产监管　116a
安全生产宣传　116b
安全生产隐患排查　116a
安全生产应急演练　116a
安置帮教　85a　149b　159a
安置房建设　165b
案件侦破　80a
澳大利亚V集团奖（助）学金项目　74b

B

B超免费技术服务　19b
白鹭湾湿地环境管理　93b
白鹭湾湿地提升打造　170b
百年金街　3a
办公区节能工作　57a
办实事工作　64a

"半小时法律援助圈"建设　84a
帮助就业困难人员就业　171b
保密工作　44b
保障社会弱势群体权益　40a
被征地"农转非"人员社会保险管理　118a
避孕药具服务　19b
编印出版《百年锦江光影》　59a
编制内新进人员管理　55b
标准化管理　114a
"缤纷校园·艺满锦江"作品展　122b
殡葬管理　120a
兵员征集　86b
"博爱送万家"活动　77a
捕后羁押必要性审查　81a

C

财政　98a
财政监督　98a
财政审计　57b
财政与税务　98
参与慈善工作　65b
参与地方建设　87a
参与经济社会建设　74b
参政议政　63b
参政议政职能履行　65a　65b　66a　66b　74a　78a
餐饮业发展　104a
残疾儿童康复与救助　75a
残疾人帮扶　141b　143b　148a　153a　155b
残疾人补贴　163a
残疾人创业扶持　75b
残疾人合法权益维护　175b
残疾人活动场所　163b
残疾人机动轮椅车燃油补贴　76a
残疾人精神生活　76a
残疾人就业　163b
残疾人就业扶持　75b
残疾人就业培训　75a
残疾人居家生活设施补贴　75b
残疾人联合会　74b
残疾人社会保险　163a
残疾人社会保险扶持　76a
残疾人无障碍设施改造　75b
残疾人医疗救助　163b
残疾人运动会　76a
残疾人助学金发放　75b
残疾人专项生活补助　75b
残疾学生和残疾人家庭子女就学帮扶　163a
藏区"9+3"学生就业援助活动　172b
拆迁安置　155b　160b　162b
拆迁进度　159a
拆迁项目会计档案工作指导　59b
产业定位　133b
产业扶持　99b
"长寿金"政策落实　174b
超龄重度残疾人员养老保险管理　118b
成都"爱盒子"项目　167b
成都IFS国际金融中心　104a
成都东大街金融建设投资股份有限公司　169a
成都广告产业园运营情况　167a
成都恒锦旧城改造投资建设有限责任公司　167b
"成都环城生态区"建设　115b
《成都锦江》编印工作　37b
成都锦江区中小企业融资担保有限公司　168a
成都锦金区域发展投资有限公司　168b
"成都民间金融街"建设　107a
成都社会组织学院成立　41a
成都市百年春熙建设投资发展有限责任公司　168b
成都市档案协会片区工作会召开　60b

成都市第四十六届熊猫灯会　155a
成都市锦都工业建设投资有限公司　169b
成都市锦江城乡发展投资有限公司　170a
成都市投资说明会招商项目　117b
成都市兴锦城市建设投资有限责任公司　166a
成都市兴锦教育投资发展有限责任公司　167a
成都市兴锦现代农业投资有限责任公司　166b
成都市中锦建设投资有限责任公司　165a
成都远洋太古里　104a
成龙路街道辖区　158b
成龙路街道辖区践行党的群众路线　15b
成龙路街道辖区勘界　2b
成龙路消防站项目　168a
城市管理　91
城市管理转型升级　144a
城市建设　88
城市建设管理转型升级示范片区建设　91b
城市建设项目视察　49b
城市景观管理　91b
城市线缆更新　10a
城乡环境综合治理　155a
城乡居民基本医疗保险　173b
城乡居民养老保险　173a
城乡社会保障投入　99a
城镇职工基本医疗保险　173b
惩防体系建设　33b
崇德里保护性改造　145b
出生缺陷干预　18a
出生人口孩次结构　17b
传染病登记管理　130a
传染病防治设施　130a
创建“四好志办”活动　58b
创建文明城市复查测评工作　76b
创新道路交通执法工作　97a
创意产业商务区　133b
创意设计活动档案整理　59b
“春风行动”就业援助活动　172a
“春蕾计划”继续实施　71b
春熙路街道辖区　142a
春熙路街道辖区勘界　1b
春熙路辖区弘扬社会主义核心价值观　16b
“春熙路移动电子商务示范街”建设　169a
“春盐商圈”建设　103b
慈善活动　66b
慈善救助项目　131b
慈善募捐　131b
慈善事业　131b

D

打击非法行医　112b
打击和预防经济犯罪　82a
大病医疗互助补充保险　174a
大气环境　3b
大气环境综合治理　92b
大学生社区志愿者人才队伍建设　56a
待孕妇女叶酸服用　130a
党的群众工作专题调研　12b
党的群众路线教育实践活动　12a
党的群众路线教育实践活动档案工作　59b
党的群众路线教育实践活动调研　13a
党的群众路线教育实践活动进军营　13b
党风廉政建设　140b　144a　146b　151a　151b　154b　156a　160b
党管武装　86a
党史工作　35a
党外干部工作　38b
党委中心组学习　37a
党务公开　5b
党校教育　43b
党员发展　35a

党员远程教育 35a
档案法规宣传 60a
档案服务 60a
档案工作 59b
档案馆安全管理 60b
档案规范化管理等级认定工作指导 60a
档案数字化加工 60b
档案统计年报工作 60b
档案信息网络平台运行 60b
档案移交管理 60a
道路安全宣传教育 96b
道路交通发展规划 88b
道路交通秩序管理 96b
德国总理考察 149a
灯谜创作与竞猜活动 79b
低收入群体帮扶 155b
地产服务业发展促进 117a
地方税收 101a
地方税收减免 102b
地方税务 101a
地方志工作 58b
“地沟油”回流餐桌现象整治 111a
地籍管理 115b
地块增值上市 166b
地理环境 3b
地情资料采集 60b
地税宣传活动 102b
地税征管制度完善 101b
“第二季·科技季”活动 72a
第三次全国经济普查 142a
第三次全国经济普查 58a
“电影人人看”工程 128b
电子监管试点工作 110b
电子内网建设 10b
电子商务专业基地建设 134a
调查研究 32b 63b
调研文章发表 33a
“东部新城”公建配套项目 88a
东光街道辖区 156a
东光街道辖区践行党的群众路线 15a
东光街道辖区勘界 2b
东光辖区弘扬社会主义核心价值观 16b
东湖社区创新社会管理 157a
动员大会 12a
动员民主党派参加社会服务活动 38a
都市农业发展工作视察监督 63a
都市现代农业 106a
豆制品市场准入工作 111a
督学机制建设 122a
督院街街道辖区 138a
督院街街道辖区践行党的群众路线 14a
督院街街道辖区勘界 1b
对口培训甘孜州炉霍县干部 43b
对口援助炉霍县 77a
对外贸易 103b
对外宣传工作创新 37a

E

俄罗斯儿童教育机构交流访问 124a
儿童之家 70b

F

发展定位 106a
发展规划 105a
法治 80
法官队伍建设 85b
法律服务机构 84b
法律监督 48a

“法律进学校”工作　122b
法律援助事项补贴　84a
“法律援助优秀案例”评选　84a
法治建设　149a
法治宣传　143a　152a　155b　158b　161b
法治宣传活动　151a
法治政府建设　53a
反腐倡廉宣传教育　33a
反恐怖袭击措施　94b
反映社情民意　63b
泛珠三角省区侨联协作会议　74b
方便就医新模式　176b
防空预案　87b
房地产开发资质管理　108a
房地产企业纳税　107b
房地产业与建筑业　107a
房屋租赁市场　107b
房屋租赁市场管理　108b
放心粮油示范店管理　110a
非城市建设用地内新型社区建设　90a
非法自行车和电动车清缴行动　154a
非公有制经济代表人士工作　38b
非领导职务局级干部管理　35b
非物质文化遗产保护　129a
分类施保政策落实　175a
扶贫工作　4b
服务房产经济发展　108b
服务基层　66a
服务进城务工人员子女就学　124b
服务侨界群众　74a
服务侨商　74a
服务业小型和微型企业监测　58b
妇女儿童工作调研　71a
妇女儿童合法权益维护　175b
妇女工作　153a
妇女就业　70b
妇女联合会　70a
“妇女之家”建设　71a
副科级以上干部商务英语培训　36b

G

改革创新　5a
改造项目　89a
干部出国管理　55a
干部递进培养　36a
干部挂职培养　36a
干部监督管理　36a
干部培训量化考核机制　35b
“干部群众面对面”活动　79a
干部任免与监督　48b
干部审核　35b
干部援藏工作　36a
干部在线学习　36b
高校毕业生就业创业扶持　55b
“高校毕业生就业创业服务月”活动　172a
高校创业基地建设　69a
高校大学生创业基地建设　55b
高新技术产业　105b
高新技术产业发展　105b
高新技术企业　105b
革命传统教育活动　66b
个人房屋出租和装修税征管　102a
耕地保护　115a
工会　67a
工业　105a
工会工作　150a
工会工作　153a
“工人先锋号”创建活动　68b
工伤保险　173b
工伤认定　109a

工商界人士政治推荐　78a
工商行政管理　114b
工商行政管理机构　114b
工商业联合会　78a
工业经济指标　105a
工业污染防治　92b
工作机构　61a
公安办证服务　54b
公安队伍信息化建设　85b
公安服务群众考评机制　54b
公安机关　94a
公办幼儿园建设工作视察监督　63b
公房登记管理　108b
公共安全项目投入　99b
公共财政收支　98b
公共服务　152b
公共服务项目管理与实施　40a
公共交通建设　89a
公共文化服务体系建设　158a
公共文化服务体系建设　161b
公建配套设施建设　88a
公建配套项目管理　108b
公民思想道德建设　6b
公平交易监督管理　114b
公诉　81a
公务车辆管理　56b
公务接待　57a
公益健康活动　71b
公证服务　84b
公租房保障形式创新　173a
功能区建设　132
共产主义青年团　68b
共产主义青年团组织　68b
构建“八分钟学习圈”　123b
构建和谐劳动关系　67b
骨干会员培养　66a
固定资产投资审计　57b
关爱“劳动模范”　68a
关爱老年人群体　142b
关爱青少年帮扶活动　70a
关心下一代工作　160a
关心下一代工作视察监督　63b
管理机构　132a　136a
光彩工程·公益慈善事业　78b
广播电视安全播出　111b
广告创意产业发展　134a
归国华侨联合会　73b
规范公安民警执法行为　40a
国防建设　86
国防教育　86b
国际交往活动　55a
“国际锦江”素质培训　36b
国际品牌汇集　103a
国际友好城市　55a
国际知名品牌引进　117a
国家安全案件侦破　80b
国家广告产业园区　10b
国家级广告产业园区认定　115a
国家级和谐社区建设示范城区　11b
国家级社会治理创新十大最佳案例奖　11a
国家级社会组织建设创新示范区　10b
国家级生态文明典范城市　11a
国家级生态乡镇　10b
国家级文化先进区　11a
国家生态区　10b
国家税务　100a
国民经济发展事务监督　48a
国税收入　100a
国税宣传活动　101a
国税在线咨询平台　101a
国土资源管理　115a
国学普及志愿者基地　73b

国有公司 165
国有资本经营预算 99a
国有资产监督管理 98b

H

海外统战工作 39a
合江亭街道辖区 144b
合江亭街道辖区勘界 2a
“和谐物管·创先争优”活动 112a
河道沟渠治理 92a
核心商圈建设 133b
红十字会 76b
红十字会员管理 77a
红十字应急救援队伍建设 77b
红十字志愿者队伍 77a
红十字组织抗震救灾 76b
后备干部培养 43b
花果村土地竞买 107a
华仁社会工作发展中心 149b
环境保护 147a 162b 92a
环境保护工作 141a 143a 145b
环境保护知识宣传 93a
环境监测站建设 93b
环境监察 93b
环境教育 123a
环境卫生管理 91a 147b
环境治理 159a
皇经楼三街106号综合楼装修项目 166b
“黄赌毒”案件侦破 80b
会务活动精简 56b
会员企业典型宣传 79a
会员学习活动 65b
惠民工作 139a
婚姻登记管理 120a
婚姻家庭法律常识讲座 71b
活动成果 12b
活动经验交流推广 13a
火灾事故处置 97b
火灾事故预防 97b
货运车辆登记管理 109a
货运企业登记管理 109a

J

机动车和驾驶员管理 96b
机构编制工作 42a
机构调整 140a
机构改革 5b
机构设置 42a
机关事务管理 56a
机关资产管理 56b
基本药物采购 112b
基层党的建设 138a 140b 143a 144a 149b 151b 153b 154b 156a 157b 158b 160b 162a
基层党组织建设 35a
基层工会组织建设 67a
基层监管机构建设 110b
基层商会组织建设 78b
基层社区应急能力建设 55a
基层团组织建设 68b
基层文化活动场地建设 126a
“基层组织建设年”活动 65a
急救知识培训 77a
计划生育工作 139a 148b 152b 155b 156b 159b 161b 163b
“计划生育进军营”活动 19a
计划生育利益导向机制建设 119b
计划生育行政管理 119a

计划生育依法行政　119a
计量管理　113b
纪律检查与监察　33a
纪律检查与监察干部培养　34b
纪律检查与监察工作机构建设　34b
技术改造　105a
“家长论坛”活动　123a
家庭教育活动　70b
家庭教育与学校教育衔接　123a
“家庭医生”服务　176b
监所检察　81b
检察　81a
检察队伍建设　85a
检察机关争创一流工作　82a
检务公开工作视察监督　63a
建设项目环境管理　92b
建设项目审批制度改革　5a
建筑工程安全监督　108a
建筑工程质量监督　108a
建筑领域安全生产培训　116a
建筑业情况　107b
建筑与房地产行业管理　108a
健康档案　176b
健康宣传教育活动　129b
践行社会主义核心价值观活动　16a
交通安全管理　96b
交通事故受理　96b
交通事故走访调查制度　97a
交通运输行业管理　109a
交通运输行政执法　109a
交通肇事案件侦破　80b
教育干部和教师交流　123b
教育干部和教师专业素养培养　123b
教育公建配套项目建设　125a
教育培训　78a
教育事业　122a
教育事业发展　4a
教育事业投入　99a
教育信息化专题培训　125a
教育行业践行党的群众路线　13b
教育资源　122a
接待工作　135b
街道工会组织建设　142a
街道管理体制改革　5b
街道辖区　138
街道辖区和社区划分　1b
节能减排　92a
结核病防治知识普及　130a
解决就业问题　138b
解决企业在岗军转干部生活困难　171b
“金桥工程”项目　72b
金融服务业　106b
金融服务业发展促进　117a
金融机构　106b
金融街商务区　135b
金融界的“百家讲坛”　169a
金融人才中心红色教育培训　169b
金融业主要经济指标　106b
“锦江110”建设　96a
“锦江119”服务　97b
“锦江榜样”评选活动　16a
锦江大道片区电力工程　169b
锦江电视台宣传工作　37b
锦江公证处体制改革　84b
“锦江讲堂”活动　128a
锦江青年创业城”项目　69a
锦江区2014年地税纳税额前20名企业情况表（表）　101b
锦江区2014年度大事记　20
锦江区2014年国税纳税额前20名企业情况表（表）　100a
锦江区2014年国税组织收入情况表（表）　100a

锦江区2014年旧城改造项目点位统计表（表） 89
锦江区2014年引进“世界500强”企业情况表（表） 116b
锦江区法院2014年案件受理和审判情况表（表） 82b
锦江区各派出所地址、报警电话及所辖社区警务室（表） 94
锦江区街道司法所地址及联系电话（表） 83b
锦江区街道文化活动中心和社区文化活动室点位统计表（表） 126
锦江区经济社会发展主要指标（表） 4a
锦江区老干部情况 42b
锦江区老干部休养所 42b
锦江区人民代表大会常务委员会会议 45a
锦江区人民代表大会六届三次会议 45a
锦江区沙河商务区（锦江国际新城）项目投资情况表（表） 137
锦江区沙河商务区2014年缴纳地方税收1 000万元以上企业（表） 136b
锦江区沙河商务区2014年其他项目投资情况表（表） 137
锦江区社会关爱援助中心项目 167b
锦江区图书馆 126b
锦江区援助藏区工作图记 8a
锦江区政府常务会议 50a
锦江区政府第六届第二次全体会议 50a
锦江区中央商务区重点项目建设情况选介（表） 132
锦江区总工会 67a
锦江人才计划 121b
锦江文化创意产业中心二期项目 166a
锦江荣誉榜 177
“锦金”合作 117b
“锦青”合作 117b
“锦馨家园”证照办理和商铺招租 170a
禁毒工作 81a
经济案件侦破 80a
经济产业 103
经济工作 136b
经济普查 163b
经济普查工作 139b
经济社会发展 3b
经济事务管理 113
经济责任审计 57a
经济指标完成情况 132b 133b 134b 136a
经济总量增长 4a
经验交流 89a
精品菜单培训机制 68a
精神病患者康复与救助 75a
精神疾病患者管理 130b
精神文明建设 6b
精细化管理 100b
景区通信网络建设 10a
警报建设与管理 87b
竞技体育 131b
敬老活动 174b
纠纷调解 143b
酒店项目建设 104b
旧城改造 89a 138b 157b
旧城改造工作会议 89b
旧房转让税收管理 101b
就业保障 171a
就业创业优惠政策兑现 171a
就业创业政策宣传 171a
就业促进 78b
就业服务 67b
就业困难人员认定 171b
就业巡回服务活动 172a
居家养老 174a
居家养老服务 142a 142b 148a 152b 153b 155b 158a 159b 163a

居民社会养老保险基金收支　99a
居民自治　150a　152a
居务公开　6a
居住区建设　90a
“局长进大厅”活动　54a
局级干部培训　43b
局级领导干部轮训　36b
聚焦锦江　10b
决策评估和责任追究制度建设　53b
决策制度改革　5a
军队离退休干部服务管理　120b
军人和军队职工安置　120a

K

科级干部管理　35b
科技成果转化　125b
科技和文化事业投入　99b
科技事业　125b
科技援藏工作　73a
“科技之春”科普活动　71b
科普创建工作　73a
科普读本编印和赠送　72a
“科普惠民”活动　72b
科普活动　145a
科普文艺汇演活动　72a
科学技术年会　73a
科学技术协会　71b
可移动文物普查　129a
课堂教学比赛　125a
课题研究　66b
控告申诉检察　82a
控烟宣传　131a
口述史料收集　59a
狂犬病防治　130a
困难残疾人家庭慰问　76a
困难党员帮扶　154b
困难老年人基本生活保障　175b
困难群体帮扶　141b　143b　144b
困难人群燃煤补贴　175a
困难人群医疗救助　175a
困难职工帮扶　68a

L

垃圾分类处理　153b
垃圾分类回收　145b
垃圾分类试点　91a
垃圾直运改革试点　91a
劳动关系调查　109a
劳动就业　141b　143b　146b　148b　151b　153b　155b　156b　158a　159b　161a　162b
劳动人事争议案件处置　109b
劳务行业管理　109a
老干部帮扶　43a
老干部工作　42b
老干部工作机构　42b
老干部经济待遇落实　43a
老干部列席重要会议　43a
老干部情况通报会　42b
老干部思想政治工作　42b
老干部慰问　43a
老干部文体活动　43b
老干部医疗保健　43a
老旧院落片区化管理　144a
老年人合法权益维护　176a
老年人活动　174b
老年人医疗保障　174b
“老年证”办理　174b

离退休老干部党组织建设　43a
李劼人故居纪念馆建设　129a
历史文化街区开发工作视察监督　63a
莲花社区科普教育中心　73b
莲新街道辖区　153b
莲新街道辖区践行党的群众路线　15a
莲新街道辖区勘界　2b
联合执法机制建设　145a
廉政文化建设　34b
粮食法规及家庭储粮宣传　110a
粮食供应应急网点　110b
粮食市场检查　110a
粮食行业管理　109b
亮剑行动　110b
领导干部选拔任用　35a
领导交办事项督查督办　44b
领导接待信访制度建设　41b
流动人口登记管理　154a
流动人口服务管理　141b
流动人口计划生育服务　19a
流动人口计划生育协会建设　119b
流动人口信息采集　139b
流动人口信息管理　18b　164a
流动人口优生服务　18a
流浪乞讨人员救助管理　120a
流通领域商品质量监管　115a
柳江街道辖区　160b
柳江街道辖区践行党的群众路线　15b
柳江街道辖区勘界　2b
龙舟路街道辖区　150a
龙舟路街道辖区践行党的群众路线　14b
龙舟路街道辖区勘界　2a
楼宇经济　136a　137a
楼宇经济发展　133a　134a
楼宇社区试点工作　133a
路桥维护　88b
旅游关联产业主要经济指标　104b
旅游业　104b
旅游业主要经济指标　104b
律师工作　84b
律师人才培养和招募　84b
绿化景点建设　147a
落实“两个责任”　33b

M

卖淫嫖娼人员艾滋病干预　130b
慢性病监测情况　131a
矛盾纠纷调解　152b　157a
民生工作监督　48b
民事案件审判　82b
民事行政检察　81b
民营经济调研　78a
“民营企业招聘周”活动　172a
民政事务管理　120a
民主党派　65
民主党派和无党派人士参政议政　38a
“民主法治示范社区”评选　84a
民主监督　62b
民主评议　62b
民族宗教工作　38b
命案侦破　80a
磨坊街院落整治　145a
目标管理　44a
目标考核　44a
目标任务分解下达　44a

N

纳税服务　102a

纳税人学校 102b
年鉴工作 59a
牛市口街道辖区 147b
牛市口街道辖区勘界 2a
农村产权制度改革 5b
农村环境治理 4b
农村劳动力就业实名制普查 109b
农村土地征后安置 115b
农村养老保险并轨工作 118b
农户安置 158a
农民新居就业援助活动 172b
女性就业维权宣传活动 109b 172b
诺如病毒感染事件处置 130b

P

排污申报登记单位验收监测 93b
棚户区改造 89b
贫困残疾人康复与救助 75a
“平安边界线”创建活动 96a
“平安锦江”建设 39b
“平安水井坊”建设 146a
普法宣传 85a 154a

Q

其他产业发展促进 117a
企业参与社会建设 157a
企业扶持 106b
企业合法权益保护 78b
企业退休职工养老金调整 118a
企业注册登记管理 114b
汽车销售服务企业选介 135b
侨法宣传 73b
侨情调查 74b
侨务活动 74a
青年人创业指导 69a
青年人创业资金扶持 69a
青年人就业活动 69a
青年志愿者活动 69b
青少年健康人格工程 17b
青少年科普文化节 72a
青少年空间 69b
青少年权益保护 70a
区本精品课程研发 124b
区域概况 1
区域合作促进 117b
区域教育信息化工作 125a
区域经济发展调研 49b
区域路桥情况 88b
区域特色 3a
棬子树片区土地整理 166b
“全国社会工作领军人才”评选 121a
“全国助残日”活动 76b
全民健身活动 131a
全域传播活动 37b
全域禁养 162b
群众精神文化活动 7a
群众上访案件处置 42a
群众团体 67
群众文化和体育活动 163b
群众文化建设 153a 160a
群众文艺活动 126b
群众信件处置 42a
群众性创建活动 7a

R

燃煤烟尘污染治理 93a

人口 17
人才工作 55a
人才工作课题调研 55b
人才引进和培养 55a
人大代表参与重要工作 6a
人大代表工作 48b
人大代表工作制度 49a
人大代表议案和建议办理 49a
“人大代表之家”建设 49b
人道主义医疗救助 77a
人道主义助学 77a
人口变动情况 17b
人口城乡分布 17a
人口管理协调会商制度 18b
人口和计划生育工作经费投入 119b
人口和计划生育宣传教育 19a
人口教育与计划生育技术服务 19a
人口民族结构 17a
人口年龄结构 17a
人口数量 17a
人口素质 17b
人口统计信息采集 18b
人口信息管理 18b
人口信息核查清理 18b
人口信息质量管理 18b
人口性别结构 17a
人口总量 17a
人力资源市场建设 172a
人民代表大会 45
人民调解组织建设 84a
人民防空 87a
人民防空工程安全检查 87b
人民防空工程建设与管理 87a
人民防空知识宣传教育 87b
人民合法权益维护 175b
人民健康 176a
人民健康管理 176a
人民生活 171
人民武装 86a
人民政府 50
人文和生态环境建设投入 99b
人行天桥建设 88b
融资 169b 170b
融资贷款和担保业务 106b
融资担保 168a
弱势群体帮扶 150b 153b 156b 158b
弱势群体救助 150a 175a

S

三级住房保障工作体系 172b
“三圣花乡”风貌整治 164b
“三圣花乡”活动 164b
“三圣花乡”景区接待 164b
“三圣花乡”旅游接待 104b
“三圣花乡”提档升级 164a
三圣街道辖区 162a
三圣街道辖区践行党的群众路线 15b
三圣街道辖区勘界 2b
沙河堡南片区地块开发 107b
沙河街道辖区 154b
沙河街道辖区践行党的群众路线 15a
沙河街道辖区勘界 2b
沙河商务区 136b
伤残审核 118b
商标管理 115a
商贸繁华区 3a
商贸企业 103a
商贸业 103a
商贸业发展载体 103a
商贸业主要经济指标 103a

商品房销售 107b
社会安全管理 94a
社会保险 159b 173a
社会保险管理 118a
社会保险基础知识培训 119a
社会保险资助 175a
社会工作人才队伍建设 40b
社会工作者职业水平考试培训 121b
“社会工作专业人才小高地”建设 121a
社会公共服务 151a
社会公共服务站管理创新 146b
社会公益活动 66b
社会公益组织项目 121b
社会管理创新 150b
社会管理创新工作投入 99b
社会管理信息建设 40b
社会建设 40a
社会建设发展指数统计分析 40a
社会救助 146b 159b
社会科学界联合会 79a
社会科学课题立项与评选 79a
社会科学理论研究成果 79a
社会粮食供需平衡年度统计调查 110a
社会粮食统计 109b
社会事务管理 118
社会事业发展 122
社会事业发展调研 49a
社会事业发展援助 7b
社会稳定维护工作 39b
社会宣传 13a
社会治安管理 141b 143a 148a 149b 151a 152a 155a 157a 158b 160a
社会治安综合治理 39b
社会治理工作调研宣传 147a
社会治理民主化进程 40b
社会治理援助 7b
社会组织诚信建设 121a
社会组织从业者执业资格培训 121a
社会组织党的建设 120b
社会组织登记管理 120b
社会组织发展 142a 149a 154a 155a 161a 162a
社会组织孵化 121a
社会组织管理 120b
社会组织建设创新示范区 120b
社会组织开办资金扶持 121a
社会组织年检 120b
社会组织培育 144a 145a
社会组织专题培训 121a
社区班子培训 40b
社区城管工作站建设 145a
社区调整 157b
社区法律顾问 83b
社区工作模式创新 154b
社区公共服务 148b
社区公共服务项目 40b
社区管理创新 148a
社区建设 144b
社区矫正 149b
社区警务 96a
社区居民委员会换届选举 151a
社区科普网络书屋 73b
社区配置红十字急救箱 77b
社区青少年教育工作视察监督 63a
社区群众文化活动 139b
社区特色工作 160a
社区网格化服务 146a
社区网格化服务管理 140a
社区网格化管理 152a 159a 161b 164a
社区卫生服务机构标准化建设 129b
“社区学习圈”建设 150b

社区治理 162a
社区治理机制创新 146b
社区资金规范管理 140b
社区自治 161a
社区综合监管平台建设 34b
涉案人员逮捕审查批准 81a
涉外事务 55a
审计工作 57a
审计执法检查 57b
审判监督 83a
审判与执行 82a
生产经营主体台账 110b
生态工作视察监督 63a
生态商务区 134b
生态细胞建设 92a
生育保险 173b
省级爱国卫生先进单位 11b
失业金领取人员就业培训 171b
狮子山街道辖区 157b
狮子山街道辖区勘界 2b
实施学科建设 72b
食品抽检工作 111a
食品从业人员体检 112b
食品和餐具采样检查 130a
食品和药品监督管理 141a
食品和药品市场管理 110b
食品药品安全监管 139b
食品药品安全宣传 111b
“世界500强”引进 116b
“世界艾滋病日”宣传活动 77a
“世界红十字日”宣传活动 77b
市场监督管理 115a
市容管理 91a
市容秩序管理 139a 140b 143a 147a 147b 151a 152b 154a 156b 158a 161b 162b
市容秩序综合整治 91b
市政配套建设 165a
市政设施建设 88a
事业单位管理 42b
试点学科课程整合研究 124b
收录 218
收入预算执行情况 98b
收养工作 120a
书院街街道辖区 143b
书院街街道辖区践行党的群众路线 14b
书院街街道辖区勘界 2a
疏散地域建设 87b
数字出版示范基地建设 134a
数字化城市管理 91b
双桂路街道辖区 151b
双桂路街道辖区践行党的群众路线 15b
双桂路街道辖区勘界 2a
双桂路辖区弘扬社会主义核心价值观 16b
双拥工作 120b
水环境 3b
水环境监测 93b
水环境综合管理 92b
水井坊街道辖区 145b
水井坊街道辖区践行党的群众路线 14b
水井坊街道辖区勘界 2a
税收风险管理 100b
税收服务 100b
税收清算与减免审批 102a
司法调解 146a
司法队伍建设 85a
司法工作 139b
司法公开 6a
司法所建设 83b
司法行政 83a
司法行政机构 83a

"四川基督城教育节"活动　124a
"送科技进社区"活动　72b

T

塔子山人工湖治理　94a
锍钯街业态调整　145b
特色活动　12
特色旅游项目建设　104b
特色文体活动　146b
特殊疾病门诊业务　119a
特邀监察员聘用　34b
特种设备监察　114a
提前退休申请审批　109a
体育彩票　131a
体育设施建设　131a
体育事业　131a
体育事业发展　156a
统计调查和分析　58a
统计工作　58a
统计信息咨询与监测　58b
统计行业培训　58b
统计执法　58b
统计资料　215
统一战线工作　37b
统一战线工作调研　39a
统一战线工作宣传　39a
投资促进　116b
图书流转　126b
土地出让　107a
土地法规宣传　115b
土地利用管理　115b
土地上市　135a
土地上市工作　170a
土地执法监察　115b

W

WIFI全覆盖　10a
王东明视察成都市第七中学育才学校　124b
网格化管理　148a
网络保密工作　44b
网络信访案件处置　42a
"网上锦江"信息平台建设　10a
微机动态化管理服务　129b
微型养老院　150b
为民办实事　138a　145b　150b
违纪违法案件查办　34a
维护社会稳定　161b　164a
卫生防疫工作　141a
卫生监督人员培训　112b
卫生事业　129b
卫生行业践行党的群众路线　13b
未成年人思想道德建设　6b　70a
未成年人心理咨询热线开通　69b
未成年人刑事检察　81a
文化产业发展工作视察监督　63a
文化成果　128b
文化工作者培训　128b
文化馆建设　126b
文化活动　145a
文化市场　111b
文化市场监管　111b
文化事业　126a
文化事业发展　4b
文化体育工作　149a
"文化下乡"活动　128a
文化先进区创建工作资料整理　59b
文化行业管理　111b
文件办理　53a
文件管理　53a

文件清理　53a
文明城市创建　7a
“文明细胞”创建　139b
“文明用餐反对浪费”活动　56b
文书立卷指导　59b
文物分布　129a
文献文件　182
文学艺术界联合会　79b
“文艺志愿者进万家”活动　79b
污染物排放管理　93a
无线网络基础设施建设　106a
五福桥社区工作　153a
“五好家庭”创建　70b
“五义”项目　146b
物业管理　142b
物业管理“主题年”活动　112a
物业管理项目获奖情况　112a
物业行业管理　112a

X

西部金融人才中心专业知识培训　169b
辖区特色　140a　142b　144b　146a　147b　151b　154b　157b
现代服务业　103b
现代服务业项目建设　103b
现代服务业主要经济指标　104a
现代节能环保服务业园区建设　93b　133b
现代商业繁华区　133a
限时办结制度落实　54a
向地震灾区献爱心活动　71b
向见义勇为市民授奖　40a
项目促建　134b
项目建设　135a　136a　137b
项目融资　166a　166b　167a　167b
项目援建　7b
消防安全管理　97a
消防安全宣传　97b
消防安全专项治理　97a
消防设施建设　97b
消防行政许可　97b
消费者合法权益保护　176a
小额贷款公司资产证券化融资试点　107a
小型民生案件侦破　80b
校园警务　94a
新进干部区情培训　36b
“新居工程”建设　165a
新闻管理　37b
新兴产业发展　134b
新型集体经济组织发展　4b
新型社区管理　4b
新型社区建设　170b
新增城市建设用地内新居工程建设　90a
信访代理制度建设　41b
信访和群众工作　41a
信访联席会议制度建设　41a
信访受理平台建设　41b
信息安全软件产业　134a
信息产业发展规划　106a
信息服务业　106a
信息服务业发展　106a
刑事案件审判　82b
刑事案件侦破　80a
刑事附带民事案件调解　82b
行业管理　108
行政复议与应诉　53b
行政决策制度建设　53a
行政权力依法运行　6a
行政审判的服务保障作用发挥　83a
行政审批制度改革　5a
行政效能建设　33b

行政争议化解与案件审判　82b
行政执法　114a
行政执法案卷评查　119b
行政执法与刑事司法衔接机制　81b
“形象美学”讲座　71a
休闲服务业发展促进　117a
“煦华国际”装修项目　166a
宣传炉霍活动　7b
宣传思想工作　37a
宣传载体建设　16a
宣讲活动　37a
学区制试点工作　124a
学习教育活动　65a
学习资料编印　12b
学校基础工程建设　125b
学校课程计划编制讲座　124a
学校体育场馆对外开放　131b
学校制度建设试点工作　122b
“寻找最美家庭特别行动”活动　71a

Y

烟花爆竹市场管理　116a
盐市口街道辖区　140a
盐市口街道辖区践行党的群众路线　14a
盐市口街道辖区勘界　1b
盐市口辖区弘扬社会主义核心价值观　16a
眼镜行业质量和计量管理　113b
扬尘污染治理　93a
养老服务机构建设　174a
养老服务网络平台建设　174a
养老金社会化发放　118a
养老助残　161a
一体化住户调查　58b
医保基金监督检查　119a
医疗保险转移接续工作　118b
医疗保障　161a
医疗机构管理　112a
医疗救助　152b
医疗卫生保障投入　99b
医疗卫生人才建设　112b
医疗卫生行业管理　112a
依法监督　48a
依法治区工作　144a　164a
依法治区工作推进　84b
依法治税　100b
义务教育校际均衡工作　122a
艺术展演活动　128a
因公经费精简　56b
引导商家合法经营　111b
应急避难场所建设　54b
应急管理　54b
应急演练　54b
应急预案修订　54b
婴幼儿配方乳粉管理　111a
“迎新科技节”活动　72a
“营改增”范围扩大　100b
优抚优待　120a　153b　159b　163a
优秀党务工作者获得者　37a
优质企业培育　105a
有害生物防治　131a
幼儿教育　156b
预防职务犯罪　81b
园林绿化建设管理　92a
园区建设　106a
援藏培训　7b
援藏投入　100a
援助藏区　7a
院落学习室建设　156b
院落整治　160a
院落自治　142b

“云绣花田”项目建设 168b
孕产妇住院分娩补助 129b
孕期健康 130a

Z

在保客户社会价值 168b
早期教育项目 167a
噪音监测 93b
战备工作 86a
招商考察 117b
侦查监督 81b
诊所卫生监督量化分级管理 112b
正风肃纪工作 34a
政策研究 32b
政法干警培训 39b
政法工作 39b
“政风行风热线”活动 33b
政府采购规范化管理 56b
政府法律顾问制度建设 53b
政府性基金收支 99a
政区得名 3a
政区勘界 1a
政区设置 1a
政务服务 53b
政务服务窗口制度建设 54a
政务服务中心标准化建设 53b
政务公开 6a
政校合作 126a
政协常务委员会协商 61b
政协街道工作委员会 61a
政协街道工作委员会工作 64b
政协锦江区委员会 61a
政协全体委员会协商 61a
政协提案工作 64a
政协委员依法履职促进工作 64b
政协文史工作 63b
政协主席会议协商 62a
政协专门委员会协商 62b
政治思想工作 37a
政治文明建设 5b
政治协商 61a
政治协商会议 61
支持民主党派基层组织建设 37b
支持企业技术创新 105a
支持主导产业发展 168a
支出预算执行情况 98b
支付中心运行管理 98a
支柱产业 105a
知识产权转化 126a
知识更新工程 55b
执行工作 83a
职工合法权益维护 175b
职工互助保险 68a
职工技能竞赛 68b
“职工建家”活动 67a
职工民主管理 67b
职工体检 68a
职工学雷锋志愿服务 68a
职务犯罪查办工作外部监督 82a
职业技能竞赛 56a
志书编修 59a
志愿服务 161a 162a
志愿服务工作 41a
志愿者服务 157a
治安防控 94b
质量管理 113a
质量监督 113a
“质量强区”工作 113a
质量认证管理 113b
智慧化院落学习室建设 124a

“智慧锦江”建设　10a
“智慧社区”建设　147a
“智慧医疗”项目建设　10b
智能化养老实验区　11b
智能图书馆建设　126b
中共锦江区委员会常务委员会议　28b
中共锦江区委员会六届十次会议　27a
中共锦江区委员会六届十二次会议　28a
中共锦江区委员会六届十三次会议　28a
中共锦江区委员会六届十一次会议　27b
中国共产党　27
中国国民党革命委员会　65a
中国基础教育课程教学改革研讨会　125b
中国民主促进会　66a
中国民主建国会　65b
中国民主同盟　65a
中国农工民主党　66b
中国西部国际博览会招商项目　117b
中青年后备干部培训　36b
中小企业和微型企业扶持　105b
中央商务区　132a
重大工作督查督办　44b
重大会议和活动资料采集　60b
重点建设项目档案工作指导　60a
重点能耗企业能源计量监管　114a
重点人员管理　96a
重点项目建设　132b
重度残疾人护理费用补贴　75b
重要信访案件区级领导包案制度　41b
主导产业分类　136b
主要会议　27a　45a　50a
住房安置　159a
住房保障　161a　172b
“住房保障工作窗口进小区”模式　172b
住房保障审核流程并联运行　173a
助残社会组织补贴　76a
助力社会事业发展　66a
助力社区群众文化建设　65b
助力招商引资　78b
助学工程　131b
专利保护和专利项目扶持　126a
专题培训　36b　44a
专项补助资金获取情况　168a
专项调解　84a
专项审计　58a
专项文稿撰写　33a
准金融机构　106b
资金和企业引进　133a　134a　135a　136a
资金和项目引进　116b
自然地理　3b
综合数字管理平台建设　145a
综合治税　136b
总部经济发展　104a
“租房安全”宣传活动　157b
组织干部参加省级和市级培训　36a
组织工作　35a
组织机构代码管理　114a
组织建设　66a
组织科技专家调研　72b
组织民主党派开展教育活动　38a
最低生活保障　152b　158a　161a　162b
最低生活保障政策落实　175a
作业效能研究　124b

后　记

《成都市锦江区年鉴（2015）》是锦江区建区以来的第八部地方综合年鉴。系统记录了2014年区域经济和社会发展的情况，汇集了政治、经济、社会、文化等领域年度内重大时事、重要文献和主要统计信息，客观反映了锦江区各项事业所取得的成绩和工作中存在的不足，为持续推进区域经济社会发展提供了借鉴和参考，为社会各界了解、研究锦江区提供了真实、详尽的资料，为宣传锦江区作出了应有贡献。

年鉴编纂工作得到锦江区党政部门、群众团体、民主党派和企业、事业单位的大力支持，在此向所有对年鉴工作提供支持的单位和个人致以诚挚的感谢。特别对中共锦江区委办公室、锦江区人民政府办公室、中共锦江区委组织部、中共锦江区委宣传部、中共锦江区委社工委及锦江区新闻中心、锦江区政务服务中心、“锦基金”、成都东大街金融建设投资股份有限公司、锦江区爱有戏社区文化发展中心、“成都远洋太古里”等单位给予的专门帮助和支持表示衷心感谢。

成都市锦江区地方志编纂委员会办公室

2015年7月